JPT

EBS lang
www.ebslang.co.kr

EBS 동영상 특강중

청해

| 김기범 지음 |

KING

NAVER 카페 http://cafe.naver.com/kingjpt

- 만점 비법 대공개
- 모든 출제 유형을 한권에 총정리
- 청해문제 정복을 위한 표현 총정리

 특별부록 보이스북 CD 1장 + MP3 CD 1장

Nihongo
Factory

JPT 청해 KING

| 김기범 지음 |

Nihongo
Factory

JPT
청해
KING

JPT 청해 KING

2009. 5. 18. 초   판 1쇄 발행
2010. 6. 17. 초   판 2쇄 발행
2016. 7. 12. 장정개정 1판 1쇄 발행

지은이 | 김기범
펴낸이 | 이종춘
펴낸곳 | 주식회사 성안당

주소 | 04032 서울시 마포구 양화로 127 첨단빌딩 5층(출판기획 R&D 센터)
       10881 경기도 파주시 문발로 112(제작 및 물류)
전화 | 02) 3142-0036
       031) 950-6300
팩스 | 031) 955-0510
등록 | 1973. 2. 1. 제406-2005-000046호
출판사 홈페이지 | **www.cyber.co.kr**
ISBN | 978-89-315-7946-8 (03730)
정가 | 22,000원

이 책을 만든 사람들

기획 | 최옥현
진행 | 김해영
표지 디자인 | 박현정
홍보 | 박연주
국제부 | 이선민, 조혜란, 김해영, 김필호
마케팅 | 구본철, 차정욱, 나진호, 이동후, 강호묵
제작 | 김유석

※ 잘못된 책은 바꾸어 드립니다.

머·리·말

  국내 기업체나 학교, 그리고 공기업 등에서 요구하는 일본어 능력 평가 시험에서 JPT가 차지하는 비중은 매우 큽니다. 그렇기 때문에 많은 사람들이 자신의 일본어 실력을 측정하는 시험으로 JPT를 선택해 왔습니다. 하지만 시험이란 것이 평소 실력의 100% 반영이라고 보기에는 다소 어려운 면도 없지 않아 있습니다. 평소 실력은 좋은데, 시험에 유난히 약한 사람들이 바로 그런 경우입니다.

  필자는 이런 점에 착안해, 평소 실력이 좋은 사람이 실제 시험에서도 결코 손해를 보지 않도록, 또는 가진 실력 이상의 점수를 획득할 수 있도록 돕는 일에 매진해 왔습니다. 그리고 소기의 성과를 꾸준히 거두며, 나름대로의 노하우를 축적해 왔습니다. 이제 그 결과물을 여기에 소개하려 합니다.

  지금도 매달 JPT 시험을 응시하면서, JPT 시험은 고도의 집중력과 순발력을 필요로 하는 시험이라는 사실을 절실히 느끼고 있습니다. 100문항이나 되는 청해 문제를 45분 정도의 제한된 시간에 모두 풀어야 하는 압박감을 이겨내기 위해서는 끊임없는 연습이 필요합니다.

  독해 문제는 시험에 어느 정도 익숙해지면 해 볼 만하다고 느껴지는데, 청해 문제는 아무리 열심히 공부해도 점수가 오르지 않고 늘 제자리라며 한탄하는 수험생들을 많이 보아 왔습니다. 이런 수험생들의 고충을 해결하기 위해 구체적 방안은 없는 것일까?

  매달 시험을 보면서 느끼는 것이지만, 독해 문제 이상으로 청해 문제를 풀 때는 고도의 집중력과 빠른 스피드가 요구되며, 철저한 출제경향 분석과 더 많은 문제 유형에 익숙해질 필요가 있습니다.

  이 책에는 최신 출제 경향의 분석과 대책, 정해 학습 방법, 기본석으로 알아두어야 할 문형 등을 중심으로 정리한 내용과 실제 시험과 동일한 형식으로 실전 대비 모의고사 5회분이 수록되어 있습니다.

  실제 JPT 시험을 보기 전에 되도록 많은 문제를 풀어보는 것이 좋습니다.

  끝으로 본 교재를 통하여 JPT 일본어 능력시험에 좋은 성적을 거두시길 바라며, 여러분의 고득점을 기원합니다.

저자 **김기범**

이 책의 구성과 특징

1. 완벽한 청해 공략 비법

이 책에 소개된 청해 공략 비법을 알기 쉽게 정리하면 다음과 같다.

▶ JPT 청해 학습 방법 공개
▶ JPT 청해 풀이 요령 공개
▶ Part별 문제 유형 공개
▶ Part별 필승 대책 공개
▶ 저자의 비밀 병기 공개

이상과 같이 지금까지의 교재에서는 볼 수 없었던, 저자 특유의 청해 관련 비법을 대대적으로 공개함으로써, 완전히 다른 차원의 청해 학습이 가능하도록 했다. 특히 〈필승 대책〉과 〈비밀 병기〉는 기존의 책에서 볼 수 없는 정보를 얻을 수 있고, 〈청해 풀이 요령〉에서는 10년이 넘는 저자의 지도 과정을 통해 비축된 정보가 알차게 담겨 있어, 청해 능력이 부족한 사람이나 청해 시험에 유난히 약한 사람들에게는 아주 유익한 교재가 될 것이다.

2. 실제 시험과 가장 비슷한 모의테스트

매번 시험을 볼 때마다 모의테스트 하나쯤은 풀어 보고 가야 직성이 풀리는 수험자들. 하지만 그 모의테스트들이 과연 얼마나 실제 시험과 비슷할까? 이 책에 실린 총5회분의 모의테스트는 문제은행식의 무작위로 추출한 것이 아니라, 다 년 간에 걸쳐 매회매회, 한문제 한문제 정성스럽게 만들었다. 따라서 이 책에 실린 문제와 청해 공략 비법만 완벽하게 숙지한다면 JPT 청해에서의 고득점은 그리 어려운 일이 아니다.

3. 특허품, 보이스북 CD가 공짜로!

여러분은 이 책을 구입함으로써, 인터넷 서점에서 판매하는 전자책 한 권을 덤으로 얻게 되는 효과를 볼 수 있다.

보통은 종이책과 CD만을 제공하는데, 이 책에는 〈보이스북 CD〉가 특별부록으로 딸려 있다.

이 〈보이스북 CD〉에는 책과 똑같은 내용을 그대로 담았으며, 거기에 일본어 녹음이 되어 있는 부분은 음성까지 나오도록 했다. 즉 일본어 녹음이 되어 있는 부분을 클릭하면 해당 부분의 일본어 음성이 자동적으로 들리도록 장치되어 있는 것이다.

컴퓨터만 있으면 두 가지 요소를 한 화면에서 제공받으며 학습할 수 있다.

4. 일본어 시험의 최고 맨토 김기범 선생님!

네이버에서 일본어능력시험 관련 카페 중 가장 많은 회원수를 유지하고 있는 저자 김기범 선생님!

그 비결의 첫 번째는 확실한 실력이다. 십수 년 동안 지도하고 연구해 온 노하우를 바탕으로 국내 JPT 교육의 선두를 달리고 있다.

그리고 그 두 번째 비결은 꼼꼼한 학습 지도에 있다. 학습자들의 궁금증을 확실하게 해결해 주는 저자 선생님의 배려를 통해, 이 책으로 공부하시는 여러분도 차근차근 실력을 쌓아갈 수 있다. 일본어 학습과 시험의 확실한 멘토를 여러분은 이 책을 통해 얻을 수 있는 것이다.

부디 좋은 성과가 있기를 기대한다.

목차 Contents

JPT에 대해

JPT는 하나의 Test에 각 Part별 측정 영역을 설정하고, 초급부터 고급까지의 난이도를 일정 비율로 배분하여 출제함으로써 모든 수험자가 자신의 정확한 일본어 능력을 측정할 수 있게 한 일본어 능력 평가 시험이다.

JPT의 주요 목적은 학문적인 일본어 지식을 측정하는 것이 아니라, 순수하게 일본어 커뮤니케이션 능력의 측정을 목적으로 개발되었다. 따라서 부득이한 경우를 제외하고는 지엽적이거나 학문적, 관용적인 어휘가 배제되고 사용 언어 또한 도쿄를 중심으로 한 표준어 중심으로 문제가 출제된다.

한편, 출제 형태는 '청해'와 '독해'로 나뉘어 실시되는데, 두 가지 영역의 시험만으로 말하기 및 쓰기 능력을 간접적으로 측정할 수 있도록 구성되었으며, 문제의 난이도 또한 골고루 분포되도록 했다.

JPT 문제의 구성과 점수 및 시험 시간

구분	유형	문항수	시간	배점
청해	Part 1 사진묘사	20문항	45분	495점
	Part 2 질의 응답	30문항		
	Part 3 회화문	30문항		
	Part 4 설명문	20문항		
독해	Part 5 정답찾기	20문항	50분	495점
	Part 6 오문정정	20문항		
	Part 7 공란 메우기	30문항		
	Part 8 독해	30문항		
합계		200문항	95분	990점

각 Part에 대해

제1교시 청해(100문항)

Part 1 사진묘사(20문항)

청해의 첫 번째 시험으로, 사진이라는 시각적인 요소와 음성 요소를 통해 응시자의 청취에 대한 심적 부담을 덜어줌과 동시에 음성이 귀에 익숙해지도록 하기 위한 것이다. 청취력 및 순간적인 판단력을 평가한다.

Part 2 질의응답(30문항)

간단한 회화 문장을 구성해, 문장의 의미 파악 및 순간적인 판단 능력을 요구한다. 시험 대상자가 직접 대화에 참여하여 상대방의 말이나 물음에 적절한 대답을 하거나 긍정 또는 부정을 나타내어 자신의 생각을 상대방에게 전달할 수 있는 능력까지 평가한다.

Part 3 회화문(30문항)

회화문을 들으며 동시에 그 회화가 진행되는 장면 및 주요 내용 등의 개괄적 혹은 구체적인 정보나 사실을 짧은 대화 안에서 정확하게 청취하는 능력과 대화에서 결론을 추론해 내는 능력을 평가한다.

Part 4 설명문(20문항)

청해에서 가장 어려운 부분이다. 회화가 아니라 비교적 긴 설명문을 읽어 주고, 그 내용에 대한 이해 능력을 평가하는 세 개 내지 네 개의 문제가 주어진다. 따라서 상당한 수준의 종합적인 일본어 청취 능력을 평가한다.

제2교시 독해(100문항)

Part 5 정답찾기(20문항)

일본어의 기본이 되는 한자의 자체와 음, 훈에 관한 올바른 이해, 그리고 전반적인 문법, 어휘를 통한 일본어 문장 작성의 기초적인 능력을 평가한다. 일본어 전반에 걸친 지식이 골고루 학습되어 있는지를 평가한다.

Part 6 오문정정(20문항)

주어진 문장에서 틀린 곳이나 부적절한 부분을 찾아내는 문제이다. 단순한 독해력 테스트가 아닌 표현 능력, 즉 간접적인 작문 능력을 평가한다.

Part 7 공란메우기(30문항)

문장 안에 공란을 비워 두고, 그 문장의 전후 관계를 정확히 파악해 완전한 문장으로 완성시킬 수 있는지를 평가하는 문제이다. 표현력과 문법 그리고 간접적인 작문 능력을 평가한다.

Part 8 독해(30문항)

표면적인 이해력보다는 일상생활 속에서 문자 매체의 정보를 얼마나 빠르고 정확하게 파악하는지를 평가하는 문제이다. 또한 주어진 내용에서 결론 및 지향하는 바를 파악케 함으로써 사고력, 판단력, 분석력을 종합적으로 평가한다.

JPT 점수대별 능력 요약

수준	점수	평 가		
A	880 이상	**청해**		**독해**
		• 표현의 미묘한 차이를 간파할 수 있으며 정확한 의사 전달과 이해가 가능하다. • 회의, 교섭, 전화 응대 등 상대방이 말하는 내용을 정확히 이해할 수 있다. • 대인 관계에 어울리는 유창하고 적절한 언어 표현이 가능하다. • 어휘와 대화 내용에 정확성이 있다.		• 일본어에 대한 정확한 지식과 운용 능력이 있다. • 어떠한 비즈니스 문서라도 정확한 이해가 가능하다. • 문법, 어휘에 관한 지식이 풍부하다. • 문법상 오류는 거의 없다.
B	740 이상	**청해**		**독해**
		• 다수의 사람들이 최근의 시사 문제에 대해 토론하는 것을 듣고 이해할 수 있다. • 관심 있는 주제에 관해 미리 준비된 원고를 여러 사람 앞에서 발표할 수 있다. • 회의, 교섭, 전화 응대 등 상대방이 말하는 내용을 거의 이해하고 답할 수 있다.		• 어휘와 문법에 대한 지식은 풍부하지만 약간의 오류는 있다. • 최근에 참석했던 회의의 주요 내용을 요약하여 적을 수 있다. • 상반되는 의견이나 견해 차이를 파악하고 이해할 수 있다.
C	610 이상	**청해**		**독해**
		• 일상 회화를 대강 이해할 수 있다. • 회의 진행이나 교섭 등 복잡한 문제에 대해 곤란을 겪을 수 있다. • 상황에 어울리지 않는 부적절한 표현을 사용하는 경우가 있을 수 있다.		• 지시문이나 문서 이해 시, 정확한 해석에 곤란을 겪을 수 있다. • 부분적으로 일본어다운 표현과 어휘 선택에 미숙함이 있을 수 있다. • 문법 지식이 다소 부족하다.
D	460 이상	**청해**		**독해**
		• 일상회화를 할 때에는 간단한 내용만 이해할 수 있다. • 취미, 가족, 날씨 등 일반적인 화제에 대해서 쉬운 일본어로 표현할 수 있다. • 자신과 관련된 분야에 대해 간략한 소개 정도는 가능하다.		• 쉽고 간단하게 작성된 지시문이나 문서 등을 읽고 이해할 수 있다. • 자신에게 필요한 자료를 찾거나 문서를 작성하기에는 무리가 있다. • 어휘, 문법, 한자 등의 학습을 좀 더 필요로 한다.
E	220 이상	**청해**		**독해**
		• 취미, 가족 등에 대한 상대방이 배려하여 천천히 말하면 이해할 수 있다. • 만날 때나 헤어질 때 사용하는 기본적인 인사말을 할 수 있다. • 자신의 일상 생활을 간단히 이야기할 수 있다		• 기본적인 단어와 구문에 대해서만 인지하고 있다. • 단편적인 일본어 지식밖에 없다. • 간단한 메모 등의 이해만 가능하다.
F	220 미만	의사소통 및 독해는 불가능한 수준이다.		

제 1 부

金선세, JPT 청해 학습 비법을 공개하다!

JPT 청해 학습 방법에 대하여

JPT 시험에서 청해 점수는 독해와 달리 공부한 만큼 성적이 눈에 띄게 오르지 않는다. 물론 독해 점수 또한 공부한 만큼 성적이 부쩍 오르지는 않지만, 청해 점수와 비교해 보면 상대적으로 점수를 올리기 쉬운 것이 사실이다.

JPT 점수, 특히 청해 점수를 단기간에 올릴 수는 없을까?

외국어 공부는 꾸준히 반복하는 것이 가장 좋은 방법이라는 것은 누구나 아는 사실이다. 나름대로 외국어 공부에 재미를 붙여 즐겁게 공부할 수 있으면 좋겠지만 현실적으로 그렇게 하는 것은 퍽이나 힘든 일이다.

제한된 시간 속에서 해야 할 것들이 너무나 많다. 중고등학생 시절에는 입시에 시달리게 되고 대학에 입학해서는 취업 준비에 바쁘며, 사회에 진출하게 되면 적응하고 직장 내에서 살아남기에 여념이 없다. 외국어를 공부하기에는 정신적, 시간적으로 여유도 없거니와 경제적으로도 적지 않은 부담이 되기 때문이다.

따라서 필자는 이러한 어려움들을 조금이나마 덜어 드리기 위해, 여러분이 잘 인식하지 못했던 〈잘못된 청해 학습〉과 〈올바른 청해 학습〉, 그리고 〈청해 실력을 향상시키는 방법〉과 관련된 몇 가지 노하우를 전하고자 한다.

잘못된 청해 학습에 대한 숲센세 생각

❶ 테이프를 틀고 이어폰으로 들으면서 답을 체크하고, 틀린 문제만 스크립트를 보면서 확인한다.

이런 식으로 청해 공부를 한다면, 시중에 나와 있는 JPT교재(청해만 공부할 경우)들은 일본어 실력에 따라 다소 차이는 있겠지만, 3일 정도면 한 권 정도를 가볍게 끝낼 수가 있다. 이어폰으로 들으면서 문제를 풀면, 실제 시험장에서 들을 때보다 집중도 잘 되고 실질적으로 훨씬 더 잘 들리게 된다.

❷ 청해 공부를 열심히 하고 시험을 봤는데, 오히려 독해 점수가 올라가고 청해 점수는 변동이 없거나 내려간다.

스크립트 위주로 청해 공부를 했기 때문에, 청해 공부를 한 것이 아니라 독해 공부를 한 셈이 되므로 당연히 독해 점수가 오르게 된다. 스크립트를 보면서 공부하는 것은, 청해 공부에 거의 도움이 되지 않는다. 오히려 독해 공부를 한 셈이 되는 것이다.

❸ 이어폰을 귀에 꽂고 전철 안이나 길을 걸으면서 청해 연습을 한다.

청력만 나빠지고 듣기 연습에는 전혀 도움이 되지 않는다.

올바른 청해 학습에 대한 森센세 생각

① 테이프를 듣고 문제를 푼다.

실세 시험과 똑같은 방식으로 풀어야 한다.

② 정답을 확인하고 틀린 문제는 꼭 체크한다.

찍어서 맞춘 것도 틀린 것으로 간주하여 꼭 체크해야 한다.

③ 다시 한 번 들으면서 안 들리는 부분은 반복해서 듣는다.

절대로 스크립트를 봐서는 안 된다.

④ 또 다시 들으면서 모르는 단어나 이해가 안 가는 문장을 받아 적는다.

절대로 스크립트를 봐서는 안 된다.

⑤ 또, 또 다시 들으면서 재생(마음속으로 따라서 말해 보기)해 본다.

절대로 스크립트를 봐서는 안 된다.

⑥ 마지막 단계로 스크립트를 보고 확인해 본다.

열 번 이상 반복해서 듣게 되는 경우도 있다.
그래도 절대 포기해서는 안 된다!!

청해 실력에 대한 숲센세 생각

① 청해 실력은 단기간에 절대로 향상되지 않는다는 것을 항상 염두해 두어야 한다.

주변에 특출나게 청해를 잘 하는 사람을 볼 수 있는데, 선천적으로 듣는 것에 강점을 지니고 있는 경우도 있겠지만, 대부분의 경우는 많은 훈련과 연습을 했기 때문에 가능한 것이다.
예를 들어, 일본 드라마와 영화 등을 수 없이 많이 본다거나 일본인 친구가 있어서 거의 매일 같이 일본어로 대화를 하거나 하는 경우이다.

② 어떻게 해서든지 단기간에 청해 실력을 키우고 싶다면, 평소에 즐겨 보거나 즐겨 듣는 것을 중심으로 쉐도잉(따라서 읽는 연습)을 해 보거나 받아쓰기를 해 보는 것이 가장 좋다.

어렵고 힘든 만큼, 하루 1시간 이상씩 꾸준히 2~3개월 지속적으로 한다면 좋은 성과를 얻을 수 있다. 단, 억지로 하다 보면 일본어를 듣는 것 자체에 싫증을 느끼게 되는 부작용도 생길 수 있으므로 주의해야 한다.

③ 개인적으로는 드라마를 보면서 연습하는 것이 가장 좋은 듣기 훈련법이라고 생각한다.

평소에 재미있게 본 드라마 중에서 내용이 건전하고 대사가 많은 드라마를 골라 여러 번 반복해서 보며 드라마 속의 주인공이 된 것처럼 똑같이 대사를 흉내내어 말해 본다. 나름대로 재미도 있고 즐기면서 할 수 있어서, 듣기는 물론 말하기 연습도 된다.

④ 말하기는 잘 되는 것 같은데, 청해 점수가 오르지 않는다.

일본어는 어순이 한국어와 동일하기 때문에 기본적인 문법과 어휘를 습득하면 영어와는 달리 어렵지 않게 말을 할 수 있게 된다.
일본어 학습에 있어서 말하기는 단기간에 할 수 있지만, 청해는 오랜 시간 연습해야만 한다는 것을 명심하자.

JPT 청해 문제 풀기 요령에 대하여

숲센세
생각

공부를 열심히 하지 않은 탓도 있겠지만, 나름대로 일본 유학도 다녀오고 실력이 있다고 자부하는 수험생들도 JPT 시험을 보고 나면 좌절을 하게 된다. 수험생들의 가장 큰 불만은 청해가 너무 빠르다는 것과 시간이 부족하다는 것이다. 지금까지 매달 JPT 시험을 헤아릴 수 없을 만큼 응시했지만, 아직까지도 주어진 시간 안에 문제를 푼다는 것은 빠듯하다. 과연 이런 식으로 해서 수험생들의 일본어 실력을 제대로 평가할 수 있는 것인가?

이런 의문도 가져 보았는데, JPT 시험 출제 방식이 이렇게 되어 있기 때문에 JPT 시험 출제 방식이 바뀌지 않는 이상, 수험자는 어쩔 수 없이 거기에 맞도록 트레이닝을 하는 수밖에 없다.

사람마다 생김새와 성격이 다르듯이 학습자마다 JPT 문제를 푸는 방식이 제각각이다. 일본어 실력도 사람마다 다르고 본인 나름대로의 문제 푸는 방식도 다르겠지만, 공통적으로 해당될 것으로 생각되는 것을 필자 나름대로 정리해 보았다.

한번쯤은 시도해보기를 바라며, 반드시 자신에게 맞는 자기 나름대로의 문제 풀기 요령을 세워두기를 바란다.

JPT 시험은 일본어 실력에 관계없이 문제를 푸는 요령에 따라, 50점~100점의 점수가 달라질 수 있다.

JPT 청해 시험은 각 파트별로 후반부로 갈수록 난이도가 높아진다!!!

선택형의 문제를 풀 때, 난이도 높은 문제는 소거법으로 문제를 풀도록 할 것!!!

후반부의 문제는 반드시 소거법으로 문제를 풀어야 실수를 최대한 줄일 수 있다.

소거법이란?

100% 정답이면 ○

잘 모르면 △

100% 오답 ×

위와 같은 방식으로 표시하면서 오답을 하나씩 지워가면서 푸는 방식.

PART I . 사진묘사 (20문항)

예문을 들려 주는 시간에 미리 20번 그림부터 차례로 1번까지 대충 눈에 익혀둔다.

그림을 보고 예상되는 단어를 미리 떠올려 보는 방법도 추천되기는 하지만, 초급 단계의 수험자들에게는 바람직하지 않은 방법이다.

다행히 자신이 예상한 단어가 정답으로 나오면 좋겠지만, 그렇지 않은 경우에는 자신이 알고 있는 표현임에도 불구하고 미리 예상한 단어에만 집중하게 되면 못 듣게 되는 경우가 많다.

전반부의 문제는 비교적 쉬운 문제들이 출제되기 때문에 한 문제 한 문제 침착하게 들으면서 풀면 어느 정도 풀 수 있다.

반드시 문제를 들려주기 전에 그림을 먼저 보고 있어야 한다.

문제를 푸는 도중에 시간이 걸려서 마킹을 못했으면 문제지에만 체크를 해 두고 다음 문제를 풀 준비를 한다.

마킹을 제대로 하지 못한 문제는 질의응답(PART II)의 예문을 들려 주는 시간에 마킹을 하도록 한다.

PART Ⅱ. 질의응답 (30문항)

예문을 들려 주는 시간을 무의미하게 듣고 있지 말고, 잘 활용하도록 한다.

정답 찾기(PARTⅤ)를 풀어본다든가 사진묘사(PARTⅠ)에서 제대로 마킹을 하지 못한 것 등을 처리한다.

전반부에서는 의문사와 관련된 문제가 반드시 출제되므로, 필자가 정리한 〈반드시 출제되는 응답 표현〉을 꼭 숙지하도록 한다.

질문 내용에 집중하고 〈긍정 · 부정 표현 + 시제(동사 · 부사)〉에 주의해야 한다.

질문의 내용은 반드시 기억하고 동문서답이 되지 않도록, 물어보는 지시어(いつ, どこで, なにを, だれと, どうして…)에 주의한다.

후반부로 갈수록 문제가 어려워지고 집중력도 저하되기 시작하므로 문제 풀기가 어려워진다.

질문한 내용을 읊조리면서 질문 내용과 응답 표현을 비교하면서 풀도록 한다.

후반부는 난이도가 높은 문제가 출제되고, 특히 비즈니스와 관련된 표현도 자주 출제된다. 필자가 정리해둔 〈자주 사용하는 비즈니스표현 정리 100〉을 토대로 나름대로 정리를 해 두는 것이 좋다.

PART Ⅲ. 회화문 (30문항)

예문을 들려주는 시간에 문제를 미리 읽어두고 남자·여자의 대화가 시작되기 전에 문제의 내용을 파악해 두어야 한다.

남자·여자의 대화문으로 되어 있는데, '남 → 여 → 남 → 여' 또는 '여 → 남 → 여 → 남' 식으로 대화가 진행되기 때문에 남자가 말을 시작했으면 여자의 대답으로 끝나고, 여자가 말을 시작했으면 남자의 대답으로 끝나게 된다.

문제에 시간, 날짜, 요일, 가격 등의 숫자가 있을 경우에는 메모 준비를 하고 대화 내용을 들으면서 해당되는 숫자를 메모하도록 한다.

숫자가 있을 때는 간단한 계산 문제도 나오는 경우가 있기 때문에 메모를 하지 않으면 어려울 수도 있으니 꼭 메모를 해 두는 편이 좋다.

전반부는 비교적 쉬운 내용이 이어지기 때문에 문제를 풀면서 답안지에 마킹을 할 수 있지만, 후반부로 갈수록 문제가 어려워지기 때문에 답안지에 마킹을 하다 보면 대화 내용이 시작되기 전에 미리 문제를 읽고 내용을 파악하기가 어려워진다.

특히 '대화 내용으로 알맞은 것은 또는 알맞지 않은 것은' 식으로 되어 있는 문제는 시간이 많이 소요되기 때문에 문제지에만 정답 체크를 하고 답안지에 마킹하는 것은 생략한다.

기본적으로 문제를 풀면서 마킹을 하지만, 대략 75번부터는 문제지에만 정답 체크를 하고 답안지에 마킹하는 것은 생략하도록 한다.

PART Ⅳ. 설명문 (20문항)

예문을 들려 주는 시간에 문제를 미리 읽어 두고 긴 설명문이 시작되기 전에 문제의 내용을 파악해 두어야 한다.

문제의 구성은 6개의 긴 설명문으로 되어 있고, 4개의 문제가 딸린 설명문이 2개이고, 3개의 문제가 딸린 설명문이 4개로 구성되어 있다.

설명문의 내용 순서와 문제의 순서가 거의 동일하게 되어 있기 때문에 긴 설명문을 읽어주는 것이 끝나면 당연히 문제 풀이도 끝나야 정상이다.

'내용으로 알맞은 것은 또는 알맞지 않은 것은' 식으로 되어 있는 문제는 설명문의 내용 순서와 문제의 순서가 동일하게 되어 있지 않은 경우가 많기 때문에 특별히 주의를 해서 풀어야 한다.

설명문 내용을 들으면서 문제에 해당하는 부분이 나오면 그대로 정답을 고르면 된다.

듣는 것에 큰 무리가 없는 수험자는 문제를 풀면서 답안지에 직접 마킹을 하도록 하고, 듣기에 자신이 없는 수험자는 문제지에만 체크하고 다음 문제를 읽어 두는 것이 좋다.

청해 문제 풀이 시간이 다 끝났지만 답안지에 마킹을 제대로 하지 못한 것을 하기 위해서는 부득이하게 독해 시간을 할애해야만 된다.

부족해진 독해 시간을 보완하기 위해서는 파본 검사 시간에 독해를 미리 풀어두는 것이 좋다.

PART 1 写真描写 사진묘사 (20문항)

우선순위 최신 출제 경향

1위 : 인물의 동작과 관련된 문제 40~50%

2위 : 인물의 구체적인 상태와 관련된 문제 20~30%

3위 : 인물과 주변 환경에 관련된 문제 20~30%

4위 : 인물은 없고 사물과 풍경 등의 묘사와 관련된 문제 20~30%

숲센세 코멘트

사람과 관련된 문제는 반드시 60% 이상 출제된다.

필승 대책

평소에 사람과 관련된 어휘를 습득해 둔다. 즉 사람이 취하는 모든 행동과 관련된 어휘는 반드시 알아둘 것.

① 소수의 인물이 등장하는 경우 – 소지품과 표정 및 자세 등에 주의한다.

② 다수의 인물이 등장하는 경우 – 전체적인 상황 설명 등에 주의한다.

③ 인물 이외의 사물과 풍경 등이 등장하는 경우 – 특정 장소(편의점, 음식점, 유원지, 공원, 역 등) 및 계절성(봄, 여름, 가을, 겨울) 등의 설명에 주의한다.

숲센세 코멘트

전반부는 비교적 쉬운 문제가 출제되고, 후반부로 갈수록 어려운 문제시 출제된다는 것을 명심할 것.

사람의 자세와 상태표현 정리 130

Track 002

001 子供は椅子の上に立っています。
어린이는 의자 위에 서 있습니다.

002 女の人がかばんを肩にかけて立っています。
여자가 가방을 어깨에 메고 서 있습니다.

003 男の人は立ったまま昼食を食べています。
남자는 선 채 점심을 먹고 있습니다.

004 この人は教壇に立って、生徒を教えています。
이 사람은 교단에 서서, 학생을 가르치고 있습니다.

005 生徒たちが起立して挨拶をしています。
학생들이 기립해서 인사를 하고 있습니다.

006 逆立ちをしている人がいます。
물구나무서기를 하고 있는 사람이 있습니다.

007 体を前屈みにして歯を磨いています。
몸을 앞으로 구부려서 이를 닦고 있습니다.

008 歩行者は横断歩道の前で立ち止まって、信号が変わるのを今か今かと
待っています。
보행자는 횡단보도 앞에 멈춰 서서, 신호가 바뀌는 것을 이제나 저제나 하고 기다리고 있습니다.

009 本屋で立ち読みをしている人がいます。
서점에서 (책을 사지 않고) 서서 읽고 있는 사람이 있습니다.

010 二人は向かい合って立っています。
두 사람은 서로 마주보고 서 있습니다.

011 二人は背中合わせに立っています。

두 사람은 서로 등을 맞대고 서 있습니다.

012 二人は寒い雪の中、寄り添って立っています。

두 사람은 추운 눈 속에서, 바싹 붙어 서 있습니다.

013 男の人と女の人は離れて立っています。

남자와 여자는 떨어져 서 있습니다.

014 男の人がベンチに座ってたばこを吸っています。

남자가 벤치에 앉아서 담배를 피우고 있습니다.

015 この人はベンチに腰掛けて、本を読んでいます。

이 사람은 벤치에 걸터앉아서, 책을 읽고 있습니다.

016 この人はベンチに腰を下ろしてお弁当を食べています。

이 사람은 벤치에 걸터앉아서 도시락을 먹고 있습니다.

017 着物を着た人が畳の上に正座をしています。

기모노(일본 전통 의상)를 입은 사람이 다다미 위에 정좌하고 있습니다.

018 スカートを履いてお祈りをしている人がいます。

스커트를 입고 기도를 하고 있는 사람이 있습니다.

019 女の子がしゃがみこんで、道路にある何かを一生懸命に見つめています。

여자 아이가 웅크리고 앉아서, 도로에 있는 무엇인가를 열심히 응시하고 있습니다.

020 人々が会社の前に座り込んで、デモをしています。

사람들이 회사 앞에 버티고 앉아서, 데모를 하고 있습니다.

021 男の人と女の人は間にテーブルを挟んで向かい合うように座っています。

남자와 여자는 사이에 테이블을 두고 서로 마주보듯이 앉아 있습니다.

022 この人は膝にサポーターをつけて床にひざまずき、掃除をしています。
이 사람은 무릎에 보호대를 차고 마루에 무릎을 꿇고, 청소를 하고 있습니다.

023 赤ちゃんがうつぶせになって寝ています。
아기가 엎어져서 자고 있습니다.

024 この人は寝そべって本を読んでいます。
이 사람은 엎드려서 책을 읽고 있습니다.

025 生徒が机に伏せて寝ています。
학생이 책상에 엎드려서 자고 있습니다.

026 この人は横になって本を読んでいます。
이 사람은 누워서 책을 읽고 있습니다.

027 この人は横たわってテレビを見ています。
이 사람은 누워서 텔레비전을 보고 있습니다.

028 男の人は芝生の上に寝転んで本を読んでいます。
남자는 잔디 위에 드러누워서 책을 읽고 있습니다.

029 背広を着た人が電車の中でこっくりこっくりと居眠りをしています。
양복을 입은 사람이 전철 안에서 꾸벅꾸벅 졸고 있습니다.

030 男の人は肘枕で寝ています。
남자는 팔베개로 자고 있습니다.

031 赤ちゃんに腕枕をして寝かせています。
아기에게 팔베개를 해서 재우고 있습니다.

032 この人は膝枕で寝ています。
이 사람은 무릎베개로 자고 있습니다.

033 この人は仰向けになって寝ています。
이 사람은 위를 보고(반듯하게 누워서) 자고 있습니다.

034 男の人が女の人の手首を握っています。
남자가 여자의 손목을 꼭 잡고 있습니다.

035 足首にがっちり包帯を巻いた人がいます。
발목에 단단히 붕대를 감은 사람이 있습니다.

036 この人は両手で足首を持っています。
이 사람은 양손으로 발목을 잡고 있습니다.

037 女の人は足を上げてダンスをしているところです。
여자는 발을 들어 춤을 추고 있는 참입니다.

038 この人は両足を閉じた状態で立っています。
이 사람은 양발을 모은 상태로 서 있습니다.

039 男の人が足を真っ直ぐ伸ばして座っています。
남자가 다리를 곧게 펴고 앉아 있습니다.

040 この人は足を広げて座っています。
이 사람은 다리를 벌리고 앉아 있습니다.

041 女の人が足を揃えて座っています。
여자가 다리를 가지런히 모으고 앉아 있습니다.

042 この人は足を横に崩して座っています。
이 사람은 다리를 옆으로 편하게 하고 앉아 있습니다.

043 この人は胡座をかいています。
이 사람은 책상다리를 하고 있습니다.

044 この人は足を組んでいます。
이 사람은 다리를 꼬고 있습니다.

045 この人は腕を組んでいます。
이 사람은 팔짱을 끼고 있습니다.

046 子供たちは肩を組んでいます。
어린이들은 어깨동무를 하고 있습니다.

047 この人は後ろ手に組んでいます。
이 사람은 뒷짐을 지고 있습니다.

048 子供が鉄棒にぶら下がっています。
어린이가 철봉에 매달려 있습니다.

049 子供たちが手を振っています。
어린이들이 손을 흔들고 있습니다.

050 二人は手を握って歩いています。
두 사람은 손을 꼭 잡고 걷고 있습니다.

051 手を繋いで歩いている男女がいます。
손을 잡고 걷고 있는 남녀가 있습니다.

052 この人は犬の頭を撫でています。
이 사람은 개의 머리를 쓰다듬고 있습니다.

053 この人は握手しながら頭を下げています。
이 사람은 악수하면서 머리를 숙이고 있습니다.

054 男の人は小わきに本を抱えています。
남자는 겨드랑이에 책을 끼고 있습니다.

055 女の人が拝んでいます。
여자가 절을 하고 있습니다(합장하고 있습니다).

056 この人は両手を合わせています。
이 사람은 두 손을 모으고 있습니다(합장하고 있습니다).

057 この人は合掌しています。
이 사람은 합장하고 있습니다.

058 この人は万歳をしています。

이 사람은 만세를 부르고 있습니다.

059 この人はたばこをくわえています。

이 사람은 담배를 (입에) 물고 있습니다.

060 背の高い人と背の低い人が握手しています。

키가 큰 사람과 키가 작은 사람이 악수하고 있습니다.

061 男の人と女の人は向き合って、お辞儀をしています。

남자와 여자는 서로 마주보고, 정중히 인사하고 있습니다.

062 この人はあくびをしています。

이 사람은 하품을 하고 있습니다.

063 子供が爪先立ちをしています。

어린이가 (발뒤꿈치를 들고) 발끝으로 서 있습니다.

064 この人はテーブルに肘をついて食事をしています。

이 사람은 테이블에 팔꿈치를 대고 식사를 하고 있습니다.

065 この人は頬杖をついて窓の外を眺めています。

이 사람은 턱을 괴고 창밖을 바라보고 있습니다.

066 会社員が背筋を伸ばしています。

회사원이 기지개를 펴고 있습니다.

067 男の人が背伸びをしています。

남자가 기지개를 펴고 있습니다.

068 この人は壁にもたれています。

이 사람은 벽에 기대고 있습니다.

069 男の人が壁に寄り掛かったまま寝ています。

남자가 벽에 기댄 채 자고 있습니다.

070 この人は子供をおぶって自転車に乗っています。

이 사람은 아이를 (등에) 업고 자전거를 타고 있습니다.

071 着物を着た女性が赤ん坊をおんぶして歩いています。

기모노를 입은 여성이 아기를 (등에) 업고 걷고 있습니다.

072 子供はお母さんにおんぶされています。

아이는 어머니에게 업혀 있습니다.

073 この人はリュックサックを背負って歩いています。

이 사람은 배낭을 (등에) 메고 걷고 있습니다.

074 この人は子供を背負っています。

이 사람은 아이를 업고 있습니다.

075 お母さんが子供を抱いています。

어머니가 아이를 안고 있습니다.

076 お母さんが子供を抱っこしています。

어머니가 아이를 안고 있습니다.

077 子供はお母さんに抱っこされています。

아이는 어머니에게 안겨 있습니다.

078 この人は布団を畳んでいます。

이 사람은 이불을 개고 있습니다.

079 この人は布団を敷いています。

이 사람은 이불을 깔고 있습니다.

080 この人はスポーツ刈りにしています。

이 사람은 스포츠 형태의 머리를 하고 있습니다.

081 この人は鏡を見ながら髭を剃っています。

이 사람은 거울을 보면서 수염을 깎고 있습니다.

082 この人は鏡の前で化粧をしています。

이 사람은 거울 앞에서 화장을 하고 있습니다.

083 この人は髪を後ろに束ねています。
이 사람은 머리를 뒤로 묶었습니다.

084 この人は髪を結っています。
이 사람은 머리를 땋았습니다.

085 この人は髪をリボンで結んでいます。
이 사람은 머리를 리본으로 묶었습니다.

086 女の人は靴の紐を結ぼうとしています。
여자는 신발 끈을 묶으려 하고 있습니다.

087 この人は子供を肩車しています。
이 사람은 어린이를 목말 태우고 있습니다.

088 腰に手を当てて立っている人がいます。
허리에 손을 대고 서 있는 사람이 있습니다.

089 女の人が腰を屈めて掃除をしています。
여자가 허리를 숙이고 청소를 하고 있습니다.

090 腰が曲がっているおばあさんが荷物を持って横断歩道を渡ろうとしています。
허리가 굽은 할머니가 짐을 들고 횡단보도를 건너려 하고 있습니다.

091 この人はにこにこ笑っています。
이 사람은 생글생글 웃고 있습니다.

092 この人はにっこりと微笑んでいます。
이 사람은 방긋 미소짓고 있습니다.

093 この人は微笑を浮かべています。
이 사람은 미소를 띠고 있습니다.

094 この人は大きな声でげらげらと笑っています。
이 사람은 큰 소리로 껄껄 웃고 있습니다.

095 子供たちが運動会で走っています。

어린이들이 운동회에서 달리고 있습니다.

096 この人は車を片手で運転しています。

이 사람은 차를 한 손으로 운전하고 있습니다.

097 車を押そうとしている男性がいます。

차를 밀려고 하는 남성이 있습니다.

098 二人は別々の方向を見ています。

두 사람은 서로 다른 방향을 보고 있습니다.

099 みんな手を繋いで輪になって踊っています。

모두 손을 잡고 원을 그리며 춤추고 있습니다.

100 この人は家の中から、窓越しに外の風景を眺めています。

이 사람은 집안에서 창문 너머로 바깥 풍경을 바라보고 있습니다.

101 宝くじ売り場の前には、人が列を作って並んでいます。

복권 판매소 앞에는 사람들이 줄을 지어 늘어서 있습니다.

102 この人は後ろを振り向いています。

이 사람은 뒤를 돌아보고 있습니다.

103 空を見上げて歩いている人がいます。

하늘을 올려다보며 걷고 있는 사람이 있습니다.

104 下を見て歩いている人がいます。

아래를 보며 걷고 있는 사람이 있습니다.

105 子供を抱き抱え、買物袋をさげた主婦がいます。

아이를 껴안고 쇼핑봉지를 든 주부가 있습니다.

106 カップルが川岸で抱き合っています。

커플이 강가에서 서로 껴안고 있습니다.

107 子供がボールを蹴ろうとしているところです。
어린이가 공을 차려고 하는 참입니다.

108 子供がボールを投げようとしているところです。
어린이가 공을 던지려고 하는 참입니다.

109 店員が商品を棚にぎっしり詰め込んでいます。
점원이 상품을 선반에 가득 채워넣고 있습니다.

110 女の人がベランダに洗濯物を干しています。
여자가 베란다에 빨래를 말리고 있습니다.

111 子供たちが何かを囲んで話し合っています。
어린이들이 무엇인가를 에워싸고 서로 이야기하고 있습니다.

112 みんな立ち上がって応援しています。
모두 일어서서 응원하고 있습니다.

113 この人は雑巾がけをしています。
이 사람은 걸레질을 하고 있습니다.

114 この人は鉢植えに水をやっています。
이 사람은 화분에 물을 주고 있습니다.

115 この人はお猪口に酒を注いでいます。
이 사람은 작은 사기잔에 술을 따르고 있습니다.

116 この人は箒で落ち葉を掃き集めています。
이 사람은 빗자루로 낙엽을 쓸어 모으고 있습니다.

117 この人は口ひげを生やしています。
이 사람은 콧수염을 기르고 있습니다.

118 子供が半ズボンをはいています。
어린이가 반바지를 입고 있습니다.

119 この人はアイロンをかけています。
이 사람은 다리미질을 하고 있습니다.

120 子供たちは雪合戦をしています。
어린이들은 눈싸움을 하고 있습니다.

121 男の人が腰を曲げて自販機の受取り口から何かを取り出しています。
남자가 허리를 숙여서 자동판매기의 출구에서 무엇인가를 꺼내고 있습니다.

122 この人は帽子を被って郵便局の前に立っています。
이 사람은 모자를 쓰고 우체국 앞에 서 있습니다.

123 子供たちが花壇の脇を歩いています。
아이들이 화단 옆을 걷고 있습니다.

124 女の人が手袋をはめて道を歩いています。
여자가 장갑을 끼고 길을 걷고 있습니다.

125 女の人が道端でチラシを配っています。
여자가 길가에서 전단지를 배부하고 있습니다.

126 この人は流し台で布巾を絞っています。
이 사람은 싱크대(설거지대)에서 행주를 짜고 있습니다.

127 男の人がポケットに手を入れて歩いています。
남자가 포켓(호주머니)에 손을 넣고 걷고 있습니다.

128 この人は荷物で両手が塞がっています。
이 사람은 짐으로 양손에 여유가 없습니다(양손에 짐을 들고 있습니다).

129 皆立って乾杯をしています。
모두 일어서서 건배를 하고 있습니다.

130 子供たちがじゃぶじゃぶと水遊びを楽しんでいます。
아이들이 첨벙거리며 물놀이를 즐기고 있습니다.

PART 2 質疑応答 질의응답(30문항)

최신 출제경향 및 대책

① 의문사형 문제는 반드시 출제된다.
いつ, だれ, なに, どの, いくら, どう 등에 주의한다.

② はい/いいえ로 대답하는 형태의 문제는 반드시 출제된다. 문제의 내용과 はい/いいえ 형태에 주의한다.

③ 동사의 시제와 관련된 문제는 반드시 출제된다. 과거형, 현재 진행형, 미래형의 형태에 주의한다.

④ 일상생활과 관련된 문제가 가장 많이 출제된다. 기본적인 인사 표현은 최근에 거의 출제되지 않았다. 부탁이나 의뢰, 권유, 추측, 비평 등의 표현에 주의한다.

⑤ 최근에는 시사적인 내용이 담긴 문제가 자주 출제된다. 평소에 일본 뉴스 등을 시청하여 시사적인 용어에 주의한다.

森선세 코멘트

기본적인 인사 표현은 거의 출제되지 않고, 의문사형 문제와 はい/いいえ 형태로 대답하는 형태의 문제는 매번 출제되고 있지만, 문항수가 줄었다.

* 전체적인 일상생활에서의 내용 파악과 관련된 문제가 많은 비중을 차지하고 있으며, 시사적인 내용이 담긴 문제가 늘어나는 추세이다.

* 후반부로 실수록 어려운 문제가 출제되고, 반드시 소거법으로 풀어야만 하는 경우가 있으므로 주의할 것.

기본 인사표현 정리

□ (どうも) ありがとうございます・ました。 (대단히) 감사합니다・고맙습니다.

□ いただきます。 잘 먹겠습니다.

□ いらっしゃい(ませ)。 어서 오십시오.

□ (では) お元気で。 (그럼) 건강하세요.

□ お願いします。 부탁합니다, 부탁드립니다.

□ おはようございます。 안녕하세요.(아침 인사)

□ お休みなさい。 안녕히 계십시오. 안녕히 주무세요.

□ ごちそうさま(でした)。 잘 먹었습니다.

□ こちらこそ。 이쪽이야 말로.

□ ごめんください。 실례합니다. (남의 집을 방문할 때)

□ ごめんなさい。 죄송합니다, 미안합니다. (사과할 때)

□ こんにちは。 안녕하세요. (낮 인사)

□ こんばんは。 안녕하세요. (저녁 인사)

□ さよなら/さようなら。 안녕! (헤어질 때 인사)

□ 失礼しました。 실례했습니다.

□ 失礼します。 실례합니다.

□ すみません。 죄송합니다. 미안합니다. 감사합니다.

□ では、また。 그럼, 또.

□ (いいえ) どういたしまして。 (아니오) 천만에요.

□ はじめまして。 처음 뵙겠습니다.

□ (どうぞ) よろしく。 (아무쪼록) 잘 부탁드립니다.

□ いってらっしゃい/いっていらっしゃい。 잘 다녀오세요.

□ お帰りなさい。 어서 오세요. (귀가할 때 인사)

- おかげさまで。 덕분에.
- お大事_{だいじ}に。 몸 조리 잘 하세요.
- お待_またせしました。 (오래) 기다리셨습니다.
- かしこまりました。 분부대로 하겠습니다. 알겠습니다.
- それはいけませんね。 그것 안됐군요.
- ただいま。 다녀왔습니다. (귀가할 때 인사)
- よくいらっしゃいました。 잘 오셨습니다.
- ありがとう。 고마워요.
- いってきます/いってまいります。 다녀오겠습니다.
- お帰_{かえ}り。 어서 와요. (귀가하는 사람을 맞이하는 인사)
- おかけください。 앉으십시오. 앉아 주십시오.
- おかまいなく。 꺼려하지 마시고, 괘념 마시고.
- お気_きの毒_{どく}に。 가엾어라. 불쌍해라.
- お元気_{げんき}ですか。 건강하세요?, 잘 지내십니까?
- おじゃまします。 실례하겠습니다. (방문할 때)
- おじゃましました/失礼_{しつれい}しました。 실례했습니다. (방문 후에 나올 때)
- おはよう。 안녕! (아침 인사)
- おめでとう/おめでとうございます。 축하해요.
- お世話_{せわ}になりました。 신세 많이 졌습니다.
- お待_まちください。 기다려 주십시오.
- お待_まちどお様_{さま}。 오래 기다리셨습니다.
- ご遠慮_{えんりょ}なく。 사양하지 마시고.
- ご苦労様_{くろうさま}/お疲_{つか}れ様_{さま}。 수고하셨습니다.
- ご存_{ぞん}じですか。 아십니까. 알고 계십니까?
- ご覧_{らん}なさい。 보세요. 보십시오.

37

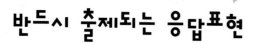
반드시 출제되는 응답표현

1 진위(眞僞) 의문문 (Yes-No 의문문)

문장 중에 의문사를 포함하지 않고 참과 거짓을 묻는 의문문.

① 술어가 명사인 경우

中村（なかむら）：山本（やまもと）さんは会社員（かいしゃいん）ですか。
山本（やまもと）：はい、そうです。（○）　　　はい、会社員（かいしゃいん）です。（○）
　　　　　　いいえ、違（ちが）います。（○）　いいえ、会社員（かいしゃいん）ではありません。（○）

金선세 코멘트

'はい、そうです' 또는 'いいえ、ちがいます／そうではありません' 으로 대답할 수 있다.

② 술어가 형용사, 동사인 경우

中村（なかむら）： 山本（やまもと）さんは忙（いそが）しいですか。
山本（やまもと）： はい、そうです。（×）　　　はい、忙（いそが）しいです。（○）
　　　　　　 いいえ、違（ちが）います。（×）　いいえ、忙（いそが）しくありません。（○）

中村（なかむら）：山田（やまだ）さんはきれいですか。
山本（やまもと）：はい、そうです。（×）　　　はい、きれいです。（○）
　　　　　　 いいえ、違（ちが）います。（×）　いいえ、きれいではありません。（○）

中村（なかむら）：山本（やまもと）さんは朝（あさ）7時（じ）に起（お）きますか。
山本（やまもと）：はい、そうです。（×）　　　はい、起（お）きます。（○）
　　　　　　 いいえ、違（ちが）います。（×）　いいえ、（7時（じ）には）起（お）きません。（○）

金선세 코멘트

'はい、そうです' 또는 'いいえ、ちがいます／そうではありません' 으로 대답할 수 없다. 반드시 술어를 반복해서 대답해야 한다.

2 의문사 의문문 (WH 의문문)

문장 중에 의문사를 포함하고, 그 의문사의 내용을 특정화하는 것을 목적으로 하는 의문문.

中村：山本さんはどんな音楽をよく聞きますか。

山本：はい、聞きます。(×)

いいえ、聞きません。(×)

クラシック音楽です。(○)

金セン세 코멘트

はい 또는 いいえ로 대답할 수 없다.

3 「〜の (です) か」 형태의 의문문

그 내용이 옳다고 하는 것을 알고 있으며, 그 내용의 일부분을 특정화하기 위해 사용한다.

① 의문문 중에 의문사가 포함되어 있는 경우

의문문 중에 의문사를 포함하고 있어도 그 의문사가 술어에 포함되어 있으면 「のだ」
는 필요 없다.

山本さんが見たのは何ですか。

中村：山本さんは何を見たのですか。

山本：はい、見ました。(×)

いいえ、見ませんでした。(×)

「冬のソナタ」を見ました。(○)

金센세 코멘트

'山本さんが何かを見たこと'가 참인지 거짓인지를 묻고 있는 것이 아니기 때문에 'はい'
또는 'いいえ'로 대답할 수 없다.

② 의문문 중의 일부분이 음성적으로 강조되어 있는 경우
　　A: 山本さんは「冬のソナタ」を見ましたか。
　　B: 山本さんは「冬のソナタ」を見たのですか。

의문문 중에서 일부분을 강조한다고 하는 것은, 그 내용이 참인지 거짓인지를 묻는 것이 아니라 강조된 부분이 옳은지 아닌지를 묻는 것이 된다.
「冬のソナタ」부분을 음성적으로 강조한 B와 그렇지 않은 A를 비교해 보면,
A에서는 '야마모토 씨가 「冬のソナタ」를 봤는지 아닌지'를 묻고 있다.
B에서는 '야마모토 씨가 드라마를 봤다'는 사실을 전제로 하고 있음을 알 수 있다.

③ 의문문에 필수 성분 이외의 성분이 포함되어 있는 경우
　中村：山本さんはこのカメラを買いましたか。
　山本：いいえ、買いませんでした。(○)
　　　　いいえ、買いませんでした。何も買いませんでした。(○)
　中村：山本さんはこのカメラをあの店で買ったのですか。
　山本：いいえ、買いませんでした。(?)
　　　　いいえ、買いませんでした。何も買いませんでした。(×)
　　　　いいえ、あの店では買いませんでした。(○)

말하는 사람이 강조하고 싶은 부분은 '야마모토 씨가 이 카메라를 샀다'가 아니라 '저 가게에서'이다.

　中村：山本さんは彼女と「冬のソナタ」を見たのですか。
　山本：いいえ、何も見ませんでした。(×)
　　　　いいえ、彼女とは見ませんでした。(○)

말하는 사람이 강조하고 싶은 부분은 '야마모토 씨가 「冬のソナタ」를 봤다'가 아니라 '여자 친구와'이다.

PART 3 会話文 회화문(30문항)

최신 출제경향 및 대책

① 일상생활과 관련된 내용이 60~70% 출제된다.

성별(남/녀)과 화제 대상의 인물에 주의해서 들으면 된다.
날짜, 요일, 시간, 금액, 숫자 등과 관련된 계산 문제에 주의한다.
수수관계와 사역, 수동 등에 주의해서 최종 판단을 한다.
반전되는 문제에 주의한다.
의문사에 해당되는 내용을 주의해서 들으면 된다.

② 비즈니스와 관련된 내용이 20~30% 출제된다.

직장 상사와 부하의 대화 내용은 특히 경어에 주의해서 듣는다.
직장 동료 사이의 대화 내용은 대체로 제3의 인물인 경우가 많다.
접수처에서의 대화 내용 및 전화의 응답표현에 주의해서 듣는다.

③ 시사적인 내용이 10~20% 출제된다.

주로 사회면, 경제면에서 이슈가 되는 내용이므로 평소에 신문 등을 탐독한다.
지금까지 거의 출제된 적이 없었던 정치면에서 이슈가 되는 내용이 다루어지기도 한다.

④ 어휘력이 있어야만 풀 수 있는 문제가 꼭 1~2문제 출제된다.

ニート, 引きこもり型, 自信喪失

森선세 코멘트

한정된 시간에 문제 내용을 파악하면서 두 사람(남/여)의 대화내용을 들어야 하기 때문에 PART2(질의응답)와 마찬가지로 고도의 집중력을 갖고 문제를 풀것.

네이티브(일본인)라 하더라도 문제 내용을 파악하면서 동시에 대화내용을 성확히 이해하면서 문제를 풀기란 어렵다. 청해(듣기) 능력의 평가라기보다는 집중력의 평가라고 해도 과언은 아닐 것이다.

아무리 청해(듣기)능력에 자신이 있는 학습자라 하더라도, 많은 문제를 풀어보는 트레이닝을 해야만 고득점을 얻을 수 있다.

비즈니스 인사표현

Track 004

- おはようございます。 회사에 출근할 때

- こんにちは。 회사 내에서 회사 사람을 만났을 때

- お世話になっております。 거래처 등에서 만났을 때

- いつもお世話になっております。／いつもお世話様でございます。

  거래가 있는 사람에게

- 昨日はありがとうございます。 어제 만난 사람에게

- 先日はありがとうございました。 얼마 전에 만난 사람에게

- 行って参ります。 외출할 때

- ただ今戻りました。 외출했다가 돌아왔을 때

- お帰りなさい。 외출했다가 돌아온 사람에게

- 失礼致します。 회의 중인 방 등에 들어갈 때

- 先に失礼致します。／ 申し訳ございません、お先に失礼させていただき

  ます。 퇴근할 때 남아 있는 사람에게

- お疲れ様でした。／ご苦労様でした。 퇴근하는 사람에게

うちと そとの 관계

うち

가족이나 회사 등, 자신이 속해 있는 단체(회사)

そと

うちの 관계가 없는 경우
そと인 사람에게는 기본적으로 경어를 사용한다.

예 직장 상사를 거래처인 상대에게 소개할 경우

말하는 사람 : 나
듣는 사람 : 거래처(「そと」)
화제의 대상 : 나의 직장 상사(「うち」) ⇒ 존경어를 사용해서는 안 된다.

나 : 星野課長、紹介します。当社の営業部長の中村です。

부장 : はじめまして。中村と申します。

나 : こちら、日本商事の営業課長の星野さんです。

거래처 : はじめまして、私、日本商事の星野と申します。

★ 영업부장인 나카무라는 나의 직장 상사이지만 うち의 관계이므로 존경어를 사용해서는 안 된다.

営業部長の中村さん (×)
営業部長の中村 (○)

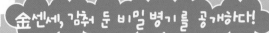

자주 사용하는 비즈니스표현 정리 100

001	일반적인 공손한 표현	あります・です 있습니다/입니다
	비경어적인 표현	ある・だ 있다/이다
	경어적인 비즈니스표현	ございます・でございます 있습니다/입니다

002	일반적인 공손한 표현	ありません・ではありません 없습니다/아닙니다
	비경어적인 표현	ない・ではない 없다/아니다
	경어적인 비즈니스표현	ございません・でございません 없습니다/아닙니다

003	일반적인 공손한 표현	(もう)いいです (이제) 됐습니다
	비경어적인 표현	(もう)いい (이제) 됐다
	경어적인 비즈니스표현	(もう)けっこうです (이제) 됐습니다

004	일반적인 공손한 표현	いいですか 좋습니까?
	비경어적인 표현	いい？ 좋아?
	경어적인 비즈니스표현	よろしいでしょうか 괜찮겠습니까?

005	일반적인 공손한 표현	どうですか 어떻습니까?
	비경어적인 표현	どう？ 어때?
	경어적인 비즈니스표현	いかがですか 어떠십니까?

006	일반적인 공손한 표현	分_わかりました 알겠습니다. 알았습니다
	비경어적인 표현	分_わかった 알았다
	경어적인 비즈니스표현	かしこまりました・承知_{しょうち}いたしました・了解_{りょうかい}いたしました 알겠습니다. 알았습니다

007	일반적인 공손한 표현	すみません 미안합니다. 죄송합니다
	비경어적인 표현	ごめん 미안해
	경어적인 비즈니스표현	申_{もう}し訳_{わけ}ございません 죄송합니다. 면목없습니다

008	일반적인 공손한 표현	すみませんが 미안합니다만. 죄송합니다만
	비경어적인 표현	悪_{わる}いが 미안하지만
	경어적인 비즈니스표현	恐_{おそ}れ入_いりますが 황송합니다만

009	일반적인 공손한 표현	(と)言_いいます (라고) 합니다
	비경어적인 표현	(と)言_いう (라고) 한다
	경어적인 비즈니스표현	(と)申_{もう}します (라고) 합니다

010	일반적인 공손한 표현	できません 할 수 없습니다. 불가능합니다
	비경어적인 표현	できない 할 수 없다. 불가능하다
	경어적인 비즈니스표현	致_{いた}しかねます 어려울 것 같습니다

011	일반적인 공손한 표현	伝えます 전달하겠습니다
	비경어적인 표현	伝える 전달하다
	경어적인 비즈니스표현	申し伝えておきます 전달해 두겠습니다

012	일반적인 공손한 표현	聞いています 듣고 있습니다
	비경어적인 표현	聞いている 듣고 있다
	경어적인 비즈니스표현	承っております 삼가 듣고 있습니다

013	일반적인 공손한 표현	席にいません 자리에 없습니다
	비경어적인 표현	席にいない 자리에 없다
	경어적인 비즈니스표현	席を外しております 자리를 비우고 있습니다. 자리에 없습니다

014	일반적인 공손한 표현	ちょっと待って下さい 잠시 기다려 주세요
	비경어적인 표현	ちょっと待って 잠깐 기다려 줘
	경어적인 비즈니스표현	少々お待ち下さい 잠시 기다려 주십시오

015	일반적인 공손한 표현	来てください 와 주세요
	비경어적인 표현	来てくれる? 와 줄래?
	경어적인 비즈니스표현	お越しいただけませんでしょうか・ご足労願えませんでしょうか 왕림해 주시겠습니까?

016	일반적인 공손한 표현	わたしの父・母 나의 아버지/어머니
	비경어적인 표현	僕の父・母 나의 아버지/어머니 (남성에 한해서 사용) あたしの父・母 나의 아버지/어머니 (여성에 한해서 사용)
	경어적인 비즈니스표현	わたくしの父・母 저의 아버지/어머니

017	일반적인 공손한 표현	わたし・僕/うちの妻・家内 나의(우리) 아내(마누라)
	비경어적인 표현	僕・うちの妻・家内 나의(우리) 아내(마누라)
	경어적인 비즈니스표현	わたくしの妻・家内/奥さま 저의 아내・사모님(상대방의 부인)

018	일반적인 공손한 표현	わたし・うちの夫・主人 나의(우리) 남편
	비경어적인 표현	わたし・あたし・うちの夫・主人・旦那 나의(우리) 남편
	경어적인 비즈니스표현	わたくしの夫 / 主人 저의 남편

019	일반적인 공손한 표현	元気ですか 잘 지냅니까?
	비경어적인 표현	元気? 잘 지내?
	경어적인 비즈니스표현	お元気ですか 잘 지내십니까?

020	일반적인 공손한 표현	気をつけてください 조심하세요. 주의하세요
	비경어적인 표현	気をつけてね 조심해. 주의해
	경어적인 비즈니스표현	お気をつけください 조심하십시오. 주의하십시오

021	일반적인 공손한 표현	待っています 기다리고 있겠습니다
	비경어적인 표현	待ってる 기다리고 있을게
	경어적인 비즈니스표현	お待ちしております 기다리고 있겠습니다

022	일반적인 공손한 표현	どっちがいいですか 어느 쪽이 좋습니까?
	비경어적인 표현	どっちがいい? 어느 쪽이 좋아?
	경어적인 비즈니스표현	どちらがよろしいですか 어느 쪽이 좋으십니까?

023	일반적인 공손한 표현	お願いできますか 부탁할 수 있겠습니까?
	비경어적인 표현	お願いできる？ 부탁할 수 있어?
	경어적인 비즈니스표현	お願いできますでしょうか 부탁할 수 있겠습니까?

024	일반적인 공손한 표현	それは本当ですか 그것은 정말입니까?
	비경어적인 표현	それは本当？ 그것은 정말이야?
	경어적인 비즈니스표현	それは本当でしょうか 그것은 정말입니까?

025	일반적인 공손한 표현	連絡してください 연락해 주세요
	비경어적인 표현	連絡して·連絡ちょうだい 연락해/연락 줘
	경어적인 비즈니스표현	ご連絡ください 연락해 주십시오

026	일반적인 공손한 표현	こっちを見てください 이쪽을 봐 주세요
	비경어적인 표현	こっち見て 이쪽 봐
	경어적인 비즈니스표현	こちらをご覧ください 이쪽을 봐 주십시오

027	일반적인 공손한 표현	ここに座ってください 여기에 앉아 주세요
	비경어적인 표현	ここに座って 여기에 앉아
	경어적인 비즈니스표현	こちらにおかけください 여기에 앉아 주십시오

028	일반적인 공손한 표현	こっちに来ますか 여기에 옵니까?
	비경어적인 표현	こっちに来る？ 여기에 와?
	경어적인 비즈니스표현	こちらにいらっしゃいますか 여기에 오십니까?

029	일반적인 공손한 표현	わたし・僕がしましょうか 내가 할까요?
	비경어적인 표현	僕・あたしがやろうか 내가 할까?
	경어적인 비즈니스표현	わたくしがいたしましょうか 제가 할까요?

030	일반적인 공손한 표현	あとで連絡します 나중에 연락하겠습니다
	비경어적인 표현	あとで連絡する 나중에 연락할게
	경어적인 비즈니스표현	後ほどご連絡します 나중에 연락 드리겠습니다

031	일반적인 공손한 표현	会議室にいます 회의실에 있습니다
	비경어적인 표현	会議室にいる 회의실에 있어
	경어적인 비즈니스표현	会議室にいらっしゃいます 회의실에 계십니다

032	일반적인 공손한 표현	手伝いましょうか 도와 줄까요?
	비경어적인 표현	手伝おうか 도와 줄까?
	경어적인 비즈니스표현	お手伝いいたしましょうか 도와 드릴까요?

033	일반적인 공손한 표현	よく似合ってますね 잘 어울리네요
	비경어적인 표현	よく似合ってるね 잘 어울리네
	경어적인 비즈니스표현	よくお似合いですね 잘 어울리시네요

034	일반적인 공손한 표현	お腹は空いてますか 배고픕니까?
	비경어적인 표현	お腹空いてる？ 배고파?
	경어적인 비즈니스표현	お腹はお空きでしょうか 시장하십니까?

035	일반적인 공손한 표현	味<ruby>あじ</ruby>はどうですか 맛은 어떻습니까?
	비경어적인 표현	味はどう？ 맛은 어때?
	경어적인 비즈니스표현	お味はいかがですか 맛은 어떠십니까?

036	일반적인 공손한 표현	飲みますか 마시겠습니까?
	비경어적인 표현	飲む？ 마실래?
	경어적인 비즈니스표현	お飲みになりますか 드시겠습니까?

037	일반적인 공손한 표현	気に入りましたか 마음에 들었습니까?
	비경어적인 표현	気に入った？ 마음에 들었어?
	경어적인 비즈니스표현	お気に召しましたか 마음에 드셨습니까?

038	일반적인 공손한 표현	コーヒーでいいですか 커피로 괜찮겠습니까?
	비경어적인 표현	コーヒーでいい？ 커피로 괜찮아?
	경어적인 비즈니스표현	コーヒーでよろしいでしょうか 커피로 괜찮으십니까?

039	일반적인 공손한 표현	時間はどうしましょうか 시간은 어떻게 할까요?
	비경어적인 표현	時間はどうする？ 시간은 어떻게 할래?
	경어적인 비즈니스표현	お時間はどういたしましょうか 시간은 어떻게 하시겠습니까?

040	일반적인 공손한 표현	1時はどうでしょうか 1시는 어떻습니까?
	비경어적인 표현	1時はどう？ 1시는 어때?
	경어적인 비즈니스표현	1時はいかがでしょうか 1시는 어떠십니까?

041	일반적인 공손한 표현	会議室に集まってください 회의실에 모여 주세요
	비경어적인 표현	会議室に集まって 회의실에 모여 줘
	경어적인 비즈니스표현	会議室にお集まりください 회의실에 모여 주십시오

042	일반적인 공손한 표현	メールを送ってください 메일을 보내 주세요
	비경어적인 표현	メールを送って・メールをちょうだい 메일을 보내/메일을 줘
	경어적인 비즈니스표현	メールをお送りください 메일을 보내 주십시오

043	일반적인 공손한 표현	誰と行くんですか 누구와 가는 것입니까?
	비경어적인 표현	誰と行くの？ 누구와 가는 거야?
	경어적인 비즈니스표현	どなたと行かれるんですか 어느 분과 가시는 것입니까?

044	일반적인 공손한 표현	傘を持っていってください 우산을 가지고 가 주세요
	비경어적인 표현	傘を持っていって 우산을 가지고 가 줘
	경어적인 비즈니스표현	傘をお持ちになってください 우산을 가지고 가 주십시오

045	일반적인 공손한 표현	あまり無理しないでください 너무 무리하지 마세요
	비경어적인 표현	あんまり無理しないでね 너무 무리하지 마
	경어적인 비즈니스표현	あまり無理なさらないでください 너무 무리하지 마십시오

046	일반적인 공손한 표현	これから送ります 지금부터 보냅니다
	비경어적인 표현	これから送る 지금부터 보낼게
	경어적인 비즈니스표현	これからお送りいたします 지금부터 보내 드리겠습니다

047	일반적인 공손한 표현	遅れないでください 늦지 마세요
	비경어적인 표현	遅れないで 늦지 마
	경어적인 비즈니스표현	お遅れにならないようにお願いします 늦지 않도록 부탁 드립니다

048	일반적인 공손한 표현	速達で送りましょうか 속달로 보낼까요?
	비경어적인 표현	速達で送ろうか 속달로 보낼까?
	경어적인 비즈니스표현	速達でお送りいたしましょうか 속달로 보내 드릴까요?

049	일반적인 공손한 표현	駅まで一緒に行きませんか 역까지 같이 가지 않겠습니까?
	비경어적인 표현	駅まで一緒に行かない？ 역까지 같이 안 갈래?
	경어적인 비즈니스표현	駅までご一緒しませんか 역까지 같이 가시지 않겠습니까?

050	일반적인 공손한 표현	何という名前ですか 무엇이라고 하는 이름입니까?
	비경어적인 표현	何という名前？ 뭐라고 하는 이름이야?
	경어적인 비즈니스표현	何というお名前ですか 무엇이라고 하는 성함입니까?

051	일반적인 공손한 표현	何を怒っているんですか 무엇을 화내는 것입니까?
	비경어적인 표현	何を怒っているの？ 뭘 화내는 거야?
	경어적인 비즈니스표현	何をお怒りなんですか 무엇을 화내시는 것입니까?

052	일반적인 공손한 표현	どうして怒ってるんですか 왜 화내는 것입까?
	비경어적인 표현	なんで怒ってんの？ 왜 화내는 거야?
	경어적인 비즈니스표현	どうしてお怒りなんですか 왜 화내시는 것입니까?

053	일반적인 공손한 표현	風邪を引いているんですか 감기에 걸렸습니까?
	비경어적인 표현	風邪を引いてるの？ 감기에 걸린 거야?
	경어적인 비즈니스표현	風邪を引いていらっしゃるんですか・ お風邪を召されたのですか 감기에 걸리신 것입니까?

054	일반적인 공손한 표현	早く言ってください 빨리 말해 주세요
	비경어적인 표현	早く言ってよ 빨리 말해 줘
	경어적인 비즈니스표현	早くおっしゃってください 빨리 말씀해 주십시오

055	일반적인 공손한 표현	じゃ、そろそろ失礼します・帰ります 그럼, 슬슬 실례하겠습니다/돌아가겠습니다
	비경어적인 표현	じゃ、そろそろ帰る 그럼, 슬슬 돌아갈게
	경어적인 비즈니스표현	では、そろそろ失礼いたします 그럼, 슬슬 실례하도록 하겠습니다

056	일반적인 공손한 표현	よろしくお願いします 잘 부탁합니다
	비경어적인 표현	よろしく 잘 부탁해
	경어적인 비즈니스표현	よろしくお願いいたします・お願い申し上げます 잘 부탁 드리겠습니다/부탁 말씀 드리겠습니다

057	일반적인 공손한 표현	連絡してもらえますか・連絡してくれますか 연락해 주시겠습니까?
	비경어적인 표현	連絡してもらえる？・連絡してくれる？ 연락해 줄래?
	경어적인 비즈니스표현	ご連絡いただけますか 연락해 주시겠습니까?

058	일반적인 공손한 표현	ちょっと教えてほしいんですが…… 좀 가르쳐 주었으면 합니다만……
	비경어적인 표현	ちょっと教えてほしいんだけど…… 좀 가르쳐 줬으면 하는데……
	경어적인 비즈니스표현	ちょっと教えていただきたいんですが…… 좀 가르쳐 주셨으면 합니다만……

059	일반적인 공손한 표현	これ、ちょっと高くないですか　이것, 좀 비싸지 않습니까?
	비경어적인 표현	これ、ちょっと高くない？　이것, 좀 비싸지 않아?
	경어적인 비즈니스표현	これ、少し高くないでしょうか　이것, 좀 비싸지 않습니까?

060	일반적인 공손한 표현	確かにそうかもしれないですが　확실히 그럴지도 모릅니다만
	비경어적인 표현	確かにそうかもしれないけど　확실히 그럴지도 모르지만
	경어적인 비즈니스표현	確かにそうかもしれませんが　확실히 그럴지도 모르겠습니다만

061	일반적인 공손한 표현	そろそろ夕食にしますか　슬슬 저녁 먹을까요?
	비경어적인 표현	そろそろ夕食にする？　슬슬 저녁 먹을래?
	경어적인 비즈니스표현	そろそろ夕食になさいますか　슬슬 저녁 드시겠습니까?

062	일반적인 공손한 표현	どうして食べないんですか　왜 먹지 않는 것입니까?
	비경어적인 표현	どうして食べないの？　왜 먹지 않는 거야?
	경어적인 비즈니스표현	どうしてお召し上がりにならないんですか 왜 드시지 않는 것입니까?

063	일반적인 공손한 표현	いつも何時ごろに寝ますか 늘 몇 시경에 잡니까?
	비경어적인 표현	いつも何時ごろに寝る？ 늘 몇 시경에 자?
	경어적인 비즈니스표현	いつも何時ごろにお休みですか 늘 몇 시경에 주무십니까?

064	일반적인 공손한 표현	危ないんじゃないですか 위험하지 않습니까?
	비경어적인 표현	危ないんじゃない？ 위험하지 않아?
	경어적인 비즈니스표현	危ないのではないでしょうか 위험한 것은 아닌지요?

065	일반적인 공손한 표현	ちゃんと見られましたか 제대로 보셨습니까?
	비경어적인 표현	ちゃんと見れた？ 제대로 봤어?
	경어적인 비즈니스표현	ちゃんとご覧になれましたか 제대로 보셨습니까?

066	일반적인 공손한 표현	一つあげましょうか 한 개 줄까요?
	비경어적인 표현	一個・一つあげようか 한 개 줄까?
	경어적인 비즈니스표현	お一つ差し上げましょうか 한 개 드릴까요?

067	일반적인 공손한 표현	どんな色がいいんですか 어떤 색이 좋습니까?
	비경어적인 표현	どんな色がいい？ 어떤 색이 좋아?
	경어적인 비즈니스표현	どのようなお色がよろしいですか 어떤 색이 좋으십니까?

068	일반적인 공손한 표현	来週の予定はどんな感じですか 다음 주의 예정은 어떤 느낌입니까?
	비경어적인 표현	来週の予定はどんな感じ？ 다음 주의 예정은 어떤 느낌이야?
	경어적인 비즈니스표현	来週のご都合はいかがでしょうか 다음 주의 상황은 어떠십니까?

069	일반적인 공손한 표현	どうして駄目なんですか　왜 안 되는 것입니까?
	비경어적인 표현	なんで駄目なの？　왜 안 되는 거야?
	경어적인 비즈니스표현	どうして駄目なのでしょうか　왜 안 되는 것인가요?

070	일반적인 공손한 표현	この映画は面白くなかったです　이 영화는 재미없었습니다
	비경어적인 표현	この映画は面白くなかった・つまんなかった 이 영화는 재미없었어/시시했어
	경어적인 비즈니스표현	この映画は面白くありませんでした 이 영화는 재미없었습니다

071	일반적인 공손한 표현	山本さんは今、ちょっと外出しています 야마모토 씨는 지금, 잠시 외출했습니다
	비경어적인 표현	山本さんは今、ちょっと外出してる 야마모토 씨는 지금, 잠깐 외출했어
	경어적인 비즈니스표현	山本さんはただ今、外出しております 야마모토 씨는 방금, 외출했습니다

072	일반적인 공손한 표현	あまりよくないんじゃないですか 별로 안 좋은 것 아닙니까?
	비경어적인 표현	あまりよくないんじゃない？　별로 안 좋은 것 아냐?
	경어적인 비즈니스표현	あまりよくないのではないでしょうか 별로 안 좋은 것은 아니신가요?

073	일반적인 공손한 표현	今、何をやってるんですか　지금, 무엇을 하고 있는 것입니까?
	비경어적인 표현	今、何やってんの？　지금, 뭐하고 있는 거야?
	경어적인 비즈니스표현	今、何をなさっていますか　지금, 무엇을 하고 계십니까?

074	일반적인 공손한 표현	疲れているんじゃないですか 피곤한 것 아닙니까?
	비경어적인 표현	疲れているんじゃない？ 피곤한 것 아냐?
	경어적인 비즈니스표현	お疲れではないですか 피곤하신 것 아닙니까?

075	일반적인 공손한 표현	忘れないようにしてください 잊지 않도록 해 주세요
	비경어적인 표현	忘れないようにしてね 잊지 않도록 해 줘
	경어적인 비즈니스표현	お忘れにならないようにしてください 잊지 않도록 해 주십시오

076	일반적인 공손한 표현	どうして来なかったんですか 왜 안 온 것입니까?
	비경어적인 표현	なんで来なかったの？ 왜 안 온 거야?
	경어적인 비즈니스표현	どうしていらっしゃらなかったんですか 왜 안 오신 것입니까?

077	일반적인 공손한 표현	いつ帰ったんですか 언제 돌아간 것입니까?
	비경어적인 표현	いつ帰ったの？ 언제 돌아간 거야?
	경어적인 비즈니스표현	いつお帰りになったんですか 언제 돌아가신 것입니까?

078	일반적인 공손한 표현	すみませんが、代わりに行ってもらえませんか 미안합니다만, 대신 가 주지 않겠습니까?
	비경어적인 표현	悪いんだけど、代わりに行ってくんない？ 미안하지만, 대신 가 주지 않을래?
	경어적인 비즈니스표현	申し訳ないのですが、代わりに行っていただけな いでしょうか 죄송합니다만, 대신 가 주시지 않으시겠습니까?

079	일반적인 공손한 표현	すみません、ちょっと通_{とお}してもらえますか 미안합니다, 좀 지나갈 수 있겠습니까?
	비경어적인 표현	ちょっと通_{とお}して 좀 지나갈게
	경어적인 비즈니스표현	すみません、ちょっと通_{とお}していただけますか 미안합니다, 잠시 지나가도록 해 주시겠습니까?

080	일반적인 공손한 표현	そんなことは知_しりません 그런 것은 모릅니다
	비경어적인 표현	そんなこと知_しらない 그런 것 몰라
	경어적인 비즈니스표현	そのようなことは存_{ぞん}じません 그러한 것은 모르겠습니다

081	일반적인 공손한 표현	この人_{ひと}を知_しっていますか 이 사람을 압니까?
	비경어적인 표현	この人_{ひと}を知_しってる？ 이 사람을 알아?
	경어적인 비즈니스표현	この方_{かた}をご存_{ぞん}じですか 이 분을 아십니까?

082	일반적인 공손한 표현	いえ、知_しりません・知_しらないです 아니오, 모릅니다
	비경어적인 표현	いや、知_しらない 아니, 몰라
	경어적인 비즈니스표현	いいえ、存_{ぞん}じ上_あげません 아니오, 모르겠습니다

083	일반적인 공손한 표현	名前_{なまえ}は、前_{まえ}から知_しっています 이름은 전부터 알고 있습니다
	비경어적인 표현	名前_{なまえ}は、前_{まえ}から知_しってる 이름은 전부터 알고 있어
	경어적인 비즈니스표현	お名前_{なまえ}は、前_{まえ}から存_{ぞん}じ上_あげております 존함은 전부터 알고 있습니다

084	일반적인 공손한 표현	一度挨拶したかったのですが 한 번 인사하고 싶었습니다만
	비경어적인 표현	一度挨拶したかったの　한 번 인사하고 싶었어
	경어적인 비즈니스표현	一度ご挨拶申し上げたかったのですが 한 번 인사 드리고 싶었습니다만

085	일반적인 공손한 표현	今日会えてよかったです　오늘 만날 수 있어서 다행이었습니다
	비경어적인 표현	今日会えてよかった　오늘 만날 수 있어서 다행이었어
	경어적인 비즈니스표현	今日お目にかかれて嬉しゅうございました 오늘 만나뵐 수 있어서 기뻤습니다

086	일반적인 공손한 표현	中村さんとは前から縁がありました 나카무라씨와는 전부터 인연이 있었습니다
	비경어적인 표현	中村さんとは前から縁があった 나카무라씨와는 전부터 인연이 있었어
	경어적인 비즈니스표현	中村さんとは前からご縁がございました 나카무라씨와는 전부터 인연이 있었습니다

087	일반적인 공손한 표현	一緒に仕事をしたことがあるのですが 함께 일을 한 적이 있습니다만
	비경어적인 표현	一緒に仕事をしたことがあるんだが 같이 일을 한 적이 있지만
	경어적인 비즈니스표현	ご一緒に仕事をさせていただいたことがあるのですが　함께 일을 하게 된 적이 있어서

080	일반적인 공손한 표현	橋木は去年退職しました　하시모토는 작년에 퇴직했습니다
	비경어적인 표현	橋本は去年退職した　하시모토는 작년에 퇴직했어
	경어적인 비즈니스표현	橋本は去年退職いたしました 하시모토는 작년에 퇴직하였습니다

089	일반적인 공손한 표현	もう退職<ruby>退職<rt>たいしょく</rt></ruby>しましたか 이미 퇴직했습니까?
	비경어적인 표현	もう退職<ruby>退職<rt>たいしょく</rt></ruby>したか 이미 퇴직했어?
	경어적인 비즈니스표현	もう退職<ruby>退職<rt>たいしょく</rt></ruby>なさいましたか 이미 퇴직하셨습니까?

090	일반적인 공손한 표현	中村さんと橋本さんは釣り仲間だと聞きました 나카무라씨와 하시모토씨는 낚시 동료라고 들었습니다
	비경어적인 표현	中村さんと橋本さんは釣り仲間だと聞いた 나카무라씨와 하시모토씨는 낚시 동료라고 들었어
	경어적인 비즈니스표현	中村さんと橋本さんは釣り仲間でいらっしゃると伺い ました 나카무라씨와 하시모토씨는 낚시 동료시라고 들었습니다

091	일반적인 공손한 표현	そういう行き来があるんですね 그러한 왕래가 있군요
	비경어적인 표현	そんな行き来があるのね 그런 왕래가 있군
	경어적인 비즈니스표현	そういう行き来がおありなんですね 그러한 왕래가 있으시군요

092	일반적인 공손한 표현	佐藤さんも釣りが好きで、よく出かけるそうです ね 사토씨도 낚시를 좋아해서, 자주 외출한다고 하네요
	비경어적인 표현	佐藤さんも釣りが好きで、よく出かけるそうだね 사토씨도 낚시를 좋아해서, 자주 외출한다고 해
	경어적인 비즈니스표현	佐藤さんも釣りがお好きで、よくお出かけになるそう ですね 사토씨도 낚시를 좋아하셔서, 자주 외출하신다고 하네요

093	일반적인 공손한 표현	実は休暇をとって、よく行きます 실은 휴가를 얻어서, 자주 갑니다
	비경어적인 표현	実は休暇をとって、よく行く 실은 휴가를 얻어서, 자주 가
	경어적인 비즈니스표현	実は休暇をとって、よく参ります 실은 휴가를 얻어서, 자주 갑니다

094	일반적인 공손한 표현	ぜひ、お供します 꼭 동행하겠습니다
	비경어적인 표현	ぜひ、お供するよ 꼭 동행할게
	경어적인 비즈니스표현	ぜひ、お供いたします 꼭 동행하도록 하겠습니다

095	일반적인 공손한 표현	話せてよかったです 말할 수 있어서 좋았습니다
	비경어적인 표현	話せてよかった 얘기할 수 있어서 좋았어
	경어적인 비즈니스표현	お話しできてようございました 말을 할 수 있어서 좋았습니다

096	일반적인 공손한 표현	外車が2台もあって、いいですね 외제차가 2대나 있어서, 좋겠네요
	비경어적인 표현	外車が2台もあって、いいね 외제차가 2대나 있어서, 좋겠네
	경어적인 비즈니스표현	外車が2台もおありになって、よろしいですね 외제차가 2대나 있으셔서, 좋으시겠어요

097	일반적인 공손한 표현	明日はずっと自宅ですか 내일은 계속 집에 있습니까?
	비경어적인 표현	明日はずっと家にいるの？ 내일은 쭉 집에 있어?
	경어적인 비즈니스표현	明日はずっとご自宅ですか 내일은 계속 집에 계십니까?

098	일반적인 공손한 표현	この新製品を販売しました 이 신제품을 판매했습니다
	비경어적인 표현	この新製品を販売した 이 신제품을 판매했다
	경어적인 비즈니스표현	この新製品を販売いたしました 이 신제품을 판매했습니다

099	일반적인 공손한 표현	今日は当時のエピソードを話したいと思います
		오늘은 당시의 에피소드를 이야기하도록 하겠습니다
	비경어적인 표현	今日は当時のエピソードを話したい
		오늘은 당시의 에피소드를 얘기하고 싶어
	경어적인 비즈니스표현	本日は当時のエピソードをお話ししたいと存じます
		오늘은 당시의 에피소드를 말씀해 드리도록 하겠습니다

100	일반적인 공손한 표현	まず隣の窓口で申込用紙をもらってください
		우선 옆 창구에서 신청 용지를 받아 주세요
	비경어적인 표현	まず隣の窓口で申込用紙をもらってね
		우선 옆 창구에서 신청 용지를 받아
	경어적인 비즈니스표현	まず隣の窓口で申込用紙をお受け取りください
		우선 옆 창구에서 신청 용지를 받아 주십시오

PART 4 説明文 설명문(20문항)

최신 출제경향 및 대책

① 일기·수필 형식의 지문이 2개 이상 출제된다.

대체로 이사 및 여행 등의 일상적인 내용으로 구성되어 있고, 지문의 내용과 문제의 순서가 거의 일치하므로 주의해서 듣는다.

② 뉴스, 사고, 이슈 형식의 지문이 2개 이상 출제된다.

지문의 내용과 문제의 순서가 거의 일치하므로 주의해서 듣는다. 내용을 육하원칙에 준수하여 주의해서 듣도록 한다.

③ 안내방송, 설문조사·통계, 기타 내용의 지문이 1개 출제된다.

지문의 내용과 문제의 순서가 일치하지 않는 경우가 많고, 문제에 본문의 내용으로 '알맞지 않은 것은' 또는 '알맞은 것은' 등의 종합적인 문제가 출제된다.

森선생 코멘트

지문은 총 6개가 출제된다.

2개 지문 ---〉 4문제씩, 4개 지문 ---〉 3문제씩

지문의 내용과 문제의 순서가 대부분 일치하므로 지문의 내용을 들으면서 답을 체크할 것.

지문 내용을 들으면서 순서대로 문제를 풀기 때문에 지문 내용이 끝남과 동시에 문제풀기도 종료가 되어야 한다.

답안지에 마킹하는 시간으로 인해, 다음 문제의 내용을 미리 파악해야만 하는 타이밍을 놓치는 어리석음을 범하지 말것.

기본적으로 지문 내용을 들으면서 답안지에 마킹을 하지만, 그렇지 못한 경우에는 문제지에만 정답 체크를 하고 답안지에 마킹하는 것은 생략하도록 한다.

생활 관용구 정리

 Track 006

※ 800점대 이상을 목표로 하는 학습자를 대상으로 정리하였음.

- □ 値が張る　값이 비싸다
- □ 高が知れている　뻔한 일이다. 대수로운 것이 아니다
- □ 高を括る　깔보다. 얕보다. 하찮게 보다
- □ 高望みは失敗のもと　허황된 소원은 실패의 원인

  相手を見くびったのが失敗のもとだ。 상대를 얕본 것이 실패의 원인이다
- □ 迷惑メール　스팸 메일
- □ ぼったくりだ　바가지 씌우다
- □ ひたっくりにあう　날치기 당하다
- □ グルメ　음식 맛에 정통함. 미식가
- □ つんと鼻をつく悪臭　코를 톡 쏘는 악취
- □ 酢のにおいがつんつんする　식초 냄새가 코를 찌르다
- □ 切札　비장의 카드 (마지막 카드)
- □ 轢き逃げする　뺑소니치다
- □ 頑なに拒む　완강히 거부하다
- □ 野次を飛ばす　야유하다
- □ 野次馬　까닭 없이 덩달아 떠들어 대는 일. 구경꾼

□ 黒山のような人だかり　새까맣게 모여든 사람 떼. 인산인해를 이룬 군중

□ かいもく見当がつかない　도무지 짐작이 안 되다

□ 向きになる　사소한 일에 정색하고 대들다[화내다]

□ 冗談を向きになって怒る　농담을 곧이듣고 화내다

□ 遠慮会釈もなく　예절[체면]이고 인사고 없이. 거리낌 없이

□ 寄り道　가는[지나가는] 길에 들름

　　寄り道をして友人を見舞う。가는 길에 들러서 친구를 문병하다

□ 死に目に会う　임종을 보다

□ 死に水を取る　임종 때까지 돌보다 ⇒ 最後を看取る

□ 玉の輿に乗る　부잣집으로 시집가다

□ へそくり　비상금 (주부 등이 살림을 절약하거나 하여 남편 모르게 모은 돈)

□ 気前がいい　인심이 좋다

□ ふいにする　무효로 하다

□ ふいになる　허사가 되다

　　急な値下がりで今までの儲けはみんなふいになってしまった。

　　시세의 급락으로 이제까지 번 것은 모두 허사가 되었다

□ 土下座をするようにして謝る　손이 발이 되도록 빌다

□ 途方に暮れる　어찌할 바를 모르다. 망연자실하다

□ 途方もない　사리가 맞지 않다. 엉망이다. 터무니없다

□ 襤褸を出す　결점을 드러내다. 실패하다

□ 水臭いことを言う 남 대하듯이 말하다

□ 敵わない 이길 수 없다. 당해 내지 못하다. 견딜 수 없다. 참을 수 없다

□ がり勉 공부벌레

□ 躍起になる 기를 쓰다

　躍起になって弁解する。 기를 쓰고 변명하다

□ もっての外のふるまい 당치도 않은 짓[행동]

□ 法事をする 제사를 지내다 ⇒ 法事を祭る 제사를 지내다

□ 世渡りがうまい 세상 살아가는 처세가 능숙하다

□ 胴上げをする 헹가래를 치다

□ 死に物狂いになって努力する 필사적으로 노력하다

□ 有頂天になる 너무 기뻐서 어찌할 바를 모르다

□ 二枚舌を使う 일구이언하다. 앞뒤가 맞지 않는 말을 하다

□ 汗っかき 땀을 많이 흘리는 사람

□ すごい力持ち 힘이 장사

□ 金回りがいい 주머니 사정이 좋다

□ おならをする 방귀를 뀌다

□ 胼胝ができる 굳은살이 박히다

□ 無駄足を踏む・運ぶ 헛걸음하다

□ 手前味噌を並べる 자화자찬을 늘어놓다

□ 控え選手 후보 선수

□ 山の端 산기슭

□ 端からしくじる 초장부터 실수하다

□ 端から喧嘩腰で 다짜고짜 시비조로

□ 余所にする 소홀히 하다

□ 余所見をする 한눈을 팔다

□ 兜を脱ぐ 항복하다 ⇒ 降参する

□ つまみ食いをする 집어먹다

□ 寝相が悪い 잠버릇이 나쁘다

□ シカトする 무시하다

□ ポイ捨て 아무데나 버림

　　たばこのポイ捨て。담배를 아무데나 버림

□ まっぴらごめんだ 딱 질색이다

□ 竹馬の友 죽마고우. 소꿉친구

□ 遠慮深い 몹시 조심스럽다

□ すし詰め電車 만원 전철

□ 癪に障る 화가 나다. 울화가 치밀다

□ 赤の他人 생판 남

□ 欲張り 욕심쟁이

□ 親の七光り 부모의 후광

□ 縁が欠ける (접시, 그릇 등의) 이가 빠지다

□ 決まりが悪い 창피하다. 쑥스럽다

□ 夢のまた夢 하늘의 별따기

□ 虫がいい 뻔뻔하다. 얌체 같다

□ 虫が知らせる 어쩐지 그런 예감이 들다

□ 二枚目 미남

□ 二枚舌 일구이언. 앞뒤가 맞지 않는 말

□ 湯煎する 중탕하다

□ 後始末 뒤처리

□ 飽きが来る 싫증이 나다. 질리다

□ いばらの道 가시밭길. 고난의 길

□ 縁を切る 인연을 끊다

□ 見よう見まねで覚える 어깨 너머로 배우다

□ もってこいの日和 절호의 날씨. 안성맞춤인 날씨

□ 鎌をかける (넌지시) 넘겨짚다. 마음속을 떠보다

□ 呆気にとられる 어안이 벙벙하다. 어이없다

□ 尻馬に乗る 남이 하는 대로 덮어놓고 따라하다

□ 二の足を踏む 주저하다. 망설이다 ⇒ ためらう

□ 呑み込み・飲み込みが早い 이해가 빠르다

□ それは耳寄りな話だ 그것은 솔깃한 이야기이다

□ 襟を正す 옷깃을 여미다. 자세를 바로 하다. 정신을 차리다

□ 水と油 물과 기름

□ 油が乗る 기름 살이 오르다. 일에 흥미를 갖게 되다

□ 油をしぼる 호되게 야단치다

□ 油を売る 쓸데없는 잡담으로 시간을 보내다. 일은 하지 않고 잡담만 하다

□ 声をかける 말을 걸다

□ 味を見る 맛을 보다

□ 夢を見る 꿈을 꾸다

□ 水の泡 물거품

□ 水をさす 방해하다. (친밀한 사이를) 갈라놓다

68

- 熱をあげる　흥분하다. 열중하다
- 角が立つ　모가 나다
- 雀の涙ほど　쥐꼬리만큼 (극히 적은 것의 비유)
- 猫の額　땅이 지극히 협소함
- 猫をかぶる　양의 탈을 쓰다. 본성을 숨기다
- 相づちを打つ　맞장구를 치다
- 恩に着る　은혜를 입다
- 鍵を握る　열쇠를 쥐다
- 拍車をかける　박차를 가하다
- 道草を食う　가는 도중에 딴짓으로 시간을 보냄
- 上の空　건성
- 弱音を吐く　약한 소리를 하다
- 後の祭り　때를 놓쳐 보람이 없음
- 匙を投げる　단념하다. 포기하다
- 後ろ指をさされる　뒷손가락질 받다
- 馬が合う　마음이 맞다
- ごまをする　아첨을 하다
- 見栄を張る　허세를 부리다
- 意地を張る　고집을 피우다. 억지를 쓰다
- けちをつける　트집을 잡다. 험담을 하다
- 面倒をみる　보살펴 주다
- 世話を焼く　보살피다. 돌봐 주다
- 世話をする　돌보다

□ 世話になる 신세를 지다

□ 世話に砕ける (말투나 태도가) 소탈하다

□ ピッチをあげる 피치를 올리다

□ ブレーキをかける 브레이크를 걸다

□ エンジンがかかる 발동이 걸리다

□ ピンからキリまで 처음부터 끝까지. 가장 우수한 것부터 가장 열등한 것까지

□ 波にのる 때의 흐름[시세]를 잘 타다

□ 釘をさす (틀림이 없도록) 다짐을 두다

□ 水に流す 물에 흘려버리다. 지나간 일은 없었던 것으로 하고 일체 탓하지 않다

□ 遅れをとる (남에게) 뒤지다. 뒤떨어지다

□ すねをかじる 독립하지 못하고 (부모에게) 도움을 받다. 얹혀 살다

□ 笠に着る 권력이나 세력을 믿고 으스대다

□ 地団駄を踏む (화가 나거나 분해서) 발을 동동 구르다

□ 飛ぶように売れる 날개 돋힌 듯이 팔리다

□ 骨が折れる 힘들다. 성가시다

□ わき見 한눈팔기. 곁눈질

□ わき見運転 한눈팔며 운전함

□ 脇目も振らず 한눈팔지 않고. 매우 열심히

□ 餌付け (야생 동물에게 먹이를 주어) 길들게 함

□ 餌付けしてある 길들여져 있다

□ 身振り手振りで話す 손짓 발짓으로 이야기하다

□ 手取り足取りして教える 꼼꼼히 친절하게 가르치다

□ 念には念を入れよ 주의에 주의를 거듭하다

- 念を入れる 십분 주의하다, 매우 주의하다

- 念を押す 잘못이 없도록 주의시키다. 확인하다

- 割りが良い 비해서 괜찮다. 이익이 되다

- 割りが悪い 비해서 득이 되지 않다. 수지가 안 맞다

- 割りに合う 수지가 맞다. 이익이 되다

- 割りを食う 손해를 보다. 불이익이 되다

- 財布の口を絞める 돈을 아껴 쓰다

- 財布の紐が堅い 돈을 쓸데없이 쓰지 않다

- 財布の紐が長い 구두쇠인 것의 비유

- 財布の紐を握る 가계 등, 금전출납의 권한을 쥐다

- 財布の紐をゆるめる 돈을 낭비하다

- 財布の底をはたく 있는 돈을 몽땅 써 버리다 (털다)

경제 및 비즈니스 관련 어휘 정리

Track 007

□ 煽（あお）り 충격, 여파

　煽（あお）りを食（く）う。 격심한 경제적인 타격을 입다.

□ 赤字（あかじ） 적자 ⟷ 黒字（くろじ） 흑자

□ 足掛（あしが）かり 발판, 거점, 실마리

□ 頭打（あたまう）ち 시세가 막힌 상태, 일반적으로 사물이 극한에 도달해서 더 이상 진전할 가망이 없는 상태

　生産（せいさん）が頭打（あたまう）ちの状態（じょうたい）だ。 생산이 한계점에 달한 상태이다.

□ 宛名（あてな） 수신인의 주소, 성명

□ 後書（あとがき） 후기, 추신

　後払（あとばら）い 후불 ⟷ 前払（まえばら）い 선불

□ 穴埋（あなう）め 구멍을 메움. 결손을 보충함

　損失（そんしつ）の穴埋（あなう）めをする。 손실의 보충을 하다.

□ 天下（あまくだ）り 관청, 상관 등으로부터의 강압

　天下（あまくだ）り人事（じんじ）。 낙하산 인사(퇴직한 고급 관리가 관련이 있는 민간 회사로 전직하는 일).

□ 安価（あんか） 염가

　安価（あんか）にて提供（ていきょう）。 염가로 제공.

□ アンケート調査（ちょうさ） 앙케트 조사

□ 暗証番号（あんしょうばんごう） 비밀번호

□ 委託加工貿易（いたくかこうぼうえき） 위탁가공무역

　委託取引（いたくとりひき） 위탁거래
　委託販売（いたくはんばい） 위탁판매

□ 痛手（いたで） 큰 손해

　不況（ふきょう）で痛手（いたで）を受（う）けた。 불경기로 큰 타격을 받았다.

□ 一丸（いちがん）となって努力（どりょく）する 하나가 되어 노력하다

□ 一括払（いっかつばら）い 일시불 ⟷ 分割払（ぶんかつばら）い 할부

□ 一手販売（いってはんばい） 독점판매

□ 依頼（いらい）する 의뢰하다

□ インフレーション 인플레이션 (통화팽창)

　⟷ デフレーション 디플레이션 (통화수축)

□ 飲酒運転（いんしゅうんてん）の取締（とりしま）り 음주운전 단속

□ 受（う）け入（い）れる 받아들이다, 수납하다

□ 打合（うちあ）わせをする 타협하다

□ 内訳（うちわけ） 내역

□ 打（う）つ手（て） 정세에 대응하여 취해야 할 수단[방법]

　打（う）つ手（て）がない。 취할 수단[방법]이 없다.

□ うなぎ登（のぼ）り (물가, 온도, 지위 등이) 자꾸 올라감

　物価（ぶっか）がうなぎ登（のぼ）りに上（あ）がる。
　물가가 자꾸자꾸 뛰어오르다.

□ 売上高（うりあげだか） 매상고, 매출액

□ 売（う）り切（き）れ 품절

□ 売（う）り込（こ）み 힘써 권하여 물건을 판매함. 판로를 확장함. 판매 공세

회사에서 주로 무역과 관련된 어휘를 중심으로 정리.
청해 파트 공략을 위한 어휘들인 만큼 눈보다는 귀로 듣는 연습을 해야 함.
주로 청해 파트에서 사용되는 어휘들이지만 독해 파트의 단어로 출제되는 경우도 있음.
※ 고득점을 목표로 하는 학습자를 대상으로 정리하였음.

- 売込み状 매도신청서

- 売手見本 매도인견본

- 売申込み 판매 제의, 매도 오퍼

- 売予約 판매 예약

- 売行き 팔리는 상태. 팔림새

  飛ぶような売行き。불티 같은 팔림새.

- 上回る 웃돌다　⊕ 下回る 밑돌다

- 上向き (시세, 물가) 오름세
  ⊕ 下向き (시세, 물가) 하향세, 쇠퇴기, 내림세

- 運賃 운임

- エセ学者 사이비 학자

- エセ宗教 사이비 종교

- 延期 연기

- 援助 원조

- 延長 연장

- 円高 엔고. 엔화 강세　⊕ 円安 엔화 약세

- 大口 큰 거래

- 大口の申し込み 굵직한 주문

- 大手 큰 거래처, 대기업

- 大手企業 대기업

- 送り状 송장(매매 상품을 멀리 떨어진 곳으로 발송할 때 짐을 받을 사람에게 보내는 상품의 명세서 = 하물 송장)

- 踊り場 숨고르기(경기기 상승하는 국면에서 경기회복이 둔화되고 보합 시세에 있는 것. 보통 경기가 나빠지는 국면에서는 사용하지 않는다.)

  日本経済が踊り場を脱却する。
  일본 경제가 숨고르기에서 벗어나다.

- オフ 휴일날 (off)

- オファー 오퍼, 주문 (offer)

- 親会社 모회사　⊕ 子会社 자회사

- 折り返し 받는 즉시

- 卸売り 도매

- 卸売店 도매점

- 御社 귀사　⊕ 貴社 귀사

- カードローン (신용카드의) 현금서비스

- カートン 담배 한 상자(10갑)

- 外貨 외화

- 買掛金 외상매입금

- 買為替 매입환

- 会合 모임, 회합

□ 外国為替 외국환

□ 外資 외자

□ 買溜め 사재기

□ 買手 매수인(사는 사람)

□ 買手見本 매수인 견본

□ 買い得 물건을 사서 이득을 봄

□ 買取り 매입

□ 買取銀行 매입은행

□ 買主 매주, 매수인(사는 사람)

□ 買主見本 매수인 견본

□ 解約 해약

□ 買予約 구매 계약

□ 価格 가격

□ 価格性能比 가격 대 성능비(cost performance)

□ 書留郵便 등기우편

□ 隔週勤務 격주근무

□ 確定申し込み 확정오퍼

□ 掛売り 외상판매

□ 加工貿易 가공무역

□ 貸し切り 전세, 대절

□ 貸し渋り 대출 기피

□ 肩書き 직함

肩書きがものを言う。직함이 모든 것을 말하다.

□ 肩叩きされる 명예퇴직하다

  町 リストラ 구조조정, 명예퇴직, 권고사직

□ 合併 합병

□ 過当競争 과당경쟁

□ 金詰り 돈의 융통이 막힘. 자금이 딸림

金詰りで事業が振るわない。
자금이 딸려서 사업이 부진하다.

□ 株式 주식

□ 株式銘柄 주식종목

□ 株主 주주

□ 株主総会 주주총회

□ 上半期 상반기 町 下半期 하반기

□ 貨物 화물

□ 過労死 과로사

□ 為替 환

□ 為替相場 환율

□ 為替手形 환어음

□ 関税 관세

□ 関税障壁 관세장벽

□ 機械音痴 기계치(기계를 잘 다루지 못하거나 그러한 사람)

□ 技術提携 기술제휴

□ 規制緩和 규제완화

□ キップを切られる 딱지를 떼이다

□ 逆申し込み 반대오퍼

□ キャンセル 캔슬, 취소, 해약(cancel)
　　⑪契約 계약

□ きゅうきゅうの生活 빠듯한 생활

□ 急騰 급등(물가[시세]가 갑자기 오름)

□ 給料を前借りする 월급을 가불하다

□ 供給 공급 ⑪需要 수요

□ 恐慌 공황

□ 競売 경매 ⑪競り売り 경매

□ 義理堅い 의리가 있다

□ 金利 금리

□ 苦境 곤경

□ 苦情 불평, 불만

□ クレーム 클레임《무역》매도자의 계약 위반에 대한
　손해배상 청구), 불평, 불만, 트집

　　クレームがつく。클레임이 붙다. 말썽이 일어나다.
　　クレームをつける。클레임을 걸다. 트집 잡다. 이의를 제기하다.

□ 黒字 흑자 ⑪赤字 적자

□ 経済波動 경제파동

□ 契約 계약 ⑪キャンセル 캔슬, 취소

□ 桁違い 현격한 차이, 단위가 틀림

□ 桁が違う 현격한 차이가 나다

□ 桁外れ 표준[규격]과 훨씬 다름, 월등함

□ 欠陥 결함

□ 月給取り 월급쟁이, 샐러리맨

□ 欠航 결항

□ 決済 결제

□ 決済条件 결제조건

□ 決算報告 결산보고

□ 下落する 하락하다

□ 原価 원가

□ 原産地 원산지

□ 現状 현상(현재의 상태)

□ 検討 검토

□ 子会社 자회사 ⑪親会社 모회사

□ 合コン 미팅(合同コンパ)

□ 交渉 교섭

□ 工場渡し 공장인도

□ 好転する 호전되다

□ 高騰 앙등, 물가가 오름 ⑪低落 하락

□ 後納 후납 ⑪前納 전납(예납)

□ 好評 호평

□ 合弁企業 합작기업

□ 小売り 소매

□ 小売商 소매상

□ 小売店 소매점

□ 考慮 고려

□ ゴールデンウィーク 4월 말부터 5월 초까지의 휴일이 많은 주(황금주간)

□ 小切手(こぎって) 수표

□ 顧客(こきゃく) 고객

□ 試(こころ)みの注文(ちゅうもん) 시험주문

□ コスト削減(さくげん) 비용절감(원가삭감)

□ コストを割(わ)る 원가 이하로 떨어지다

□ コスト割(わ)れ 상품의 판매가가 생산비나 구입비보다 낮아짐

□ 小包(こづつみ) 소포

□ 誤謬(ごびゅう) 오류

□ 小回(こまわ)りがきく 정세의 변화에 따라 재빨리 움직이다. 일 처리를 잘하다

中小企業(ちゅうしょうきぎょう)のよさは小回(こまわ)りがきく点(てん)にある。 중소기업의 장점은 상황 변화에 대한 즉시 대처가 가능하다는 점에 있다.

□ 梱包(こんぼう)する 포장하다

□ 根負(こんま)け 끈기에 짐

彼(かれ)の熱心(ねっしん)さには根負(こんま)けした。 그가 너무나 열심이므로 끈기에 졌다.

□ 債券(さいけん) 채권

□ 在庫(ざいこ) 재고

□ 在庫過剰(ざいこかじょう) 재고과잉

□ 財政制度(ざいせいせいど) 재정제도

□ 財(ざい)テクばやり 재테크 붐

□ 残業(ざんぎょう) 잔업, 야근

□ 残業手当(ざんぎょうてあて) 잔업수당, 야근수당

□ 残業続(ざんぎょうつづ)き 계속된 잔업[야근]

□ 残金(ざんきん) 잔금

□ 残高(ざんだか) 잔액

□ 時価(じか) 시가

□ 仕切(しき)る 값을 매기다, 결산하다

□ 自然(しぜん)にやさしい 자연친화적이다

□ 下請(したうけ)に出(だ)す 하청을 주다

□ 下取(したど)りしてもらう 중고 보상으로 교환하다

□ 下向(したむ)き (시세, 물가) 하향세, 쇠퇴기, 내림세

반) 上向(うわむ)き (시세, 물가) 상향세, 상승기, 오름세

□ 失業率(しつぎょうりつ) 실업률

□ 自動振込(じどうふりこ)み 자동이체

□ 品切(しなぎれ) 품절

□ 品不足(しなぶそく) 재고부족

□ シェア 시장 점유율, 주식

激(はげ)しいシェア争(あらそ)いを繰(く)り広(ひろ)げる。 치열한 시장 점유율 다툼을 펼치다.

□ 借金(しゃっきん)を返(かえ)す 빚을 갚다

□ 収益(しゅうえき) 수익

□ 支払期日(しはらいきじつ) 지급기일, 지불기일

□ 支払先(しはらいさき) 지불처

□ 支払人(しはらいにん) 지불인

□ 支払能力(しはらいのうりょく) 지불능력

□ 四半期(しはんき) 4분기

□ 借款 차관
□ 週休二日制 주 5일 근무제
□ 終身制 종신제
□ 就職浪人 취업 재수생
□ 修正液で訂正する 수정액으로 정정하다
□ 重役 중역
□ 受注 수주
□ 出荷 출하
□ 受動喫煙 간접 흡연
□ 需要 수요 ⑭供給 공급
□ 遵守する 준수하다
□ 紹介状 소개장
□ 証券会社 증권회사
□ 商社 상사
□ 仕様書 사양서
□ 承諾 승낙
□ 譲渡する 양도하다
□ 商取引 상거래
□ 承認 승인
□ 商売 장사, 사업
□ 消費税 소비세
□ 商品明細 상품명세
□ 省略 생략

□ 書中注文 서면주문
□ 所得税 소득세
□ 署名 서명
□ 書類 서류
□ 新顔 신인, 신참 ⑭新人、新米、新前
□ 新型 신형
□ 申告 신고
□ 新規 신규
□ 新規採用 신규채용
□ 人材 인재
□ 申請 신청
□ 新製品 신제품
□ 慎重に取り扱う 신중하게 다루다[취급하다]
□ 新発売 신 발매[판매]
□ 新聞綴り 신문철
□ 信用状 신용장
□ 出納 출납
□ スカウト合戦 스카웃 경쟁
□ 雀の涙ほどの給料 쥐꼬리만한 월급
□ スト ストライキ(파업)의 준말
　 ストを打つ 파업을 하다
□ ストレスが溜る 스트레스가 쌓이다
□ 図表 도표

77

□ 税関 세관
ぜいかん

□ 税関手続き 세관 수속 절차
ぜいかん て つづ

□ 請求する 청구하다
せいきゅう

□ 請求あり次第 청구가 있는 즉시
せいきゅう　　　 し だい

□ 生産高 생산량, 생산액
せいさんだか

□ 積載 적재
せきさい

□ 折衝する 절충하다
せっしょう

□ 競り売り 경매 및 競売 경매
せ　う　　　　　　　　 きょうばい

□ セロテープで止める 스카치테이프로 붙이다
　　　　　　　　 と

□ 戦争約款 전쟁약관
せんそうやっかん

□ 前納 전납(예납) 반 後納 후납
ぜんのう　　　　　　　 こうのう

□ 先方の条件 상대방의 조건
せんぽう　 じょうけん

□ 早急[早急]に 신속하게
そうきゅう さっきゅう

□ 送金照会 송금조회
そうきんしょうかい

□ 倉庫渡し 창고 인도
そう こ わた

□ 相場 시세
そう ば

□ 双方の主張 쌍방의 주장
そうほう　 しゅちょう

□ 創立記念日 창립기념일
そうりつ き ねん び

□ 底値 최저가, 바닥시세
そこ ね

□ 底を突く
そこ　 つ

① 바닥이 나다
倉庫の米も底をつく。창고의 쌀도 바닥이 나다.
そうこ　 こめ　 そこ

② 바닥시세가 되다
株価が底をつく。주가가 바닥시세에 달하다.
かぶ か　　 そこ

③ 점점 나쁜 상태가 되어 파탄 직전에 가까워지다
不況が底をつく。불황이 바닥을 헤매다.
ふ きょう　 そこ

□ 措置 조치, 조처
そ ち

□ 損害賠償 손해배상
そんがいばいしょう

□ 損して得を取る 하나를 잃고 둘을 얻다
そん　　　 とく　 と

□ 存続の瀬戸際に立っている 존속의 갈림길에
そんぞく　 せ と ぎわ　 た
서 있다

□ 対策を講じる 대책을 강구하다
たいさく　 こう

□ 代替品 대체품
だいたいひん

□ 代表取締役 대표이사
だいひょうとりしまりやく

□ 高値 고가 반 安値 염가
たか ね　　　　　　 やす ね

□ 妥協 타협
だ きょう

□ 棚卸し 재고조사
たなおろ

□ 多量 다량
た りょう

□ 単価 단가
たん か

□ 男女雇用問題 남녀고용문제
だんじょ こ ようもんだい

□ 単身赴任 단신부임
たんしん ふ にん

□ 遅延する 지연되다
ち えん

□ 中小企業 중소기업
ちゅうしょう き ぎょう

□ 注文が殺到する 주문이 쇄도하다
ちゅうもん　 さっとう

□ 注文書 주문서
ちゅうもんしょ

□ 帳簿をつける 장부를 기입하다
ちょう ぼ

□ 賃上げ 임금 인상　坣 賃下げ 임금 인하

□ 通関業者 통관업자

□ 月極め 월정 (한 달에 얼마로 정함)

□ 月極め講読料 월정 구독료

□ 月極め駐車場 월정 주차장

□ つて 연고, 연줄

　つてを頼って就職する。연줄에 기대어 취직하다.

□ 積遅れ 선적 지연

□ 積替え 환적, 옮겨 싣기

□ 手当をもらう 수당을 받다

□ 提案する 제안하다

□ 定価 정가

□ 締結する 체결하다

□ 訂正 정정

□ 定年制 정년제

□ 低品質 저품질

□ 低迷する 저조하다

□ 低落 물가가 떨어짐　坣 高騰 물가가 오름

□ 手落ち 실수, 잘못

□ 手形 어음

□ 手形の取立 어음 싱수

□ 手形を買取る 어음을 매입하다

□ 手形を呈示する 어음을 제시하다

□ 手形を引き受ける 어음을 인수하다

□ 手形を振り出す 어음을 발행하다

□ 手形を割り引く 어음을 할인하다

□ 手続き 수속, 절차

□ 手抜き工事 부실공사

□ 手配 수배

□ デフレーション 디플레이션(통화수축)

　坣 インフレーション 인플레이션(통화팽창)

□ 手渡す 양도하다, 넘겨주다

□ 手を打つ

① 손뼉을 치다

　手を打って喜ぶ。손뼉을 치며 기뻐하다.

② 타협하여 해결하다. 계약이 성립되다. 결말짓다

　この辺で手を打とう。이쯤에서 타결 짓자.

③ 손을 쓰다. 조치를 취하다. 수단을 강구하다

　あらかじめ手を打っておく。미리 손을 써 두다.

□ 天然パーマ 곱슬머리

□ 添付する 첨부하다

□ 倒産 도산

□ 当社 당사

□ 到着次第 도착하는 즉시

□ 当直勤務 당직근무

□ 導入 도입

□ 同封する 동봉하다

□ 得意先 단골 거래처, 단골 고객

□ 特別会計 특별회계

□ 共稼ぎ 맞벌이 ⑪ 共働き 맞벌이

□ 取り組み (거래소에서의) 매매계약

□ 取消し 취소

□ トリセツ 취급설명서(取り扱い説明書)

□ 取立手形 추심어음(bill for collection)

□ 取り立てる 거두다, 징수하다

□ 取引 거래

□ 取引先 거래처

□ 取引高 거래액, 거래량

□ 鈍化する 둔화되다

□ 問屋 도매상

□ 長引く 지연되다, 오래 끌다

□ 捺印する 날인하다

□ 荷印 짐 표시(Shipping Mark)

□ 日時 일시, 시일

□ 荷造り 포장, 짐꾸리기

□ 荷積み 적재

□ 入荷 입하

□ 荷渡し 화물인도

□ 値上がり 가격인상, 값이 오름

□ 値上げ 가격인상, 값을 올림

□ 値下がり 가격인하, 값이 내림

□ 値下げ 가격인하, 값을 내림

□ 値引き 할인

□ 根回し 사전 교섭

□ 年利 연리(연 이자)

□ 納期遅延 납기 지연

□ 納税申告 납세신고

□ 納入 납입

□ 納入品 납입품

□ 伸び悩む 시세가 오를 것 같으면서도 오르지 않다

□ パートタイム 파트타임

□ 配達 배달

□ 売買 매매

□ 売買契約書 매매계약서

□ バイヤー 바이어(buyer)

□ 拍車をかける[加える] 박차를 가하다

□ 破産する 파산하다

□ 破産者 파산자

□ 弾み 추세, 형세, 상황

弾みがつく。 탄력이 붙다. 기세가 오르다.

弾みを食う。 뜻하지 않은 여세를 입다.

□ 働き盛りの若い人 한창 일할 나이의 젊은이

□ 発効する 발효되다

80

□ 発送する 발송하다

□ 発注 발주

□ 歯止めをかける 사태 악화를 막다

インフレの歯止めをかける。
인플레이션의 사태 악화를 막다.

□ 羽根が生えて飛ぶ 날개 돋힌 듯이 팔리다

□ ばりばりと仕事をこなす 열심히 일을 해내다

□ 半製品 반제품

□ パンチで穴をあける 펀치로 구멍을 뚫다

□ 半導体産業 반도체산업

□ 搬入する 반입하다

□ 販売価格 판매가격

□ 販売収益 판매수익

□ 販売促進 판매촉진

□ 販売網 판매망

□ 引合い 조회, (거래 조건 등의) 사전 문의

□ 罷業 파업   (비) ストライキ

罷業が起こる。 파업이 일어나다.

□ 引き抜き 스카웃

□ ビックバン 빅뱅(금융규제완화 또는 금융혁신)

□ 日付 일자, 날짜

日付を書き込む。 날짜를 써 넣다.

□ 左団扇 놀면서도 생활에 걱정이 없이 편안히 지냄

左団扇で暮らす。
놀면서도 생활에 걱정이 없이 살아가다.

□ 人手 일손

□ 人手不足 일손 부족

□ 一目惚れする 첫눈에 반하다

□ 一人当たり 1인당

□ 一人二極化 인간의 양극화[양면성]

□ 火の車 빈곤에 시달리는 모양. 경제 상태가 몹시 궁한 모양

物価の値上がりで、火の車だ。
물가가 올라서 살림이 말이 아니다.

□ 平社員 평사원

□ 品質 품질

□ 品質不良 품질불량

□ 品目 품목

□ 封鎖する 봉쇄하다

□ 不可抗力 불가항력

□ 不景気 불경기

□ 付言する 부언하다, 덧붙이다

□ 負債 부채, 빚

□ 物価が上がる 물가가 오르다

□ 物価指数 물가지수

□ 物価騰貴 물가등귀, 물가가 오름(=물가등용, 물가잉등)

物価が騰貴する。 물가가 등귀하다(오르다).

□ 物価変動 물가변동

□ 不当 부당

□ 船積み 선적(배에 짐을 실음)

□ 船便 선편, 배편

□ 腑に落ちない 납득이 가지 않다. 이해할 수 없다

□ フランチャイズ 프랜차이즈

□ プラント輸出 플랜트 수출, 설비재 수출

□ 振替え休日 대체휴일(경축일과 일요일이 겹쳤을 때 그 다음날을 휴일로 하는 것)

□ 振込み 불입, 입금

□ フレックスタイム制 자유노동시간제(출퇴근시간을 정하지 않고 어느 정도의 자유를 부여하는 노동시간관리제도)

□ プロ顔負けですね 프로 빰칠 정도네요

□ 分割払い 할부 ⟷ 一括払い 일시불

□ 分布 분포

□ 平均株価 평균주가

□ 弊社 폐사 ⟷ 貴社[御社] 귀사

□ 返事 대답, 답장

□ ベンチャー企業 벤처기업(고도의 전문지식과 새로운 기술을 가지고 창조적/모험적 경영을 전개하는 중소기업. 컴퓨터의 소프트웨어 부문, 생물공학 부문에 많다.)

□ 返品処理 반품 처리

□ ボイコット 보이콧

□ 貿易協定 무역협정

□ 貿易政策 무역정책

□ 貿易摩擦 무역마찰

□ 暴騰 폭등

□ 忘年会 망년회

□ 暴落 폭락

□ 保険契約 보험계약

□ 保険約款 보험약관

□ 保証する 보증하다

□ 補償する 보상하다

□ 保証人 보증인

□ ホッチキスで止める 호치키스로 찍다

□ マーケット情報 시장정보

□ 前倒し (예정, 예산 등을) 앞당겨 씀

□ 前払い 선불 ⟷ 後払い 후불

□ 満期 만기

□ 満場一致 만장일치

□ 右肩上がり 상승곡선, 오름세
株式市場は右肩上がりになってきた。
주식시장은 상승곡선을 그리고 있다.

□ 見込み 가망, 예상, 전망

□ 見込客 예상고객

□ 水の泡になる 물거품이 되다

□ 見積り 견적

□ 見積書 견적서

□ 見直し 재검토
車優先の考え方に対する見直しが必要だ。
자동차 우선의 사고방식에 대한 재검토가 필요하다.

□ 密輸入品 밀수입품

□ 見本（みほん） 견본, 샘플

□ 見本市（みほんいち） 견본시장

□ 見本刷り（みほんずり） 견본 인쇄

□ 見本注文（みほんちゅうもん） 견본 주문

□ 見本販売（みほんはんばい） 견본 판매

□ 見本割引（みほんわりびき） 견본 할인

□ 無効（むこう） 무효

□ 無償見本（むしょうみほん） 무상견본

□ 銘柄（めいがら） 품명, 품목, (주식)종목

□ 銘柄売買（めいがらばいばい） 품목매매(현품 또는 견본을 보지 않고 표시된 품목만으로 거래하는 매매)

□ 明細書（めいさいしょ） 명세서

□ 目玉商品（めだましょうひん） 특매품

□ 免税（めんぜい） 면세

□ 免責（めんせき） 면책

□ 免責条項（めんせきじょうこう） 면책조항

面接（めんせつ）は第一印象（だいいちいんしょう）が大切（たいせつ）だ。
면접은 첫인상이 중요하다.

□ 申込み（もうしこみ） 신청, 오퍼

□ 申込書（もうしこみしょ） 신청서

□ 元手（もとで） 자본, 밑천, 본전

元手（もとで）なしで。 밑천 없이.

商売（しょうばい）を始（はじ）める元手（もとで）。 장사를 시작할 밑천.

元手（もとで）がかかる。 밑천이 든다.

体（からだ）が元手（もとで）だ。 몸이 밑천이다.

□ 持てる（もてる） (이성에게) 인기가 있다

□ 門前払い（もんぜんばらい） 문전박대

門前払い（もんぜんばらい）を食（く）わせる。
문간에서 쫓아버리다. 문적박대를 당하다.

□ 約定（やくじょう） 약정

□ 約定書（やくじょうしょ） 약정서

□ 安売り（やすうり） 싸게 팖

□ 大安売り（おおやすうり） 염가 대매출

□ 安値（やすね） 싼 값.헐값　⟷　高値（たかね）

法外（ほうがい）の安値（やすね）で売（う）る。 터무니없이 싼 값으로 팔다.

□ 安物（やすもの） 값싼 물건, 싸구려

□ 山場（やまば） 절정, 고비

□ 闇取引（やみとりひき） 암거래

□ やり手（て） 수완가

□ 有価証券（ゆうかしょうけん） 유가증권

□ 有効（ゆうこう） 유효

□ 友好関係（ゆうこうかんけい） 우호관계

□ 有効期限（ゆうこうきげん） 유효기한

□ 融資（ゆうし）を返済（へんさい）する 융자를 갚다[변제하다]

□ 融通する（ゆうづう） 융통하다

□ 郵送する（ゆうそう） 우송하다

□ 郵送料（ゆうそうりょう） 우송료

□ 郵便番号（ゆうびんばんごう） 우편번호

□ 輸出（ゆしゅつ） 수출

□ 輸出額 수출액

□ 輸出マーケティング 수출 마케팅

□ 輸送 수송

□ 輸入 수입

□ 輸入制限 수입제한

□ 輸入割当制 수입할당제

□ 横ばい 보합시세, 보합상태

横ばいを維持する。 보합상태를 유지하다.

□ 予約販売 예약판매

□ 四桁数字 아라비아 숫자 4글자(은행 등에서의 비밀번호)

暗証番号は四桁数字でお願いします。
비밀번호는 아라비아 숫자 4글자로 해 부탁드립니다.

□ 利子 이자 비 利息 이자

□ リストラ 구조조정, 명예퇴직, 권고사직

비 肩叩きされる

□ 両替 환전(돈을 바꿈)

□ 領収証 영수증

□ 連絡を取る 연락을 취하다

□ 利率が高い 이율이 높다

□ 忘れ物センター 분실물센터, 유실물센터

□ 割合 비율

□ 割引する 할인하다

□ 割引値段 할인가격

제2부

실전모의고사 1회~5회

실전모의고사

1회

PART 1 사진묘사

Track 008

次の質問１番から質問１００番までは聞き取りの問題です。

どの問題も１回しか言いませんから、よく聞いて答えを(A)、(B)、(C)、(D)の中から一つ選びなさい。答えを選んだら、それにあたる答案用紙の記号を黒くぬりつぶしなさい。

Ⅰ. 次の写真を見て、その内容に合っている表現を(A)から(D)の中で一つ選びなさい。

例）

(A) これは自転車です。

(B) これはバスです。

(C) これは車です。

(D) これは電車です。

答 (A)　　(B)　　(●)　　(D)

01

02

03

04

05

06

07

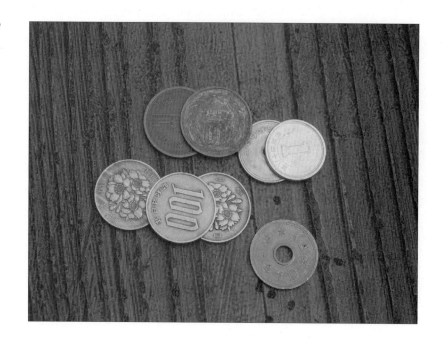

08

10

11

12

13

14

15

16

17

18

19

20

PART 2 질의응답

Track 009

Ⅱ. 次の言葉の続きとして最も適したものをＡからＤの中で一つ選びなさい。

例）明日は何をしますか。

（A）野球は面白いです。

（B）月曜日です。

（C）友達と映画を見に行きます。

（D）昨日はとても楽しかったです。

21	答えを答案用紙に書き入れなさい。	36	答えを答案用紙に書き入れなさい。
22	答えを答案用紙に書き入れなさい。	37	答えを答案用紙に書き入れなさい。
23	答えを答案用紙に書き入れなさい。	38	答えを答案用紙に書き入れなさい。
24	答えを答案用紙に書き入れなさい。	39	答えを答案用紙に書き入れなさい。
25	答えを答案用紙に書き入れなさい。	40	答えを答案用紙に書き入れなさい。
26	答えを答案用紙に書き入れなさい。	41	答えを答案用紙に書き入れなさい。
27	答えを答案用紙に書き入れなさい。	42	答えを答案用紙に書き入れなさい。
28	答えを答案用紙に書き入れなさい。	43	答えを答案用紙に書き入れなさい。
29	答えを答案用紙に書き入れなさい。	44	答えを答案用紙に書き入れなさい。
30	答えを答案用紙に書き入れなさい。	45	答えを答案用紙に書き入れなさい。
31	答えを答案用紙に書き入れなさい。	46	答えを答案用紙に書き入れなさい。
32	答えを答案用紙に書き入れなさい。	47	答えを答案用紙に書き入れなさい。
33	答えを答案用紙に書き入れなさい。	48	答えを答案用紙に書き入れなさい。
34	答えを答案用紙に書き入れなさい。	49	答えを答案用紙に書き入れなさい。
35	答えを答案用紙に書き入れなさい。	50	答えを答案用紙に書き入れなさい。

Track 010

Ⅲ. 次の会話をよく聞いて後の問いに最も適したものをAからDの中で一つ選びなさい。

例）　女：すみません。この辺に銀行がありますか。

　　　男：はい。駅の後ろにあります。

　　　女：本屋も駅の後にありますか。

　　　男：いいえ、本屋は駅の前です。

　　　本屋はどこにありますか。

　　　（A）銀行の前

　　　（B）銀行のそば

　　　（C）駅の前

　　　（D）駅の後

51　今、何時ですか。

　　(A) 1時5分。　　　　　　　　　(B) 1時55分。

　　(C) 2時5分　　　　　　　　　 (D) 2時55分。

52　テーブルの上に置いてあるのはどれですか。

　　(A) ビール5本だけ。　　　　　(B) コップ5つ。

　　(C) ビール5本とコップ2つ　　(D) ビール5本とコップ3つ

53　男の人の父は何歳ですか。

　　(A) 62歳。　　　　　　　　　　(B) 64歳。

　　(C) 65歳。　　　　　　　　　　(D) わかりません。

54 女の人はどうしますか。

(A) そばを注文する。 (B) 魚を注文する。

(C) 肉とケーキを注文する。 (D) 魚と肉を注文する。

55 どうして扇風機が売れていますか。

(A) 去年の夏より今年の夏が暑いから。

(B) 電気代が高くなるから。

(C) エアコンが高いから。

(D) エネルギー消費が少ないから。

56 今度の土曜日に映画を見に行けない理由は何ですか。

(A) 友達の結婚式があるから。

(B) 姉の結婚式があるから。

(C) 兄の結婚式があるから。

(D) 妹の結婚式があるから。

57 男の人はどんな部屋に泊りますか。

(A) ダブルルーム。 (B) ツインルーム。

(C) シングルルーム。 (D) 泊りません。

58 田中さんは、今、どんな姿ですか。

(A) 太っていて髪が長い。 (B) やせていて髪が長い。

(C) 太っていて髪が短い。 (D) やせていて髪が短い。

59 来週のパーティーで今までと変わらないことは何ですか。

(A) 会費。 (B) 時間。

(C) メンバー。 (D) パーティー会場。

60 女の人はどうしますか。

(A) バスに乗りません。

(B) 高速バスに乗ります。

(C) ノンストップ高速バスに乗ります。

(D) 高速バスに乗って、途中でノンストップ高速バスに乗り換えます。

61 おもちゃ売り場はどこにありますか。

(A) A館の地下の一階。　　　　(B) B館の地下の一階。

(C) A館の地下の二階。　　　　(D) B館の地下の二階。

62 雨がたくさん降るとどうなりますか。

(A) 農作物の値段が下がる。　　(B) 農作物の値段が上がる。

(C) 消費者が減る。　　　　　　(D) 農作物の生産量が減る。

63 お盆にはどうしますか。

(A) 家で休みます。　　　　　　(B) 実家に帰ります。

(C) 田舎に帰ります。　　　　　(D) お墓参りに行きます。

64 新京都駅から大阪城まで何分くらいかかりますか。

(A) 約１０分。　　　　　　　　(B) 約２０分。

(C) 約３０分。　　　　　　　　(D) 約４５分。

65 男の人は骨董品をどうしますか。

(A) 買いたくない。　　　　　　(B) 買わなかった。

(C) カードで買った。　　　　　(D) 後でお金を払う。

66 お客さんは店員に何をお願いしましたか。

(A) お酒のセットを送ること。

(B) 贈り物をきれいに包むこと。

(C) 贈り物と一緒にのしを書くこと。

(D) 割引をしてくれること。

67 鈴木さんはどうしてこの仕事を辞めたいと思っていますか。

(A) 体の調子が悪いから。

(B) 会社の契約が終わったから。

(C) 頑張った分のお金をもらえないから。

(D) 仕事は好きだが、他にしたいことがあるから。

68 女の人は　オリンピックの体操競技を見たときの反応は？

(A) とても上手なので驚いた。

(B) 開いた口がふさがらなかった。

(C) あまりにも下手なので閉口した。

(D) 舌がもつれて言葉が出なかった。

69 女の人が太っている理由は？

(A) 元々の体質が太りやすいから。

(B) 甘いものばかり食べて運動はまったくしないから。

(C) 甘いもを食べ歩くことが好きだから。

(D) 美味しそうなものには際限なくお金をどんどん使うから。

70 田中さんはどうして心配していますか。

(A) 新入社員を募集しないから。

(B) 会社の上司が厳しい人だから。

(C) 自分が首になるかもしれないから。

(D) ボーナスが減らされるかもしれないから。

71 ごぼうを買わなかった理由は？

(A) 値段が高かったから。 (B) 買う必要がなかったから。

(C) 海外からのものだったから。 (D) 地元で取れた野菜だったから。

72 どうしてパトカーが停まっていましたか。

(A) 馬が逃げ出したから。 (B) 人が車に轢かれたから。

(C) 信号を無視したから。 (D) 信号が故障したから。

73 車の輸出が増えた理由は、何だと言っていますか。

(A) トヨタがあったから。

(B) 環境が悪くなったから。

(C) 他の国が追い付けない最新技術。

(D) 燃費効率が高く、価格も安いから。

74 二人の会話で正しいものは何ですか。

(A) 台風が大阪地方に接近している。

(B) 予定より早い時間に会議をするしかない。

(C) 夕方から雷を伴って激しい雨が降る。

(D) 明日の朝、大阪で会議の予定がある。

75 女の人は課長をどう思っていますか。

(A) 頼りない。 (B) 呆れている。

(C) 好感を持っている。 (D) 世渡りがうまい。

76 何が起こりましたか。

(A) 誘拐事件。 (B) 殺人事件。

(C) 強盗事件。 (D) 飲酒運転事件。

77 アナウンサーが人気になった理由は何ですか。

(A) 歯がきれいだから。

(B) はっきりと物事を言うから。

(C) 他人を非難するから。

(D) 日本文化に合った言葉遣いをするから。

78 加藤さんはどうして高価なものを買うことができますか。

(A) カードがあるから。

(B) お金を借りてきたから。

(C) 家に隠しておいたお金があるから。

(D) ご主人には内緒で仕事をしたから

79 男の人の気持はどうですか。

(A) 地団駄を踏んでいる。

(B) 駄駄を捏ねている。

(C) 癪に障る。

(D) 二の足を踏んでいる。

80 女の人は買物袋有料化についてどう思っていますか。

(A) 買物袋有料化自体に反対だ。

(B) 行政にはもっと高いモラルを持って仕事をしてほしい。

(C) 買物袋有料化で得た資金は地方自治のために使ってほしくない。

(D) 買物袋有料化を予定より早く、説明もなしに始めたので不満がたまっている。

PART 4 설명문

Track 011

Ⅳ. 次の文章をよく聞いて、後の問いにもっとも適したものを(A)から(D)の中で一つ選びなさい。

例）山本さんは、もう6年間会社で働いています。去年結婚してから、奥さんと二人でゴルフを始めました。日曜日には、いつも駅の近くにあるデパートで買物をします。

(1) 山本さんは何年間会社で働いていますか。

（A）2年間。

（B）4年間。

（C）6年間。

（D）8年間。

(2) 山本さんは日曜日に何をしますか。

(A) デパートで買物をする。

(B) ゴルフをする。

(C) 会社へ行く。

(D) 家で休んでいる。

81　このアンケートは何についてのアンケートですか。

(A) インターネットや携帯電話に費やす時間について。

(B) 週末の時間の過ごし方について。

(C) インターネットショッピングについて。

(D) 買い物をする日時と優先順位について。

82　20代・30代は最近、いつ買い物をするようになりましたか。

(A) 土曜日。　　　　　　　　　　(B) 日曜日。

(C) 平日。　　　　　　　　　　　(D) 休日。

83 最近の若者が買い物の日時を変えたもっとも大きな理由は何ですか。

(A) 家事や育児が忙しくなってきているから。

(B) 趣味や娯楽の時間がないから。

(C) せっかくの休日に買い物をしたくないから。

(D) 今、若者の流行だから。

84 若者が買い物よりも優先順位が高いと考えているものはどれですか。

(A) 家族と過ごす時間。　　　　　(B) インターネットをする時間。

(C) 会社で残業する時間。　　　　(D) 友だちとの付き合いの時間。

85 東京行きの飛行機が欠航になった理由はなんですか。

(A) 機内で爆弾が見つかったから。

(B) 航空機に異常が見つかったから。

(C) 天気が悪いから。

(D) 航空機に悪い人が乗ったから。

86 飛行機の搭乗券を持っている人はどうすればいいですか。

(A) 案内カウンターで案内を受ければよい。

(B) 発券カウンターに行って、お金を返してもらう。

(C) 発券カウンターで文句を言うことになっている。

(D) そのまま次の便を待つことになっている。

87 今日一日、欠航するのはどこ行きの飛行機ですか。

(A) 東京行きの飛行機。　　　　　(B) 大阪行きの飛行機。

(C) 札幌行きの飛行機。　　　　　(D) 沖縄行きの飛行機。

88 日本で食事の際に、多く用いられるのは何ですか。

(A) 手で料理を食べる。 　　　　　　(B) 箸。

(C) フォークやスプーン。 　　　　　(D) テーブル。

89 日本で無作法とされている食べ方はどんな食べ方ですか。

(A) おわんをもって食べる食べ方。

(B) すしを箸を使って食べる食べ方。

(C) 食器をテーブルに置いたまま食べる食べ方。

(D) ナイフとフォークで食べる食べ方。

90 手でつかんで食べることが許されている料理は何ですか。

(A) 肉。 　　　　　　　　　　　　　(B) 魚。

(C) 犬食い。 　　　　　　　　　　　(D) すし。

91 ネットカフェ難民とはどんな人の事を言いますか。

(A) ホームレスの一種で、インターネットカフェで寝泊まりする人。

(B) 日雇い労働や派遣労働をしながらインターネットカフェで、大半の時間を過ごす人。

(C) テレビ・コンピューターなどの最低限度の文化生活もできない人。

(D) コンピューターをすることができず、社会の進歩についていけない人。

92 ネットカフェ難民は収入をどのように使いますか。

(A) 家賃や光熱費を払うために使う。

(B) 数万円のまとまったお金を作るために使う。

(C) その日の生活のために使う。

(D) 借りたお金を返すために使う。

93 ネットカフェ難民はインターネットカフェをどのように利用しますか。

(A) 宿泊施設の代わりに使っている。

(B) テレビや漫画などの文化生活を楽しむためだけに利用している。

(C) 日雇い労働の場として利用している。

(D) 他の人との出会いの場として利用している。

94 最近、東京都が始めた、ネットカフェ難民のための対策とは何ですか。

(A) ネットカフェ難民の日雇い労働を原則禁止とした。

(B) ネットカフェ難民の派遣労働を原則禁止とした。

(C) ネットカフェ難民が家を借りるためのお金を無利子とした。

(D) ネットカフェ難民のためにインタ-ネットカフェの数を増やした。

95 農家の物置から何キログラムの玄米が盗まれましたか。

(A) 20キログラム。 (B) 30キログラム。

(C) 14キログラム。 (D) 600キログラム。

96 犯人はどうやって、農家の物置に侵入しましたか。

(A) 倉庫の扉の鍵を盗んで、物置に侵入した。

(B) 物置の窓から侵入した。

(C) 物置の壁をはがして侵入した。

(D) 物置の裏から侵入した。

97 警察が周辺の巡回を強化したのはどうしてですか。

(A) 田中さんの家から何度も盗まれたから。

(B) 14万円もの高額のものが盗まれたから。

(C) 近所で同じような事件が連続したから。

(D) 田中さんが高齢だから。

98 昔から行われているアニメーションの資金回収法は何ですか。

(A) アニメーションの登場人物のグッズ化。

(B) 多くの人に見てもらい、多くの興業収入をもらう。

(C) 様々な種類のアニメーションを作って多様化させる。

(D) 低予算で多くのアニメーションを作る。

99 ディズニーのアニメーションはどうして、ストーリーや題材に当たり障りのない内容になっていますか。

(A) 多くの会社がアニメーション製作を競い合っていたから。

(B) 小さな子供たちが主に見るので衝撃的な内容を避けたから。

(C) 少人数で、低予算で製作しているため。

(D) 多くの年齢層の観客に見てもらうため。

100 日本のアニメーション製作の特徴は何ですか。

(A) 少人数、低予算のためアニメーションの内容が似ている。

(B) 苦情が出ないように作っているので世界中で受け入れられている。

(C) 少人数、低予算でおびただしい種類のアニメーションを作っている。

(D) 日本のアニメーションの制作費も高騰し続けている。

실전모의고사

2

회

PART 1 사진묘사

Track 012

次の質問1番から質問100番までは聞き取りの問題です。

どの問題も1回しか言いませんから、よく聞いて答えを(A)、(B)、(C)、(D)の中から一つ選びなさい。答えを選んだら、それにあたる答案用紙の記号を黒くぬりつぶしなさい。

Ⅰ. 次の写真を見て、その内容に合っている表現を(A)から(D)の中で一つ選びなさい。

例）

(A) これは自転車です。

(B) これはバスです。

(C) これは車です。

(D) これは電車です。

答 (A)　　(B)　　(●)　　(D)

01

02

03

04

05

06

07

08

09

10

11

12

13

14

15

16

17

18

19

20

PART 2 질의응답

Track 013

Ⅱ. 次の言葉の続きとして最も適したものをAからDの中で一つ選びなさい。

例) 明日は何をしますか。

　　(A) 野球は面白いです。

　　(B) 月曜日です。

　　(C) 友達と映画を見に行きます。

　　(D) 昨日はとても楽しかったです。

21	答えを答案用紙に書き入れなさい。	**36**	答えを答案用紙に書き入れなさい。
22	答えを答案用紙に書き入れなさい。	**37**	答えを答案用紙に書き入れなさい。
23	答えを答案用紙に書き入れなさい。	**38**	答えを答案用紙に書き入れなさい。
24	答えを答案用紙に書き入れなさい。	**39**	答えを答案用紙に書き入れなさい。
25	答えを答案用紙に書き入れなさい。	**40**	答えを答案用紙に書き入れなさい。
26	答えを答案用紙に書き入れなさい。	**41**	答えを答案用紙に書き入れなさい。
27	答えを答案用紙に書き入れなさい。	**42**	答えを答案用紙に書き入れなさい。
28	答えを答案用紙に書き入れなさい。	**43**	答えを答案用紙に書き入れなさい。
29	答えを答案用紙に書き入れなさい。	**44**	答えを答案用紙に書き入れなさい。
30	答えを答案用紙に書き入れなさい。	**45**	答えを答案用紙に書き入れなさい。
31	答えを答案用紙に書き入れなさい。	**46**	答えを答案用紙に書き入れなさい。
32	答えを答案用紙に書き入れなさい。	**47**	答えを答案用紙に書き入れなさい。
33	答えを答案用紙に書き入れなさい。	**48**	答えを答案用紙に書き入れなさい。
34	答えを答案用紙に書き入れなさい。	**49**	答えを答案用紙に書き入れなさい。
35	答えを答案用紙に書き入れなさい。	**50**	答えを答案用紙に書き入れなさい。

PART 3 회화문

Ⅲ. 次の会話をよく聞いて後の問いに最も適したものをAからDの中で一つ選びなさい。

例)　女：すみません。この辺に銀行がありますか。

　　　男：はい。駅の後ろにあります。

　　　女：本屋も駅の後にありますか。

　　　男：いいえ、本屋は駅の前です。

　　　本屋はどこにありますか。

　　　（A）銀行の前

　　　（B）銀行のそば

　　　（C）駅の前

　　　（D）駅の後

51　女の人は週末、何をしますか。

(A) 家で、ゆっくり休みます。　　　(B) 図書館へ本を借りに行きます。

(C) 図書館で勉強します。　　　(D) 図書館へ本を返さなければなりません。

52　男の人は誰と旅行に行きますか。

(A) 一人。　　　(B) 友達。

(C) 女の人。　　　(D) 家族。

53　友達が借りたのは何ですか。

(A) 小説と雑誌。　　　(B) 韓国テレビ。

(C) 韓国テレビドラマ。　　　(D) 漫画。

54 男の人は何時の飛行機に乗れますか。

(A) 午後6時。　　　　　　　　　　(B) 午後2時。

(C) 午後5時。　　　　　　　　　　(D) 午前8時。

55 田中さんに彼女ができない理由は何ですか。

(A) 性格が悪いから。　　　　　　　(B) 決断力がないから。

(C) 頼り甲斐があるから。　　　　　(D) 女の人に会う機会がないから。

56 二人はどこへ行きますか。

(A) デパートの屋上のビアガーデン。　(B) 会社の隣のビアガーデン。

(C) 始めて行くビアガーデン。　　　　(D) 新しいビアガーデン。

57 生ビールはいくらですか。

(A) ２９０円。　　　　　　　　　　(B) ３９０円。

(C) ４９０円。　　　　　　　　　　(D) ５９０円。

58 山田さんはどうして早退しますか。

(A) 疲れたから。　　　　　　　　　(B) 顔が痛かったから。

(C) お腹の調子が悪かったから。　　(D) 頭が痛かったから。

59 田村書店はどこにありましたか。

(A) 魚屋の向かい。　　　　　　　　(B) 八百屋の向かい。

(C) 魚屋の隣。　　　　　　　　　　(D) そのまま残っている。

60 今回の野球のチームはどうだと言っていますか。

(A) 絶好調だ。　　　　　　　　　　(B) かなりの不調だ。

(C) あまり期待できない。　　　　　(D) 調子があまりよくない。

61 女の人はどんな建物を紹介してもらいますか。

(A) 部屋が２つでトイレと浴室が共同のアパート。

(B) 南向きの日当たりのよい物件。

(C) 駐車場がない一戸建ての物件。

(D) 部屋が２つで駐車場がある物件。

62 ニートとは何ですか。

(A) ひきこもりの人。 (B) ずっと家にいる人。

(C) 親のお世話をする人。 (D) 親のお世話になっている人。

63 ピザのトッピングはなんですか。

(A) チーズ、ソーセージ (B) チーズ、ハム

(C) チーズ、ソーセージ、ハム (D) チーズ、ソーセージ、タマネギ

64 女の人は何を心配していますか。

(A) これからももっと寒くならないかということ。

(B) これからの寒さに備えて車を買うかどうかということ

(C) 寒くなったら火を使うので安全かどうかということ。

(D) 寒くなるにつれて家庭の経済的負担が大きくなること。

65 鈴木さんの子供は今、何年生ですか。

(A) 小学５年生。 (B) 小学６年生。

(C) 中学２年生。 (D) 中学３年生。

66 女の人はどうして野球の結果を知りませんでしたか。

(A) 早く帰れなかった。

(B) ご飯を食べていて見逃した。

(C) シャワーを浴びていて見逃した。

(D) テレビを見ていたが、途中で寝てしまった。

67 新しい会社はどうですか。

(A) 給料は２０万円以下だ。

(B) 給料は税金込でちょうど２０万円だ。

(C) 上司は丁寧に教えてくれる。

(D) 技術は見よう見まねで覚えている。

68 山田さんは小川さんに何をお願いしましたか。

(A) 国際会議の日程を変えること。

(B) 国際会議の通訳を任せること。

(C) 国際会議の宿泊先や食事の準備。

(D) 山田さんの洋服を脱がせること。

69 どうして人事課に配置されたら大変だと言っていますか。

(A) 残業が多いから。

(B) 人事課は皆に嫌われているから。

(C) 上司の失敗を部下が処理しなければならないから。

(D) 部下のアイディアを部長が自分のアイディアのように発表するから。

70 田中さんはどうしてお金を貸しませんか。

(A) 鈴木さんは借金があるから。

(B) 鈴木さんは仕事をしないから。

(C) 田中さんも金銭的に余裕がないから。

(D) 田中さんは鈴木さんが嫌いだから。

71 女の人は何が意外でしたか。

(A) パイロットの給料が高いこと。

(B) スチュワーデスの給料が低いこと。

(C) 航空会社の運営が厳しいこと。

(D) スチュワーデスが華やかな仕事をしていること。

72　二人が喧嘩した理由は何ですか。

　　(A) 全然分からない。

　　(B) 彼女の口が悪かったから。

　　(C) 田中さんの口が悪かったから。

　　(D) 田中さんの行動に問題があったから。

73　田中さんはこれからどうやって生活しますか。

　　(A) 修行をしながら生活する。

　　(B) 新しい会社を作る。

　　(C) もう人生が嫌になった。

　　(D) 必要なもんは自分で作って生活する。

74　女の人は週末に何をしますか。

　　(A) ドライブをしようと思っている。

　　(B) 車で公園に行こうと思っている。

　　(C) 徒歩で行こうと思っている。

　　(D) 車で買物に行こうと思っている。

75　代理母の出産について、何が問題だと言っていますか。

　　(A) 出産することが危険だから。

　　(B) 血縁関係のない人に生ませるから。

　　(C) 生まれても自分の子供にできないから。

　　(D) 代理母による出産は許可されるべきだから。

76　野次馬の問題点とは何ですか。

　　(A) 非常識な行動。

　　(B) 知る権利を侵害すること。

　　(C) 自分の目で見たいと思う気持。

　　(D) 被害者をカメラで撮影すること。

77 会話の内容に合っているものはどれですか。

(A) 図書館よりトレーニングジムの方が人気がある。

(B) もっとも多かったのは会社ににカフェテリアがほしいと思っている人である。

(C) 新入女子社員がどんな会社を望んでいるかについてのアンケートが公表された。

(D) 上司とも仲良く話すことができる会社の雰囲気を求めている新入女子社員も多く
いる。

78 中毒治療をする時、一番大切なことは何ですか。

(A) 中毒になったものを止めさせること。

(B) 依存しているものを遠ざけること。

(C) 中毒患者を隔離すること。

(D) 中毒になった原因を解決すること。

79 男の人は、今年のお歳暮商戦はどうなると予想していますか。

(A) 会社員のボーナスも上がり、ボーナス商戦はうまくいく。

(B) 今年はデパートの売り上げが上がるから楽観視している。

(C) 主婦がお歳暮商戦の鍵を握っているが、財布の紐は固いだろう。

(D) ボーナスが減ったので、貯蓄する主婦が増えるのでお歳暮は売れない。

80 労働者はどうして日雇い労働禁止に反対していますか。

(A) 不安定な気分になるから。

(B) 収入を得る機会が少なくなるから。

(C) 無駄なコストを払わなければならないから。

(D) 税金をたくさん納めなければならないから。

PART 4 설명문

Track 015

Ⅳ. 次の文章をよく聞いて、後の問いにもっとも適したものを(A)から(D)の中で一つ選びなさい。

例）山本さんは、もう6年間会社で働いています。去年結婚してから、奥さんと二人でゴルフを始めました。日曜日には、いつも駅の近くにあるデパートで買物をします。

(1) 山本さんは何年間会社で働いていますか。

　（A）2年間。

　（B）4年間。

　（C）6年間。

　（D）8年間。

(2) 山本さんは日曜日に何をしますか。

　(A) デパートで買物をする。

　(B) ゴルフをする。

　(C) 会社へ行く。

　(D) 家で休んでいる。

81　現在日本の70歳以上の人口は何人ですか。

(A) 2771万人。　　　　　　　　　(B) 2017万人。

(C) 300万人。　　　　　　　　　(D) 1700万人。

82　現在14歳以下の人口は何人ですか。

(A) 2771万人。　　　　　　　　　(B) 2017万人。

(C) 1717万人。　　　　　　　　　(D) 1700万人。

83 高齢化に伴う問題にはどんなものがありますか。

(A) 仕事をしない高齢者が街にあふれる。

(B) 高齢になっても仕事をすることへの不安。

(C) 年金の支給に関する問題。

(D) 高齢者同士の意思疎通に関する問題。

84 最近の高齢者に関する動きとして正しいものはどれですか。

(A) 長年の経験を活かして高齢になっても働いてもらおうという動き。

(B) 長年の経験を活かして高齢になったら定年してもらおうという動き。

(C) 高齢になったら、健康面を考慮して早めに定年してもらおうという動き。

(D) 高齢に伴う問題もあるが、高齢者の意見も聞いてみようという動き。

85 ノロウイルスはどうやって感染しますか。

(A) ノロウイルスを持っている人から感染する。

(B) 胃にある胃液を通して感染する。

(C) 食べ物をとおして感染しないことは分かっている。

(D) 感染経路もまだ分かっていない。

86 ノロウイルスは胃の中でどうなりますか。

(A) 胃の中の胃酸で消滅する。

(B) 胃の中の胃酸でも死なない。

(C) 長い間胃酸の中にいると、弱まる。

(D) 胃に行く前に、ウイルスが排除される。

87 ノロウイルスはどこで一番よく繁殖しますか。

(A) 胃酸の中。　　　　　　　　(B) 大腸の中。

(C) 小腸の中。　　　　　　　　(D) 口の中。

88 ノロウイルスに感染したら、どうすればいいですか。

(A) 熱が出ることもあるので、冷たい料理を食べない。

(B) 効果がある薬が無いので、すぐに手術をする。

(C) 効果がある薬が無いので、とにかく安静にしなければならない。

(D) 薬の効果を高めるために、水などを飲んではいけない。

89 今日、東北から九州はどんな天気ですか。

(A) 秋の風が吹いて少し寒くなる。　　(B) さわやかな晴れが続く。

(C) 雲が多く、午後は雨が降る。　　(D) 雷がなるところも多い。

90 雲が多く、午後は雨が降るのはどこですか。

(A) 北海道。　　　　　　　　　　(B) 沖縄。

(C) 東北。　　　　　　　　　　　(D) 東日本。

91 今日の西日本の気温について何と言っていますか。

(A) 23度くらいで少し肌寒い。

(B) 23度くらいで快適だ。

(C) 25度くらいだが、長袖を準備した方がいい。

(D) 25度くらいだから、半袖で十分だ。

92 「私」にとって旅行は何ですか。

(A) 旅行情報を毎日集めること。　　(B) 人生の中のエネルギーだ。

(C) 私の旅行に付き合ってほしい。　(D) 温泉も大好きだ。

93 「私」が毎日していることは何ですか。

(A) 旅行情報を集めること。

(B) 世界地図をひとつずつ塗りつぶしている。

(C) 旅行情報を織り交ぜること。

(D) いろいろな人とお付き合いすること。

94 「私」の目標は何ですか。

(A) 温泉にたくさん入ること。

(B) 名所・旧跡を巡ること。

(C) 旅行に付き合ってくれる人を探すこと。

(D) 1年かけた船旅。

95 お年寄りの割合が増えているのはどうしてですか。

(A) 日本の人口が減り始めたから。

(B) これからも人口は減ると予想されるから。

(C) 子供の生まれる数が減っているから。

(D) 町に入る税金が足りないから。

96 八木沢(やぎさわ)という地域は昔、何人の人が住んでいましたか。

(A) 3000人。   (B) 300人。

(C) 20人。   (D) 16にん。

97 人口が減ると町にはどんな影響がありますか。

(A) 仕事が無くなり、失業者が増える。

(B) 子供たちが少なくなり、町の学校が閉鎖の危機になる。

(C) 税金が入ってこなくなり、町がさびれてしまう。

(D) お年よりの割合が増える。

98 小学校5年生になるとできることは何ですか。

(A) 安くスポーツクラブで活動できる。

(B) 学校のクラブやチームに参加できる。

(C) 放課後のクラブ活動に参加できる。

(D) エリート教育をうけることができる。

99 柔道や空手などの伝統的な格闘技は、どこで習うことができますか。

(A) スポーツクラブ。

(B) 放課後のクラブ活動。

(C) 学校のクラブチーム。

(D) 地元の道場。

100 20世紀後半からエリート教育として行われているのはどんなスポーツですか。

(A) 柔道や空手などの格闘技。

(B) サッカーやバスケットボールなどの球技。

(C) 水泳や体操などの運動。

(D) ジャズダンスや日舞などの舞踊。

실전모의고사

3

회

PART 1 사진묘사

Track 016

次の質問１番から質問１００番までは聞き取りの問題です。

どの問題も１回しか言いませんから、よく聞いて答えを(A)、(B)、(C)、(D)の中から一つ選びなさい。答えを選んだら、それにあたる答案用紙の記号を黒くぬりつぶしなさい。

Ⅰ. 次の写真を見て、その内容に合っている表現を(A)から(D)の中で一つ選びなさい。

例）

(A) これは自転車です。

(B) これはバスです。

(C) これは車です。

(D) これは電車です。

答 (A)　　(B)　　(●)　　(D)

01

02

03

04

05

06

07

08

09

10

11

12

13

14

15

16

17

18

19

20

PART 2 질의응답

Track 017

Ⅱ. 次の言葉の続きとして最も適したものをAからDの中で一つ選びなさい。

例) 明日は何をしますか。

　　（A）野球は面白いです。

　　（B）月曜日です。

　　（C）友達と映画を見に行きます。

　　（D）昨日はとても楽しかったです。

21	答えを答案用紙に書き入れなさい。	36	答えを答案用紙に書き入れなさい。
22	答えを答案用紙に書き入れなさい。	37	答えを答案用紙に書き入れなさい。
23	答えを答案用紙に書き入れなさい。	38	答えを答案用紙に書き入れなさい。
24	答えを答案用紙に書き入れなさい。	39	答えを答案用紙に書き入れなさい。
25	答えを答案用紙に書き入れなさい。	40	答えを答案用紙に書き入れなさい。
26	答えを答案用紙に書き入れなさい。	41	答えを答案用紙に書き入れなさい。
27	答えを答案用紙に書き入れなさい。	42	答えを答案用紙に書き入れなさい。
28	答えを答案用紙に書き入れなさい。	43	答えを答案用紙に書き入れなさい。
29	答えを答案用紙に書き入れなさい。	44	答えを答案用紙に書き入れなさい。
30	答えを答案用紙に書き入れなさい。	45	答えを答案用紙に書き入れなさい。
31	答えを答案用紙に書き入れなさい。	46	答えを答案用紙に書き入れなさい。
32	答えを答案用紙に書き入れなさい。	47	答えを答案用紙に書き入れなさい。
33	答えを答案用紙に書き入れなさい。	48	答えを答案用紙に書き入れなさい。
34	答えを答案用紙に書き入れなさい。	49	答えを答案用紙に書き入れなさい。
35	答えを答案用紙に書き入れなさい。	50	答えを答案用紙に書き入れなさい。

PART 3 회화문

Track 018

Ⅲ. 次の会話をよく聞いて後の問いに最も適したものをＡからＤの中で一つ選びなさい。

例) 女：すみません。この辺に銀行がありますか。

男：はい。駅の後ろにあります。

女：本屋も駅の後にありますか。

男：いいえ、本屋は駅の前です。

本屋はどこにありますか。

(A) 銀行の前

(B) 銀行のそば

(C) 駅の前

(D) 駅の後

51 男の人はどう思っていますか。

(A) 今日は暖かい。

(B) 今日は昨日より寒い。

(C) 明日は今日より寒い。

(D) 明日は今日より寒くない。

52 かばんはどこで買いましたか。

(A) 渋谷駅。

(B) 渋谷駅のデパート

(C) 男の人が渋谷駅の前の店で。

(D) 女の人が渋谷駅の前の店で。

53　女の人について正しいものは何ですか。

(A) 弟が一人いる。　　　　　　　　(B) 妹が一人いる。

(C) 兄と姉がいる。　　　　　　　　(D) 弟と妹がいる。

54　男の人は何泊しましたか。

(A) 3泊。　　　　　　　　　　　　(B) 4泊。

(C) 5泊。　　　　　　　　　　　　(D) 6泊。

55　郵便局はどこにありますか。

(A) デパートの隣。　　　　　　　　(B) 駅の中。

(C) 交番の向かい。　　　　　　　　(D) デパートの向かい。

56　会社には誰がいますか。

(A) 鈴木部長、金子部長。　　　　　(B) 鈴木部長、金子課長。

(C) 鈴木部長、石田主任。　　　　　(D) 鈴木部長、石田課長。

57　二人はどうしましたか。

(A) 宿題をだした。　　　　　　　　(B) 宿題をし忘れた。

(C) 宿題を無くしてしまった。　　　(D) 宿題を地下鉄に忘れてしまった。

58　国語の先生は誰ですか。

(A) 窓のそばにいる女の人。　　　　(B) 窓のそばにいる男の人。

(C) 背が高い男の人。　　　　　　　(D) 背が高くて若い女の人。

59 男の人は何をしましたか。

(A) 円をドルに換えた。

(B) ドルを円に換えた。

(C) 円をウォンに換えた。

(D) ドルをウォンに換えた。

60 田中さんはどうして足が棒になりましたか。

(A) バスに乗り遅れたから。

(B) 終電に乗り遅れたから。

(C) 乗っていたバスが故障したから。

(D) 所持金が足りなくてバスに乗れなかったから。

61 二人はどこで会いますか。

(A) デパートの6階。

(B) 駅前の文化会館。

(C) 駅前のレストラン。

(D) 駅の隣のデパート。

62 土曜日は何時まで営業していますか。

(A) 午後1時。

(B) 午後8時。

(C) 昼12時。

(D) 営業しない。

63 子供はどうして怒られましたか。

(A) 食べ物を無駄にしたから。

(B) 夕御飯を食べなかったから。

(C) 夕御飯を食べないと言ったから。

(D) 食べ物を少しずつ盗み食いをしていたから。

64 どうして昨日、一言しゃべりませんでしたか。

(A) 仲直りしたから。

(B) 喧嘩の相手が無視したから。

(C) 喧嘩の相手が怪我をしたから。

(D) 喧嘩の相手がこれから関係を止めようと言ったから。

65　花はどこにありますか。

(A) 机の端。 　　　　　　　　　　　(B) 机の中央。

(C) 机の端の左側。 　　　　　　　　(D) 机の端の右側。

66　鈴木さんは何歳ですか。

(A) 24歳。 　　　　　　　　　　　　(B) 33歳。

(C) 43歳。 　　　　　　　　　　　　(D) 57歳。

67　エアコンがよく売れている理由はなんですか。

(A) 納品が早いから。

(B) いつもより早く夏が来たから。

(C) 扇風機が売り切れたから。

(D) いつもより遅く夏が来たから。

68　異常気象の話として合っているものはどれですか。

(A) アメリカでは夏なのに雪が降った。

(B) アメリカでは豪雨が降った。

(C) 地球温暖化が始まった。

(D) 日本では竜巻が少なくなった。

69　斎藤さんはどうして皆に嫌われていますか。

(A) 他の人の失敗を笑うから。

(B) 他の人の失敗を非難するから。

(C) 失敗した人を無視するから。

(D) 失敗した人をいじめるから。

70　ドイツ国内の留学生は何人ですか。

(A) １２万人。 　　　　　　　　　　(B) ２４万人。

(C) ５５６万人。 　　　　　　　　　(D) １７００万人。

71 女の人はどうして会社を辞めることにしましたか。

(A) 病気のため。

(B) 個人的な理由。

(C) 会社のリストラ。

(D) 会社の中の人間関係。

72 佐藤さんはどんな人ですか。

(A) 他人を非難する人だ。

(B) 他人を大切にする人だ。

(C) 自分の自慢ばかりをする人だ。

(D) 貿易会社で味噌を売っている人だ。

73 会話の内容に合っているものはどれですか。

(A) 作成できるカードは一人一枚までだ。

(B) 全国にある図書館で図書カードを発行してもらえる。

(C) 図書カードを持っていると、会費を出さなければならない。

(D) 全国にある図書館で図書の貸し出しを受けることができる。

74 二人の会話で正しいものは何ですか。

(A) 過労死は不規則的な食生活を続けていたのが原因だ。

(B) 過労死は不規則的な睡眠時間を続けていたのが原因だ。

(C) 仕事のストレスから体調を崩したり、うつ病になる人も多い。

(D) 残業時間の増加に加えて、自宅に帰られない時も時々ある。

75 株取引のいいところは何ですか。

(A) 簡単に取引ができること。

(B) 利益がふいになること。

(C) お金が少しずつ増えること。

(D) 莫大な利益が得られること。

76 日本人が遭う犯罪の被害で一番多いのは何ですか。

(A) スリ。

(B) 置き引き。

(C) 詐欺の被害。

(D) ものを盗まれる被害。

77 女の人は手紙を見て、どう思いましたか。

(A) お姑さんは変な人だ。

(B) 知らない方がよかった。

(C) 事実を知って嬉しかった。

(D) お姑さんは浮気をしている。

78 男の人はどうしてこつこつ仕事をした方がいいと言っていますか。

(A) お金はなくなるものだから。

(B) 稼げば稼ぐほどお金が出て行くから。

(C) 簡単にお金を稼ぐ方法はないから。

(D) ギャンブルとか株取引は違法だから。

79 新しいガラスはどんなガラスですか。

(A) 簡単に割れて怪我を防ぐガラス。

(B) ガラスをワイヤで囲ったガラス。

(C) ガラスの間にワイヤを入れたガラス。

(D) ガラスの代わりにプラスチックでできた強化ガラス。

80 クレーマーとはどんな人ですか。

(A) 商品について不満をぶつける人。

(B) 定期的に店を訪問する人。

(C) 食料品を黙って持っていく人。

(D) 万引きをする人。

Track 019

Ⅳ. 次の文章をよく聞いて、後の問いにもっとも適したものを(A)から(D)の中で一つ選びなさい。

例) 山本さんは、もう6年間会社で働いています。去年結婚してから、奥さんと二人でゴルフを始めました。日曜日には、いつも駅の近くにあるデパートで買物をします。

(1) 山本さんは何年間会社で働いていますか。

　(A) 2年間。

　(B) 4年間。

　(C) 6年間。

　(D) 8年間。

(2) 山本さんは日曜日に何をしますか。

　(A) デパートで買物をする。

　(B) ゴルフをする。

　(C) 会社へ行く。

　(D) 家で休んでいる。

81　旅の楽しみとは何ですか。

(A) 地元のおいしいものを食べること。

(B) 地元の人と交流すること。

(C) 家族でバイキングすること。

(D) 予約して食べること。

82 このレストランで食べられるものはなんですか。

(A) ボリューム満点のステーキ。

(B) ボリューム満点の野菜のてんぷら。

(C) 地元の素材をつかったスパゲティ。

(D) 地元の素材をつかった懐石料理。

83 レストランの予約を取り消す時はいつまで連絡すればいいですか。

(A) いつでも可能。

(B) 前日の午前10時まで。

(C) 当日の午前中。

(D) 前日の午後3時まで。

84 このレストランを利用できないのはだれですか。

(A) 家族だけのお客様。

(B) ４歳の子供の団体。

(C) ホテルに宿泊していないお客様。

(D) 職場に通っている人々。

85 このアンケートの結果で男女とも共通していた1位と2位の内容は何でしたか。

(A) １位はやさしさ、２位は頼れる。

(B) １位はルックス、２位はまじめ。

(C) １位はやさしさ、２位は自分を大事にしてくれる。

(D) １位は自分を大事にしてくれる、２位はやさしさ。

86 アンケートで明らかになった女性の傾向とはどんな傾向ですか。

(A) 女性は自分にないものを持っている男性が好きになるということ。

(B) 女性は頼もしい男性を避ける傾向があるということ。

(C) 女性はルックスを重視する「メンクイ」の傾向があるということ。

(D) 女性には頼もしい男が人気があるということ。

87 アンケートで男性と女性には大きな差がでましたが、どういうことですか。

(A) 男性はルックスを重視して「めんくい」の傾向があること。

(B) 男性はルックスをあまり重視しないということ。

(C) 女性はやはりお金持ちに魅力を感じるということ。

(D) 女性は玉の輿の夢を抱いているということ。

88 このアンケートは何についてのアンケートですか。

(A) 未来の恋人の条件についてのアンケート。

(B) 恋人がどんなところに魅力を感じるかについてのアンケート。

(C) 男女の違いについて説明するアンケート。

(D) 男性の「メンクイ」傾向を明らかにするためのアンケート。

89 3日の東京株式市場の株価が下落した理由は何ですか。

(A) 輸出関連の業績が悪いから。

(B) アメリカの株式市場の株価が下落した影響をうけたから。

(C) 日経平均株価が値下がりしたから。

(D) 来週も株価が続落すると見られているから。

90 日経平均の最終的な終値はいくらでしたか。

(A) 170円。

(B) 1万1000円。

(C) 1万984円。

(D) 2005円。

91 株価続落の動きはいつまで続くと言っていますか。

(A) 2005年5月まで。

(B) 今週末まで。

(C) 3年5ヶ月くらい。

(D) 来週末まで。

92 一般的に言われる幸福の3要素とは何ですか。

(A) 満足、安心、恋。

(B) 富、名声、恋。

(C) スポーツ、食事、快楽。

(D) 満足、安心、豊かさ。

93 ある学者がいう幸せの1段階とは何ですか。

(A) 快楽を得ることに幸せを感じる。

(B) 快楽を得ようと努力する過程で幸せを感じる。

(C) 快楽を持続させようとする時、幸せを感じる。

(D) 苦しみや悲しみを克服する過程に幸せを感じる。

94 ある学者はどんな時に幸せを感じると言っていますか。

(A) 幸福について複雑に考えるとき。

(B) 幸福について考え、苦しんでいる時。

(C) 幸福を得ようと緊張している時。

(D) 幸福を維持しようとして、挫折したとき。

95 この秋の番組改編でかわったことは何ですか。

(A) お笑い番組をやめて、ドキュメンタリーに力を入れることにしたこと。

(B) お笑い番組をやめて、年金生活の特集に力を入れることにしたこと。

(C) お笑い番組をやめてニュース番組に力を入れることになったこと。

(D) お笑い番組をやめて、フィクション映画に力を入れることにしたこと。

96 放送局がだれを対象にして秋の番組改編を行いましたか。

(A) 今までみたいコンテンツがあまり無かった40代以上。

(B) 今までテレビを見なかった幼児や小学生。

(C) お笑いテレビを良くみる若者。

(D) 今までテレビを見ていなかった60代の高齢者層。

97 本文の内容と合っていないのはどれですか。

(A) 秋の番組改編で、民放各局が、ついにお笑い番組に見切りをつけ始めた。

(B) 各局ともドキュメンタリー番組の制作に力を入れている。

(C) TBSは水曜日の午後9時以降を報道番組で固めた。

(D) 団塊世代の高齢者のテレビ離れははなはだしい。

98 和服とはどういう意味ですか。

(A) 衣服という意味。

(B) 西洋の服という意味。

(C) 日本の衣服という意味。

(D) 解釈にはいろいろある。

99 着物の意味はどのように変わりましたか。

(A) 本来は衣服という意味だったが、今は西洋の服を意味する。

(B) 本来は西洋の服という意味だったが、今は日本の和服だけを意味する。

(C) 本来は日本の服という意味だったが、今は西洋の服だけを意味する。

(D) 今は本来の衣服という意味と、和服という意味が混在している。

100 日本の衣服を和服と呼ぶようになったのはどうしてですか。

(A) 衣服という言葉がすこし古くさく感じられたから。

(B) 衣服という言葉に抵抗を感じる人が増えたから。

(C) 西洋の衣服と区別して呼ぶため。

(D) 西洋の衣服との競争をして負けたため。

실전모의고사

4

회

PART 1 사진묘사

Track 020

次の質問１番から質問１００番までは聞き取りの問題です。

どの問題も１回しか言いませんから、よく聞いて答えを(A)、(B)、(C)、(D)の中から一つ

選びなさい。答えを選んだら、それにあたる答案用紙の記号を黒くぬりつぶしなさい。

Ⅰ. 次の写真を見て、その内容に合っている表現を(A)から(D)の中で一つ選びなさい。

例)

(A) これは自転車です。

(B) これはバスです。

(C) これは車です。

(D) これは電車です。

答 (A)　　(B)　　(●)　　(D)

01

02

03

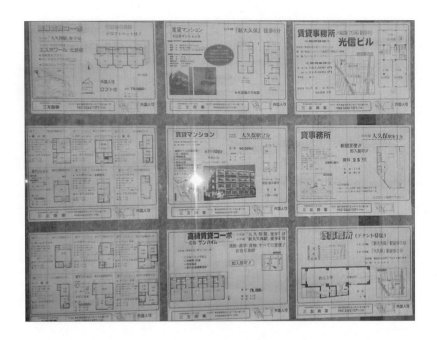

04

05

06

07

08

09

10

11

12

13

14

15

16

17

18

19

20

PART 2 질의응답

Ⅱ. 次の言葉の続きとして最も適したものをAからDの中で一つ選びなさい。

例）明日は何をしますか。

    (A) 野球は面白いです。

    (B) 月曜日です。

    (C) 友達と映画を見に行きます。

    (D) 昨日はとても楽しかったです。

21	答えを答案用紙に書き入れなさい。	36	答えを答案用紙に書き入れなさい。
22	答えを答案用紙に書き入れなさい。	37	答えを答案用紙に書き入れなさい。
23	答えを答案用紙に書き入れなさい。	38	答えを答案用紙に書き入れなさい。
24	答えを答案用紙に書き入れなさい。	39	答えを答案用紙に書き入れなさい。
25	答えを答案用紙に書き入れなさい。	40	答えを答案用紙に書き入れなさい。
26	答えを答案用紙に書き入れなさい。	41	答えを答案用紙に書き入れなさい。
27	答えを答案用紙に書き入れなさい。	42	答えを答案用紙に書き入れなさい。
28	答えを答案用紙に書き入れなさい。	43	答えを答案用紙に書き入れなさい。
29	答えを答案用紙に書き入れなさい。	44	答えを答案用紙に書き入れなさい。
30	答えを答案用紙に書き入れなさい。	45	答えを答案用紙に書き入れなさい。
31	答えを答案用紙に書き入れなさい。	46	答えを答案用紙に書き入れなさい。
32	答えを答案用紙に書き入れなさい。	47	答えを答案用紙に書き入れなさい。
33	答えを答案用紙に書き入れなさい。	48	答えを答案用紙に書き入れなさい。
34	答えを答案用紙に書き入れなさい。	49	答えを答案用紙に書き入れなさい。
35	答えを答案用紙に書き入れなさい。	50	答えを答案用紙に書き入れなさい。

Track 022

Ⅲ. 次の会話をよく聞いて後の問いに最も適したものをAからDの中で一つ選びなさい。

例）　女：すみません。この辺に銀行がありますか。

　　　男：はい。駅の後ろにあります。

　　　女：本屋も駅の後にありますか。

　　　男：いいえ、本屋は駅の前です。

　　　本屋はどこにありますか。

　　　（A）銀行の前

　　　（B）銀行のそば

　　　（C）駅の前

　　　（D）駅の後

51　二人はどうしますか。

(A) 女の人はコーヒーを飲みます。　　(B) 男の人はコーヒーを飲みます。

(C) 二人ともコーヒーを飲みます。　　(D) 二人ともジュースを飲みます。

52　これからどこへ行きますか。

(A) 先にレストランへ行く。　　(B) 先に本屋へ行く。

(C) 先に映画を見に行く。　　(D) 先に映画を見てからご飯を食べる。

53　男の人はどうして疲れましたか。

(A) 仕事がたくさんあったから。　　(B) 遅くまで映画を見たから。

(C) あまり寝てないから。　　(D) 遅くまで本を読むから。

54　男の人の趣味は何ですか。

(A) テレビを見ること。 (B) サッカーをやること。

(C) サッカーを見ること。 (D) 競技場へ行くこと。

55　男の人はどうしますか。

(A) 地図を見て行く。 (B) 駅から電車で行く。

(C) バスに乗って行く。 (D) 迎えに来てもらう。

56　会議は何時からですか。

(A) 4時。 (B) 4時30分。

(C) 5時。 (D) 来週に延期になった。

57　このホテルはどんなホテルですか。

(A) 各部屋にトイレとシャワーがある。

(B) 各部屋にトイレとシャワーはない。

(C) 各部屋にトイレだけはある。

(D) 各部屋にシャワーだけはある。

58　田中さんが会社を辞める理由は何ですか。

(A) 父が死んだから。

(B) 母のお世話をしなければならないから。

(C) 父のお世話をしなければならないから。

(D) 会社が田舎に移転するから。

59　東京の空室率が低くなると、どうなりますか。

(A) 地価が上がる。 (B) 田舎に人が多くなる。

(C) 地方が発展する。 (D) 都市に人が少なくなる。

60 二人はどうすることにしましたか。

(A) 右に曲がる。　　　　　　　　(B) 左に曲がる。

(C) 後ろに下がる。　　　　　　　(D) 駐車する。

61 最近、どんな旅行が人気ですか。

(A) 連休に行く旅行。　　　　　　(B) 一泊二日の研修旅行。

(C) その日一日だけの旅行。　　　(D) ゆっくりできる海外旅行。

62 山田さんはどうやってレポートを仕上げますか。

(A) 友達に手伝ってもらう。

(B) 清書をきれいにする。

(C) 一晩寝ないでレポートを書く。

(D) レポートの提出を諦める。

63 このホテルの部屋のドアはどうやって開けますか。

(A) カードを扉にある機械に近づける。

(B) カードを扉にある機械に差し込む。

(C) カードを扉にある機械に入れる。

(D) カードを扉にある機械に挟む。

64 田中さんの会社の勤務体制と合っているものは？

(A) 週5日勤務制。　　　　　　　(B) 週2日勤務制。

(C) 休日は不定期だ。　　　　　　(D) 休日は皆無だ。

65 どうして辞めたいと言っていますか。

(A) 仕事が嫌になったから。

(B) 仕事の量が多いから。

(C) 仕事の量に比べて給収入が少ないから。

(D) 毎日仕事をしなければならないから。

66 センター試験に向けて学生たちはどういていすか。

(A) 死にたいと思っている。　　(B) 一生懸命勉強する。

(C) 狂っている。　　(D) ゆっくり休む。

67 殺人事件の理由は何ですか。

(A) 家族間の不和。

(B) 理由もなく殺した。

(C) 被害者がお金の貸し借りを拒んだから。

(D) 犯人が証言を拒否しているので分からない。

68 男の人はどうやって自動車税を払いますか。

(A) コンビニで支払う。

(B) 銀行に出向いて手続きをした後、インターネットで確認する。

(C) ファックスでコンビニに書類を送った後、インターネットで手続きをする。

(D) ファックスで銀行に書類を送った後、インターネットで手続きをする。

69 ニュースによると、今日の天気はどうなりますか。

(A) 雨は降らない。

(B) 今日は夜雨が降るかもしれない。

(C) 今日は雨が降るかもしれない。

(D) 朝から雨が降るかもしれない。

70 週末、秋葉原に人通りが多い理由は何ですか。

(A) 電気製品を安く売るから。

(B) アニメーションや漫画本を売るから。

(C) 歩行者天国に色々な人がいるから。

(D) 歩行者天国に色々なイベントがいるから。

71 「ポイ捨て」と関係があることは何ですか。

    (A) ポイ捨ては歩きながらたばこを吸うことだ。

    (B) ポイ捨てはゴミを減らすことだ。

    (C) ポイ捨ては犯罪だ。

    (D) ポイ捨てはたばこや空き缶を集めることだ。

72 警察は何をしますか。

    (A) 事故の処理の迅速化。

    (B) 事故の取締りの強化。

    (C) 飲酒運転の事故を大きく取り上げる。

    (D) 飲酒運転の取締りの強化。

73 首が痛い原因は何ですか。

    (A) 寝る姿勢が悪いから。

    (B) 体が大きいから。

    (C) 枕が合わないから。

    (D) 枕が大きいから。

74 「日本神話」とは何ですか。

    (A) 日本が経済大国であるという話。

    (B) 日本の信頼は厚いという話。

    (C) 日本のモラルは高いという話。

    (D) 日本が安全な国家であるという話。

75 男の人は何を注文しますか。

    (A) 焼魚弁当。

    (B) てんぷら弁当。

    (C) 煮物の弁当。

    (D) とんかつ弁当。

76 男の人は何を買いに来ましたか。

(A) ジーパン。

(B) セーター。

(C) ジャケット。

(D) シャツ。

77 会話の内容に合っているものはどれですか。

(A) 男の人は春になると鼻が痒くなる。

(B) 男の人は花粉症のせいで仕事に集中出来ない。

(C) 男の人は室内に入ったらシャワーをした方がいいと言っている。

(D) 花粉症は松の木から飛んでくる花粉が原因だと言われている。

78 交通事故の原因は何ですか。

(A) 乗用車の運転手が前を見ていなかったから。

(B) トラックの運転手が前を見ていなかったから。

(C) 乗用車の運転手が酒を飲んでいたから。

(D) トラックの運転手が酒を飲んでいたから。

79 これから少子化に大きな影響を与えると思われるものは何ですか。

(A) 男性が女性を支えること。

(B) 育児休暇制度の整備。

(C) 男性が育児休暇を取れないこと。

(D) 会社が育児休暇制度を導入すること。

80 物流事業の課題は何ですか。

(A) コストの削減と車両輸送の増加。

(B) 貨物を確実に届けることができるシステムの開発。

(C) 物流輸送の拠点となる空港をいくつかに絞り込むこと。

(D) 便利なサービスの開発と共に収益性を考えなければならないこと。

Track 023

Ⅳ. 次の文章をよく聞いて、後の問いにもっとも適したものを(A)から(D)の中で一つ選びなさい。

例）山本さんは、もう6年間会社で働いています。去年結婚してから、奥さんと二人でゴルフを始めました。日曜日には、いつも駅の近くにあるデパートで買物をします。

(1) 山本さんは何年間会社で働いていますか。

　（A）2年間。

　（B）4年間。

　（C）6年間。

　（D）8年間。

(2) 山本さんは日曜日に何をしますか。

　(A) デパートで買物をする。

　(B) ゴルフをする。

　(C) 会社へ行く。

　(D) 家で休んでいる。

81　ノーベルの一番有名な発明は何ですか。

(A) トンネルを作る機械。　　　　(B) ダイナマイトという爆薬。

(C) 電話機。　　　　(D) 車のエンジン。

82　ノーベルが心を痛めたのはどうしてですか。

(A) 自分の発明したものが多くの人の命を奪ったから。

(B) 自分の発明があまり人の役に立たなかったから。

(C) 発明をしても、お金をたくさん稼ぐことができなかったから。

(D) 自分がまもなく死ぬことに気づいたから。

83 ノーベルの遺言は何でしたか。

(A) お金がない人に自分のお金をあげて欲しい。

(B) お金が欲しい人には調査をした後、お金をあげることにする。

(C) 人類のために尽くした人に、賞とお金をあげて欲しい。

(D) ダイナマイトの専門家にお金を送って研究を続けて欲しい。

84 ノーベル賞の受賞者はどうやって決められますか。

(A) 1年間、世界で一番人気があった人と面接をして決める。

(B) 世界中の推薦を受け、10人くらいまで絞った後で会議をして決定する。

(C) 多くの候補者と面接をして決定する。

(D) 候補者を公開し、人々の意見を参考にしながら、会議で決定する。

85 富士急行の車両に落書きが発見されたのはいつですか。

(A) 10月2日午後7時半。 　　　　(B) 10月3日深夜。

(C) 10月3日朝。 　　　　(D) 10月3日午後7時半。

86 落書きを見つけた人は誰ですか。

(A) 富士急行の職員。 　　　　(B) 電車の運転手。

(C) 警察官。 　　　　(D) 誰か分かりません。

87 落書きを見つけてから一番にしたことは何でしたか。

(A) 落書きを消すこと。

(B) 警察に電話すること。

(C) 電車を発車させること。

(D) 会社で会議を開くこと。

88 車両には何が書かれていましたか。

(A) 日本語でひどい言葉が書かれていた。

(B) アルファベットと漢字で書かれていた。

(C) ひらがなとアルファベットが書かれていた。

(D) アルファベットで書かれていた。

89 最近の日本では20代の未婚率はどうなっていますか。

(A) 54%から9.9%へと減少しつつある。

(B) 9.9%から54%へと上昇しつつある。

(C) 男性は12.57%。

(D) 女性は5.82%。

90 晩婚化とはどういう意味ですか。

(A) 一生、結婚しないこと。

(B) 若い年齢で結婚する人が増えること。

(C) 結婚年齢が上昇すること。

(D) 男性の収入が減ること。

91 晩婚化の原因は何だと言っていますか。

(A) 日本では結婚が一般的じゃないから。

(B) 女性が主婦になるのをいやがっているから。

(C) 男性の収入が上昇してきているから。

(D) 女性が社会で活躍する機会が増えてきたから。

92 患者調査はいつ行われますか。

(A) 2年に1回。

(B) 3年に1回。

(C) 4年に1回。

(D) 6年に1回。

93 1996年と1999年のうつ病の患者数の増減はどうでしたか。

(A) ３年間で倍増した。

(B) ３年間で半減した。

(C) ３年間、あまり変化がなかった。

(D) ３年間の調査結果はない。

94 うつ病患者の人数は、最近6年でどうなりましたか。

(A) 2分の1に減った。

(B) 3分の1に減った。

(C) 2倍以上に増加した。

(D) 3倍以上に増加した。

95 魚座の人に何より必要なものは何だと言っていますか。

(A) 自分のために時間を使うこと。

(B) 生活のすべての面でバランスを整えること。

(C) ささやかな一日でも、幸運をみつけること。

(D) ヨガやダイエットを始めること。

96 1日をより気分よくすごして活躍するためにはどうすればいいと言っていますか。

(A) 恋愛をして、充実感を味わえばよい。

(B) 食生活には気を配らなくても、睡眠には気を配ったほうがいい。

(C) 食生活に気を配り、睡眠にも気を配ったほうがいい。

(D) 今のままでいいので、特に注意することはない。

97 今日は魚座の人に対して異性がどうすると言っていますか。

(A) 忙しく見えて、誰も声をかけてくれなさそうだ。

(B) ヨガなどでダイエットしたほうがいいと言うかもしれない。

(C) いつもやさしくしてもらえそうだ。

(D) いつもと変りはない。

98 「いのちの電話」とは何ですか。

(A) カウンセリングを学ぶ人のための問い合わせの電話のこと。

(B) 電話で悩みを聞き、アドバイスをするシステムのこと。

(C) 電話相談員の悩みを打ち明ける会議のこと。

(D) カウンセリングをしてもらいたい人が集う集まり。

99 電話相談員として活動したい場合、どうすればいいですか。

(A) まず8ヶ月間毎日、講習を受けなければならない。

(B) ２週間に1回4時間、訓練を受けなければならない。

(C) 約10ヶ月の実地訓練を受けなければならない。

(D) 特別に高度な教養や訓練を必要とする。

100 この文章の目的は何ですか。

(A)「いのちの電話」をもっと利用してもらうための広告。

(B)「いのちの電話」の利用方法の説明。

(C)「いのちの電話」への寄付のお願い。

(D)「いのちの電話」相談員の募集。

실전모의고사

회

PART 1 사진묘사

次の質問1番から質問100番までは聞き取りの問題です。

どの問題も1回しか言いませんから、よく聞いて答えを(A)、(B)、(C)、(D)の中から一つ

選びなさい。答えを選んだら、それにあたる答案用紙の記号を黒くぬりつぶしなさい。

Ⅰ. 次の写真を見て、その内容に合っている表現を(A)から(D)の中で一つ選びなさい。

例)

    (A) これは自転車です。

    (B) これはバスです。

    (C) これは車です。

    (D) これは電車です。

答（A）、（B）、（●）、（D）

01

02

03

04

05

06

실전모의고사 5회

07

08

09

10

11

12

13

14

15

16

17

18

19

20

Track 025

Ⅱ. 次の言葉の続きとして最も適したものをＡからＤの中で一つ選びなさい。

例）明日は何をしますか。

(A) 野球は面白いです。

(B) 月曜日です。

(C) 友達と映画を見に行きます。

(D) 昨日はとても楽しかったです。

21	答えを答案用紙に書き入れなさい。	36	答えを答案用紙に書き入れなさい。
22	答えを答案用紙に書き入れなさい。	37	答えを答案用紙に書き入れなさい。
23	答えを答案用紙に書き入れなさい。	38	答えを答案用紙に書き入れなさい。
24	答えを答案用紙に書き入れなさい。	39	答えを答案用紙に書き入れなさい。
25	答えを答案用紙に書き入れなさい。	40	答えを答案用紙に書き入れなさい。
26	答えを答案用紙に書き入れなさい。	41	答えを答案用紙に書き入れなさい。
27	答えを答案用紙に書き入れなさい。	42	答えを答案用紙に書き入れなさい。
28	答えを答案用紙に書き入れなさい。	43	答えを答案用紙に書き入れなさい。
29	答えを答案用紙に書き入れなさい。	44	答えを答案用紙に書き入れなさい。
30	答えを答案用紙に書き入れなさい。	45	答えを答案用紙に書き入れなさい。
31	答えを答案用紙に書き入れなさい。	46	答えを答案用紙に書き入れなさい。
32	答えを答案用紙に書き入れなさい。	47	答えを答案用紙に書き入れなさい。
33	答えを答案用紙に書き入れなさい。	48	答えを答案用紙に書き入れなさい。
34	答えを答案用紙に書き入れなさい。	49	答えを答案用紙に書き入れなさい。
35	答えを答案用紙に書き入れなさい。	50	答えを答案用紙に書き入れなさい。

PART 3 회화문

Track 026

Ⅲ. 次の会話をよく聞いて後の問いに最も適したものをAからDの中で一つ選びなさい。

例）　女：すみません。この辺に銀行がありますか。

　　　男：はい。駅の後ろにあります。

　　　女：本屋も駅の後にありますか。

　　　男：いいえ、本屋は駅の前です。

　　　本屋はどこにありますか。

　　（A）銀行の前

　　（B）銀行のそば

　　（C）駅の前

　　（D）駅の後

51　今日の会議は何時からですか。

　　(A) 2時。　　　　　　　　　(B) 3時。

　　(C) 4時。　　　　　　　　　(D) 5時。

52　男の人はどこへ行きますか。

　　(A) 駅にある店。　　　　　　(B) 駅前のデパート。

　　(C) 駅の中にあるデパート。　　(D) 少し高い店。

53 二人の会話で正しいものは何ですか。

(A) 男の人は自転車で行く。

(B) 朝、バスは時間がかかる。

(C) 女の人は毎朝歩いているから大変だ。

(D) 女の人の家は駅から徒歩で２０分ぐらいかかる。

54 田中さんの気分はどうですか。

(A) とても嬉しい。　　　　　(B) あまり嬉しくない。

(C) そんなに嬉しくない。　　(D) 最悪の気分だ。

55 同窓会はいつでしたか。

(A) 今日。　　　　　(B) 昨日。

(C) 明日。　　　　　(D) 一昨日。

56 男の人は今、どこにいますか。

(A) 家にいる。　　　　(B) 病院にいる。

(C) 会社にいる。　　　(D) 病院に行く途中。

57 明日の天気はどうなりますか。

(A) 一日中いい天気だ。

(B) 午前中は晴れだけと、午後からはくもる。

(C) 午前中は雨だけど、午後からは晴れだ。

(D) 午前中は晴れだけと、午後からは雨だ。

58 男の人はどこの席に座りますか。

(A) ドアの近く。　　　　(B) 右側の窓側の席。

(C) 便所の近く。　　　　(D) 操縦席の近く。

59 女の人はいくらでこのカメラを買いますか。

(A) 3万1500円。

(B) 3万2000円。

(C) 3万2500円。

(D) 3万4500円。

60 男の人が温泉に行きたい理由は何ですか。

(A) 疲労がたまっているから。

(B) 子供から離れて時間を過ごしたいから。

(C) ストレスがたまっているから。

(D) 子供が行きたがっているから。

61 職場内のいじめの原因は何だと言っていますか。

(A) コミュニケーションの副作用。

(B) 社員同士の会話不足。

(C) コミュニケーション能力の不足。

(D) コンピューターについての意見の不一致。

62 男の人は何をしますか。

(A) テレビが壊れたので修理に出す。

(B) テレビが壊れたので調整してみる。

(C) アンテナの方向を調整してみる。

(D) アンテナが故障したので、修理に出す。

63 花子さんはどうして怒っていますか。

(A) 我慢できずにすぐ怒るから。

(B) 傲慢な態度で人に仕事をさせるから。

(C) 他の人が失敗すると怒るから。

(D) 花子さんに向かって悪口を言うから。

64 ５０万円を送る時、送金手数料はいくらですか。

(A) ５０００円。   (B) １００００円。

(C) １２０００円。   (D) ３００００円。

65 ノーベル化学賞を受賞することができたのはどうしてですか。

(A) 研究発表が素晴らしかったから。

(B) 科学的証拠が多く発見されたから。

(C) １０年間、ノーベル賞のために頑張ったから。

(D) 長い間、身を粉にして研究してきた成果が出たから。

66 タクシー協会によると、毎年、大量に何が発見されますか。

(A) 領収書。   (B) 盗難品。

(C) 忘れ物。   (D) お釣りの受け取り忘れ。

67 今の業界の現状は？

(A) ゲーム自体にお客さんが飽きてきている。

(B) ソフトウェアは次々と生まれるのにゲーム機が生まれない。

(C) 今は、危機感を持って問題に取り組まなければいけない時期。

(D) 最新のゲームは発売されても、シリーズのゲームは発売されない。

68 カラスの対策として住民は何をしていますか。

(A) 行政に頼んでいる。

(B) 人形を置いている。

(C) カラスを捕まえようと探している。

(D) カラスが食べる生ゴミを減らしている。

69 佐藤さんが持っているものはどれですか。

(A) 催眠スプレー。   (B) 監視カメラ。

(C) 防犯ブザー。   (D) 防犯対策。

70 「ハイブリッドカー」の説明として正しいものはどれですか。

(A) 燃費はあまりよくない。

(B) ガソリンとバッテリーの力で走る。

(C) 全てが電池だけで動く。

(D) 通常の走行時は電気の力で走る。

71 花の飾りはどんな時に飾りますか。

(A) 店を閉店した時。 (B) 店を開店する時。

(C) 店長が変わった時。 (D) 新しく店を開店する時。

72 うつ病の説明として合わないものは？

(A) 治療しても治らない病気。 (B) 他人の話を集中して聞けなくなる。

(C) 人それぞれ、千差万別だ。 (D) 全てのことに対してやる気が出ない。

73 迷惑メールとはどんな内容のメールですか。

(A) 広告や宣伝のメール。 (B) お金を要求するメール。

(C) 罰金を要求するメール。 (D) 氏名や住所を書かないで送るメール。

74 車の高速道路利用が少なかった理由ではないのは？

(A) ガソリンの値段が上がったから。

(B) お盆の時期に雨が降ったから。

(C) 高速道路の料金が値上がりしたから。

(D) お盆の時期が週末ではなかったから。

75 話の内容と合っているものはどれですか。

(A) １年以内に２０％の人がヘルパーを辞める。

(B) ヘルパーの１割は暴言を言われたことがある。

(C) 介護が必要な人は増えているが、ヘルパーの数は減っている。

(D) ヘルパーの数は増えたのに、介護の必要な人がなかなか増えない。

76 この地域で、高い建物の建築が禁止されていた理由は何ですか。

(A) 古い建物が多いので。

(B) 京都市の決まりを真似にて。

(C) 近くに空港があったので。

(D) きれいな地域の風景を守るため。

77 春闘とはどんなことですか。

(A) リストラを強制すること。

(B) 政府の発表に反対すること。

(C) 労働環境に不満があっても我慢すること。

(D) 労働環境の改善を要求すること。

78 このデパートにあるものは何ですか。

(A) お皿や器など。

(B) 自動車や機械の部品。

(C) たんすや机などの家具。

(D) ダイヤモンドや宝石など。

79 大分の高崎山の猿が人懐っこいのはどうしてですか。

(A) 地理的地域のため。

(B) 普段から人が餌を与えているから。

(C) 危害を加えてしまうこともあるから。

(D) 野生では見られない人間を見たから。

80 会話の内容に合っているものはどれですか。

(A) 伊藤さんは経験不足だが、責任感はある。

(B) 東京イベントの責任者は伊藤さんがちょうどいい。

(C) 男の人はベテランの佐藤さんの方がいいと思っている。

(D) 女の人は経験豊かの佐藤さんにお願いした方がいいと思っている。

Track 027

Ⅳ. 次の文章をよく聞いて、後の問いにもっとも適したものを(A)から(D)の中で一つ選びなさい。

例) 山本さんは、もう6年間会社で働いています。去年結婚してから、奥さんと二人でゴルフを始めました。日曜日には、いつも駅の近くにあるデパートで買物をします。

(1) 山本さんは何年間会社で働いていますか。

(A) 2年間。

(B) 4年間。

(C) 6年間。

(D) 8年間。

(2) 山本さんは日曜日に何をしますか。

(A) デパートで買物をする。

(B) ゴルフをする。

(C) 会社へ行く。

(D) 家で休んでいる。

81 お父さんの職業は何ですか。

(A) 学校の教師。 (B) 大学の教授。

(C) 会社の重役。 (D) 会社の研究員。

82 何人家族ですか。

(A) 3人家族。 (B) 4人家族。

(C) 5人家族。 (D) ひとり暮らし。

83 内容と合っているものはどれですか。

(A) 母は専業主婦だ。 (B) 母はホームヘルパーだ。

(C) 兄は会社員だ。 (D) 妹は高校生だ。

84 妹は何才ですか。

(A) 14歳。 (B) 15歳。

(C) 16歳。 (D) わからない。

85 風呂の文化が日本人にとって重要な理由はなんですか。

(A) 体を洗うためだけでなく、疲れも癒してくれるから。

(B) 海外ではシャワーを浴びるのが基本だから。

(C) 日本には様々な温泉地があるから。

(D) 外国人が風呂の栓を抜いてしまうから。

86 家族で風呂を利用する場合、注意することは何ですか。

(A) 一緒に入浴できないので、1人ずつ入浴すること。

(B) 同じ湯船に入るので、自分が終わっても栓を抜かないこと。

(C) 同じ湯船に入らないので、自分が終われば栓を抜くこと。

(D) 家族同士で温泉の話をしないこと。

87 人々が日本全国の温泉を巡り歩くのはどうしてですか。

(A) 日本人の日課だから。

(B) 日本にある様々な温泉を楽しむため。

(C) 各家庭に風呂がないから。

(D) 外国人に日本の温泉を紹介するため。

88 大学生が死亡した原因は何ですか。

(A) 自転車とぶつかったから。

(B) 車の下に寝ていたから。

(C) 車にひかれたから。

(D) 怖い女性をみたから。

89 池田被告が逃げた理由は何ですか。

(A) 事故を起こしたことを知らなかったから。

(B) 事故を起こしたことを知って、怖くなったから。

(C) 事故を起こしたことを知って、悲しくなったから。

(D) 一緒に乗っていた人が逃げようと言ったから。

90 池田容疑者がつかまったのはいつですか。

(A) 1日の午前。   (B) 2日の午後。

(C) 3日の朝。   (D) 3日の夜。

91 ピンクリボン運動の目的は何ですか。

(A) 乳がん早期発見・治療を呼び掛けること。

(B) 無料乳がん検診をアピールすること。

(C) 保健省をピンクにするため。

(D) ピンクのリボンの販売促進のため。

92 フランスで乳がん検診の受診率はどのくらいですか。

(A) 40％から50％。   (B) 50％から60％。

(C) 60％から65％。   (D) 65％から70％。

93 フランスのピンクリボン運動には何人の閣僚が参加しましたか。

(A) 5人。   (B) 7人。

(C) 数百人。   (D) 1万2千人。

94　ＡＥＤはどんな機器ですか。

(A) 心臓に異常が起きたときに使う機器。

(B) 心臓のリズムを自動的に教えてくれるだけの機器。

(C) 心臓について音声で教えてくれる機器。

(D) 心臓の代わりに体内に埋め込む機器。

95　ＡＥＤを操作できるのはどんな人ですか。

(A) 医者や看護士だけ。

(B) 研修を受けた人だけ。

(C) 心臓に異常がある本人だけ。

(D) 一般の人も操作できる。

96　ＡＥＤを使う時の注意として正しいものはどれですか。

(A) 一般の人が操作してはいけない。

(B) 1歳以上の子供に使用してはならない。

(C) 1歳未満の子供に使用してはならない。

(D) 電気が走るので感電に注意しなければならない。

97　ゴールデンウィークとは何ですか。

(A) 4月末から5月上旬にかけての連続した休日の期間。

(B) 4月末から5月上旬にかけての春休み。

(C) 金属製品が高く売れる、先進国日本の特別な期間。

(D) 年末年始、夏休みが休めない人のための特別な休日。

98　ゴールデンウィークに人々は何をしますか。

(A) 日帰り旅行などには行かないで家でゆっくり過ごす。

(B) 子供を伴わないでの帰省も多く行われる。

(C) 子供と一緒に家族旅行や帰省をする。

(D) 残業代や休日出勤手当てのために仕事をする。

99　ゴールデンウィークに社員を出勤させる会社があるのはなぜですか。

(A) ゴールデンウィークでも仕事は残っているから。

(B) 普段、怠けていた社員に罰を与えるため。

(C) 世間一般のカレンダーに合わせるため。

(D) 地方出身の会社員のために夏休みや年末年始の休みを長くするため。

100　祖父母にとってゴールデンウィークはどんな意味がありますか。

(A) 遠くにいる子供や孫に会いに行ける貴重な機会となる。

(B) 子供や孫が仕事を手伝ってくれるので非常にうれしい時期。

(C) 学生が帰省するので久しぶりの同窓会が開かれる時期。

(D) 遠くにいる子供や孫が会いに来る再会の時期。

실전모의고사

첫 번째 시험

해답용지

실전모의고사를 풀 때는 실제 시험과 마찬가지로 해답용지에 마킹
하면서 문제를 푸시기 바랍니다. 그럼으로써 실전 감각이 쌓여 실
제 시험에서의 실수를 최대한 줄일 수 있습니다.
또한 해답용지는 모두 세 벌을 준비했습니다. 한 번 풀어 본 문제라
히디리도 시간이 지난 다음에 다시 풀어 보면 또 다른 맛이 날 뿐 아
니라, 두번 세번 풀어 봄으로써 복습 효과도 거둘 수 있습니다.

NO	ANSWER	NO	ANSWER	NO	ANSWER	NO	ANSWER	NO	ANSWER
1	Ⓐ Ⓑ Ⓒ Ⓓ	21	Ⓐ Ⓑ Ⓒ Ⓓ	41	Ⓐ Ⓑ Ⓒ Ⓓ	61	Ⓐ Ⓑ Ⓒ Ⓓ	81	Ⓐ Ⓑ Ⓒ Ⓓ
2	Ⓐ Ⓑ Ⓒ Ⓓ	22	Ⓐ Ⓑ Ⓒ Ⓓ	42	Ⓐ Ⓑ Ⓒ Ⓓ	62	Ⓐ Ⓑ Ⓒ Ⓓ	82	Ⓐ Ⓑ Ⓒ Ⓓ
3	Ⓐ Ⓑ Ⓒ Ⓓ	23	Ⓐ Ⓑ Ⓒ Ⓓ	43	Ⓐ Ⓑ Ⓒ Ⓓ	63	Ⓐ Ⓑ Ⓒ Ⓓ	83	Ⓐ Ⓑ Ⓒ Ⓓ
4	Ⓐ Ⓑ Ⓒ Ⓓ	24	Ⓐ Ⓑ Ⓒ Ⓓ	44	Ⓐ Ⓑ Ⓒ Ⓓ	64	Ⓐ Ⓑ Ⓒ Ⓓ	84	Ⓐ Ⓑ Ⓒ Ⓓ
5	Ⓐ Ⓑ Ⓒ Ⓓ	25	Ⓐ Ⓑ Ⓒ Ⓓ	45	Ⓐ Ⓑ Ⓒ Ⓓ	65	Ⓐ Ⓑ Ⓒ Ⓓ	85	Ⓐ Ⓑ Ⓒ Ⓓ
6	Ⓐ Ⓑ Ⓒ Ⓓ	26	Ⓐ Ⓑ Ⓒ Ⓓ	46	Ⓐ Ⓑ Ⓒ Ⓓ	66	Ⓐ Ⓑ Ⓒ Ⓓ	86	Ⓐ Ⓑ Ⓒ Ⓓ
7	Ⓐ Ⓑ Ⓒ Ⓓ	27	Ⓐ Ⓑ Ⓒ Ⓓ	47	Ⓐ Ⓑ Ⓒ Ⓓ	67	Ⓐ Ⓑ Ⓒ Ⓓ	87	Ⓐ Ⓑ Ⓒ Ⓓ
8	Ⓐ Ⓑ Ⓒ Ⓓ	28	Ⓐ Ⓑ Ⓒ Ⓓ	48	Ⓐ Ⓑ Ⓒ Ⓓ	68	Ⓐ Ⓑ Ⓒ Ⓓ	88	Ⓐ Ⓑ Ⓒ Ⓓ
9	Ⓐ Ⓑ Ⓒ Ⓓ	29	Ⓐ Ⓑ Ⓒ Ⓓ	49	Ⓐ Ⓑ Ⓒ Ⓓ	69	Ⓐ Ⓑ Ⓒ Ⓓ	89	Ⓐ Ⓑ Ⓒ Ⓓ
10	Ⓐ Ⓑ Ⓒ Ⓓ	30	Ⓐ Ⓑ Ⓒ Ⓓ	50	Ⓐ Ⓑ Ⓒ Ⓓ	70	Ⓐ Ⓑ Ⓒ Ⓓ	90	Ⓐ Ⓑ Ⓒ Ⓓ
11	Ⓐ Ⓑ Ⓒ Ⓓ	31	Ⓐ Ⓑ Ⓒ Ⓓ	51	Ⓐ Ⓑ Ⓒ Ⓓ	71	Ⓐ Ⓑ Ⓒ Ⓓ	91	Ⓐ Ⓑ Ⓒ Ⓓ
12	Ⓐ Ⓑ Ⓒ Ⓓ	32	Ⓐ Ⓑ Ⓒ Ⓓ	52	Ⓐ Ⓑ Ⓒ Ⓓ	72	Ⓐ Ⓑ Ⓒ Ⓓ	92	Ⓐ Ⓑ Ⓒ Ⓓ
13	Ⓐ Ⓑ Ⓒ Ⓓ	33	Ⓐ Ⓑ Ⓒ Ⓓ	53	Ⓐ Ⓑ Ⓒ Ⓓ	73	Ⓐ Ⓑ Ⓒ Ⓓ	93	Ⓐ Ⓑ Ⓒ Ⓓ
14	Ⓐ Ⓑ Ⓒ Ⓓ	34	Ⓐ Ⓑ Ⓒ Ⓓ	54	Ⓐ Ⓑ Ⓒ Ⓓ	74	Ⓐ Ⓑ Ⓒ Ⓓ	94	Ⓐ Ⓑ Ⓒ Ⓓ
15	Ⓐ Ⓑ Ⓒ Ⓓ	35	Ⓐ Ⓑ Ⓒ Ⓓ	55	Ⓐ Ⓑ Ⓒ Ⓓ	75	Ⓐ Ⓑ Ⓒ Ⓓ	95	Ⓐ Ⓑ Ⓒ Ⓓ
16	Ⓐ Ⓑ Ⓒ Ⓓ	36	Ⓐ Ⓑ Ⓒ Ⓓ	56	Ⓐ Ⓑ Ⓒ Ⓓ	76	Ⓐ Ⓑ Ⓒ Ⓓ	96	Ⓐ Ⓑ Ⓒ Ⓓ
17	Ⓐ Ⓑ Ⓒ Ⓓ	37	Ⓐ Ⓑ Ⓒ Ⓓ	57	Ⓐ Ⓑ Ⓒ Ⓓ	77	Ⓐ Ⓑ Ⓒ Ⓓ	97	Ⓐ Ⓑ Ⓒ Ⓓ
18	Ⓐ Ⓑ Ⓒ Ⓓ	38	Ⓐ Ⓑ Ⓒ Ⓓ	58	Ⓐ Ⓑ Ⓒ Ⓓ	78	Ⓐ Ⓑ Ⓒ Ⓓ	98	Ⓐ Ⓑ Ⓒ Ⓓ
19	Ⓐ Ⓑ Ⓒ Ⓓ	39	Ⓐ Ⓑ Ⓒ Ⓓ	59	Ⓐ Ⓑ Ⓒ Ⓓ	79	Ⓐ Ⓑ Ⓒ Ⓓ	99	Ⓐ Ⓑ Ⓒ Ⓓ
20	Ⓐ Ⓑ Ⓒ Ⓓ	40	Ⓐ Ⓑ Ⓒ Ⓓ	60	Ⓐ Ⓑ Ⓒ Ⓓ	80	Ⓐ Ⓑ Ⓒ Ⓓ	100	Ⓐ Ⓑ Ⓒ Ⓓ

실전 모의고사 2회 解答用紙 (첫 번째 시험)

NO	ANSWER	NO	ANSWER	NO	ANSWER	NO	ANSWER	NO	ANSWER
1	Ⓐ Ⓑ Ⓒ Ⓓ	21	Ⓐ Ⓑ Ⓒ Ⓓ	41	Ⓐ Ⓑ Ⓒ Ⓓ	61	Ⓐ Ⓑ Ⓒ Ⓓ	81	Ⓐ Ⓑ Ⓒ Ⓓ
2	Ⓐ Ⓑ Ⓒ Ⓓ	22	Ⓐ Ⓑ Ⓒ Ⓓ	42	Ⓐ Ⓑ Ⓒ Ⓓ	62	Ⓐ Ⓑ Ⓒ Ⓓ	82	Ⓐ Ⓑ Ⓒ Ⓓ
3	Ⓐ Ⓑ Ⓒ Ⓓ	23	Ⓐ Ⓑ Ⓒ Ⓓ	43	Ⓐ Ⓑ Ⓒ Ⓓ	63	Ⓐ Ⓑ Ⓒ Ⓓ	83	Ⓐ Ⓑ Ⓒ Ⓓ
4	Ⓐ Ⓑ Ⓒ Ⓓ	24	Ⓐ Ⓑ Ⓒ Ⓓ	44	Ⓐ Ⓑ Ⓒ Ⓓ	64	Ⓐ Ⓑ Ⓒ Ⓓ	84	Ⓐ Ⓑ Ⓒ Ⓓ
5	Ⓐ Ⓑ Ⓒ Ⓓ	25	Ⓐ Ⓑ Ⓒ Ⓓ	45	Ⓐ Ⓑ Ⓒ Ⓓ	65	Ⓐ Ⓑ Ⓒ Ⓓ	85	Ⓐ Ⓑ Ⓒ Ⓓ
6	Ⓐ Ⓑ Ⓒ Ⓓ	26	Ⓐ Ⓑ Ⓒ Ⓓ	46	Ⓐ Ⓑ Ⓒ Ⓓ	66	Ⓐ Ⓑ Ⓒ Ⓓ	86	Ⓐ Ⓑ Ⓒ Ⓓ
7	Ⓐ Ⓑ Ⓒ Ⓓ	27	Ⓐ Ⓑ Ⓒ Ⓓ	47	Ⓐ Ⓑ Ⓒ Ⓓ	67	Ⓐ Ⓑ Ⓒ Ⓓ	87	Ⓐ Ⓑ Ⓒ Ⓓ
8	Ⓐ Ⓑ Ⓒ Ⓓ	28	Ⓐ Ⓑ Ⓒ Ⓓ	48	Ⓐ Ⓑ Ⓒ Ⓓ	68	Ⓐ Ⓑ Ⓒ Ⓓ	88	Ⓐ Ⓑ Ⓒ Ⓓ
9	Ⓐ Ⓑ Ⓒ Ⓓ	29	Ⓐ Ⓑ Ⓒ Ⓓ	49	Ⓐ Ⓑ Ⓒ Ⓓ	69	Ⓐ Ⓑ Ⓒ Ⓓ	89	Ⓐ Ⓑ Ⓒ Ⓓ
10	Ⓐ Ⓑ Ⓒ Ⓓ	30	Ⓐ Ⓑ Ⓒ Ⓓ	50	Ⓐ Ⓑ Ⓒ Ⓓ	70	Ⓐ Ⓑ Ⓒ Ⓓ	90	Ⓐ Ⓑ Ⓒ Ⓓ
11	Ⓐ Ⓑ Ⓒ Ⓓ	31	Ⓐ Ⓑ Ⓒ Ⓓ	51	Ⓐ Ⓑ Ⓒ Ⓓ	71	Ⓐ Ⓑ Ⓒ Ⓓ	91	Ⓐ Ⓑ Ⓒ Ⓓ
12	Ⓐ Ⓑ Ⓒ Ⓓ	32	Ⓐ Ⓑ Ⓒ Ⓓ	52	Ⓐ Ⓑ Ⓒ Ⓓ	72	Ⓐ Ⓑ Ⓒ Ⓓ	92	Ⓐ Ⓑ Ⓒ Ⓓ
13	Ⓐ Ⓑ Ⓒ Ⓓ	33	Ⓐ Ⓑ Ⓒ Ⓓ	53	Ⓐ Ⓑ Ⓒ Ⓓ	73	Ⓐ Ⓑ Ⓒ Ⓓ	93	Ⓐ Ⓑ Ⓒ Ⓓ
14	Ⓐ Ⓑ Ⓒ Ⓓ	34	Ⓐ Ⓑ Ⓒ Ⓓ	54	Ⓐ Ⓑ Ⓒ Ⓓ	74	Ⓐ Ⓑ Ⓒ Ⓓ	94	Ⓐ Ⓑ Ⓒ Ⓓ
15	Ⓐ Ⓑ Ⓒ Ⓓ	35	Ⓐ Ⓑ Ⓒ Ⓓ	55	Ⓐ Ⓑ Ⓒ Ⓓ	75	Ⓐ Ⓑ Ⓒ Ⓓ	95	Ⓐ Ⓑ Ⓒ Ⓓ
16	Ⓐ Ⓑ Ⓒ Ⓓ	36	Ⓐ Ⓑ Ⓒ Ⓓ	56	Ⓐ Ⓑ Ⓒ Ⓓ	76	Ⓐ Ⓑ Ⓒ Ⓓ	96	Ⓐ Ⓑ Ⓒ Ⓓ
17	Ⓐ Ⓑ Ⓒ Ⓓ	37	Ⓐ Ⓑ Ⓒ Ⓓ	57	Ⓐ Ⓑ Ⓒ Ⓓ	77	Ⓐ Ⓑ Ⓒ Ⓓ	97	Ⓐ Ⓑ Ⓒ Ⓓ
18	Ⓐ Ⓑ Ⓒ Ⓓ	38	Ⓐ Ⓑ Ⓒ Ⓓ	58	Ⓐ Ⓑ Ⓒ Ⓓ	78	Ⓐ Ⓑ Ⓒ Ⓓ	98	Ⓐ Ⓑ Ⓒ Ⓓ
19	Ⓐ Ⓑ Ⓒ Ⓓ	39	Ⓐ Ⓑ Ⓒ Ⓓ	59	Ⓐ Ⓑ Ⓒ Ⓓ	79	Ⓐ Ⓑ Ⓒ Ⓓ	99	Ⓐ Ⓑ Ⓒ Ⓓ
20	Ⓐ Ⓑ Ⓒ Ⓓ	40	Ⓐ Ⓑ Ⓒ Ⓓ	60	Ⓐ Ⓑ Ⓒ Ⓓ	80	Ⓐ Ⓑ Ⓒ Ⓓ	100	Ⓐ Ⓑ Ⓒ Ⓓ

실전 모의고사 3회 解答用紙 (첫 번째 시험)

NO	ANSWER	NO	ANSWER	NO	ANSWER	NO	ANSWER	NO	ANSWER
1	Ⓐ Ⓑ Ⓒ Ⓓ	21	Ⓐ Ⓑ Ⓒ Ⓓ	41	Ⓐ Ⓑ Ⓒ Ⓓ	61	Ⓐ Ⓑ Ⓒ Ⓓ	81	Ⓐ Ⓑ Ⓒ Ⓓ
2	Ⓐ Ⓑ Ⓒ Ⓓ	22	Ⓐ Ⓑ Ⓒ Ⓓ	42	Ⓐ Ⓑ Ⓒ Ⓓ	62	Ⓐ Ⓑ Ⓒ Ⓓ	82	Ⓐ Ⓑ Ⓒ Ⓓ
3	Ⓐ Ⓑ Ⓒ Ⓓ	23	Ⓐ Ⓑ Ⓒ Ⓓ	43	Ⓐ Ⓑ Ⓒ Ⓓ	63	Ⓐ Ⓑ Ⓒ Ⓓ	83	Ⓐ Ⓑ Ⓒ Ⓓ
4	Ⓐ Ⓑ Ⓒ Ⓓ	24	Ⓐ Ⓑ Ⓒ Ⓓ	44	Ⓐ Ⓑ Ⓒ Ⓓ	64	Ⓐ Ⓑ Ⓒ Ⓓ	84	Ⓐ Ⓑ Ⓒ Ⓓ
5	Ⓐ Ⓑ Ⓒ Ⓓ	25	Ⓐ Ⓑ Ⓒ Ⓓ	45	Ⓐ Ⓑ Ⓒ Ⓓ	65	Ⓐ Ⓑ Ⓒ Ⓓ	85	Ⓐ Ⓑ Ⓒ Ⓓ
6	Ⓐ Ⓑ Ⓒ Ⓓ	26	Ⓐ Ⓑ Ⓒ Ⓓ	46	Ⓐ Ⓑ Ⓒ Ⓓ	66	Ⓐ Ⓑ Ⓒ Ⓓ	86	Ⓐ Ⓑ Ⓒ Ⓓ
7	Ⓐ Ⓑ Ⓒ Ⓓ	27	Ⓐ Ⓑ Ⓒ Ⓓ	47	Ⓐ Ⓑ Ⓒ Ⓓ	67	Ⓐ Ⓑ Ⓒ Ⓓ	87	Ⓐ Ⓑ Ⓒ Ⓓ
8	Ⓐ Ⓑ Ⓒ Ⓓ	28	Ⓐ Ⓑ Ⓒ Ⓓ	48	Ⓐ Ⓑ Ⓒ Ⓓ	68	Ⓐ Ⓑ Ⓒ Ⓓ	88	Ⓐ Ⓑ Ⓒ Ⓓ
9	Ⓐ Ⓑ Ⓒ Ⓓ	29	Ⓐ Ⓑ Ⓒ Ⓓ	49	Ⓐ Ⓑ Ⓒ Ⓓ	69	Ⓐ Ⓑ Ⓒ Ⓓ	89	Ⓐ Ⓑ Ⓒ Ⓓ
10	Ⓐ Ⓑ Ⓒ Ⓓ	30	Ⓐ Ⓑ Ⓒ Ⓓ	50	Ⓐ Ⓑ Ⓒ Ⓓ	70	Ⓐ Ⓑ Ⓒ Ⓓ	90	Ⓐ Ⓑ Ⓒ Ⓓ
11	Ⓐ Ⓑ Ⓒ Ⓓ	31	Ⓐ Ⓑ Ⓒ Ⓓ	51	Ⓐ Ⓑ Ⓒ Ⓓ	71	Ⓐ Ⓑ Ⓒ Ⓓ	91	Ⓐ Ⓑ Ⓒ Ⓓ
12	Ⓐ Ⓑ Ⓒ Ⓓ	32	Ⓐ Ⓑ Ⓒ Ⓓ	52	Ⓐ Ⓑ Ⓒ Ⓓ	72	Ⓐ Ⓑ Ⓒ Ⓓ	92	Ⓐ Ⓑ Ⓒ Ⓓ
13	Ⓐ Ⓑ Ⓒ Ⓓ	33	Ⓐ Ⓑ Ⓒ Ⓓ	53	Ⓐ Ⓑ Ⓒ Ⓓ	73	Ⓐ Ⓑ Ⓒ Ⓓ	93	Ⓐ Ⓑ Ⓒ Ⓓ
14	Ⓐ Ⓑ Ⓒ Ⓓ	34	Ⓐ Ⓑ Ⓒ Ⓓ	54	Ⓐ Ⓑ Ⓒ Ⓓ	74	Ⓐ Ⓑ Ⓒ Ⓓ	94	Ⓐ Ⓑ Ⓒ Ⓓ
15	Ⓐ Ⓑ Ⓒ Ⓓ	35	Ⓐ Ⓑ Ⓒ Ⓓ	55	Ⓐ Ⓑ Ⓒ Ⓓ	75	Ⓐ Ⓑ Ⓒ Ⓓ	95	Ⓐ Ⓑ Ⓒ Ⓓ
16	Ⓐ Ⓑ Ⓒ Ⓓ	36	Ⓐ Ⓑ Ⓒ Ⓓ	56	Ⓐ Ⓑ Ⓒ Ⓓ	76	Ⓐ Ⓑ Ⓒ Ⓓ	96	Ⓐ Ⓑ Ⓒ Ⓓ
17	Ⓐ Ⓑ Ⓒ Ⓓ	37	Ⓐ Ⓑ Ⓒ Ⓓ	57	Ⓐ Ⓑ Ⓒ Ⓓ	77	Ⓐ Ⓑ Ⓒ Ⓓ	97	Ⓐ Ⓑ Ⓒ Ⓓ
18	Ⓐ Ⓑ Ⓒ Ⓓ	38	Ⓐ Ⓑ Ⓒ Ⓓ	58	Ⓐ Ⓑ Ⓒ Ⓓ	78	Ⓐ Ⓑ Ⓒ Ⓓ	98	Ⓐ Ⓑ Ⓒ Ⓓ
19	Ⓐ Ⓑ Ⓒ Ⓓ	39	Ⓐ Ⓑ Ⓒ Ⓓ	59	Ⓐ Ⓑ Ⓒ Ⓓ	79	Ⓐ Ⓑ Ⓒ Ⓓ	99	Ⓐ Ⓑ Ⓒ Ⓓ
20	Ⓐ Ⓑ Ⓒ Ⓓ	40	Ⓐ Ⓑ Ⓒ Ⓓ	60	Ⓐ Ⓑ Ⓒ Ⓓ	80	Ⓐ Ⓑ Ⓒ Ⓓ	100	Ⓐ Ⓑ Ⓒ Ⓓ

실전 모의고사 4회 解答用紙 (첫 번째 시험)

NO	ANSWER	NO	ANSWER	NO	ANSWER	NO	ANSWER	NO	ANSWER
1	Ⓐ Ⓑ Ⓒ Ⓓ	21	Ⓐ Ⓑ Ⓒ Ⓓ	41	Ⓐ Ⓑ Ⓒ Ⓓ	61	Ⓐ Ⓑ Ⓒ Ⓓ	81	Ⓐ Ⓑ Ⓒ Ⓓ
2	Ⓐ Ⓑ Ⓒ Ⓓ	22	Ⓐ Ⓑ Ⓒ Ⓓ	42	Ⓐ Ⓑ Ⓒ Ⓓ	62	Ⓐ Ⓑ Ⓒ Ⓓ	82	Ⓐ Ⓑ Ⓒ Ⓓ
3	Ⓐ Ⓑ Ⓒ Ⓓ	23	Ⓐ Ⓑ Ⓒ Ⓓ	43	Ⓐ Ⓑ Ⓒ Ⓓ	63	Ⓐ Ⓑ Ⓒ Ⓓ	83	Ⓐ Ⓑ Ⓒ Ⓓ
4	Ⓐ Ⓑ Ⓒ Ⓓ	24	Ⓐ Ⓑ Ⓒ Ⓓ	44	Ⓐ Ⓑ Ⓒ Ⓓ	64	Ⓐ Ⓑ Ⓒ Ⓓ	84	Ⓐ Ⓑ Ⓒ Ⓓ
5	Ⓐ Ⓑ Ⓒ Ⓓ	25	Ⓐ Ⓑ Ⓒ Ⓓ	45	Ⓐ Ⓑ Ⓒ Ⓓ	65	Ⓐ Ⓑ Ⓒ Ⓓ	85	Ⓐ Ⓑ Ⓒ Ⓓ
6	Ⓐ Ⓑ Ⓒ Ⓓ	26	Ⓐ Ⓑ Ⓒ Ⓓ	46	Ⓐ Ⓑ Ⓒ Ⓓ	66	Ⓐ Ⓑ Ⓒ Ⓓ	86	Ⓐ Ⓑ Ⓒ Ⓓ
7	Ⓐ Ⓑ Ⓒ Ⓓ	27	Ⓐ Ⓑ Ⓒ Ⓓ	47	Ⓐ Ⓑ Ⓒ Ⓓ	67	Ⓐ Ⓑ Ⓒ Ⓓ	87	Ⓐ Ⓑ Ⓒ Ⓓ
8	Ⓐ Ⓑ Ⓒ Ⓓ	28	Ⓐ Ⓑ Ⓒ Ⓓ	48	Ⓐ Ⓑ Ⓒ Ⓓ	68	Ⓐ Ⓑ Ⓒ Ⓓ	88	Ⓐ Ⓑ Ⓒ Ⓓ
9	Ⓐ Ⓑ Ⓒ Ⓓ	29	Ⓐ Ⓑ Ⓒ Ⓓ	49	Ⓐ Ⓑ Ⓒ Ⓓ	69	Ⓐ Ⓑ Ⓒ Ⓓ	89	Ⓐ Ⓑ Ⓒ Ⓓ
10	Ⓐ Ⓑ Ⓒ Ⓓ	30	Ⓐ Ⓑ Ⓒ Ⓓ	50	Ⓐ Ⓑ Ⓒ Ⓓ	70	Ⓐ Ⓑ Ⓒ Ⓓ	90	Ⓐ Ⓑ Ⓒ Ⓓ
11	Ⓐ Ⓑ Ⓒ Ⓓ	31	Ⓐ Ⓑ Ⓒ Ⓓ	51	Ⓐ Ⓑ Ⓒ Ⓓ	71	Ⓐ Ⓑ Ⓒ Ⓓ	91	Ⓐ Ⓑ Ⓒ Ⓓ
12	Ⓐ Ⓑ Ⓒ Ⓓ	32	Ⓐ Ⓑ Ⓒ Ⓓ	52	Ⓐ Ⓑ Ⓒ Ⓓ	72	Ⓐ Ⓑ Ⓒ Ⓓ	92	Ⓐ Ⓑ Ⓒ Ⓓ
13	Ⓐ Ⓑ Ⓒ Ⓓ	33	Ⓐ Ⓑ Ⓒ Ⓓ	53	Ⓐ Ⓑ Ⓒ Ⓓ	73	Ⓐ Ⓑ Ⓒ Ⓓ	93	Ⓐ Ⓑ Ⓒ Ⓓ
14	Ⓐ Ⓑ Ⓒ Ⓓ	34	Ⓐ Ⓑ Ⓒ Ⓓ	54	Ⓐ Ⓑ Ⓒ Ⓓ	74	Ⓐ Ⓑ Ⓒ Ⓓ	94	Ⓐ Ⓑ Ⓒ Ⓓ
15	Ⓐ Ⓑ Ⓒ Ⓓ	35	Ⓐ Ⓑ Ⓒ Ⓓ	55	Ⓐ Ⓑ Ⓒ Ⓓ	75	Ⓐ Ⓑ Ⓒ Ⓓ	95	Ⓐ Ⓑ Ⓒ Ⓓ
16	Ⓐ Ⓑ Ⓒ Ⓓ	36	Ⓐ Ⓑ Ⓒ Ⓓ	56	Ⓐ Ⓑ Ⓒ Ⓓ	76	Ⓐ Ⓑ Ⓒ Ⓓ	96	Ⓐ Ⓑ Ⓒ Ⓓ
17	Ⓐ Ⓑ Ⓒ Ⓓ	37	Ⓐ Ⓑ Ⓒ Ⓓ	57	Ⓐ Ⓑ Ⓒ Ⓓ	77	Ⓐ Ⓑ Ⓒ Ⓓ	97	Ⓐ Ⓑ Ⓒ Ⓓ
18	Ⓐ Ⓑ Ⓒ Ⓓ	38	Ⓐ Ⓑ Ⓒ Ⓓ	58	Ⓐ Ⓑ Ⓒ Ⓓ	78	Ⓐ Ⓑ Ⓒ Ⓓ	98	Ⓐ Ⓑ Ⓒ Ⓓ
19	Ⓐ Ⓑ Ⓒ Ⓓ	39	Ⓐ Ⓑ Ⓒ Ⓓ	59	Ⓐ Ⓑ Ⓒ Ⓓ	79	Ⓐ Ⓑ Ⓒ Ⓓ	99	Ⓐ Ⓑ Ⓒ Ⓓ
20	Ⓐ Ⓑ Ⓒ Ⓓ	40	Ⓐ Ⓑ Ⓒ Ⓓ	60	Ⓐ Ⓑ Ⓒ Ⓓ	80	Ⓐ Ⓑ Ⓒ Ⓓ	100	Ⓐ Ⓑ Ⓒ Ⓓ

실전 모의고사 5회 解答用紙 (첫 번째 시험)

NO	ANSWER	NO	ANSWER	NO	ANSWER	NO	ANSWER	NO	ANSWER
1	Ⓐ Ⓑ Ⓒ Ⓓ	21	Ⓐ Ⓑ Ⓒ Ⓓ	41	Ⓐ Ⓑ Ⓒ Ⓓ	61	Ⓐ Ⓑ Ⓒ Ⓓ	81	Ⓐ Ⓑ Ⓒ Ⓓ
2	Ⓐ Ⓑ Ⓒ Ⓓ	22	Ⓐ Ⓑ Ⓒ Ⓓ	42	Ⓐ Ⓑ Ⓒ Ⓓ	62	Ⓐ Ⓑ Ⓒ Ⓓ	82	Ⓐ Ⓑ Ⓒ Ⓓ
3	Ⓐ Ⓑ Ⓒ Ⓓ	23	Ⓐ Ⓑ Ⓒ Ⓓ	43	Ⓐ Ⓑ Ⓒ Ⓓ	63	Ⓐ Ⓑ Ⓒ Ⓓ	83	Ⓐ Ⓑ Ⓒ Ⓓ
4	Ⓐ Ⓑ Ⓒ Ⓓ	24	Ⓐ Ⓑ Ⓒ Ⓓ	44	Ⓐ Ⓑ Ⓒ Ⓓ	64	Ⓐ Ⓑ Ⓒ Ⓓ	84	Ⓐ Ⓑ Ⓒ Ⓓ
5	Ⓐ Ⓑ Ⓒ Ⓓ	25	Ⓐ Ⓑ Ⓒ Ⓓ	45	Ⓐ Ⓑ Ⓒ Ⓓ	65	Ⓐ Ⓑ Ⓒ Ⓓ	85	Ⓐ Ⓑ Ⓒ Ⓓ
6	Ⓐ Ⓑ Ⓒ Ⓓ	26	Ⓐ Ⓑ Ⓒ Ⓓ	46	Ⓐ Ⓑ Ⓒ Ⓓ	66	Ⓐ Ⓑ Ⓒ Ⓓ	86	Ⓐ Ⓑ Ⓒ Ⓓ
7	Ⓐ Ⓑ Ⓒ Ⓓ	27	Ⓐ Ⓑ Ⓒ Ⓓ	47	Ⓐ Ⓑ Ⓒ Ⓓ	67	Ⓐ Ⓑ Ⓒ Ⓓ	87	Ⓐ Ⓑ Ⓒ Ⓓ
8	Ⓐ Ⓑ Ⓒ Ⓓ	28	Ⓐ Ⓑ Ⓒ Ⓓ	48	Ⓐ Ⓑ Ⓒ Ⓓ	68	Ⓐ Ⓑ Ⓒ Ⓓ	88	Ⓐ Ⓑ Ⓒ Ⓓ
9	Ⓐ Ⓑ Ⓒ Ⓓ	29	Ⓐ Ⓑ Ⓒ Ⓓ	49	Ⓐ Ⓑ Ⓒ Ⓓ	69	Ⓐ Ⓑ Ⓒ Ⓓ	89	Ⓐ Ⓑ Ⓒ Ⓓ
10	Ⓐ Ⓑ Ⓒ Ⓓ	30	Ⓐ Ⓑ Ⓒ Ⓓ	50	Ⓐ Ⓑ Ⓒ Ⓓ	70	Ⓐ Ⓑ Ⓒ Ⓓ	90	Ⓐ Ⓑ Ⓒ Ⓓ
11	Ⓐ Ⓑ Ⓒ Ⓓ	31	Ⓐ Ⓑ Ⓒ Ⓓ	51	Ⓐ Ⓑ Ⓒ Ⓓ	71	Ⓐ Ⓑ Ⓒ Ⓓ	91	Ⓐ Ⓑ Ⓒ Ⓓ
12	Ⓐ Ⓑ Ⓒ Ⓓ	32	Ⓐ Ⓑ Ⓒ Ⓓ	52	Ⓐ Ⓑ Ⓒ Ⓓ	72	Ⓐ Ⓑ Ⓒ Ⓓ	92	Ⓐ Ⓑ Ⓒ Ⓓ
13	Ⓐ Ⓑ Ⓒ Ⓓ	33	Ⓐ Ⓑ Ⓒ Ⓓ	53	Ⓐ Ⓑ Ⓒ Ⓓ	73	Ⓐ Ⓑ Ⓒ Ⓓ	93	Ⓐ Ⓑ Ⓒ Ⓓ
14	Ⓐ Ⓑ Ⓒ Ⓓ	34	Ⓐ Ⓑ Ⓒ Ⓓ	54	Ⓐ Ⓑ Ⓒ Ⓓ	74	Ⓐ Ⓑ Ⓒ Ⓓ	94	Ⓐ Ⓑ Ⓒ Ⓓ
15	Ⓐ Ⓑ Ⓒ Ⓓ	35	Ⓐ Ⓑ Ⓒ Ⓓ	55	Ⓐ Ⓑ Ⓒ Ⓓ	75	Ⓐ Ⓑ Ⓒ Ⓓ	95	Ⓐ Ⓑ Ⓒ Ⓓ
16	Ⓐ Ⓑ Ⓒ Ⓓ	36	Ⓐ Ⓑ Ⓒ Ⓓ	56	Ⓐ Ⓑ Ⓒ Ⓓ	76	Ⓐ Ⓑ Ⓒ Ⓓ	96	Ⓐ Ⓑ Ⓒ Ⓓ
17	Ⓐ Ⓑ Ⓒ Ⓓ	37	Ⓐ Ⓑ Ⓒ Ⓓ	57	Ⓐ Ⓑ Ⓒ Ⓓ	77	Ⓐ Ⓑ Ⓒ Ⓓ	97	Ⓐ Ⓑ Ⓒ Ⓓ
18	Ⓐ Ⓑ Ⓒ Ⓓ	38	Ⓐ Ⓑ Ⓒ Ⓓ	58	Ⓐ Ⓑ Ⓒ Ⓓ	78	Ⓐ Ⓑ Ⓒ Ⓓ	98	Ⓐ Ⓑ Ⓒ Ⓓ
19	Ⓐ Ⓑ Ⓒ Ⓓ	39	Ⓐ Ⓑ Ⓒ Ⓓ	59	Ⓐ Ⓑ Ⓒ Ⓓ	79	Ⓐ Ⓑ Ⓒ Ⓓ	99	Ⓐ Ⓑ Ⓒ Ⓓ
20	Ⓐ Ⓑ Ⓒ Ⓓ	40	Ⓐ Ⓑ Ⓒ Ⓓ	60	Ⓐ Ⓑ Ⓒ Ⓓ	80	Ⓐ Ⓑ Ⓒ Ⓓ	100	Ⓐ Ⓑ Ⓒ Ⓓ

실전모의고사

두 번째 시험

해답용지

실전모의고사를 풀 때는 실제 시험과 마찬가지로 해답용지에 마킹하면서 문제를 푸시기 바랍니다. 그럼으로써 실전 감각이 쌓여 실제 시험에서의 실수를 최대한 줄일 수 있습니다.

또한 해답용지는 모두 세 벌을 준비했습니다. 한 번 풀어 본 문제라 하더라노 시간이 지난 디음에 다시 풀어 보면 또 다른 맛이 날 뿐 아니라, 두번 세번 풀어 봄으로써 복습 효과도 거둘 수 있습니다.

실전 모의고사 1회 解答用紙 (두 번째 시험)

NO	ANSWER	NO	ANSWER	NO	ANSWER	NO	ANSWER	NO	ANSWER
1	Ⓐ Ⓑ Ⓒ Ⓓ	21	Ⓐ Ⓑ Ⓒ Ⓓ	41	Ⓐ Ⓑ Ⓒ Ⓓ	61	Ⓐ Ⓑ Ⓒ Ⓓ	81	Ⓐ Ⓑ Ⓒ Ⓓ
2	Ⓐ Ⓑ Ⓒ Ⓓ	22	Ⓐ Ⓑ Ⓒ Ⓓ	42	Ⓐ Ⓑ Ⓒ Ⓓ	62	Ⓐ Ⓑ Ⓒ Ⓓ	82	Ⓐ Ⓑ Ⓒ Ⓓ
3	Ⓐ Ⓑ Ⓒ Ⓓ	23	Ⓐ Ⓑ Ⓒ Ⓓ	43	Ⓐ Ⓑ Ⓒ Ⓓ	63	Ⓐ Ⓑ Ⓒ Ⓓ	83	Ⓐ Ⓑ Ⓒ Ⓓ
4	Ⓐ Ⓑ Ⓒ Ⓓ	24	Ⓐ Ⓑ Ⓒ Ⓓ	44	Ⓐ Ⓑ Ⓒ Ⓓ	64	Ⓐ Ⓑ Ⓒ Ⓓ	84	Ⓐ Ⓑ Ⓒ Ⓓ
5	Ⓐ Ⓑ Ⓒ Ⓓ	25	Ⓐ Ⓑ Ⓒ Ⓓ	45	Ⓐ Ⓑ Ⓒ Ⓓ	65	Ⓐ Ⓑ Ⓒ Ⓓ	85	Ⓐ Ⓑ Ⓒ Ⓓ
6	Ⓐ Ⓑ Ⓒ Ⓓ	26	Ⓐ Ⓑ Ⓒ Ⓓ	46	Ⓐ Ⓑ Ⓒ Ⓓ	66	Ⓐ Ⓑ Ⓒ Ⓓ	86	Ⓐ Ⓑ Ⓒ Ⓓ
7	Ⓐ Ⓑ Ⓒ Ⓓ	27	Ⓐ Ⓑ Ⓒ Ⓓ	47	Ⓐ Ⓑ Ⓒ Ⓓ	67	Ⓐ Ⓑ Ⓒ Ⓓ	87	Ⓐ Ⓑ Ⓒ Ⓓ
8	Ⓐ Ⓑ Ⓒ Ⓓ	28	Ⓐ Ⓑ Ⓒ Ⓓ	48	Ⓐ Ⓑ Ⓒ Ⓓ	68	Ⓐ Ⓑ Ⓒ Ⓓ	88	Ⓐ Ⓑ Ⓒ Ⓓ
9	Ⓐ Ⓑ Ⓒ Ⓓ	29	Ⓐ Ⓑ Ⓒ Ⓓ	49	Ⓐ Ⓑ Ⓒ Ⓓ	69	Ⓐ Ⓑ Ⓒ Ⓓ	89	Ⓐ Ⓑ Ⓒ Ⓓ
10	Ⓐ Ⓑ Ⓒ Ⓓ	30	Ⓐ Ⓑ Ⓒ Ⓓ	50	Ⓐ Ⓑ Ⓒ Ⓓ	70	Ⓐ Ⓑ Ⓒ Ⓓ	90	Ⓐ Ⓑ Ⓒ Ⓓ
11	Ⓐ Ⓑ Ⓒ Ⓓ	31	Ⓐ Ⓑ Ⓒ Ⓓ	51	Ⓐ Ⓑ Ⓒ Ⓓ	71	Ⓐ Ⓑ Ⓒ Ⓓ	91	Ⓐ Ⓑ Ⓒ Ⓓ
12	Ⓐ Ⓑ Ⓒ Ⓓ	32	Ⓐ Ⓑ Ⓒ Ⓓ	52	Ⓐ Ⓑ Ⓒ Ⓓ	72	Ⓐ Ⓑ Ⓒ Ⓓ	92	Ⓐ Ⓑ Ⓒ Ⓓ
13	Ⓐ Ⓑ Ⓒ Ⓓ	33	Ⓐ Ⓑ Ⓒ Ⓓ	53	Ⓐ Ⓑ Ⓒ Ⓓ	73	Ⓐ Ⓑ Ⓒ Ⓓ	93	Ⓐ Ⓑ Ⓒ Ⓓ
14	Ⓐ Ⓑ Ⓒ Ⓓ	34	Ⓐ Ⓑ Ⓒ Ⓓ	54	Ⓐ Ⓑ Ⓒ Ⓓ	74	Ⓐ Ⓑ Ⓒ Ⓓ	94	Ⓐ Ⓑ Ⓒ Ⓓ
15	Ⓐ Ⓑ Ⓒ Ⓓ	35	Ⓐ Ⓑ Ⓒ Ⓓ	55	Ⓐ Ⓑ Ⓒ Ⓓ	75	Ⓐ Ⓑ Ⓒ Ⓓ	95	Ⓐ Ⓑ Ⓒ Ⓓ
16	Ⓐ Ⓑ Ⓒ Ⓓ	36	Ⓐ Ⓑ Ⓒ Ⓓ	56	Ⓐ Ⓑ Ⓒ Ⓓ	76	Ⓐ Ⓑ Ⓒ Ⓓ	96	Ⓐ Ⓑ Ⓒ Ⓓ
17	Ⓐ Ⓑ Ⓒ Ⓓ	37	Ⓐ Ⓑ Ⓒ Ⓓ	57	Ⓐ Ⓑ Ⓒ Ⓓ	77	Ⓐ Ⓑ Ⓒ Ⓓ	97	Ⓐ Ⓑ Ⓒ Ⓓ
18	Ⓐ Ⓑ Ⓒ Ⓓ	38	Ⓐ Ⓑ Ⓒ Ⓓ	58	Ⓐ Ⓑ Ⓒ Ⓓ	78	Ⓐ Ⓑ Ⓒ Ⓓ	98	Ⓐ Ⓑ Ⓒ Ⓓ
19	Ⓐ Ⓑ Ⓒ Ⓓ	39	Ⓐ Ⓑ Ⓒ Ⓓ	59	Ⓐ Ⓑ Ⓒ Ⓓ	79	Ⓐ Ⓑ Ⓒ Ⓓ	99	Ⓐ Ⓑ Ⓒ Ⓓ
20	Ⓐ Ⓑ Ⓒ Ⓓ	40	Ⓐ Ⓑ Ⓒ Ⓓ	60	Ⓐ Ⓑ Ⓒ Ⓓ	80	Ⓐ Ⓑ Ⓒ Ⓓ	100	Ⓐ Ⓑ Ⓒ Ⓓ

실전 모의고사 2회 解答用紙 (두 번째 시험)

NO	ANSWER	NO	ANSWER	NO	ANSWER	NO	ANSWER	NO	ANSWER
1	Ⓐ Ⓑ Ⓒ Ⓓ	21	Ⓐ Ⓑ Ⓒ Ⓓ	41	Ⓐ Ⓑ Ⓒ Ⓓ	61	Ⓐ Ⓑ Ⓒ Ⓓ	81	Ⓐ Ⓑ Ⓒ Ⓓ
2	Ⓐ Ⓑ Ⓒ Ⓓ	22	Ⓐ Ⓑ Ⓒ Ⓓ	42	Ⓐ Ⓑ Ⓒ Ⓓ	62	Ⓐ Ⓑ Ⓒ Ⓓ	82	Ⓐ Ⓑ Ⓒ Ⓓ
3	Ⓐ Ⓑ Ⓒ Ⓓ	23	Ⓐ Ⓑ Ⓒ Ⓓ	43	Ⓐ Ⓑ Ⓒ Ⓓ	63	Ⓐ Ⓑ Ⓒ Ⓓ	83	Ⓐ Ⓑ Ⓒ Ⓓ
4	Ⓐ Ⓑ Ⓒ Ⓓ	24	Ⓐ Ⓑ Ⓒ Ⓓ	44	Ⓐ Ⓑ Ⓒ Ⓓ	64	Ⓐ Ⓑ Ⓒ Ⓓ	84	Ⓐ Ⓑ Ⓒ Ⓓ
5	Ⓐ Ⓑ Ⓒ Ⓓ	25	Ⓐ Ⓑ Ⓒ Ⓓ	45	Ⓐ Ⓑ Ⓒ Ⓓ	65	Ⓐ Ⓑ Ⓒ Ⓓ	85	Ⓐ Ⓑ Ⓒ Ⓓ
6	Ⓐ Ⓑ Ⓒ Ⓓ	26	Ⓐ Ⓑ Ⓒ Ⓓ	46	Ⓐ Ⓑ Ⓒ Ⓓ	66	Ⓐ Ⓑ Ⓒ Ⓓ	86	Ⓐ Ⓑ Ⓒ Ⓓ
7	Ⓐ Ⓑ Ⓒ Ⓓ	27	Ⓐ Ⓑ Ⓒ Ⓓ	47	Ⓐ Ⓑ Ⓒ Ⓓ	67	Ⓐ Ⓑ Ⓒ Ⓓ	87	Ⓐ Ⓑ Ⓒ Ⓓ
8	Ⓐ Ⓑ Ⓒ Ⓓ	28	Ⓐ Ⓑ Ⓒ Ⓓ	48	Ⓐ Ⓑ Ⓒ Ⓓ	68	Ⓐ Ⓑ Ⓒ Ⓓ	88	Ⓐ Ⓑ Ⓒ Ⓓ
9	Ⓐ Ⓑ Ⓒ Ⓓ	29	Ⓐ Ⓑ Ⓒ Ⓓ	49	Ⓐ Ⓑ Ⓒ Ⓓ	69	Ⓐ Ⓑ Ⓒ Ⓓ	89	Ⓐ Ⓑ Ⓒ Ⓓ
10	Ⓐ Ⓑ Ⓒ Ⓓ	30	Ⓐ Ⓑ Ⓒ Ⓓ	50	Ⓐ Ⓑ Ⓒ Ⓓ	70	Ⓐ Ⓑ Ⓒ Ⓓ	90	Ⓐ Ⓑ Ⓒ Ⓓ
11	Ⓐ Ⓑ Ⓒ Ⓓ	31	Ⓐ Ⓑ Ⓒ Ⓓ	51	Ⓐ Ⓑ Ⓒ Ⓓ	71	Ⓐ Ⓑ Ⓒ Ⓓ	91	Ⓐ Ⓑ Ⓒ Ⓓ
12	Ⓐ Ⓑ Ⓒ Ⓓ	32	Ⓐ Ⓑ Ⓒ Ⓓ	52	Ⓐ Ⓑ Ⓒ Ⓓ	72	Ⓐ Ⓑ Ⓒ Ⓓ	92	Ⓐ Ⓑ Ⓒ Ⓓ
13	Ⓐ Ⓑ Ⓒ Ⓓ	33	Ⓐ Ⓑ Ⓒ Ⓓ	53	Ⓐ Ⓑ Ⓒ Ⓓ	73	Ⓐ Ⓑ Ⓒ Ⓓ	93	Ⓐ Ⓑ Ⓒ Ⓓ
14	Ⓐ Ⓑ Ⓒ Ⓓ	34	Ⓐ Ⓑ Ⓒ Ⓓ	54	Ⓐ Ⓑ Ⓒ Ⓓ	74	Ⓐ Ⓑ Ⓒ Ⓓ	94	Ⓐ Ⓑ Ⓒ Ⓓ
15	Ⓐ Ⓑ Ⓒ Ⓓ	35	Ⓐ Ⓑ Ⓒ Ⓓ	55	Ⓐ Ⓑ Ⓒ Ⓓ	75	Ⓐ Ⓑ Ⓒ Ⓓ	95	Ⓐ Ⓑ Ⓒ Ⓓ
16	Ⓐ Ⓑ Ⓒ Ⓓ	36	Ⓐ Ⓑ Ⓒ Ⓓ	56	Ⓐ Ⓑ Ⓒ Ⓓ	76	Ⓐ Ⓑ Ⓒ Ⓓ	96	Ⓐ Ⓑ Ⓒ Ⓓ
17	Ⓐ Ⓑ Ⓒ Ⓓ	37	Ⓐ Ⓑ Ⓒ Ⓓ	57	Ⓐ Ⓑ Ⓒ Ⓓ	77	Ⓐ Ⓑ Ⓒ Ⓓ	97	Ⓐ Ⓑ Ⓒ Ⓓ
18	Ⓐ Ⓑ Ⓒ Ⓓ	38	Ⓐ Ⓑ Ⓒ Ⓓ	58	Ⓐ Ⓑ Ⓒ Ⓓ	78	Ⓐ Ⓑ Ⓒ Ⓓ	98	Ⓐ Ⓑ Ⓒ Ⓓ
19	Ⓐ Ⓑ Ⓒ Ⓓ	39	Ⓐ Ⓑ Ⓒ Ⓓ	59	Ⓐ Ⓑ Ⓒ Ⓓ	79	Ⓐ Ⓑ Ⓒ Ⓓ	99	Ⓐ Ⓑ Ⓒ Ⓓ
20	Ⓐ Ⓑ Ⓒ Ⓓ	40	Ⓐ Ⓑ Ⓒ Ⓓ	60	Ⓐ Ⓑ Ⓒ Ⓓ	80	Ⓐ Ⓑ Ⓒ Ⓓ	100	Ⓐ Ⓑ Ⓒ Ⓓ

실전 모의고사 3회 解答用紙 (두 번째 시험)

NO	ANSWER	NO	ANSWER	NO	ANSWER	NO	ANSWER	NO	ANSWER
1	Ⓐ Ⓑ Ⓒ Ⓓ	21	Ⓐ Ⓑ Ⓒ Ⓓ	41	Ⓐ Ⓑ Ⓒ Ⓓ	61	Ⓐ Ⓑ Ⓒ Ⓓ	81	Ⓐ Ⓑ Ⓒ Ⓓ
2	Ⓐ Ⓑ Ⓒ Ⓓ	22	Ⓐ Ⓑ Ⓒ Ⓓ	42	Ⓐ Ⓑ Ⓒ Ⓓ	62	Ⓐ Ⓑ Ⓒ Ⓓ	82	Ⓐ Ⓑ Ⓒ Ⓓ
3	Ⓐ Ⓑ Ⓒ Ⓓ	23	Ⓐ Ⓑ Ⓒ Ⓓ	43	Ⓐ Ⓑ Ⓒ Ⓓ	63	Ⓐ Ⓑ Ⓒ Ⓓ	83	Ⓐ Ⓑ Ⓒ Ⓓ
4	Ⓐ Ⓑ Ⓒ Ⓓ	24	Ⓐ Ⓑ Ⓒ Ⓓ	44	Ⓐ Ⓑ Ⓒ Ⓓ	64	Ⓐ Ⓑ Ⓒ Ⓓ	84	Ⓐ Ⓑ Ⓒ Ⓓ
5	Ⓐ Ⓑ Ⓒ Ⓓ	25	Ⓐ Ⓑ Ⓒ Ⓓ	45	Ⓐ Ⓑ Ⓒ Ⓓ	65	Ⓐ Ⓑ Ⓒ Ⓓ	85	Ⓐ Ⓑ Ⓒ Ⓓ
6	Ⓐ Ⓑ Ⓒ Ⓓ	26	Ⓐ Ⓑ Ⓒ Ⓓ	46	Ⓐ Ⓑ Ⓒ Ⓓ	66	Ⓐ Ⓑ Ⓒ Ⓓ	86	Ⓐ Ⓑ Ⓒ Ⓓ
7	Ⓐ Ⓑ Ⓒ Ⓓ	27	Ⓐ Ⓑ Ⓒ Ⓓ	47	Ⓐ Ⓑ Ⓒ Ⓓ	67	Ⓐ Ⓑ Ⓒ Ⓓ	87	Ⓐ Ⓑ Ⓒ Ⓓ
8	Ⓐ Ⓑ Ⓒ Ⓓ	28	Ⓐ Ⓑ Ⓒ Ⓓ	48	Ⓐ Ⓑ Ⓒ Ⓓ	68	Ⓐ Ⓑ Ⓒ Ⓓ	88	Ⓐ Ⓑ Ⓒ Ⓓ
9	Ⓐ Ⓑ Ⓒ Ⓓ	29	Ⓐ Ⓑ Ⓒ Ⓓ	49	Ⓐ Ⓑ Ⓒ Ⓓ	69	Ⓐ Ⓑ Ⓒ Ⓓ	89	Ⓐ Ⓑ Ⓒ Ⓓ
10	Ⓐ Ⓑ Ⓒ Ⓓ	30	Ⓐ Ⓑ Ⓒ Ⓓ	50	Ⓐ Ⓑ Ⓒ Ⓓ	70	Ⓐ Ⓑ Ⓒ Ⓓ	90	Ⓐ Ⓑ Ⓒ Ⓓ
11	Ⓐ Ⓑ Ⓒ Ⓓ	31	Ⓐ Ⓑ Ⓒ Ⓓ	51	Ⓐ Ⓑ Ⓒ Ⓓ	71	Ⓐ Ⓑ Ⓒ Ⓓ	91	Ⓐ Ⓑ Ⓒ Ⓓ
12	Ⓐ Ⓑ Ⓒ Ⓓ	32	Ⓐ Ⓑ Ⓒ Ⓓ	52	Ⓐ Ⓑ Ⓒ Ⓓ	72	Ⓐ Ⓑ Ⓒ Ⓓ	92	Ⓐ Ⓑ Ⓒ Ⓓ
13	Ⓐ Ⓑ Ⓒ Ⓓ	33	Ⓐ Ⓑ Ⓒ Ⓓ	53	Ⓐ Ⓑ Ⓒ Ⓓ	73	Ⓐ Ⓑ Ⓒ Ⓓ	93	Ⓐ Ⓑ Ⓒ Ⓓ
14	Ⓐ Ⓑ Ⓒ Ⓓ	34	Ⓐ Ⓑ Ⓒ Ⓓ	54	Ⓐ Ⓑ Ⓒ Ⓓ	74	Ⓐ Ⓑ Ⓒ Ⓓ	94	Ⓐ Ⓑ Ⓒ Ⓓ
15	Ⓐ Ⓑ Ⓒ Ⓓ	35	Ⓐ Ⓑ Ⓒ Ⓓ	55	Ⓐ Ⓑ Ⓒ Ⓓ	75	Ⓐ Ⓑ Ⓒ Ⓓ	95	Ⓐ Ⓑ Ⓒ Ⓓ
16	Ⓐ Ⓑ Ⓒ Ⓓ	36	Ⓐ Ⓑ Ⓒ Ⓓ	56	Ⓐ Ⓑ Ⓒ Ⓓ	76	Ⓐ Ⓑ Ⓒ Ⓓ	96	Ⓐ Ⓑ Ⓒ Ⓓ
17	Ⓐ Ⓑ Ⓒ Ⓓ	37	Ⓐ Ⓑ Ⓒ Ⓓ	57	Ⓐ Ⓑ Ⓒ Ⓓ	77	Ⓐ Ⓑ Ⓒ Ⓓ	97	Ⓐ Ⓑ Ⓒ Ⓓ
18	Ⓐ Ⓑ Ⓒ Ⓓ	38	Ⓐ Ⓑ Ⓒ Ⓓ	58	Ⓐ Ⓑ Ⓒ Ⓓ	78	Ⓐ Ⓑ Ⓒ Ⓓ	98	Ⓐ Ⓑ Ⓒ Ⓓ
19	Ⓐ Ⓑ Ⓒ Ⓓ	39	Ⓐ Ⓑ Ⓒ Ⓓ	59	Ⓐ Ⓑ Ⓒ Ⓓ	79	Ⓐ Ⓑ Ⓒ Ⓓ	99	Ⓐ Ⓑ Ⓒ Ⓓ
20	Ⓐ Ⓑ Ⓒ Ⓓ	40	Ⓐ Ⓑ Ⓒ Ⓓ	60	Ⓐ Ⓑ Ⓒ Ⓓ	80	Ⓐ Ⓑ Ⓒ Ⓓ	100	Ⓐ Ⓑ Ⓒ Ⓓ

NO	ANSWER	NO	ANSWER	NO	ANSWER	NO	ANSWER	NO	ANSWER
1	Ⓐ Ⓑ Ⓒ Ⓓ	21	Ⓐ Ⓑ Ⓒ Ⓓ	41	Ⓐ Ⓑ Ⓒ Ⓓ	61	Ⓐ Ⓑ Ⓒ Ⓓ	81	Ⓐ Ⓑ Ⓒ Ⓓ
2	Ⓐ Ⓑ Ⓒ Ⓓ	22	Ⓐ Ⓑ Ⓒ Ⓓ	42	Ⓐ Ⓑ Ⓒ Ⓓ	62	Ⓐ Ⓑ Ⓒ Ⓓ	82	Ⓐ Ⓑ Ⓒ Ⓓ
3	Ⓐ Ⓑ Ⓒ Ⓓ	23	Ⓐ Ⓑ Ⓒ Ⓓ	43	Ⓐ Ⓑ Ⓒ Ⓓ	63	Ⓐ Ⓑ Ⓒ Ⓓ	83	Ⓐ Ⓑ Ⓒ Ⓓ
4	Ⓐ Ⓑ Ⓒ Ⓓ	24	Ⓐ Ⓑ Ⓒ Ⓓ	44	Ⓐ Ⓑ Ⓒ Ⓓ	64	Ⓐ Ⓑ Ⓒ Ⓓ	84	Ⓐ Ⓑ Ⓒ Ⓓ
5	Ⓐ Ⓑ Ⓒ Ⓓ	25	Ⓐ Ⓑ Ⓒ Ⓓ	45	Ⓐ Ⓑ Ⓒ Ⓓ	65	Ⓐ Ⓑ Ⓒ Ⓓ	85	Ⓐ Ⓑ Ⓒ Ⓓ
6	Ⓐ Ⓑ Ⓒ Ⓓ	26	Ⓐ Ⓑ Ⓒ Ⓓ	46	Ⓐ Ⓑ Ⓒ Ⓓ	66	Ⓐ Ⓑ Ⓒ Ⓓ	86	Ⓐ Ⓑ Ⓒ Ⓓ
7	Ⓐ Ⓑ Ⓒ Ⓓ	27	Ⓐ Ⓑ Ⓒ Ⓓ	47	Ⓐ Ⓑ Ⓒ Ⓓ	67	Ⓐ Ⓑ Ⓒ Ⓓ	87	Ⓐ Ⓑ Ⓒ Ⓓ
8	Ⓐ Ⓑ Ⓒ Ⓓ	28	Ⓐ Ⓑ Ⓒ Ⓓ	48	Ⓐ Ⓑ Ⓒ Ⓓ	68	Ⓐ Ⓑ Ⓒ Ⓓ	88	Ⓐ Ⓑ Ⓒ Ⓓ
9	Ⓐ Ⓑ Ⓒ Ⓓ	29	Ⓐ Ⓑ Ⓒ Ⓓ	49	Ⓐ Ⓑ Ⓒ Ⓓ	69	Ⓐ Ⓑ Ⓒ Ⓓ	89	Ⓐ Ⓑ Ⓒ Ⓓ
10	Ⓐ Ⓑ Ⓒ Ⓓ	30	Ⓐ Ⓑ Ⓒ Ⓓ	50	Ⓐ Ⓑ Ⓒ Ⓓ	70	Ⓐ Ⓑ Ⓒ Ⓓ	90	Ⓐ Ⓑ Ⓒ Ⓓ
11	Ⓐ Ⓑ Ⓒ Ⓓ	31	Ⓐ Ⓑ Ⓒ Ⓓ	51	Ⓐ Ⓑ Ⓒ Ⓓ	71	Ⓐ Ⓑ Ⓒ Ⓓ	91	Ⓐ Ⓑ Ⓒ Ⓓ
12	Ⓐ Ⓑ Ⓒ Ⓓ	32	Ⓐ Ⓑ Ⓒ Ⓓ	52	Ⓐ Ⓑ Ⓒ Ⓓ	72	Ⓐ Ⓑ Ⓒ Ⓓ	92	Ⓐ Ⓑ Ⓒ Ⓓ
13	Ⓐ Ⓑ Ⓒ Ⓓ	33	Ⓐ Ⓑ Ⓒ Ⓓ	53	Ⓐ Ⓑ Ⓒ Ⓓ	73	Ⓐ Ⓑ Ⓒ Ⓓ	93	Ⓐ Ⓑ Ⓒ Ⓓ
14	Ⓐ Ⓑ Ⓒ Ⓓ	34	Ⓐ Ⓑ Ⓒ Ⓓ	54	Ⓐ Ⓑ Ⓒ Ⓓ	74	Ⓐ Ⓑ Ⓒ Ⓓ	94	Ⓐ Ⓑ Ⓒ Ⓓ
15	Ⓐ Ⓑ Ⓒ Ⓓ	35	Ⓐ Ⓑ Ⓒ Ⓓ	55	Ⓐ Ⓑ Ⓒ Ⓓ	75	Ⓐ Ⓑ Ⓒ Ⓓ	95	Ⓐ Ⓑ Ⓒ Ⓓ
16	Ⓐ Ⓑ Ⓒ Ⓓ	36	Ⓐ Ⓑ Ⓒ Ⓓ	56	Ⓐ Ⓑ Ⓒ Ⓓ	76	Ⓐ Ⓑ Ⓒ Ⓓ	96	Ⓐ Ⓑ Ⓒ Ⓓ
17	Ⓐ Ⓑ Ⓒ Ⓓ	37	Ⓐ Ⓑ Ⓒ Ⓓ	57	Ⓐ Ⓑ Ⓒ Ⓓ	77	Ⓐ Ⓑ Ⓒ Ⓓ	97	Ⓐ Ⓑ Ⓒ Ⓓ
18	Ⓐ Ⓑ Ⓒ Ⓓ	38	Ⓐ Ⓑ Ⓒ Ⓓ	58	Ⓐ Ⓑ Ⓒ Ⓓ	78	Ⓐ Ⓑ Ⓒ Ⓓ	98	Ⓐ Ⓑ Ⓒ Ⓓ
19	Ⓐ Ⓑ Ⓒ Ⓓ	39	Ⓐ Ⓑ Ⓒ Ⓓ	59	Ⓐ Ⓑ Ⓒ Ⓓ	79	Ⓐ Ⓑ Ⓒ Ⓓ	99	Ⓐ Ⓑ Ⓒ Ⓓ
20	Ⓐ Ⓑ Ⓒ Ⓓ	40	Ⓐ Ⓑ Ⓒ Ⓓ	60	Ⓐ Ⓑ Ⓒ Ⓓ	80	Ⓐ Ⓑ Ⓒ Ⓓ	100	Ⓐ Ⓑ Ⓒ Ⓓ

실전 모의고사 5회 解答用紙 (두 번째 시험)

NO	ANSWER	NO	ANSWER	NO	ANSWER	NO	ANSWER	NO	ANSWER
1	Ⓐ Ⓑ Ⓒ Ⓓ	21	Ⓐ Ⓑ Ⓒ Ⓓ	41	Ⓐ Ⓑ Ⓒ Ⓓ	61	Ⓐ Ⓑ Ⓒ Ⓓ	81	Ⓐ Ⓑ Ⓒ Ⓓ
2	Ⓐ Ⓑ Ⓒ Ⓓ	22	Ⓐ Ⓑ Ⓒ Ⓓ	42	Ⓐ Ⓑ Ⓒ Ⓓ	62	Ⓐ Ⓑ Ⓒ Ⓓ	82	Ⓐ Ⓑ Ⓒ Ⓓ
3	Ⓐ Ⓑ Ⓒ Ⓓ	23	Ⓐ Ⓑ Ⓒ Ⓓ	43	Ⓐ Ⓑ Ⓒ Ⓓ	63	Ⓐ Ⓑ Ⓒ Ⓓ	83	Ⓐ Ⓑ Ⓒ Ⓓ
4	Ⓐ Ⓑ Ⓒ Ⓓ	24	Ⓐ Ⓑ Ⓒ Ⓓ	44	Ⓐ Ⓑ Ⓒ Ⓓ	64	Ⓐ Ⓑ Ⓒ Ⓓ	84	Ⓐ Ⓑ Ⓒ Ⓓ
5	Ⓐ Ⓑ Ⓒ Ⓓ	25	Ⓐ Ⓑ Ⓒ Ⓓ	45	Ⓐ Ⓑ Ⓒ Ⓓ	65	Ⓐ Ⓑ Ⓒ Ⓓ	85	Ⓐ Ⓑ Ⓒ Ⓓ
6	Ⓐ Ⓑ Ⓒ Ⓓ	26	Ⓐ Ⓑ Ⓒ Ⓓ	46	Ⓐ Ⓑ Ⓒ Ⓓ	66	Ⓐ Ⓑ Ⓒ Ⓓ	86	Ⓐ Ⓑ Ⓒ Ⓓ
7	Ⓐ Ⓑ Ⓒ Ⓓ	27	Ⓐ Ⓑ Ⓒ Ⓓ	47	Ⓐ Ⓑ Ⓒ Ⓓ	67	Ⓐ Ⓑ Ⓒ Ⓓ	87	Ⓐ Ⓑ Ⓒ Ⓓ
8	Ⓐ Ⓑ Ⓒ Ⓓ	28	Ⓐ Ⓑ Ⓒ Ⓓ	48	Ⓐ Ⓑ Ⓒ Ⓓ	68	Ⓐ Ⓑ Ⓒ Ⓓ	88	Ⓐ Ⓑ Ⓒ Ⓓ
9	Ⓐ Ⓑ Ⓒ Ⓓ	29	Ⓐ Ⓑ Ⓒ Ⓓ	49	Ⓐ Ⓑ Ⓒ Ⓓ	69	Ⓐ Ⓑ Ⓒ Ⓓ	89	Ⓐ Ⓑ Ⓒ Ⓓ
10	Ⓐ Ⓑ Ⓒ Ⓓ	30	Ⓐ Ⓑ Ⓒ Ⓓ	50	Ⓐ Ⓑ Ⓒ Ⓓ	70	Ⓐ Ⓑ Ⓒ Ⓓ	90	Ⓐ Ⓑ Ⓒ Ⓓ
11	Ⓐ Ⓑ Ⓒ Ⓓ	31	Ⓐ Ⓑ Ⓒ Ⓓ	51	Ⓐ Ⓑ Ⓒ Ⓓ	71	Ⓐ Ⓑ Ⓒ Ⓓ	91	Ⓐ Ⓑ Ⓒ Ⓓ
12	Ⓐ Ⓑ Ⓒ Ⓓ	32	Ⓐ Ⓑ Ⓒ Ⓓ	52	Ⓐ Ⓑ Ⓒ Ⓓ	72	Ⓐ Ⓑ Ⓒ Ⓓ	92	Ⓐ Ⓑ Ⓒ Ⓓ
13	Ⓐ Ⓑ Ⓒ Ⓓ	33	Ⓐ Ⓑ Ⓒ Ⓓ	53	Ⓐ Ⓑ Ⓒ Ⓓ	73	Ⓐ Ⓑ Ⓒ Ⓓ	93	Ⓐ Ⓑ Ⓒ Ⓓ
14	Ⓐ Ⓑ Ⓒ Ⓓ	34	Ⓐ Ⓑ Ⓒ Ⓓ	54	Ⓐ Ⓑ Ⓒ Ⓓ	74	Ⓐ Ⓑ Ⓒ Ⓓ	94	Ⓐ Ⓑ Ⓒ Ⓓ
15	Ⓐ Ⓑ Ⓒ Ⓓ	35	Ⓐ Ⓑ Ⓒ Ⓓ	55	Ⓐ Ⓑ Ⓒ Ⓓ	75	Ⓐ Ⓑ Ⓒ Ⓓ	95	Ⓐ Ⓑ Ⓒ Ⓓ
16	Ⓐ Ⓑ Ⓒ Ⓓ	36	Ⓐ Ⓑ Ⓒ Ⓓ	56	Ⓐ Ⓑ Ⓒ Ⓓ	76	Ⓐ Ⓑ Ⓒ Ⓓ	96	Ⓐ Ⓑ Ⓒ Ⓓ
17	Ⓐ Ⓑ Ⓒ Ⓓ	37	Ⓐ Ⓑ Ⓒ Ⓓ	57	Ⓐ Ⓑ Ⓒ Ⓓ	77	Ⓐ Ⓑ Ⓒ Ⓓ	97	Ⓐ Ⓑ Ⓒ Ⓓ
18	Ⓐ Ⓑ Ⓒ Ⓓ	38	Ⓐ Ⓑ Ⓒ Ⓓ	58	Ⓐ Ⓑ Ⓒ Ⓓ	78	Ⓐ Ⓑ Ⓒ Ⓓ	98	Ⓐ Ⓑ Ⓒ Ⓓ
19	Ⓐ Ⓑ Ⓒ Ⓓ	39	Ⓐ Ⓑ Ⓒ Ⓓ	59	Ⓐ Ⓑ Ⓒ Ⓓ	79	Ⓐ Ⓑ Ⓒ Ⓓ	99	Ⓐ Ⓑ Ⓒ Ⓓ
20	Ⓐ Ⓑ Ⓒ Ⓓ	40	Ⓐ Ⓑ Ⓒ Ⓓ	60	Ⓐ Ⓑ Ⓒ Ⓓ	80	Ⓐ Ⓑ Ⓒ Ⓓ	100	Ⓐ Ⓑ Ⓒ Ⓓ

실전모의고사

세 번째 시험

해답용지

실전모의고사를 풀 때는 실제 시험과 마찬가지로 해답용지에 마킹
하면서 문제를 푸시기 바랍니다. 그럼으로써 실전 감각이 쌓여 실
제 시험에서의 실수를 최대한 줄일 수 있습니다.
또한 해답용지는 모두 세 벌을 준비했습니다. 한 번 풀어 본 문제라
하더라도 시간이 지난 나중에 다시 풀어 보면 또 다른 맛이 날 뿐 아
니라, 두번 세번 풀어 봄으로써 복습 효과도 거둘 수 있습니다.

실전 모의고사 1회 解答用紙 (세 번째 시험)

NO	ANSWER	NO	ANSWER	NO	ANSWER	NO	ANSWER	NO	ANSWER
1	Ⓐ Ⓑ Ⓒ Ⓓ	21	Ⓐ Ⓑ Ⓒ Ⓓ	41	Ⓐ Ⓑ Ⓒ Ⓓ	61	Ⓐ Ⓑ Ⓒ Ⓓ	81	Ⓐ Ⓑ Ⓒ Ⓓ
2	Ⓐ Ⓑ Ⓒ Ⓓ	22	Ⓐ Ⓑ Ⓒ Ⓓ	42	Ⓐ Ⓑ Ⓒ Ⓓ	62	Ⓐ Ⓑ Ⓒ Ⓓ	82	Ⓐ Ⓑ Ⓒ Ⓓ
3	Ⓐ Ⓑ Ⓒ Ⓓ	23	Ⓐ Ⓑ Ⓒ Ⓓ	43	Ⓐ Ⓑ Ⓒ Ⓓ	63	Ⓐ Ⓑ Ⓒ Ⓓ	83	Ⓐ Ⓑ Ⓒ Ⓓ
4	Ⓐ Ⓑ Ⓒ Ⓓ	24	Ⓐ Ⓑ Ⓒ Ⓓ	44	Ⓐ Ⓑ Ⓒ Ⓓ	64	Ⓐ Ⓑ Ⓒ Ⓓ	84	Ⓐ Ⓑ Ⓒ Ⓓ
5	Ⓐ Ⓑ Ⓒ Ⓓ	25	Ⓐ Ⓑ Ⓒ Ⓓ	45	Ⓐ Ⓑ Ⓒ Ⓓ	65	Ⓐ Ⓑ Ⓒ Ⓓ	85	Ⓐ Ⓑ Ⓒ Ⓓ
6	Ⓐ Ⓑ Ⓒ Ⓓ	26	Ⓐ Ⓑ Ⓒ Ⓓ	46	Ⓐ Ⓑ Ⓒ Ⓓ	66	Ⓐ Ⓑ Ⓒ Ⓓ	86	Ⓐ Ⓑ Ⓒ Ⓓ
7	Ⓐ Ⓑ Ⓒ Ⓓ	27	Ⓐ Ⓑ Ⓒ Ⓓ	47	Ⓐ Ⓑ Ⓒ Ⓓ	67	Ⓐ Ⓑ Ⓒ Ⓓ	87	Ⓐ Ⓑ Ⓒ Ⓓ
8	Ⓐ Ⓑ Ⓒ Ⓓ	28	Ⓐ Ⓑ Ⓒ Ⓓ	48	Ⓐ Ⓑ Ⓒ Ⓓ	68	Ⓐ Ⓑ Ⓒ Ⓓ	88	Ⓐ Ⓑ Ⓒ Ⓓ
9	Ⓐ Ⓑ Ⓒ Ⓓ	29	Ⓐ Ⓑ Ⓒ Ⓓ	49	Ⓐ Ⓑ Ⓒ Ⓓ	69	Ⓐ Ⓑ Ⓒ Ⓓ	89	Ⓐ Ⓑ Ⓒ Ⓓ
10	Ⓐ Ⓑ Ⓒ Ⓓ	30	Ⓐ Ⓑ Ⓒ Ⓓ	50	Ⓐ Ⓑ Ⓒ Ⓓ	70	Ⓐ Ⓑ Ⓒ Ⓓ	90	Ⓐ Ⓑ Ⓒ Ⓓ
11	Ⓐ Ⓑ Ⓒ Ⓓ	31	Ⓐ Ⓑ Ⓒ Ⓓ	51	Ⓐ Ⓑ Ⓒ Ⓓ	71	Ⓐ Ⓑ Ⓒ Ⓓ	91	Ⓐ Ⓑ Ⓒ Ⓓ
12	Ⓐ Ⓑ Ⓒ Ⓓ	32	Ⓐ Ⓑ Ⓒ Ⓓ	52	Ⓐ Ⓑ Ⓒ Ⓓ	72	Ⓐ Ⓑ Ⓒ Ⓓ	92	Ⓐ Ⓑ Ⓒ Ⓓ
13	Ⓐ Ⓑ Ⓒ Ⓓ	33	Ⓐ Ⓑ Ⓒ Ⓓ	53	Ⓐ Ⓑ Ⓒ Ⓓ	73	Ⓐ Ⓑ Ⓒ Ⓓ	93	Ⓐ Ⓑ Ⓒ Ⓓ
14	Ⓐ Ⓑ Ⓒ Ⓓ	34	Ⓐ Ⓑ Ⓒ Ⓓ	54	Ⓐ Ⓑ Ⓒ Ⓓ	74	Ⓐ Ⓑ Ⓒ Ⓓ	94	Ⓐ Ⓑ Ⓒ Ⓓ
15	Ⓐ Ⓑ Ⓒ Ⓓ	35	Ⓐ Ⓑ Ⓒ Ⓓ	55	Ⓐ Ⓑ Ⓒ Ⓓ	75	Ⓐ Ⓑ Ⓒ Ⓓ	95	Ⓐ Ⓑ Ⓒ Ⓓ
16	Ⓐ Ⓑ Ⓒ Ⓓ	36	Ⓐ Ⓑ Ⓒ Ⓓ	56	Ⓐ Ⓑ Ⓒ Ⓓ	76	Ⓐ Ⓑ Ⓒ Ⓓ	96	Ⓐ Ⓑ Ⓒ Ⓓ
17	Ⓐ Ⓑ Ⓒ Ⓓ	37	Ⓐ Ⓑ Ⓒ Ⓓ	57	Ⓐ Ⓑ Ⓒ Ⓓ	77	Ⓐ Ⓑ Ⓒ Ⓓ	97	Ⓐ Ⓑ Ⓒ Ⓓ
18	Ⓐ Ⓑ Ⓒ Ⓓ	38	Ⓐ Ⓑ Ⓒ Ⓓ	58	Ⓐ Ⓑ Ⓒ Ⓓ	78	Ⓐ Ⓑ Ⓒ Ⓓ	98	Ⓐ Ⓑ Ⓒ Ⓓ
19	Ⓐ Ⓑ Ⓒ Ⓓ	39	Ⓐ Ⓑ Ⓒ Ⓓ	59	Ⓐ Ⓑ Ⓒ Ⓓ	79	Ⓐ Ⓑ Ⓒ Ⓓ	99	Ⓐ Ⓑ Ⓒ Ⓓ
20	Ⓐ Ⓑ Ⓒ Ⓓ	40	Ⓐ Ⓑ Ⓒ Ⓓ	60	Ⓐ Ⓑ Ⓒ Ⓓ	80	Ⓐ Ⓑ Ⓒ Ⓓ	100	Ⓐ Ⓑ Ⓒ Ⓓ

실전 모의고사 2회 解答用紙 (세 번째 시험)

NO	ANSWER	NO	ANSWER	NO	ANSWER	NO	ANSWER
1	Ⓐ Ⓑ Ⓒ Ⓓ	21	Ⓐ Ⓑ Ⓒ Ⓓ	41	Ⓐ Ⓑ Ⓒ Ⓓ	81	Ⓐ Ⓑ Ⓒ Ⓓ
2	Ⓐ Ⓑ Ⓒ Ⓓ	22	Ⓐ Ⓑ Ⓒ Ⓓ	42	Ⓐ Ⓑ Ⓒ Ⓓ	82	Ⓐ Ⓑ Ⓒ Ⓓ
3	Ⓐ Ⓑ Ⓒ Ⓓ	23	Ⓐ Ⓑ Ⓒ Ⓓ	43	Ⓐ Ⓑ Ⓒ Ⓓ	83	Ⓐ Ⓑ Ⓒ Ⓓ
4	Ⓐ Ⓑ Ⓒ Ⓓ	24	Ⓐ Ⓑ Ⓒ Ⓓ	44	Ⓐ Ⓑ Ⓒ Ⓓ	84	Ⓐ Ⓑ Ⓒ Ⓓ
5	Ⓐ Ⓑ Ⓒ Ⓓ	25	Ⓐ Ⓑ Ⓒ Ⓓ	45	Ⓐ Ⓑ Ⓒ Ⓓ	85	Ⓐ Ⓑ Ⓒ Ⓓ
6	Ⓐ Ⓑ Ⓒ Ⓓ	26	Ⓐ Ⓑ Ⓒ Ⓓ	46	Ⓐ Ⓑ Ⓒ Ⓓ	86	Ⓐ Ⓑ Ⓒ Ⓓ
7	Ⓐ Ⓑ Ⓒ Ⓓ	27	Ⓐ Ⓑ Ⓒ Ⓓ	47	Ⓐ Ⓑ Ⓒ Ⓓ	87	Ⓐ Ⓑ Ⓒ Ⓓ
8	Ⓐ Ⓑ Ⓒ Ⓓ	28	Ⓐ Ⓑ Ⓒ Ⓓ	48	Ⓐ Ⓑ Ⓒ Ⓓ	88	Ⓐ Ⓑ Ⓒ Ⓓ
9	Ⓐ Ⓑ Ⓒ Ⓓ	29	Ⓐ Ⓑ Ⓒ Ⓓ	49	Ⓐ Ⓑ Ⓒ Ⓓ	89	Ⓐ Ⓑ Ⓒ Ⓓ
10	Ⓐ Ⓑ Ⓒ Ⓓ	30	Ⓐ Ⓑ Ⓒ Ⓓ	50	Ⓐ Ⓑ Ⓒ Ⓓ	90	Ⓐ Ⓑ Ⓒ Ⓓ
11	Ⓐ Ⓑ Ⓒ Ⓓ	31	Ⓐ Ⓑ Ⓒ Ⓓ	51	Ⓐ Ⓑ Ⓒ Ⓓ	91	Ⓐ Ⓑ Ⓒ Ⓓ
12	Ⓐ Ⓑ Ⓒ Ⓓ	32	Ⓐ Ⓑ Ⓒ Ⓓ	52	Ⓐ Ⓑ Ⓒ Ⓓ	92	Ⓐ Ⓑ Ⓒ Ⓓ
13	Ⓐ Ⓑ Ⓒ Ⓓ	33	Ⓐ Ⓑ Ⓒ Ⓓ	53	Ⓐ Ⓑ Ⓒ Ⓓ	93	Ⓐ Ⓑ Ⓒ Ⓓ
14	Ⓐ Ⓑ Ⓒ Ⓓ	34	Ⓐ Ⓑ Ⓒ Ⓓ	54	Ⓐ Ⓑ Ⓒ Ⓓ	94	Ⓐ Ⓑ Ⓒ Ⓓ
15	Ⓐ Ⓑ Ⓒ Ⓓ	35	Ⓐ Ⓑ Ⓒ Ⓓ	55	Ⓐ Ⓑ Ⓒ Ⓓ	95	Ⓐ Ⓑ Ⓒ Ⓓ
16	Ⓐ Ⓑ Ⓒ Ⓓ	36	Ⓐ Ⓑ Ⓒ Ⓓ	56	Ⓐ Ⓑ Ⓒ Ⓓ	96	Ⓐ Ⓑ Ⓒ Ⓓ
17	Ⓐ Ⓑ Ⓒ Ⓓ	37	Ⓐ Ⓑ Ⓒ Ⓓ	57	Ⓐ Ⓑ Ⓒ Ⓓ	97	Ⓐ Ⓑ Ⓒ Ⓓ
18	Ⓐ Ⓑ Ⓒ Ⓓ	38	Ⓐ Ⓑ Ⓒ Ⓓ	58	Ⓐ Ⓑ Ⓒ Ⓓ	98	Ⓐ Ⓑ Ⓒ Ⓓ
19	Ⓐ Ⓑ Ⓒ Ⓓ	39	Ⓐ Ⓑ Ⓒ Ⓓ	59	Ⓐ Ⓑ Ⓒ Ⓓ	99	Ⓐ Ⓑ Ⓒ Ⓓ
20	Ⓐ Ⓑ Ⓒ Ⓓ	40	Ⓐ Ⓑ Ⓒ Ⓓ	60	Ⓐ Ⓑ Ⓒ Ⓓ	100	Ⓐ Ⓑ Ⓒ Ⓓ

NO	ANSWER	NO	ANSWER	NO	ANSWER	NO	ANSWER	NO	ANSWER
1	Ⓐ Ⓑ Ⓒ Ⓓ	21	Ⓐ Ⓑ Ⓒ Ⓓ	41	Ⓐ Ⓑ Ⓒ Ⓓ	61	Ⓐ Ⓑ Ⓒ Ⓓ	81	Ⓐ Ⓑ Ⓒ Ⓓ
2	Ⓐ Ⓑ Ⓒ Ⓓ	22	Ⓐ Ⓑ Ⓒ Ⓓ	42	Ⓐ Ⓑ Ⓒ Ⓓ	62	Ⓐ Ⓑ Ⓒ Ⓓ	82	Ⓐ Ⓑ Ⓒ Ⓓ
3	Ⓐ Ⓑ Ⓒ Ⓓ	23	Ⓐ Ⓑ Ⓒ Ⓓ	43	Ⓐ Ⓑ Ⓒ Ⓓ	63	Ⓐ Ⓑ Ⓒ Ⓓ	83	Ⓐ Ⓑ Ⓒ Ⓓ
4	Ⓐ Ⓑ Ⓒ Ⓓ	24	Ⓐ Ⓑ Ⓒ Ⓓ	44	Ⓐ Ⓑ Ⓒ Ⓓ	64	Ⓐ Ⓑ Ⓒ Ⓓ	84	Ⓐ Ⓑ Ⓒ Ⓓ
5	Ⓐ Ⓑ Ⓒ Ⓓ	25	Ⓐ Ⓑ Ⓒ Ⓓ	45	Ⓐ Ⓑ Ⓒ Ⓓ	65	Ⓐ Ⓑ Ⓒ Ⓓ	85	Ⓐ Ⓑ Ⓒ Ⓓ
6	Ⓐ Ⓑ Ⓒ Ⓓ	26	Ⓐ Ⓑ Ⓒ Ⓓ	46	Ⓐ Ⓑ Ⓒ Ⓓ	66	Ⓐ Ⓑ Ⓒ Ⓓ	86	Ⓐ Ⓑ Ⓒ Ⓓ
7	Ⓐ Ⓑ Ⓒ Ⓓ	27	Ⓐ Ⓑ Ⓒ Ⓓ	47	Ⓐ Ⓑ Ⓒ Ⓓ	67	Ⓐ Ⓑ Ⓒ Ⓓ	87	Ⓐ Ⓑ Ⓒ Ⓓ
8	Ⓐ Ⓑ Ⓒ Ⓓ	28	Ⓐ Ⓑ Ⓒ Ⓓ	48	Ⓐ Ⓑ Ⓒ Ⓓ	68	Ⓐ Ⓑ Ⓒ Ⓓ	88	Ⓐ Ⓑ Ⓒ Ⓓ
9	Ⓐ Ⓑ Ⓒ Ⓓ	29	Ⓐ Ⓑ Ⓒ Ⓓ	49	Ⓐ Ⓑ Ⓒ Ⓓ	69	Ⓐ Ⓑ Ⓒ Ⓓ	89	Ⓐ Ⓑ Ⓒ Ⓓ
10	Ⓐ Ⓑ Ⓒ Ⓓ	30	Ⓐ Ⓑ Ⓒ Ⓓ	50	Ⓐ Ⓑ Ⓒ Ⓓ	70	Ⓐ Ⓑ Ⓒ Ⓓ	90	Ⓐ Ⓑ Ⓒ Ⓓ
11	Ⓐ Ⓑ Ⓒ Ⓓ	31	Ⓐ Ⓑ Ⓒ Ⓓ	51	Ⓐ Ⓑ Ⓒ Ⓓ	71	Ⓐ Ⓑ Ⓒ Ⓓ	91	Ⓐ Ⓑ Ⓒ Ⓓ
12	Ⓐ Ⓑ Ⓒ Ⓓ	32	Ⓐ Ⓑ Ⓒ Ⓓ	52	Ⓐ Ⓑ Ⓒ Ⓓ	72	Ⓐ Ⓑ Ⓒ Ⓓ	92	Ⓐ Ⓑ Ⓒ Ⓓ
13	Ⓐ Ⓑ Ⓒ Ⓓ	33	Ⓐ Ⓑ Ⓒ Ⓓ	53	Ⓐ Ⓑ Ⓒ Ⓓ	73	Ⓐ Ⓑ Ⓒ Ⓓ	93	Ⓐ Ⓑ Ⓒ Ⓓ
14	Ⓐ Ⓑ Ⓒ Ⓓ	34	Ⓐ Ⓑ Ⓒ Ⓓ	54	Ⓐ Ⓑ Ⓒ Ⓓ	74	Ⓐ Ⓑ Ⓒ Ⓓ	94	Ⓐ Ⓑ Ⓒ Ⓓ
15	Ⓐ Ⓑ Ⓒ Ⓓ	35	Ⓐ Ⓑ Ⓒ Ⓓ	55	Ⓐ Ⓑ Ⓒ Ⓓ	75	Ⓐ Ⓑ Ⓒ Ⓓ	95	Ⓐ Ⓑ Ⓒ Ⓓ
16	Ⓐ Ⓑ Ⓒ Ⓓ	36	Ⓐ Ⓑ Ⓒ Ⓓ	56	Ⓐ Ⓑ Ⓒ Ⓓ	76	Ⓐ Ⓑ Ⓒ Ⓓ	96	Ⓐ Ⓑ Ⓒ Ⓓ
17	Ⓐ Ⓑ Ⓒ Ⓓ	37	Ⓐ Ⓑ Ⓒ Ⓓ	57	Ⓐ Ⓑ Ⓒ Ⓓ	77	Ⓐ Ⓑ Ⓒ Ⓓ	97	Ⓐ Ⓑ Ⓒ Ⓓ
18	Ⓐ Ⓑ Ⓒ Ⓓ	38	Ⓐ Ⓑ Ⓒ Ⓓ	58	Ⓐ Ⓑ Ⓒ Ⓓ	78	Ⓐ Ⓑ Ⓒ Ⓓ	98	Ⓐ Ⓑ Ⓒ Ⓓ
19	Ⓐ Ⓑ Ⓒ Ⓓ	39	Ⓐ Ⓑ Ⓒ Ⓓ	59	Ⓐ Ⓑ Ⓒ Ⓓ	79	Ⓐ Ⓑ Ⓒ Ⓓ	99	Ⓐ Ⓑ Ⓒ Ⓓ
20	Ⓐ Ⓑ Ⓒ Ⓓ	40	Ⓐ Ⓑ Ⓒ Ⓓ	60	Ⓐ Ⓑ Ⓒ Ⓓ	80	Ⓐ Ⓑ Ⓒ Ⓓ	100	Ⓐ Ⓑ Ⓒ Ⓓ

실전 모의고사 4회 解答用紙 (세 번째 시험)

NO	ANSWER	NO	ANSWER	NO	ANSWER	NO	ANSWER	NO	ANSWER
1	Ⓐ Ⓑ Ⓒ Ⓓ	21	Ⓐ Ⓑ Ⓒ Ⓓ	41	Ⓐ Ⓑ Ⓒ Ⓓ	61	Ⓐ Ⓑ Ⓒ Ⓓ	81	Ⓐ Ⓑ Ⓒ Ⓓ
2	Ⓐ Ⓔ Ⓒ Ⓓ	22	Ⓐ Ⓑ Ⓒ Ⓓ	42	Ⓐ Ⓑ Ⓒ Ⓓ	62	Ⓐ Ⓑ Ⓒ Ⓓ	82	Ⓐ Ⓑ Ⓒ Ⓓ
3	Ⓐ Ⓑ Ⓒ Ⓓ	23	Ⓐ Ⓑ Ⓒ Ⓓ	43	Ⓐ Ⓑ Ⓒ Ⓓ	63	Ⓐ Ⓑ Ⓒ Ⓓ	83	Ⓐ Ⓑ Ⓒ Ⓓ
4	Ⓐ Ⓑ Ⓒ Ⓓ	24	Ⓐ Ⓑ Ⓒ Ⓓ	44	Ⓐ Ⓑ Ⓒ Ⓓ	64	Ⓐ Ⓑ Ⓒ Ⓓ	84	Ⓐ Ⓑ Ⓒ Ⓓ
5	Ⓐ Ⓑ Ⓒ Ⓓ	25	Ⓐ Ⓑ Ⓒ Ⓓ	45	Ⓐ Ⓑ Ⓒ Ⓓ	65	Ⓐ Ⓑ Ⓒ Ⓓ	85	Ⓐ Ⓑ Ⓒ Ⓓ
6	Ⓐ Ⓑ Ⓒ Ⓓ	26	Ⓐ Ⓑ Ⓒ Ⓓ	46	Ⓐ Ⓑ Ⓒ Ⓓ	66	Ⓐ Ⓑ Ⓒ Ⓓ	86	Ⓐ Ⓑ Ⓒ Ⓓ
7	Ⓐ Ⓑ Ⓒ Ⓓ	27	Ⓐ Ⓑ Ⓒ Ⓓ	47	Ⓐ Ⓑ Ⓒ Ⓓ	67	Ⓐ Ⓑ Ⓒ Ⓓ	87	Ⓐ Ⓑ Ⓒ Ⓓ
8	Ⓐ Ⓑ Ⓒ Ⓓ	28	Ⓐ Ⓑ Ⓒ Ⓓ	48	Ⓐ Ⓑ Ⓒ Ⓓ	68	Ⓐ Ⓑ Ⓒ Ⓓ	88	Ⓐ Ⓑ Ⓒ Ⓓ
9	Ⓐ Ⓑ Ⓒ Ⓓ	29	Ⓐ Ⓑ Ⓒ Ⓓ	49	Ⓐ Ⓑ Ⓒ Ⓓ	69	Ⓐ Ⓑ Ⓒ Ⓓ	89	Ⓐ Ⓑ Ⓒ Ⓓ
10	Ⓐ Ⓑ Ⓒ Ⓓ	30	Ⓐ Ⓑ Ⓒ Ⓓ	50	Ⓐ Ⓑ Ⓒ Ⓓ	70	Ⓐ Ⓑ Ⓒ Ⓓ	90	Ⓐ Ⓑ Ⓒ Ⓓ
11	Ⓐ Ⓑ Ⓒ Ⓓ	31	Ⓐ Ⓑ Ⓒ Ⓓ	51	Ⓐ Ⓑ Ⓒ Ⓓ	71	Ⓐ Ⓑ Ⓒ Ⓓ	91	Ⓐ Ⓑ Ⓒ Ⓓ
12	Ⓐ Ⓑ Ⓒ Ⓓ	32	Ⓐ Ⓑ Ⓒ Ⓓ	52	Ⓐ Ⓑ Ⓒ Ⓓ	72	Ⓐ Ⓑ Ⓒ Ⓓ	92	Ⓐ Ⓑ Ⓒ Ⓓ
13	Ⓐ Ⓑ Ⓒ Ⓓ	33	Ⓐ Ⓑ Ⓒ Ⓓ	53	Ⓐ Ⓑ Ⓒ Ⓓ	73	Ⓐ Ⓑ Ⓒ Ⓓ	93	Ⓐ Ⓑ Ⓒ Ⓓ
14	Ⓐ Ⓑ Ⓒ Ⓓ	34	Ⓐ Ⓑ Ⓒ Ⓓ	54	Ⓐ Ⓑ Ⓒ Ⓓ	74	Ⓐ Ⓑ Ⓒ Ⓓ	94	Ⓐ Ⓑ Ⓒ Ⓓ
15	Ⓐ Ⓑ Ⓒ Ⓓ	35	Ⓐ Ⓑ Ⓒ Ⓓ	55	Ⓐ Ⓑ Ⓒ Ⓓ	75	Ⓐ Ⓑ Ⓒ Ⓓ	95	Ⓐ Ⓑ Ⓒ Ⓓ
16	Ⓐ Ⓑ Ⓒ Ⓓ	36	Ⓐ Ⓑ Ⓒ Ⓓ	56	Ⓐ Ⓑ Ⓒ Ⓓ	76	Ⓐ Ⓑ Ⓒ Ⓓ	96	Ⓐ Ⓑ Ⓒ Ⓓ
17	Ⓐ Ⓑ Ⓒ Ⓓ	37	Ⓐ Ⓑ Ⓒ Ⓓ	57	Ⓐ Ⓑ Ⓒ Ⓓ	77	Ⓐ Ⓑ Ⓒ Ⓓ	97	Ⓐ Ⓑ Ⓒ Ⓓ
18	Ⓐ Ⓑ Ⓒ Ⓓ	38	Ⓐ Ⓑ Ⓒ Ⓓ	58	Ⓐ Ⓑ Ⓒ Ⓓ	78	Ⓐ Ⓑ Ⓒ Ⓓ	98	Ⓐ Ⓑ Ⓒ Ⓓ
19	Ⓐ Ⓑ Ⓒ Ⓓ	39	Ⓐ Ⓑ Ⓒ Ⓓ	59	Ⓐ Ⓑ Ⓒ Ⓓ	79	Ⓐ Ⓑ Ⓒ Ⓓ	99	Ⓐ Ⓑ Ⓒ Ⓓ
20	Ⓐ Ⓑ Ⓒ Ⓓ	40	Ⓐ Ⓑ Ⓒ Ⓓ	60	Ⓐ Ⓑ Ⓒ Ⓓ	80	Ⓐ Ⓑ Ⓒ Ⓓ	100	Ⓐ Ⓑ Ⓒ Ⓓ

실전 모의고사 5회 解答用紙 (세 번째 시험)

NO	ANSWER	NO	ANSWER	NO	ANSWER	NO	ANSWER	NO	ANSWER
1	Ⓐ Ⓑ Ⓒ Ⓓ	21	Ⓐ Ⓑ Ⓒ Ⓓ	41	Ⓐ Ⓑ Ⓒ Ⓓ	61	Ⓐ Ⓑ Ⓒ Ⓓ	81	Ⓐ Ⓑ Ⓒ Ⓓ
2	Ⓐ Ⓑ Ⓒ Ⓓ	22	Ⓐ Ⓑ Ⓒ Ⓓ	42	Ⓐ Ⓑ Ⓒ Ⓓ	62	Ⓐ Ⓑ Ⓒ Ⓓ	82	Ⓐ Ⓑ Ⓒ Ⓓ
3	Ⓐ Ⓑ Ⓒ Ⓓ	23	Ⓐ Ⓑ Ⓒ Ⓓ	43	Ⓐ Ⓑ Ⓒ Ⓓ	63	Ⓐ Ⓑ Ⓒ Ⓓ	83	Ⓐ Ⓑ Ⓒ Ⓓ
4	Ⓐ Ⓑ Ⓒ Ⓓ	24	Ⓐ Ⓑ Ⓒ Ⓓ	44	Ⓐ Ⓑ Ⓒ Ⓓ	64	Ⓐ Ⓑ Ⓒ Ⓓ	84	Ⓐ Ⓑ Ⓒ Ⓓ
5	Ⓐ Ⓑ Ⓒ Ⓓ	25	Ⓐ Ⓑ Ⓒ Ⓓ	45	Ⓐ Ⓑ Ⓒ Ⓓ	65	Ⓐ Ⓑ Ⓒ Ⓓ	85	Ⓐ Ⓑ Ⓒ Ⓓ
6	Ⓐ Ⓑ Ⓒ Ⓓ	26	Ⓐ Ⓑ Ⓒ Ⓓ	46	Ⓐ Ⓑ Ⓒ Ⓓ	66	Ⓐ Ⓑ Ⓒ Ⓓ	86	Ⓐ Ⓑ Ⓒ Ⓓ
7	Ⓐ Ⓑ Ⓒ Ⓓ	27	Ⓐ Ⓑ Ⓒ Ⓓ	47	Ⓐ Ⓑ Ⓒ Ⓓ	67	Ⓐ Ⓑ Ⓒ Ⓓ	87	Ⓐ Ⓑ Ⓒ Ⓓ
8	Ⓐ Ⓑ Ⓒ Ⓓ	28	Ⓐ Ⓑ Ⓒ Ⓓ	48	Ⓐ Ⓑ Ⓒ Ⓓ	68	Ⓐ Ⓑ Ⓒ Ⓓ	88	Ⓐ Ⓑ Ⓒ Ⓓ
9	Ⓐ Ⓑ Ⓒ Ⓓ	29	Ⓐ Ⓑ Ⓒ Ⓓ	49	Ⓐ Ⓑ Ⓒ Ⓓ	69	Ⓐ Ⓑ Ⓒ Ⓓ	89	Ⓐ Ⓑ Ⓒ Ⓓ
10	Ⓐ Ⓑ Ⓒ Ⓓ	30	Ⓐ Ⓑ Ⓒ Ⓓ	50	Ⓐ Ⓑ Ⓒ Ⓓ	70	Ⓐ Ⓑ Ⓒ Ⓓ	90	Ⓐ Ⓑ Ⓒ Ⓓ
11	Ⓐ Ⓑ Ⓒ Ⓓ	31	Ⓐ Ⓑ Ⓒ Ⓓ	51	Ⓐ Ⓑ Ⓒ Ⓓ	71	Ⓐ Ⓑ Ⓒ Ⓓ	91	Ⓐ Ⓑ Ⓒ Ⓓ
12	Ⓐ Ⓑ Ⓒ Ⓓ	32	Ⓐ Ⓑ Ⓒ Ⓓ	52	Ⓐ Ⓑ Ⓒ Ⓓ	72	Ⓐ Ⓑ Ⓒ Ⓓ	92	Ⓐ Ⓑ Ⓒ Ⓓ
13	Ⓐ Ⓑ Ⓒ Ⓓ	33	Ⓐ Ⓑ Ⓒ Ⓓ	53	Ⓐ Ⓑ Ⓒ Ⓓ	73	Ⓐ Ⓑ Ⓒ Ⓓ	93	Ⓐ Ⓑ Ⓒ Ⓓ
14	Ⓐ Ⓑ Ⓒ Ⓓ	34	Ⓐ Ⓑ Ⓒ Ⓓ	54	Ⓐ Ⓑ Ⓒ Ⓓ	74	Ⓐ Ⓑ Ⓒ Ⓓ	94	Ⓐ Ⓑ Ⓒ Ⓓ
15	Ⓐ Ⓑ Ⓒ Ⓓ	35	Ⓐ Ⓑ Ⓒ Ⓓ	55	Ⓐ Ⓑ Ⓒ Ⓓ	75	Ⓐ Ⓑ Ⓒ Ⓓ	95	Ⓐ Ⓑ Ⓒ Ⓓ
16	Ⓐ Ⓑ Ⓒ Ⓓ	36	Ⓐ Ⓑ Ⓒ Ⓓ	56	Ⓐ Ⓑ Ⓒ Ⓓ	76	Ⓐ Ⓑ Ⓒ Ⓓ	96	Ⓐ Ⓑ Ⓒ Ⓓ
17	Ⓐ Ⓑ Ⓒ Ⓓ	37	Ⓐ Ⓑ Ⓒ Ⓓ	57	Ⓐ Ⓑ Ⓒ Ⓓ	77	Ⓐ Ⓑ Ⓒ Ⓓ	97	Ⓐ Ⓑ Ⓒ Ⓓ
18	Ⓐ Ⓑ Ⓒ Ⓓ	38	Ⓐ Ⓑ Ⓒ Ⓓ	58	Ⓐ Ⓑ Ⓒ Ⓓ	78	Ⓐ Ⓑ Ⓒ Ⓓ	98	Ⓐ Ⓑ Ⓒ Ⓓ
19	Ⓐ Ⓑ Ⓒ Ⓓ	39	Ⓐ Ⓑ Ⓒ Ⓓ	59	Ⓐ Ⓑ Ⓒ Ⓓ	79	Ⓐ Ⓑ Ⓒ Ⓓ	99	Ⓐ Ⓑ Ⓒ Ⓓ
20	Ⓐ Ⓑ Ⓒ Ⓓ	40	Ⓐ Ⓑ Ⓒ Ⓓ	60	Ⓐ Ⓑ Ⓒ Ⓓ	80	Ⓐ Ⓑ Ⓒ Ⓓ	100	Ⓐ Ⓑ Ⓒ Ⓓ

EBS 동영상 특강중

JPT
청해
KING

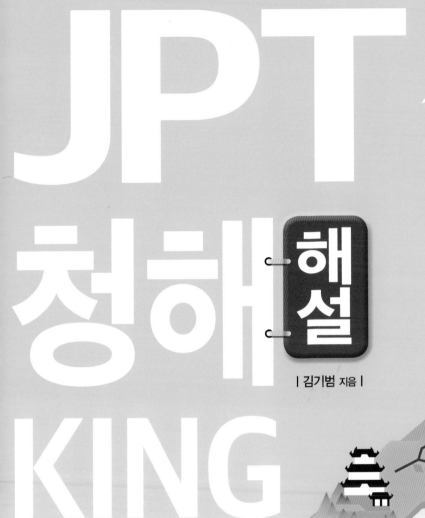

해설

| 김기범 지음 |

 특별부록 보이스북 CD 1장 + MP3 CD 1장

Nihongo Factory

JPT
청해 해설
KING

Nihongo
Factory

실전모의고사 해설

1

회

PART 1 사진묘사

Track 008

01

(A) 女の人は日傘を差しています。

(B) 女の人は日傘を開いています。

(C) 女の人は日傘を閉じています。

(D) 女の人は日傘を広げています。

(A) 여자는 양산을 쓰고 있습니다.

(B) 여자는 양산을 펴고 있습니다.

(C) 여자는 양산을 접고 있습니다.

(D) 여자는 양산을 펼치고 있습니다.

참고 이 문제가 어렵게 출제되는 경우에는 그림자를 단서로 우산인지 양산인지를 묻기도 한다.

어구·해설 日傘(ひがさ)を差(さ)す 양산을 쓰다 開(ひら)く 열리다, 펴지다, 피다, 격차가 생기다, 개척하다

閉(と)じる 닫히다, 끝나다, 마치다 広(ひろ)げる 넓히다, 확장하다, 확대하다

정답 A

02

(A) 子供は熟睡しています。

(B) 子供は暴れています。

(C) 二人は同じ方向を見ています。

(D) 子供はお母さんと話しています。

(A) 아이는 숙면을 취하고 있습니다.

(B) 아이는 날뛰고 있습니다.

(C) 두 사람은 같은 방향을 보고 있습니다.

(D) 아이는 어머니와 이야기하고 있습니다.

참고 인물이 소수이거나 가깝게 찍은 사진의 경우에는 인물의 표정과 시선에 관한 문제가 나오는 경우가 많으므로 주의해서 보자!

어구·해설 子供(こども) 어린이, 아이 熟睡(じゅくすい) 숙면 暴(あば)れる 날뛰다, 난폭하게 굴다, 대담하게 행동하다

同(おな)じ 같음, 동일함 方向(ほうこう) 방향 見(み)る 보다 お母(かあ)さん 어머니, 어머님

話(はな)す 말하다, 이야기하다, 의논하다, 상의하다

정답 C

03

(A) 女の人は手を握っています。

(B) 女の人はかばんをかけています。

(C) 男の人は手を合わせています。

(D) 男の人は手を上げています。

(A) 여자는 손을 쥐고 있습니다.

(B) 여자는 가방을 메고 있습니다.

(C) 남자는 합장하고 있습니다.

(D) 남자는 손을 들어 올리고 있습니다.

참고 복수 인물이 등장할 경우에는 각 인물의 특징에 주의한다.

어구·해설 手(て) 손 握(にぎ)る 쥐다, 잡다 かばんをかける 가방을 메다 手(て)を合(あ)わせる 손을 모으다, 합장하다

手(て)を上(あ)げる 손을 들어 올리다, 항복하다

정답 B

04

(A) 学生は皆、しりもちをついています。

(B) 学生は皆、座り込んでいます。

(C) 教室に換気扇があります。

(D) 教室に視聴覚教材はありません。

(A) 학생은 모두, 엉덩방아를 찧고 있습니다.

(B) 학생은 모두, 주저앉아 있습니다.

(C) 교실에 환풍기가 있습니다.

(D) 교실에 시청각 교재는 없습니다.

참고 사진 왼쪽 위에 환풍기가 있다. '의자에 앉다'는 椅子(いす)に座(すわ)る나 こしかける.

어구·해설 尻餅(しりもち)をつく 엉덩방아를 찧다, 사업 따위가 실패하다 座(すわ)り込(こ)む 주저앉다, 버티고 앉다

教室(きょうしつ) 교실 換気扇(かんきせん) 환풍기 視聴覚教材(しちょうかくきょうざい) 시청각 교재

정답 C

05

(A) 二人とも座り込んでいます。

(B) 二人ともももうお手上げの状態です。

(C) 二人とも腰掛けています。

(D) 二人ともしゃがんでいます。

(A) 두 사람 모두 주저앉아 있습니다.

(B) 두 사람 모두 속수무책 상태입니다.

(C) 두 사람 모두 걸터앉아 있습니다.

(D) 두 사람 모두 웅크리고 앉아 있습니다.

참고 앉은 자세와 관련된 다양한 표현을 알아두자.

어구·해설 座(すわ)り込(こ)む 들어가 앉다, 그 자리에 앉아서 움직이지 않다, 눌러 앉다 お手上(てあ)げ 더 이상 어찌할 수 없게 됨, 속수무책

状態(じょうたい) 상태 腰掛(こしか)ける 걸터앉다 しゃがむ 쭈그리고 앉다, 웅크리고 앉다

정답 C

06

(A) 橋は銅像の手前にあります。
(B) 橋は銅像の向こう側にあります。
(C) 橋は銅像の左側にあります。
(D) 橋は銅像の右側にあります。

(A) 다리는 동상 앞에 있습니다.
(B) 다리는 동상 건너편에 있습니다.
(C) 다리는 동상 좌측에 있습니다.
(D) 다리는 동상 우측에 있습니다.

참 고　동상 뒤쪽에 다리가 놓여 있다. 보는 사람 입장에서 동상 너머 뒤편에 있다.

어구·해설　橋(はし) 다리, 교량　銅像(どうぞう) 동상　手前(てまえ) 자기 앞, 자기에게 가까운 쪽, 어떤 곳에 약간 못 미치는 지점
向(むこ)う側(がわ) 저쪽, 상대편　左側(ひだりがわ) 좌측　右側(みぎがわ) 우측

정 답　B

07

(A) 100円札が3枚あります。
(B) 10円札が2枚あります。
(C) 100円硬貨が2枚あります。
(D) 10円硬貨が2枚あります。

(A) 100엔 지폐가 3장(개) 있습니다.
(B) 10엔 지폐가 2장(개) 있습니다.
(C) 100엔 금속화폐가 2장(개) 있습니다.
(D) 10엔 금속화폐가 2장(개) 있습니다.

참 고　기본적인 조수사는 반드시 알아두자!

어구·해설　札(さつ) 지폐　枚(まい) 얇고 평평한 것을 세는 단위(~장)　硬貨(こうか) 금속화폐

정 답　D

08

(A) 子供は山羊を撫でています。
(B) 子供は山羊を指しています。
(C) 子供は山羊にまたがっています。
(D) 子供は山羊を殴っています。

(A) 아이는 산양을 쓰다듬고 있습니다.
(B) 아이는 산양을 가리키고 있습니다.
(C) 아이는 산양에 올라타고 있습니다.
(D) 아이는 산양을 때리고 있습니다.

참 고　사람의 행동에 관련된 동사 표현에 주의하자!

어구·해설　子供(こども) 아이, 어린이　山羊(やぎ) 염소, 산양　撫(な)でる 쓰다듬다, 어루만지나　指(さ)す 가리키다, 지적하다, 지명하다
またがる 올라타다, 걸터앉다　殴(なぐ)る 때리다, 치다

정 답　A

09

(A) 手を上げている人形です。

(B) 怒っている人形です。

(C) 盆踊りをしている猫です。

(D) 魚を食べている猫です。

(A) 손을 들고 있는 인형입니다.

(B) 화를 내고 있는 인형입니다.

(C) 봉오도리를 추고 있는 고양이입니다.

(D) 생선을 먹고 있는 고양이입니다.

참 고 일본의 문화에 대해 알고 있으면 도움이 되는 문제이다. 「招(まね)き猫(ねこ)」는 한쪽 발을 들고 있는 고양이 장식으로 상가에서 흔히 볼 수 있다.

어구·해설 手(て)を上(あ)げる 손을 들어 올리다, 항복하다 人形(にんぎょう) 인형 怒(おこ)る 화내다, 노하다, 성내다, 나무라다 盆踊(ぼんおど)り 음력 7월 15일 밤에 남녀가 모여서 추는 윤무(輪舞) 猫(ねこ) 고양이 魚(さかな) 생선, 물고기 食(た)べる 먹다

정 답 A

10

(A) これはキリストの銅像です。

(B) これは仏の画像です。

(C) これは仏の石像です。

(D) これは仏の絵画です。

(A) 이것은 그리스도의 동상입니다.

(B) 이것은 부처의 화상입니다.

(C) 이것은 부처의 석상입니다.

(D) 이것은 부처의 회화입니다.

참 고 부처의 석상을 찍은 사진이다.

어구·해설 キリスト 그리스도, 예수 仏(ほとけ) 부처, 석가 画像(がぞう) 화상 石像(せきぞう) 석상 絵画(かいが) 회화

정 답 C

11

(A) 子供が車いすを押しています。

(B) お祖母さんが何かを指しています。

(C) 二人のお祖母さんが向き合っています。

(D) 3人がフェンスに寄り掛かっています。

(A) 어린이가 휠체어를 밀고 있습니다.

(B) 할머니가 무엇인가를 가리키고 있습니다.

(C) 두 명의 할머니가 마주보고 있습니다.

(D) 세 사람이 울타리에 기대고 있습니다.

참 고 복수의 인물이 등장할 경우에는 각 인물의 특징과 행동 등에 주의해야 한다.

어구·해설 子供(こども) 아이, 어린이 車(くるま)いす 휠체어 押(お)す 밀다, 누르다, 억지로 하다 お祖母(ばあ)さん 할머님 指(さ)す 가리키다, 지적하다, 지명하다, 지목하다 二人(ふたり) 두 사람, 2인 向(む)き合(あ)う 마주보다, 마주 향하다, 마주 대하다 フェンス 펜스, 울타리, 담장 寄(よ)り掛(か)かる 기대다, 의지하다, 의존하다

정 답 B

12

(A) 二人とも泣き崩れています。

(B) 一人の子供はチェックのシャツを着ています。

(C) 子供がもう一人の子供を慰めています。

(D) 子供が座り込んで泣いています。

(A) 두 명 모두 쓰러져 울고 있습니다.

(B) 한 명의 어린이는 체크 셔츠를 입고 있습니다.

(C) 어린이가 다른 한 명의 어린이를 달래고 있습니다.

(D) 어린이가 주저앉아 울고 있습니다.

참고 한 명의 어린이가 주저앉아서 울고 있는 모습이다.

어구·해설 泣(な)き崩(くず)れる 쓰러져 울다, 정신없이 울다 チェック 격자무늬, 조회, 수표 シャツ 셔츠, 와이셔츠
着(き)る 입다, 죄 등을 뒤집어쓰다, 은혜 등을 입다 慰(なぐさ)める 위로하다, 위안하다, 달래다
座(すわ)り込(こ)む 들어가 앉다, 그 자리에 앉아서 움직이지 않다, 눌러 앉다 泣(な)く 울다

정답 D

13

(A) 池が植物で覆われています。

(B) 池の真ん中には立派な建物が建っています。

(C) 奥には建物が林立しています。

(D) 池には動物がたくさんいます。

(A) 연못이 식물로 덮여 있습니다.

(B) 연못의 한가운데에는 멋진 건물이 서 있습니다.

(C) 안쪽에는 건물이 숲처럼 솟아 있습니다.

(D) 연못에는 동물이 많이 있습니다.

참고 함정에 주의하자. 건물이 빽빽한 것은 아니다.

어구·해설 池(いけ) 연못 植物(しょくぶつ) 식물 覆(おお)う 표면을 덮다, 씌우다, 보호하다 真(ま)ん中(なか) 한가운데, 한복판, 중앙
立派(りっぱ) 훌륭함, 아주 뛰어남, 충분함, 완전함, 어엿함 建物(たてもの) 건물 建(た)つ (건물·동상·국가 등이) 세워지다
奥(おく) 속, 깊숙한 안쪽 林立(りんりつ) 임립, 숲을 이루어 서 있음 動物(どうぶつ) 동물

정답 A

14

(A) 女の人は電話をかけようとして
　　いるところです。

(B) 女の人が立ち話をしています。

(C) 足を組んでいる人がいます。

(D) 女の人はベンチで横になってい
　　ます。

(A) 여자는 전화를 걸려던 참입니다.

(B) 여자가 선 채로 이야기를 하고 있습니다.

(C) 다리를 꼬고 있는 사람이 있습니다.

(D) 여자는 벤치에서 누워 있습니다.

참고 소수의 인물이 등장할 경우에는 각각의 행동과 표정 등에 주의해야 한다.

어구·해설 電話(でんわ)をかける 전화를 걸다　立(た)ち話(ばなし) 선 채 이야기함, 서서 하는 이야기
足(あし)を組(く)む 다리를 꼬고 앉다, 책상다리하고 편히 앉다　ベンチ 벤치, 나무 등으로 만든 긴 의자　横(よこ)になる 눕다

정답 C

15

(A) 女の人は膝を抱えています。

(B) 女の人はしゃがんでいます。

(C) 女の人は寝そべっています。

(D) 女の人は塞ぎ込んでいます。

(A) 여자는 무릎을 안고 있습니다.

(B) 여자는 웅크리고 앉아 있습니다.

(C) 여자는 엎드려 누워 있습니다.

(D) 여자는 우울해하고 있습니다.

어구·해설 膝(ひざ) 무릎　抱(かか)える 안다, 껴안다, 감싸 쥐다, 맡다, 처리해야 할 부담을 지다　しゃがむ 쭈그리고 앉다, 웅크리고 앉다
寝(ね)そべる 엎드려 눕다, 배를 깔고 눕다, 드러눕다　塞(ふさ)ぎ込(こ)む 매우 우울하다, 울적해지다

정답 B

16

(A) 本当に閑静な通りです。

(B) 皆が立ち尽くしています。

(C) 多くの人でごった返しています。

(D) 皆が同じ方向へ向いています。

(A) 정말로 한가하고 고요한 거리입니다.

(B) 모두가 계속 서 있습니다.

(C) 많은 사람으로 몹시 붐비고 있습니다.

(D) 모두가 같은 방향으로 향하고 있습니다.

참고 다수의 인물이 등장할 경우에는 전체적인 배경을 중심으로 보아야 한다.

어구·해설 本当(ほんとう) 사실, 진실, 정말임, 진짜임　閑静(かんせい) 한정, 한가하고 고요함　通(とお)り 길, 도로, 통행
皆(みんな) 모두, 다, 죄다, 전부　立(た)ち尽(つ)くす 언제까지나 그 곳에 서 있다, 내내 서다　多(おお)く 많음, 다수, 대부분
ごった返(がえ)す 심한 혼잡을 이루다, 들끓다, 몹시 붐비다　同(おな)じ 같음, 동일함　向(む)く 향하다, 몸이나 얼굴을 돌리다

정답 C

17

(A) 新鮮なたこ焼きを食べさせる店です。

(B) 出来立てのたこ焼きを食べさせる店です。

(C) このたこ焼き屋はあまり美味しくありません。

(D) ここではたこ焼きのほかにお好み焼きも販売しています。

(A) 신선한 다코야키를 먹을 수 있게 해 주는 가게입니다.

(B) 갓 구운 다코야키를 먹을 수 있게 해 주는 가게입니다.

(C) 이 다코야키 가게는 그다지 맛있지 않습니다.

(D) 이곳에서는 다코야키 이외에 오코노미야키도 판매하고 있습니다.

> **참 고** 「アツアツ」는 매우 뜨겁다는 뜻으로 「出来立(できた)て(갓 만들어진)」와 관련이 있다.

> **어구·해설** 新鮮(しんせん) 신선 たこ焼(や)き 삶은 문어를 잘게 썰어 밀가루 반죽을 하여 탁구공만한 크기로 구운 것 食(た)べる 먹다
>
> 店(みせ) 가게, 상점, 점포 出来立(できた)て 물건이나 음식 등이 갓 만들어진 상태 焼(や)く 태우다, 굽다
>
> 美味(おい)しい 맛있다, 맛좋다 販売(はんばい) 판매
>
> お好(この)み焼(や)き 부침개의 하나, 새우·오징어·야채 등 기호에 맞는 재료를 물에 갠 밀가루에 섞어 번철에 부치면서 먹는 음식

> **정 답** B

18

(A) 男の人はにらみつけています。

(B) 男の人は自分の作品を販売しています。

(C) 男の人は床に座り込んでいます。

(D) 男の人は立って何かを書いています。

(A) 남자는 매섭게 쏘아보고 있습니다.

(B) 남자는 자신의 작품을 판매하고 있습니다.

(C) 남자는 마루에 눌러 앉아 있습니다.

(D) 남자는 서서 무엇인가를 쓰고 있습니다.

> **참 고** 일본의 거리문화에 대하여 알고 있으면 쉽게 풀 수 문제이다.

> **어구·해설** にらみつける 눈을 부라려 노려보다, 매섭게 쏘아보다 自分(じぶん) 자기 자신 作品(さくひん) 작품
>
> 販売(はんばい) 판매 床(ゆか) 마루 座(すわ)り込(こ)む 들어가 앉다, 그 자리에 앉아서 움직이지 않다, 눌러 앉다
>
> 立(た)つ 서다, 일어서다 書(か)く 쓰다

> **정 답** B

19

(A) 水がこんこんと湧き出す噴水です。

(B) 水が空高く吹き出す噴水です。

(C) 照明に照らされた噴水です。

(D) 今にも水があふれそうな噴水です。

(A) 물이 펑펑 솟아나는 분수입니다.

(B) 물이 하늘 높이 솟구치는 분수입니다.

(C) 조명에 비추어진 분수입니다.

(D) 금방이라도 물이 흘러넘칠 것 같은 분수입니다.

참 고 함정에 주의할 것! 분수가 솟아나고 있는 것은 아니다.

어구·해설 水(みず) 물 こんこん 물 등이 끊임없이 솟아나거나 흐르는 모양 湧(わ)き出(だ)す 솟기 시작하다, 분출하다(솟아나다)
噴水(ふんすい) 분수 空高(そらたか)く 하늘 높이 吹(ふ)き出(だ)す 불기 시작하다, 구멍에서 세차게 내뿜다
照明(しょうめい) 조명 照(て)らす 비추다, 비추어서 밝히다, 비추어 보다, 대조하다 今(いま)にも 당장에라도, 이내, 곧, 금방
あふれる 가득 차서 넘치다, 흘러넘치다

정 답 C

20

(A) 女の人は浴衣を着ています。

(B) 女の人は洋服を着ています。

(C) 男の人は背広を着ています。

(D) 男の人は袴をはいています。

(A) 여자는 유카타를 입고 있습니다.

(B) 여자는 양복을 입고 있습니다.

(C) 남자는 신사복을 입고 있습니다.

(D) 남자는 하카마를 입고 있습니다.

참 고 「浴衣(ゆかた)」와 「袴(はかま)」를 구분해서 알아두자.

어구·해설 浴衣(ゆかた) 아래 위에 걸쳐서 입는 두루마기 모양의 긴 무명 홑옷, 옷고름이나 단추가 없고 허리띠를 두름(목욕 후 또는 여름철에 평상복으로 입음) 着(き)る 입다, 죄 등을 뒤집어쓰다, 은혜 등을 입다 洋服(ようふく) 양복 背広(せびろ) 신사복
袴(はかま) 기모노 위에 입는 갈라진 치마 형태의 옷(허리에서 발목까지 덮으며, 넉넉하게 주름이 잡혀 있고, 바지처럼 가랑이진 것이 보통이나 스커트 모양의 것도 있음) はく 입다, 신다

정 답 D

---

21 田中さんのお誕生日はいつですか。

(A) 大阪生まれです。

(B) 去年でした。

(C) プレゼントは要りませんよ。

(D) 三月十日です。

다나카씨의 생일은 언제입니까?

(A) 오오사카 출생입니다.

(B) 작년이었습니다.

(C) 선물은 필요 없어요.

(D) 3월 10일입니다

> **참고** 의문사「いつ(언제)」에 주의하자!
>
> **어구·해설** お誕生日(たんじょうび) 생일 いつ 언제 大阪(おおさか) 지역이름 生(う)まれ 출생 去年(きょねん) 작년
> プレゼント 선물 要(い)る 필요하다 十日(とおか) 10일
>
> **정답** D

---

22 コピー用紙は、どのくらい要りますか。

(A) 5册買いましょう。

(B) 6枚お願いします。

(C) 4個でいいですよ。

(D) 2本入っています。

복사용지는 어느 정도 필요합니까?

(A) 5권 삽시다.

(B) 6매 부탁합니다.

(C) 4개로 충분해요.

(D) 2자루 들어 있습니다.

> **참고** 조수사에 주의하자.
>
> **어구·해설** コピー 복사 用紙(ようし) 용지 どの 어느 くらい 정도 册(さつ) 책 등을 세는 단위(권) 買(か)う 사다
> 枚(まい) 얇은 것을 세는 단위(매, 장) お願(ねが)い 부탁 個(こ) 수량을 세는 단위(개) 本(ほん) 가늘고 긴 것을 세는 단위
> 入(はい)る 들어가다
>
> **정답** B

23 失礼(しつれい)ですが、どちら様(さま)ですか

(A) 6人(にん)です。

(B) 駅(えき)の前(まえ)です。

(C) 来週韓国(らいしゅうかんこく)へ行(い)きます。

(D) 遠藤(えんどう)と申(もう)しますが。

실례지만 누구십니까?

(A) 6명입니다.

(B) 역 앞입니다.

(C) 다음 주 한국에 갑니다.

(D) 엔도라고 합니다.

참 고 여기서「どちら」는「だれ(누구)」의 공손한 말로 쓰였다.

어구·해설 失礼(しつれい) 실례 どちら様(さま) 어느 분(누구) 駅(えき)の前(まえ) 역 앞 来週(らいしゅう) 내주, 다음 주 韓国(かんこく) 한국 申(もう)す 「言(い)う」의 겸양어

정 답 D

---

24 昨日(きのう)はよくお休(やす)みになれましたか？

(A) ええ、ぐっすり寝(ね)ました。

(B) ええ、悪夢(あくむ)を見(み)たんです。

(C) はい、不眠症(ふみんしょう)なんです。

(D) はい、夜遅(よるおそ)く寝(ね)たんです。

어제는 잘 주무셨습니까?

(A) 예, 푹 잤습니다.

(B) 예, 악몽을 꿨습니다.

(C) 예, 불면증입니다.

(D) 예, 밤늦게 잤습니다.

어구·해설 昨日(きのう) 어제 よく 자주, 잘 お休(やす)みになる 주무시다 ぐっすり 깊이 잠든 모양(푹) 寝(ね)る 자다 悪夢(あくむ) 악몽 見(み)る 보다, (꿈을) 꾸다 不眠症(ふみんしょう) 불면증 夜(よる) 밤 遅(おそ)い 느리다

정 답 A

---

25 すみません。ここは撮影禁止(さつえいきんし)なんです。

(A) 大丈夫(だいじょうぶ)ですよ。気(き)にしていませんから。

(B) それはひどい誤解(ごかい)ですよ。

(C) あ、すみません。気付(きづ)かなかったものですから。

(D) あ、手違(てちが)いでしたね。すみません。

죄송합니다. 여기는 촬영금지입니다.

(A) 괜찮아요. 신경 안 쓰니까요.

(B) 그건 심한 오해예요.

(C) 아, 죄송합니다. 몰랐어요.

(D) 아, 착각을 했네요. 죄송합니다.

어구·해설 すみません 미안합니다(죄송합니다) ここ 여기 撮影(さつえい) 촬영 禁止(きんし) 금지 大丈夫(だいじょうぶ) 괜찮음 気(き)にする 걱정하다(신경을 쓰다), 마음에 두다 それ 그것 ひどい 심하다 誤解(ごかい) 오해 気付(きづ)く 알아차리다 手違(てちが)い 착오가 생김, 어긋남

정 답 C

26

授業の後で何をしますか。

(A) 明日は授業を休みたいです。

(B) 今朝は勉強しません。

(C) 英語の勉強をしました。

(D) 友達と一緒に宿題をします。

수업 후에 무엇을 합니까?

(A) 내일은 수업을 쉬고 싶습니다.

(B) 오늘 아침은 공부를 하지 않습니다.

(C) 영어 공부를 했습니다.

(D) 친구와 함께 숙제를 합니다.

> **참고** 의문사「何(무엇)」와 시제에 주의하자!

> **어구·해설** 授業(じゅぎょう) 수업 後(あと) 후(뒤) 明日(あした) 내일 休(やす)む 쉬다 今朝(けさ) 오늘 아침
> 勉強(べんきょう) 공부 英語(えいご) 영어 友達(ともだち) 친구 一緒(いっしょ)に 함께 宿題(しゅくだい) 숙제

> **정답** D

27

田中さん、この料理とても美味しかったです。

(A) いいえ、そうじゃありません。

(B) ご愁傷様でした。

(C) いえいえ、お粗末様でした。

(D) それは高慢ですよ。

다나카씨, 이 요리는 아주 맛있었어요.

(A) 아니오, 그렇지 않습니다.

(B) 애통하시겠습니다.

(C) 아니에요, 변변치 못했습니다.

(D) 그것은 오만이에요.

> **참고** 상대방 칭찬에 대해 겸손의 응답을 찾아야 한다.

> **어구·해설** 料理(りょうり) 요리 とても 대단히(아주) 美味(おい)しい 맛있다
> ご愁傷様(しゅうしょうさま) 사람이 죽었을 때 문상하는 말(얼마나 애통하십니까)
> お粗末様(そまつさま)でした (선물한 물건 따위가) 변변치 못했습니다 高慢(こうまん) 오만, 거만, 건방짐

> **정답** C

28

いよいよ明日は待ちに待った試験結果発表の日だわ。

(A) うん、なんだかあっさりしているよ。

(B) うん、緊張してうとうとするよ。

(C) うん、緊張してぺこぺこだよ。

(D) うん、どきどきして眠れないよ。

드디어 내일은 기다리고 기다리던 시험 결과 발표 날이야.

(A) 응, 왠지 덤덤해하고 있어요.

(B) 응, 긴장해서 꾸벅꾸벅 졸아요.

(C) 응, 긴장해서 배가 고파요.

(D) 응, 두근거려서 잘 수가 없어요.

> **참고** 결과 발표에 대한 응답 표현을 찾아야 한다.

> **어구·해설** いよいよ 드디어, 결국 待(ま)つ 기다리다 試験(しけん) 시험 結果(けっか) 결과 発表(はっぴょう) 발표 日(ひ) 날
> なんだか 왜 그런지, 어쩐지 あっさり 담백하게(산뜻하게), 간단하게(깨끗이) 緊張(きんちょう) 긴장
> うとうと 깜빡깜빡 조는 모양(꾸벅꾸벅) ぺこぺこ 배가 고픈 모양 どきどき 두근두근 眠(ねむ)る 자다

> **정답** D

29 会社(かいしゃ)の田中(たなか)部長(ぶちょう)は本当(ほんとう)に知(し)り合(あ)いが多(おお)いですよね。

(A) 田中(たなか)部長(ぶちょう)は顔(かお)が大(おお)きいからね。

(B) 田中(たなか)部長(ぶちょう)は顔(かお)が黒(くろ)いからね。

(C) 田中(たなか)部長(ぶちょう)は顔(かお)が広(ひろ)いからね。

(D) 田中(たなか)部長(ぶちょう)は顔色(かおいろ)が悪(わる)いからね。

회사의 다나카 부장님은 정말로 아는 사람이 많지요.

(A) 다나카 부장님은 얼굴이 크니까.

(B) 다나카 부장님은 얼굴이 검으니까.

(C) 다나카 부장님은 발이 넓으니까.

(D) 다나카 부장님은 안색이 안 좋으니까.

참 고 관용구 표현에 주의하자!

어구·해설 会社(かいしゃ) 회사　部長(ぶちょう) 부장(부장님)　本当(ほんとう)に 정말로　知(し)り合(あ)い 아는 사람
多(おお)い 많다　大(おお)きい 크다　黒(くろ)い 검다　顔(かお)が広(ひろ)い 발이 넓다(인맥이 넓다)
顔色(かおいろ)が悪(わる)い 안색이 나쁘다

정 답 C

30 昨日(きのう)、誤(あやま)って田中(たなか)さんの傘(かさ)を持(も)ってきてしまいました。

(A) ビジネスの世界(せかい)では謝罪(しゃざい)することが一番(いちばん)大切(たいせつ)です。

(B) そんなに怒(おこ)らなくてもいいじゃないですか。

(C) 嘘(うそ)つきは泥棒(どろぼう)の始(はじ)まりと言(い)いますから。

(D) 間違(まちが)いは誰(だれ)にでもあることですから、明日(あした)返(かえ)せばいいですよ。

어제 실수로 다나카 씨의 우산을 가져 오고 말았습니다.

(A) 비즈니스 세계에서는 사과하는 것이 제일 중요합니다.

(B) 그렇게 화내지 않아도 되지 않습니까?

(C) 바늘 도둑이 소 도둑 된다고 하니까요.

(D) 실수는 누구한테나 있기 마련이니까, 내일 돌려주면 돼요.

참 고 실수한 행위에 대해 적합한 응답 표현을 찾아야 한다.

어구·해설 昨日(きのう) 어제　誤(あやま)る 실패하다, 실수하다　傘(かさ) 우산　持(も)つ 쥐다(들다), 가지다
～てしまう ～해 버리다　ビジネス 비즈니스　世界(せかい) 세계　謝罪(しゃざい) 사죄　一番(いちばん) 제일, 가장
大切(たいせつ) 중요, 소중　そんなに 그렇게　怒(おこ)る 성내다(화내다), 꾸짖다
嘘(うそ)つきは泥棒(どろぼう)の始(はじ)まり 거짓말은 도둑의 시작(바늘 도둑이 소 도둑 된다)　言(い)う 말하다

정 답 D

31 山口さん、東京に着き次第、連絡してくださいね。

(A) 東京に着く前にはかならず連絡しますね。

(B) 東京に到着すればすぐにお電話いたします。

(C) 東京では色々な連絡手段がありますからね。

(D) 本日は東京に参りません。

야마구찌씨, 도쿄에 도착하는 대로 연락 주세요.

(A) 도쿄에 도착하기 전에 반드시 연락할게요.

(B) 도쿄에 도착하면 바로 전화해 드리겠습니다.

(C) 도쿄에는 다양한 연락 수단이 있으니까요.

(D) 오늘은 도쿄에 가지 않습니다.

참 고 상대방의 의뢰 · 당부 표현에 대한 응답 표현을 찾아야 한다.

어구·해설 東京(とうきょう) 도쿄(도시) 着(つ)く 도착하다 동사의 연용형＋次第(しだい) ~하는 대로 連絡(れんらく) 연락
前(まえ) 전(앞) 必(かなら)ず 반드시(꼭) 到着(とうちゃく) 도착 すぐ 곧(바로) 色々(いろいろ) 여러 가지
手段(しゅだん) 수단 本日(ほんじつ) 오늘(금일) 参(まい)る 来る(오다), 行く(가다)의 겸양어

정 답 B

---

32 お茶を入れましたよ。さあ、どうぞ。

(A) これはおいくらでしょうか。

(B) では、お言葉に甘えて。

(C) お茶の子さいさいです。

(D) お茶の原産地はどこですか。

차를 끓였어요. 어서 드세요.

(A) 이것은 얼마인가요?

(B) 그럼, 잘 마실게요.

(C) 식은 죽 먹기입니다.

(D) 차의 원산지는 어디입니까?

참 고 관용구 표현에 주의하자!

어구·해설 お茶(ちゃ)を入(い)れる 차를 끓이다 いくら 얼마 お言葉(ことば)に甘(あま)える 상대의 호의를 받아들이다
お茶(ちゃ)の子(こ)さいさい 손쉬운(간단한) 모양 原産地(げんさんち) 원산지 どこ 어디

정 답 B

---

33 今回の試合、もう少しのところで負けてしまいましたね。

(A) いつも勝っていた相手だから、今回も負けると思っていたのに。

(B) 人生は一歩一歩進むことが大事ですからね。

(C) 試合はともあれ今回は見所がたくさんありましたね。

(D) それはインチキですよ。

이번 시합, 조금만 더 하면 되는 상황에서 지고 말았네요.

(A) 늘 이겼던 상대이기 때문에, 이번에도 질 거라고 생각했는데.

(B) 인생은 한 걸음 한 걸음 나아가는 것이 중요하니까요.

(C) 시합은 어찌 되었든 이번에는 볼만한 장면이 많았지요.

(D) 그것은 가짜입니다.

어구·해설 今回(こんかい) 이번 試合(しあい) 시합 もう少(すこ)し 조금 더 負(ま)ける 지다(패하다) いつも 늘(어제나)
勝(か)つ 이기다(승리하다) 思(おも)う 생각하다 人生(じんせい) 인생 一歩一歩(いっぽいっぽ) 한 걸음 한 걸음
進(すす)む 나아가다 大事(だいじ) 소중함, 중요함 ともあれ 어떻든, 어찌 되었든(하여간) 見所(みどころ) 볼 만한 장면, 장래성
たくさん 많음, 충분함 インチキ 사기도박, 속임(가짜)

정 답 C

34 さっきからぼうとして、どうしたんですか。

(A) 邪魔しないでください。
(B) 母が入院したと聞いて、何も手に付かないんです。
(C) もうこれ以上はだめです。
(D) これじゃ、もう手も足もでませんね。

아까부터 멍하니, 무슨 일이에요?

(A) 방해하지 말아주십시오.
(B) 어머니가 입원을 했다고 해서, 아무것도 손에 잡히지 않아요.
(C) 이제 더 이상은 안 돼요.
(D) 이래서야, 더 이상 어찌할 도리가 없네요.

어구·해설 さっき 아까, 조금 전 ぼうと 멍하니, 멍청히 邪魔(じゃま) 방해 母(はは) 어머니 入院(にゅういん) 입원
聞(き)く 듣다 手(て)に付(つ)かない (일 등이) 손에 잡히지 않다 もう 더 이상, 이미, 벌써, 이제
手(て)も足(あし)も出(で)ない 해볼 도리가 없다(손을 쓸 엄두도 못 내다)

정답 B

35 今年もセンター試験の時期が近づいてきましたね。

(A) 学生は今までの勉強の成果を発揮する時期ですね。
(B) 中身より外見に気を使わないといけない時期ですね。
(C) 賃金のアップを交渉するよい機会です。
(D) 面接試験のあとは、実技試験もあるそうです。

올해도 센터 시험 시기가 다가왔네요.

(A) 학생은 지금까지 공부한 성과를 발휘하는 시기네요.
(B) 내용물보다 외견에 신경을 써야만 하는 시기네요.
(C) 임금 인상을 교섭할 좋은 기회입니다.
(D) 면접시험 후에는, 실기시험도 있다고 합니다.

어구·해설 今年(ことし) 금년, 올해 センター 센터 試験(しけん) 시험 時期(じき) 시기 近(ちか)づく 접근하다, 다가오다
学生(がくせい) 학생 今(いま)まで 지금까지 勉強(べんきょう) 공부 成果(せいか) 성과 発揮(はっき) 발휘
中身(なかみ) 속에 든 것, 내용물 外見(がいけん) 외견, 겉보기 気(き)を使(つか)う 주의하다, 신경을 쓰다
いけない 좋지 않다, 나쁘다, 바람직하지 않다 賃金(ちんぎん) 임금 アップ 업(up) 交渉(こうしょう) 교섭

정답 A

36 週末は夫が家事をすべて担当してくれるんですよ。

(A) そんな揚げ足を取らないでくださいよ。
(B) お陰様で元気になりました。
(C) 上げ膳据え膳で羨ましいですよ。
(D) せちがらい家庭ですね。

주말에는 남편이 가사 일을 모두 담당해 줘요.

(A) 그런 말꼬리를 잡고 늘어지지 말아 주세요.
(B) 덕분에 건강해졌습니다.
(C) 편안히 앉아서 시중을 받고 부러워요.
(D) 야박한 가정이네요.

어구·해설 週末(しゅうまつ) 주말 夫(おっと) 남편 家事(かじ) 가사(집안 일) すべて 모두, 대체로 担当(たんとう) 담당
そんな 그런, 그와 같은 揚(あ)げ足(あし)を取(と)る 남의 실언이나 말꼬투리를 잡다 お陰様(かげさま)で 덕분에
元気(げんき) 기력, 건강함 上(あ)げ膳(ぜん)据(す)え膳(ぜん) 자신은 손을 안 대고 남이 시중드는 대로 편하게 지냄
羨(うらや)ましい 부럽다, 샘이 나다 せちがらい 세상살이가 힘들다, 야박하다 家庭(かてい) 가정

정답 C

37 いつも部下を叱る村野部長が今日は静かですね。

(A) 嵐の前の静けさですよ。

(B) もうお手上げですね。

(C) 当てにならない人ですよ。

(D) やっぱり年にはかないませんね。

언제나 부하를 꾸짖는 무라노 부장님이 오늘은 조용하네요.

(A) 폭풍전야예요.

(B) 이제 속수무책이네요.

(C) 믿을 수 없는 사람이에요.

(D) 역시 나이는 어쩔 수가 없네요.

> **참 고** 관용구 표현에 주의하자!

> **어구·해설** 部下(ぶか) 부하 叱(しか)る 꾸짖다, 나무라다 静(しず)か 고요함, 떠들썩하지 않음
>
> 嵐(あらし)の前(まえ)の静(しず)けさ 폭풍 전의 정적, 소란이 일어나기 전의 고요함.
>
> お手上(てあ)げ (항복하여 손을 든다는 뜻에서) 더 이상 어찌할 수 없게 됨, 항복, 속수무책 当(あ)てにならない 믿을 수 없다
>
> やっぱり 역시 年(とし)にはかなわない 나이가 들면 마음은 있어도 몸이 말을 안 듣는다(나이는 어쩔 수 없다)

> **정 답** A

38 お小遣をあげるから、これで好きなものを買いなさい。

(A) わぁ、これを首を長くして待っていたんだ。

(B) 新しいパソコンが喉から手が出るほどほしかったんだ。

(C) このようなお金は賄賂と言われています。

(D) では分割払いでお願いします。

용돈을 줄 테니, 이것으로 좋아하는 것을 사거라.

(A) 야아, 이것을 학수고대하고 있었어.

(B) 새 PC를 몹시 가지고 싶었어.

(C) 이와 같은 돈은 뇌물이라고 합니다.

(D) 그럼 할부로 부탁합니다.

> **어구·해설** お小遣(こづかい) 용돈 あげる 주다(드리다) 首(くび)を長(なが)くして待(ま)つ 학수고대하다
>
> パソコン 퍼스널 컴퓨터(PC) 喉(のど)から手(て)が出(で)る (목구멍에서 손이 나올 지경으로) 몹시 탐이 나다
>
> 賄賂(わいろ) 뇌물 分割払(ぶんかつばら)い 분할 지불, 할부

> **정 답** B

39 集合時間を間違えないでくださいね。

(A) 例の場所で夜8時でしたよね。

(B) 映画館の向かいのデパートでしたよね。

(C) あなたと私は新宿で会うことになっていましたよ。

(D) ご飯と箸を持参すればよかったんですよね。

집합 시간을 틀리지 말아 주세요.

(A) 그 장소에서 밤 8시였지요.

(B) 영화관 건너편 백화점이었지요.

(C) 당신과 나는 신주쿠에서 만나기로 되어 있었어요.

(D) 밥과 젓가락을 지참하면 좋았겠네요.

> **어구·해설** 集合(しゅうごう) 집합 間違(まちが)える 잘못하다(틀리게 하다), 잘못 알다(착각을 하다)
>
> 例(れい)の場所(ばしょ) (듣는 사람과 말하는 사람이 서로 알고 있는) 그 장소 映画館(えいがかん) 영화관
>
> 向(む)かい 맞은편(건너편), 정면 デパート 백화점 箸(はし) 젓가락 持参(じさん) 지참

> **정 답** A

40

すみません、ちょっと暖房(だんぼう)をつけて頂(いただ)けませんか。

(A) そんなに暑(あつ)いんですか。

(B) 最近(さいきん)はだんだん涼(すず)しくなってきましたよね。

(C) 肌寒(はだざむ)い季節(きせつ)になりましたからね。

(D) そんなに薄着(うすぎ)で、大丈夫(だいじょうぶ)ですか。

죄송합니다, 난방 좀 켜 주시겠습니까?

(A) 그렇게 더우세요?

(B) 최근에는 점점 시원해지고 있지요.

(C) 쌀쌀한 계절이 되었으니까요.

(D) 그렇게 옷을 얇게 입고, 괜찮으세요?

참 고 의뢰 · 부탁 표현의 내용을 잘 파악해야 한다.

어구·해설 暖房(だんぼう) 난방 ~て頂(いただ)く ~해 받다(~てもらう보다 공손한 표현) 暑(あつ)い 덥다 最近(さいきん) 최근
だんだん 점점, 차츰 涼(すず)しい 시원하다, 선선하다 肌寒(はだざむ)い · 肌寒(はだざむ)い 쌀쌀하다, 으싹하다
季節(きせつ) 계절 薄着(うすぎ) (추울 때에도) 옷을 얇게 입음

정 답 C

41

今日付(きょうづ)けで人事部(じんじぶ)に異動(いどう)することになりました。今(いま)まで
ありがとうございました。

(A) 迷惑(めいわく)ばかりかけることになるかもしれないけれど、
よろしく。

(B) 長(なが)い間(あいだ)非常(ひじょう)に真面目(まじめ)な勤務(きんむ)ぶりで他(ほか)の社員(しゃいん)の模範(もはん)
となってくれましたね。

(C) じゃ、これから歓迎会(かんげいかい)を開(ひら)くことにしよう。

(D) 会社(かいしゃ)を辞(や)めても連絡(れんらく)を取(と)り合(あ)いましょうね。

오늘 날짜로 인사부로 이동을 하게 되었습니다. 지금까
지 고마웠습니다.

(A) 폐만 끼치게 될지도 모르지만, 잘 부탁합니다.

(B) 오랫동안 아주 성실한 근무태도로 다른 사원의 모범
이 되어 주었어요.

(C) 그럼, 지금부터 환영회를 열기로 하자.

(D) 회사를 그만두더라도 서로 연락을 주고받도록 해요.

참 고 인사이동으로 인한 작별인사에 대해 적합한 응답표현을 찾아야 한다.

어구·해설 ~付(づ)け ~의 날짜, ~의 일부(日附) 人事部(じんじぶ) 인사부 異動(いどう) (인사에 관한) 이동
迷惑(めいわく) 폐, 귀찮음, 성가심 非常(ひじょう)に 대단히, 예사가 아님 真面目(まじめ) 진지함, 성실함(착실함)
勤務(きんむ) 근무 ぶり 모양, 모습, 품, 방식,~만에 模範(もはん) 모범 歓迎会(かんげいかい) 환영회
辞(や)める 사직하다(사임하다), 그만두다 連絡(れんらく)を取(と)り合(あ)う 서로 연락을 주고받다

정 답 B

42 課長、新製品の試作品をお持ち致しましたが、いかがでしょうか。

(A) こんな安っぽい代物を販売しようというのか。

(B) どうみても田中君に間違いないと思うんだが。

(C) 研究所は現在閉鎖されているはずなんだが。

(D) 著作権の保護が叫ばれてひさしい。

과장님, 신제품의 시작품을 가지고 왔습니다만, 어떠신지요?

(A) 이런 싸구려 같은 물건을 판매하자는 것인가?

(B) 아무리 봐도 다나카군이 틀림없다고 생각하는데.

(C) 연구소는 현재 폐쇄되어 있을 텐데.

(D) 저작권 보호가 주장된 지 오래다.

> **참고** 신제품의 시작품에 대한 의견 표현으로 적합한 것을 찾아야 한다.

> **어구·해설** 新製品(しんせいひん) 신제품　試作品(しさくひん) 시작품　安(やす)っぽい 값싸다, 싸구려로 보이다, 천하다
> 代物(しろもの) 상품, 물건　販売(はんばい) 판매　間違(まちが)いない 틀림없다　研究所(けんきゅうじょ) 연구소
> 閉鎖(へいさ) 폐쇄　著作権(ちょさくけん) 저작권　保護(ほご) 보호　叫(さけ)ぶ 외치다, 부르짖다
> 久(ひさ)しい 오래다, 오래 되다

> **정답** A

---

43 ゆうべは接待で朝まで付き合わされましたよ。

(A) それは、楽しみですね。

(B) 本当に付き合うことにしたんですか。

(C) 加勢することができずに申し訳ありませんでした。

(D) それはそれは、お疲れ様でした。

어젯밤에는 접대로 아침까지 함께 있었어요.

(A) 그것은 기대되네요.

(B) 정말로 사귀기로 한 것입니까?

(C) 돕지 못해서 죄송했습니다.

(D) 정말 수고 많으셨습니다.

> **참고** 사역수동 표현에 주의하자!

> **어구·해설** ゆうべ 어젯밤, 간밤　付(つ)き合(あ)う 사귀다, 교제하다, (의리나 교제상) 행동을 같이하다　楽(たの)しみ 즐거움, 낙
> 加勢(かせい) 가세, 거듦, 조력　それはそれは 죄송함/놀라움 등의 마음을 나타냄(정말)

> **정답** D

44

テストがあんなに難しいんだったら、前にもっと勉強し
ておくべきだった。

(A) 豚に真珠だよ。もったいないなぁ。

(B) なんだよ、今更。まっぴらごめんだよ。

(C) それは耳寄りな話だね。

(D) 今頃嘆いても、後の祭りだよ。

시험이 그렇게 어렵다면, 전에 좀 더 공부를 해 놨어야
했어.

(A) 돼지한테 진주야. 아깝군.

(B) 뭐야, 이제 와서. 딱 질색이야.

(C) 그건 귀가 솔깃해지는 얘기네.

(D) 이제 와서 한탄해도, 행차 뒤의 나팔이야.

참고 관용 표현에 주의하자!

어구·해설 豚(ぶた)に真珠(しんじゅ) 돼지에 진주(아무리 귀중한 것이라도 그 가치를 모르는 사람에게는 아무런 소용이 없음의 비유)

もったいない 과분하다(고맙다), 아깝다 今更(いまさら) 새삼스럽게, 이제 와서 まっぴらごめん 정말 싫음(딱 질색임)

耳寄(みみよ)り 들을 만함, 귀가 솔깃함 嘆(なげ)く 한탄하다(슬퍼하다), 분개하다(개탄하다)

後(あと)の祭(まつ)り 행차 뒤의 나팔(때를 놓쳐 보람이 없음)

정답 D

45

近くに大きなショッピングモールができて、地域の商店
街は大変でしょうね。

(A) まったく商売あがったりですよ。

(B) どういう風の吹き回しですか。

(C) 黄色い声が聞こえますよ。

(D) 嬉しい悲鳴ですよ。

근처에 큰 쇼핑 몰이 생겨서, 지역 상점가는 힘들겠
네요.

(A) 정말로 장사가 말이 아니에요.

(B) 무슨 바람이 불었습니까?

(C) 날카로운 소리가 들리네요.

(D) 즐거운 비명이에요.

참고 어휘(あがったり)를 알아야 풀 수 있는 문제이다.

어구·해설 ショッピングモール 쇼핑 몰(상가에서 차도와 보도를 분리하는 등, 안전하고 쾌적하게 쇼핑을 즐길 수 있도록 고안한 가로)

地域(ちいき) 지역 商店街(しょうてんがい) 상점가 大変(たいへん) 큰 일, 대단함(굉장함), 힘듦, 몹시(매우)

まったく 전혀, 완전히, 정말로 商売(しょうばい) 장사 あがったり 장사나 사업이 잘 되지 않아 어찌할 도리가 없는 일

風(かぜ)の吹(ふ)き回(まわ)し 수시로 변하는 바람처럼 그때그때의 형편에 따라 변화하여 일정하지 않음을 이르는 말

黄色(きいろ)い声(こえ) 새된(날카로운) 소리 嬉(うれ)しい 기쁘다, 고맙다(감사하다) 悲鳴(ひめい) 비명

정답 A

46

最近、子供の屁理屈の数が多くなりました。

(A) 親の心、子しらずってことですよ。

(B) 親知らずが痛いですね。

(C) ああ言えばこう言うんですよね。

(D) 寝る子は育つということですよ。

최근 아이가 억지를 부리는 경우가 많아졌습니다.

(A) 부모 마음을 자식은 모른다는 거지요.

(B) 사랑니가 아프네요.

(C) 요리조리 발뺌만 하지요.

(D) 잘 자는 아이는 건강하게 자란다는 것이에요.

> **참고** 어휘(屁理屈)를 알아야 풀 수 있는 문제이다.

> **어구·해설** 屁理屈(へりくつ) 이치에 닿지 않는 이론(핑계, 이유) 親(おや)の心(こころ)子(こ)しらず 부모 마음을 자식은 모른다(자식을 생각하는 부모의 깊은 마음을 자식은 헤아리지 못하고 제멋대로 한다) 親知(おやし)らず 친부모의 얼굴을 모름, 사랑니
> ああ言(い)えばこう言(い)う 저리 말하면 이리 말하다(요리조리 발뺌만 하다)
> 寝(ね)る子(こ)は育(そだ)つ 잘 자는 아이는 건강하게 자란다

> **정답** C

47

社内で私について変な噂が流れていて心配です。

(A) 聞耳を立ててみればわかるよ。

(B) 人の噂も七十五日っていうじゃない。

(C) 大げさに言わないでよ。

(D) その話は水に流してください。

사내에서 나에 대해 이상한 소문이 퍼지고 있어서 걱정이에요.

(A) 주의를 집중하면 알 수 있어.

(B) 남의 말도 석 달이라고 하잖아.

(C) 과장해서 말하지 말아.

(D) 그 이야기는 없었던 것으로 해 주세요.

> **참고** 속담 표현에 주의하자!

> **어구·해설** 社内(しゃない) 사내 噂(うわさ)が流(なが)れる 소문이 퍼지다 聞耳(ききみみ)を立(た)てる 잘 들으려고 주의를 집중하다
> 人(ひと)の噂(うわさ)も七十五日(しちじゅうごにち) 세상 소문도 75일(세상 소문이란 그리 오래가지 않는다, 남의 말도 석 달)
> 大(おお)げさ 과장됨, 보통 정도를 넘는 모양(야단스러움)
> 水(みず)に流(なが)す 물에 흘려버리다(과거의 모든 것을 없었던 것으로 하여 더는 탓하지 않기로 하다)

> **정답** B

48

野村さんと息子さん、瓜二つですね。

(A) はい、昨日息子と一緒に八百屋に行ったんです。

(B) それとこれとは別問題ですよ。

(C) いいえ、私の家には一つしかないんですが。

(D) そうでしょう。そっくりですねってよく言われるんですよ。

노무라씨와 아드님, 아주 꼭 닮았네요.

(A) 예, 어제 아들과 함께 야채 가게에 갔었어요.

(B) 그것과 이것은 다른 문제입니다.

(C) 아니오, 저의 집에는 한 개밖에 없습니다만.

(D) 그렇죠. 꼭 닮았다는 이야기를 자주 들어요.

> **참고** 관용 표현에 주의하자!

> **어구·해설** 息子(むすこ) 아들 瓜二(うりふた)つ 세로로 두 쪽을 낸 참외처럼 아주 꼭 닮음 八百屋(やおや) 채소 가게, 채소 장수
> 別問題(べつもんだい) 별문제, 다른 문제 そっくり 전부(모조리, 몽땅), 꼭 닮은 모양

> **정답** D

49 中村さんは上司には丁寧だけど、部下の扱いはぞんざい
よね。

(A) そんな人は世渡り上手っていうんだよ。

(B) そんな人は欲張りっていうんだよ。

(C) そんな人は竹馬の友っていうんだよ。

(D) そんな人は野次馬っていうんだよ。

나카무라씨는 상사에게는 공손하지만, 부하는 함부로
대하네요.

(A) 그런 사람은 세상살이가 능숙하다고 하는 거야.

(B) 그런 사람은 욕심쟁이라고 하는 거야.

(C) 그런 사람은 죽마고우라고 하는 거야.

(D) 그런 사람은 구경꾼이라고 하는 거야.

참고 생활 관용구를 알아두자!

어구·해설 **上司**(じょうし) 상사　**丁寧**(ていねい) 정중함(공손함, 예의바르고 친절함), 주의 깊고 세심함　**部下**(ぶか) 부하
扱(あつか)**い** 다룸(취급, 조작법), 대접(대우, 접대)　**ぞんざい** 조심성이 없이 아무렇게나 하는 모양, 말이나 행동이 거칠고 무례한 모양
世渡(よわた)**り** 세상살이, 처세　**欲張**(よくば)**り** 욕심을 부림, 욕심쟁이(욕심꾸러기)
竹馬(ちくば)**の友**(とも) 죽마고우, 소꿉동무　**野次馬**(やじうま) 자기와는 상관없는 일에 덩달아 떠들어댐, 또는 그런 사람들

정답 A

---

50 やっと念願の会社に就職できたわ。これから一生懸命頑
張らなくちゃ。

(A) これからは社会人として二枚舌を使うのよ。

(B) これからは社会人として茨の道かもしれないけれ
ど、頑張って。

(C) これからは阿吽の呼吸で頑張らなくちゃいけないね。

(D) これからはあっさりしてね。

가까스로 염원하던 회사에 취직했어. 앞으로 열심히 노
력해야지.

(A) 앞으로는 사회인으로서 거짓말을 하는 거야.

(B) 앞으로는 사회인으로서 가시밭길일지도 모르지만,
열심히 해.

(C) 앞으로는 호흡을 맞춰서 열심히 해야겠네.

(D) 앞으로는 산뜻하게 해.

참고 어휘 茨の道(가시밭길)를 알아야 풀 수 있는 문제이다.

어구·해설 **やっと** 겨우, 가까스로, 간신히　**念願**(ねんがん) 염원　**就職**(しゅうしょく) 취직　**一生懸命**(いっしょうけんめい) 목숨
을 걸고 일함, 열심임　**頑張**(がんば)**る** 견디며 버티다, 끝까지 노력하다, 끝까지 우기다(주장하다)　**二枚舌**(にまいじた) 거짓말을 함,
앞뒤가 안 맞는 말을 함　**茨**(いばら)**の道**(みち) 가시밭길, 고난의 길　**阿吽**(あうん)**の呼吸**(こきゅう) 함께 일을 할 때의 상호간
의 미묘한 마음의 상태 또는 그것이 일치하는 일　**あっさり** 깨끗이(간단히, 시원스레), 산뜻하게(담박하게, 개운하게)

정답 B

PART 3 회화문

51

男：すみません、今何時ですか。
女：2時5分前です。
男：ありがとうございます。
女：どういたしまして。

남 : 실례합니다, 지금 몇 시입니까?
여 : 2시 5분 전입니다.
남 : 감사합니다.
여 : 천만에요.

今、何時ですか。

(A) 1時5分。
(B) 1時55分。
(C) 2時5分
(D) 2時55分。

지금, 몇 시입니까?

(A) 1시 5분.
(B) 1시 55분.
(C) 2시 5분.
(D) 2시 55분.

> **참 고** 시간을 묻는 문제이므로 시간에 중점을 두고 들어야 한다.
>
> **어구·해설** **すみません** 미안할 때, 사과할 때, 감사의 뜻을 나타낼 때, 부탁할 때 쓰는 말 **今(いま)** 지금, 현재, 오늘날, 지금 막, 방금 **前(まえ)** 앞, 정면, 이전 **どういたしまして** 상대편의 사례·사과·칭찬의 말에 대하여 겸손하게 그것을 부정하면서 하는 인사말
>
> **정 답** B

52

女：テーブルの上にビールが五本ありますか。
男：はい、五本あります。
女：コップも五つありますか。
男：いいえ、二つしかありません。

여 : 테이블 위에 맥주가 5병 있습니까?
남 : 예, 5병 있습니다.
여 : 컵도 5개 있습니까?
남 : 아니오, 2개밖에 없습니다.

テーブルの上に置いてあるのはどれですか。

(A) ビール5本だけ。
(B) コップ5つ。
(C) ビール5本とコップ2つ。
(D) ビール5本とコップ3つ。

테이블 위에 놓여 있는 것은 어느 것입니까?

(A) 맥주 5병뿐.
(B) 컵 5개.
(C) 맥주 5병과 컵 2개.
(D) 맥주 5명과 컵 3개.

참 고 ▶ 조수사와 관련된 문제는 숫자에 중점을 두고 듣는다.

어구·해설 ▶ テーブル 테이블 ビール 맥주 ~本(ほん) 가늘고 긴 것을 세는 말(개, 개비, 자루) コップ 컵, 잔

置(お)く 물건을 어떤 장소에 놓다, 두다 どれ (셋 이상의 것 중에서) 어느 것, 무엇

정 답 ▶ C

53

女：明日は父の誕生日パーティーがあります。

男：そうですか。お父さんは何歳ですか。

女：６５歳になります。母は６２歳です。

男：そうですか。私の母と同い年ですね。

여 : 내일은 아버지의 생일 파티가 있습니다.

남 : 그래요. 아버님은 몇 살입니까?

여 : 65세가 됩니다. 어머니는 62세입니다.

남 : 그래요. 저의 어머니와 동갑이네요.

男の人の父は何歳ですか。

(A) ６２歳。

(B) ６４歳。

(C) ６５歳。

(D) わからない。

남자의 아버지는 몇 살입니까?

(A) 62세.

(B) 64세.

(C) 65세.

(D) 알 수 없다.

참 고 ▶ 여자와 관련된 것인지 남자와 관련된 것인지 혼동하지 않도록 주의하자!

어구·해설 ▶ 明日(あした) 내일 父(ちち) 아버지, 부친 誕生日(たんじょうび) 생일, 출생일 パーティー 파티

何歳(なんさい) 몇 살 お父(とう)さん 아버지, 아버님 母(はは) 어머니, 모친 同(おな)い年(どし) 동갑, 같은 나이

정 답 ▶ D

54

男：何を食べますか。私は魚が食べたいですが。

女：魚は好きですが、昨日食べましたから、今日は食べたくないですね。

男：それじゃ、肉はどうですか。それから食事の後にケーキを食べましょう。

女：私は肉は好きじゃないから、蕎麦にします。

남 : 무엇을 먹을 건가요? 나는 생선을 먹고 싶습니다만.

여 : 생선은 좋아합니다만, 어제 먹었기 때문에, 오늘은 먹고 싶지 않아요.

남 : 그럼, 고기는 어떻습니까? 그리고 식사 후에 케이크를 먹읍시다.

여 : 나는 고기는 좋아하지 않으니까, 메밀국수로 하겠습니다.

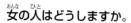

おんな ひと
女の人はどうしますか。

(A) 蕎麦を注文する。
　　そば　ちゅうもん

(B) 魚を注文する。
　　さかな　ちゅうもん

(C) 肉とケーキを注文する。
　　にく　　　　　　ちゅうもん

(D) 魚と肉を注文する。
　　さかな　にく　ちゅうもん

여자는 어떻게 합니까?

(A) 메밀국수를 주문한다.

(B) 생선을 주문한다.

(C) 고기와 케이크를 주문한다.

(D) 생선과 고기를 주문한다.

참 고 　여자는 생선을 좋아하지만 어제 먹었고, 고기는 좋아하지 않는다고 말하고 있다.

어구·해설 　食(た)べる 먹다, 살아가다, 생활하다　魚(さかな) 생선, 물고기　好(す)き 좋아함　昨日(きのう) 어제
　　　　　　肉(にく) 고기, 살, 근육　食事(しょくじ) 식사　ケーキ 케이크　蕎麦(そば) 메밀국수　注文(ちゅうもん) 주문

정 답 　A

55　女 : 今年の夏は、とても暑いですね。
　　　　こ とし なつ　　　　　あつ

男 : そうですね。デパートでは扇風機が飛ぶように売れ
　　　　　　　　　　　　　　せんぷうき　と　　　　　う
　　ているそうですよ。

女 : エアコンじゃなくて、扇風機ですか。どうしてでしょ
　　　　　　　　　　　　せんぷうき
　　うね。

男 : 今は省エネ、環境保護の時代ですし、電気代も高く
　　　いま しょう　　かんきょう ほ ご　じ だい　　　　でん き だい たか
　　なっていますからね。

여 : 올해 여름은 아주 덥네요.

남 : 그렇네요. 백화점에서는 선풍기가 날개 돋친 듯이
　　팔리고 있다고 해요.

여 : 에어컨이 아니고, 선풍기입니까? 왜 그럴까요.

남 : 지금은 에너지 절약, 환경보호 시대이기도 하고,
　　전기세도 비싸졌기 때문이지요.

どうして扇風機が売れていますか。
　　　　せんぷうき　う

(A) 去年の夏より今年の夏が暑いから。
　　きょねん なつ　　こ とし なつ　あつ

(B) 電気代が高くなるから。
　　でん き だい　たか

(C) エアコンが高いから。
　　　　　　　たか

(D) エネルギー消費が少ないから。
　　　　　　　　しょうひ　すく

왜 선풍기가 팔리고 있습니까?

(A) 작년 여름보다 올해 여름이 덥기 때문에.

(B) 전기세가 비싸지기 때문에.

(C) 에어컨이 비싸기 때문에.

(D) 에너지 소비가 적기 때문에.

참 고 　에어컨이 아닌 선풍기가 잘 팔리고 있는 이유를 묻고 있다.

어구·해설 　今年(ことし) 올해, 금년　夏(なつ) 여름　とても 도저히, 매우, 대단히　暑(あつ)い 덥다　扇風機(せんぷうき) 선풍기
　　　　　　飛(と)ぶように売(う)れる 날개 돋친 듯이 팔리다, 불티나다　エアコン 에어컨　省(しょう)エネ 에너지 절약
　　　　　　環境保護(かんきょうほご) 환경보호　時代(じだい) 시대　電気代(でんきだい) 전기세　高(たか)い 높다, 크다
　　　　　　去年(きょねん) 작년, 지난해　消費(しょうひ) 소비　少(すく)ない 적다

정 답 　D

56

男：佐藤さん、今度の土曜日に映画でも見に行きましょうよ。
女：今度の土曜日は、姉の結婚式があるんですよ。
男：そうですか。じゃ再来週の土曜日はどうですか。
女：いいですね。そうしましょう。

남 : 사토씨, 이번 토요일에 영화라도 보러 갑시다.
여 : 이번 토요일은 언니 결혼식이 있어요.
남 : 그래요? 그럼 다다음주 토요일은 어떻습니까?
여 : 좋아요. 그렇게 하죠.

今度の土曜日に映画を見に行けない理由は何ですか。

(A) 友達の結婚式があるから。
(B) 姉の結婚式があるから。
(C) 兄の結婚式があるから。
(D) 妹の結婚式があるから。

이번 토요일에 영화를 보러 갈 수 없는 이유는 무엇입니까?

(A) 친구 결혼식이 있기 때문에.
(B) 언니 결혼식이 있기 때문에.
(C) 오빠 결혼식이 있기 때문에.
(D) 여동생 결혼식이 있기 때문에.

어구·해설 今度(こんど) 이번, 이다음, 차회　土曜日(どようび) 토요일　映画(えいが) 영화　見(み)る 보다　姉(あね) 언니, 누이　結婚式(けっこんしき) 결혼식　友達(ともだち) 친구　兄(あに) 형, 오빠　妹(いもうと) 여동생, 누이동생

정답 B

57

男：すみません。ダブルルームはありますか。
女：恐れ入りますが、ダブルルームは満室ですが、ツインもしくはシングルはご用意できます。いかがいたしましょうか。
男：じゃ、ツインでお願いします。
女：はい、かしこまりました。少々お待ち下さい。

남 : 실례합니다. 더블 룸은 있습니까?
여 : 죄송하지만 더블 룸은 만실입니다만, 트윈 룸 또는 싱글 룸은 준비할 수 있습니다. 어떻게 하시겠습니까?
남 : 그럼, 트윈 룸으로 부탁합니다.
여 : 예, 알겠습니다. 잠시 기다려 주십시오.

男の人はどんな部屋に泊りますか。

(A) ダブルルーム。
(B) ツインルーム。
(C) シングルルーム。
(D) 泊まりません。

남자는 어떤 방에 숙박합니까?

(A) 더블 룸.
(B) 트윈 룸.
(C) 싱글 룸.
(D) 숙박하지 않습니다.

참고 남자는 더블 룸 대신에 트윈 룸을 부탁했다.

어구·해설 ダブルルーム 2인용 침대를 비치한 부부용 객실(더블 룸) **恐**(おそ)**れ入**(い)**る** 죄송해하다, 황송해하다, 어이없다

満室(まんしつ) 빈방이 없음(만실) ツイン 호텔에서 1인용 침대를 둘 갖추어 놓은 객실(트윈 룸) **シングル** 싱글 룸

用意(ようい) 준비, 조심 **いかが** 상대의 기분·의견 등을 묻는 말(어떻게), 상대에게 무엇을 권하는 뜻을 나타내는 말(어떻습니까)

お願(ねが)**いする** 부탁하다 **かしこまりました** 분부대로 하겠습니다, 알겠습니다

少々(しょうしょう) 약간, 조금, 잠시, 잠깐 **お待**(ま)**ち下**(くだ)**さい** 기다려 주십시오 **部屋**(へや) 방

泊(と)**まる** 숙박하다, 묵다, 자다, 숙직하다

정답 B

58

女：田中さんの昔の写真、見ましたよ。

男：え、どこで見たんですか。そんな写真。恥ずかしいですよ。

女：田中さんのお母さんが見せてくれました。田中さんがあんなに太っていて、髪が長かったんですか。

男：昔はね。今の姿からじゃ想像もできないでしょう。

여 : 다나카씨의 옛날 사진, 봤어요.

남 : 저런, 어디서 봤습니까? 그런 사진. 창피해요.

여 : 다나카씨의 어머님이 보여 주셨어요. 다나카씨가 그렇게 살이 찌고, 머리가 길었습니까?

남 : 옛날에는요. 지금의 모습으로는 상상도 할 수 없지요?

田中さんは、今、どんな姿ですか。

(A) 太っていて髪が長い。

(B) やせていて髪が長い。

(C) 太っていて髪が短い。

(D) やせていて髪が短い。

다나카씨는 지금, 어떤 모습입니까?

(A) 살찌고 머리가 길다.

(B) 마르고 머리가 길다.

(C) 살찌고 머리가 짧다.

(D) 마르고 머리가 짧다.

참고 남자의 현재 모습에 대한 질문이다.

어구·해설 **昔**(むかし) 옛날, 예전 **写真**(しゃしん) 사진 **そんな** 그런, 그와 같은

恥(は)**ずかしい** 부끄럽다, 창피하다, 면목 없다, 수줍다 **こんな** 이러한, 이런 **太**(ふと)**る** 살찌다, 굵어지다, 살이 오르다

髪(かみ)**が長**(なが)**い** 머리가 길다 **姿**(すがた) 몸매, 옷차림, 모습, 형체, 모양 **想像**(そうぞう) 상상

정답 D

28

59

女：来週のパーティー、どこでしましょうか。

男：いつものところでいいんじゃない。時間だけ1時間繰り上げて6時にしましょう。

女：じゃ、メンバーはいつものメンバーですよね。

男：いや、新しいメンバーも三人来るそうだから、いつもより三人多い人数で予約しておいてね。

여 : 다음 주 파티, 어디에서 할까요?

남 : 늘 하던 곳이 좋지 않아? 시간만 1시간 앞당겨서 6시로 하죠.

여 : 그럼, 멤버는 늘 모이는 멤버죠?

남 : 아니, 새로운 멤버도 세 사람 온다고 하니까, 평상시보다 세 사람 많은 인원수로 예약해 두도록 해.

来週のパーティーで今までと変わらないことは何ですか。

(A) 会費。

(B) 時間。

(C) メンバー。

(D) パーティー会場。

다음 주 파티에서 지금까지와 바뀌지 않는 것은 무엇입니까?

(A) 회비.

(B) 시간.

(C) 멤버.

(D) 파티 회장.

참고 파티는 항상 하던 곳에서 하기로 했고 회비에 대한 언급은 없다.

어구·해설 来週(らいしゅう) 내주, 다음 주　いつも 언제나, 항상, 늘, 평소, 여느 때　いつものところ 평소에 가는 곳, 늘 가던 곳
時間(じかん) 시간　繰(く)り上(あ)げる 차례를 위로 올리다, 끌어올리다, 날짜 등을 앞당기다　メンバー 멤버, 회원
新(あたら)しい 새롭다, 경향이 낡지 않다, 생생하다, 싱싱하다, 오래지 않다　来(く)る 오다
多(おお)い 수량·횟수·물건 등이 많다　人数(にんずう) 인수, 인원수, 사람의 수　変(か)わる 변하다, 바뀌다

정답 D

60

男：東京駅と羽田空港を経由しますから、時間がかかります。この高速バスは途中でノンストップ高速バスに追い越されるんです。

女：でも経由するバスの方が安いんでしょう？

男：それはそうですが。

女：私には持ち合わせがないので、やっぱりこのバスに乗ります。

남 : 도쿄 역과 하네다 공항을 경유하기 때문에, 시간이 걸립니다. 이 고속버스는 도중에 논스톱 고속버스에게 추월당합니다.

여 : 하지만 경유하는 버스 쪽이 저렴하지요?

남 : 그것은 그렇습니다만.

여 : 나에게는 가진 돈이 없기 때문에, 역시 이 버스를 타겠습니다.

女の人はどうしますか。

(A) バスに乗りません。

(B) 高速バスに乗ります。

(C) ノンストップ高速バスに乗ります。

(D) 高速バスに乗って、途中でノンストップ高速バスに乗り換えます。

여자는 어떻게 합니까?

(A) 버스를 타지 않습니다.

(B) 고속버스를 탑니다.

(C) 논스톱 고속버스를 탑니다.

(D) 고속버스를 타고, 도중에 논스톱 고속버스로 갈아탑니다.

61

男 : すみません。おもちゃ売り場はどこにありますか。

女 : 以前は三階にあったんですが、現在はB館の地下二階に移りました。

男 : ありがとうございます。それから、食料品売り場はどこにありますか。

女 : 食料品売り場はA館の地下一階です。

남 : 실례합니다. 장난감 매장은 어디에 있습니까?

여 : 이전에는 3층에 있었습니다만, 현재는 B관 지하 2층으로 옮겼습니다.

남 : 감사합니다. 그리고 식료품 매장은 어디에 있습니까?

여 : 식료품 매장은 A관 지하 1층입니다.

おもちゃ売り場はどこにありますか。

(A) A館の地下一階。

(B) B館の地下一階。

(C) A館の地下二階。

(D) B館の地下二階。

장난감 매장은 어디에 있습니까?

(A) A관 지하 1층.

(B) B관 지하 1층.

(C) A관 지하 2층.

(D) B관 지하 2층.

62

女 : 今年は去年に比べて雨が多いですね。

男 : そうですね。去年は雨が降らなくて農作物が凶作になって大変でした。今年は雨がたくさん降って農作物が豊作になればいいですね。

女 : そうですね。でも豊作になれば、農作物の値段が下がってしまいますよね。消費者にはいい話ですけど、農家にとっては痛い話ですね。

男 : 難しい問題ですね。天気と経済……。

여 : 올해는 작년에 비해서 비가 많이 오네요.

남 : 그렇네요. 작년에는 비가 오지 않아서 농작물이 흉작이 되어 힘들었어요. 올해는 비가 많이 내려서 농작물이 풍작이 되면 좋겠네요.

여 : 그래요. 하지만 풍작이 되면 농작물 가격이 내려가 버리지요. 소비자에게는 좋은 이야기지만, 농가에 있어서는 뼈아픈 이야기예요.

남 : 어려운 문제죠. 날씨와 경제…….

雨がたくさん降るとどうなりますか。

(A) 農作物の値段が下がる。
(B) 農作物の値段が上がる。
(C) 消費者が減る。
(D) 農作物の生産量が減る。

비가 많이 오면 어떻게 됩니까?

(A) 농작물 가격이 내린다.
(B) 농작물 가격이 오른다.
(C) 소비자가 줄어든다.
(D) 농작물 생산량이 줄어든다.

참고 비가 많이 내릴 경우 풍작이 되고, 가격이 내려간다고 했다.

어구·해설 今年(ことし) 올해, 금년　去年(きょねん) 작년, 지난해　比(くら)べる 비교하다, 비하다, 견주다　雨(あめ)が降(ふ)る 비가 오다　農作物(のうさくぶつ) 농작물　凶作(きょうさく) 흉작　大変(たいへん) 대단함, 힘듦, 매우, 몹시　豊作(ほうさく) 풍작　値段(ねだん)が下(さ)がる 가격이 내리다　消費者(しょうひしゃ) 소비자　農家(のうか) 농가　痛(いた)い 아프다, 뼈아프다, (마음이) 쓰라리다　難(むずか)しい 알기 어렵다, 힘들다, 까다롭다　天気(てんき) 기상, 날씨, 일기　経済(けいざい) 경제

정답 A

63

女：今年のお盆はどうしますか。やっぱり帰省されますか。
男：いいえ、今年は帰らないつもりです。
女：じゃ、お盆には何をしますか。
男：家でゆっくりしようと思っています。

여 : 올해의 백중맞이는 어떻게 합니까? 역시 귀향하십니까?
남 : 아니오, 올해는 돌아가지 않을 생각입니다.
여 : 그럼, 백중맞이에는 무엇을 합니까?
남 : 집에서 느긋하게 지내려고 합니다.

お盆にはどうしますか。

(A) 家で休みます。
(B) 実家に帰ります。
(C) 田舎に帰ります。
(D) お墓参りに行きます。

백중맞이에는 어떻게 합니까?

(A) 집에서 쉽니다.
(B) 친정에 돌아갑니다.
(C) 시골에 돌아갑니다.
(D) 성묘하러 갑니다.

참고 남자는 귀향하지 않고 집에 있을 생각이다.

어구·해설 お盆(ぼん) 백중맞이(음력 7월 보름)　やっぱり 역시, 과연　帰省(きせい) 귀성, 귀향　帰(かえ)る 돌아오다, 돌아가다　ゆっくり 천천히, 느긋하게, 충분히, 넉넉히　田舎(いなか) 시골, 고향　実家(じっか) 생가, 친정

정답 A

64

女：すみません。大阪城までどうやっていけばいいですか。

男：この道をずっとまっすぐ行くと、新京都駅がありますから、そこから新幹線に乗ってください。大阪駅までは２０分くらいで着くと思います。それから大阪城行きのバスに乗れば１０分くらいです。

女：ありがとうございます。ここから新京都駅まではどのくらいかかりますか。

男：バスの方が早いですが、歩いてなら１５分くらいかかると思います。

여：실례합니다. 오사카성까지 어떻게 가면 됩니까?

남：이 길을 쭉 곧장 가면, 신교토역이 있으니까, 거기서 신칸센을 타세요. 오사카역까지는 20분 정도면 도착할 것입니다. 그 다음에 오사카성행 버스를 타면 10분 정도입니다.

여：고맙습니다. 여기에서 신교토역까지는 어느 정도 걸립니까?

남：버스 쪽이 빠릅니다만, 걸어서라면 15분 정도 걸릴 것입니다.

新京都駅から大阪城まで何分くらいかかりますか。

(A) 約10分。

(B) 約20分。

(C) 約30分。

(D) 約45分。

신교토역에서 오사카성까지 몇 분 정도 걸립니까?

(A) 약 10분.

(B) 약 20분.

(C) 약 30분.

(D) 약 45분.

참 고 신교토역에서부터 오사카성까지 걸리는 시간을 물었으므로 20분(신칸센) + 10분(버스) = 30분

어구·해설 大阪城(おおさかじょう) 大阪성 ずっと 다른 것과 비교해서 차이가 많은 모양(훨씬), 시간적 차이가 많은 모양(훨씬, 아주), 오랫동안 지속되는 모양(줄곧) まっすぐ 똑바름, 조금도 숨김이 없음, 정직함(올곧음), 곧장, 똑바로

新京都駅(しんきょうとえき) 신교토역 そこ 거기, 그곳 新幹線(しんかんせん) 신칸센(일본의 고속철도)

着(つ)く 닿다, 도착하다, 접촉하다, 자리를 잡다(앉다) 早(はや)い (시기·시각이) 이르다, 빠르다

정 답 C

65

男：すみません。この骨董品はいくらですか。

女：それは、5万円です。それから、奥の方にあるのは20万円です。

男：え、そんなに高いんですか。弱ったな、持ち合わせがないや。

女：持ち合わせがないんじゃ仕方がないですね。

남：실례합니다. 이 골동품은 얼마입니까?

여：그것은 5만 엔입니다. 그리고 안쪽의 것은 20만 엔입니다.

남：예, 그렇게 비쌉니까? 난처하군, 가진 돈이 없네.

여：가진 돈이 없으면 어쩔 수 없네요.

男_{おとこ}の人_{ひと}は骨董品_{こっとうひん}をどうしますか。

(A) 買_かいたくない。

(B) 買_かわなかった。

(C) カードで買_かった。

(D) 後_{あと}でお金_{かね}を払_{はら}う。

남자는 골동품을 어떻게 합니까?

(A) 사고 싶지 않다.

(B) 사지 않았다.

(C) 카드로 샀다.

(D) 나중에 돈을 지불한다.

참고 남자는 가진 돈이 없다고 말했다.

어구·해설 骨董品_(こっとうひん) 골동품　奥_(おく) 속, 깊숙한 안쪽　弱_(よわ)る 약해지다, 쇠약해지다, 난처해지다(곤란해지다)

持_(も)ち合_(あ)わせ 마침 가진 것(돈)　カード 카드　金_(かね)を払_(はら)う 돈을 지불하다

정답 B

66

女：お客様_{きゃくさま}、お酒_{さけ}の詰_つめ合_あわせはいかがでしょうか。
今年_{ことし}はこれが売_うれていますよ。

男：では、それをお願_{ねが}いします。

女：はい、ありがとうございます。では、熨斗_{のし}はいかが
致_{いた}しましょうか。

男：熨斗_{のし}は結構_{けっこう}です。代_{かわ}りにプレゼント用_{よう}に包装_{ほうそう}してい
ただきたいのですが。

여 : 손님, 술 종합세트는 어떠십니까? 올해는 이것이
인기가 있어요.

남 : 그럼, 그것을 부탁합니다.

여 : 예, 감사합니다. 그럼, 노시는 어떻게 해 드릴까요?

남 : 노시는 됐습니다. 대신에 선물용으로 포장을 해 줬
으면 합니다만.

お客_{きゃく}さんは店員_{てんいん}に何_{なに}をお願_{ねが}いしましたか。

(A) お酒_{さけ}のセットを送_{おく}ること。

(B) 贈_{おく}り物_{もの}をきれいに包_{つつ}むこと。

(C) 贈_{おく}り物_{もの}と一緒_{いっしょ}に熨斗_{のし}を書_かくこと。

(D) 割引_{わりびき}をしてくれること。

손님은 점원에게 무엇을 부탁했습니까?

(A) 술 세트를 보내는 것.

(B) 선물을 예쁘게 싸는 것.

(C) 선물과 함께 노시를 쓰는 것.

(D) 할인을 해 주는 것.

참고 남자(손님)는 노시 대신 포장을 부탁했다.

어구·해설 詰_(つ)め合_(あ)わせ 여러 가지를 섞어 담음　売_(う)れる 팔리다, 널리 알려지다, 인기가 있다　熨斗_(のし) 축하 선물에 덧붙이는

것(색종이를 접어서 위가 넓고 길쭉한 육각형으로 만들어 그 속에 얇게 저며 말린 전복을 붙여서 선물 위에 얹어 보내는 것)

結構_(けっこう) 충분함, 만족스러움, 충분함, 꽤, 제법　代_(かわ)り 대신, 대리　包装_(ほうそう) 포장

～ていただく 고마운 일을 남에게서 받는 뜻을 나타냄(~해 받다)　割引_(わりびき) 할인

정답 B

67

女：田中さん、私、もう会社を辞めたいわ。

男：鈴木さん、急にどうしたの。

女：あまりこの仕事に遣り甲斐を感じられないの。割りに合わない仕事だもの。

男：でも僕はこの仕事が好きだよ。

여 : 다나카씨, 나, 이제 회사를 그만두고 싶어.

남 : 스즈키씨, 갑자기 왜 그래?

여 : 별로 이 일에 보람을 느끼지 못하겠어. 수지가 안 맞는 일인 걸.

남 : 하지만 나는 이 일이 좋아.

鈴木さんはどうしてこの仕事を辞めたいと思っていますか。

(A) 体の調子が悪いから。

(B) 会社との契約が終わったから。

(C) 頑張った分のお金をもらえないから。

(D) 仕事は好きだが、他にしたいことがあるから。

스즈키씨는 왜 이 일을 그만두고 싶다고 생각합니까?

(A) 몸 상태가 좋지 않기 때문에.

(B) 회사와의 계약이 끝났기 때문에.

(C) 열심히 한 만큼의 돈을 받을 수 없기 때문에.

(D) 일은 좋아하지만, 따로 하고 싶은 일이 있기 때문에.

[참고] 여자(스즈키)는 일에 보람을 느끼지 못하고, 수지가 맞지 않는 일이라고 말했다.

[어구·해설] 辞(や)める 그만두다 急(きゅう)に 갑자기 あまり 별로 遣(や)り甲斐(がい) 하는 보람

割(わ)りに合(あ)う 수지가 맞다, 채산이 서다 体(からだ)の調子(ちょうし) 몸 컨디션, 건강 상태 契約(けいやく) 계약

終(お)わる 끝나다, 종료되다 頑張(がんば)る 견디어 버티다, 끝까지 노력하다 他(ほか)に 이외에, 그 밖에, 따로

[정답] C

68

男：昨日、オリンピックを見ましたか。

女：はい。特に体操競技の妙技には舌を巻きましたよ。

男：毎日の大変な練習の結果だと思います。

女：でも、ちょっとのミスで銀メダルだったのは残念でしたね。

남 : 어제, 올림픽 봤습니까?

여 : 예, 특히 체조경기의 묘기에는 감탄했어요.

남 : 매일 힘들게 연습한 결과라고 생각합니다.

여 : 하지만 약간의 실수로 은메달인 것은 아쉬웠어요.

女の人のオリンピックの体操競技を見たときの反応は？

(A) とても上手なので驚いた。

(B) 開いた口が塞がらなかった。

(C) あまりにも下手なので閉口した。

(D) 舌がもつれて言葉が出なかった。

여자가 올림픽 체조경기를 봤을 때의 반응은?

(A) 너무나 잘해서 놀랐다.

(B) 어이가 없어서 말이 나오지 않았다.

(C) 너무 못해서 질렸다.

(D) 허가 꼬부러져서 말이 나오지 않았나.

[참 고] 여자는 체조경기를 보고 감탄했다고 말했다.

[어구·해설] オリンピック 올림픽, 오륜 特(とく)に 특히, 특별히 体操競技(たいそうきょうぎ) 체조경기 妙技(みょうぎ) 묘기
舌(した)を巻(ま)く 혀를 내두르다 練習(れんしゅう) 연습 結果(けっか) 결과 ミス 미스(과실, 실수)
銀(ぎん)メダル 은메달 残念(ざんねん) 유감스러움, 아쉬움 反応(はんのう) 반응 上手(じょうず) 잘함, 능함
驚(おどろ)く 놀라다 開(あ)いた口(くち)が塞(ふさ)がらない 벌어진 입이 닫히지 않다, 어이가 없어서 말이 나오지 않다
下手(へた) 서투름 閉口(へいこう) 난처함, 질림 舌(した)がもつれる 혀가 꼬부라지다

[정 답] A

69

女：あ、そのケーキおいしそうですね。どこで買(か)ったんですか。

男：もう～、山田(やまだ)さんは甘(あま)いものには目(め)がないね。隣(となり)のケーキ屋(や)。

女：甘(あま)いものだけじゃないんですよ。おいしそうなものなら、金(かね)に糸目(いとめ)はつけません。

男：だから、山田(やまだ)さんは太(ふと)るんですよ。

여：아, 그 케이크 맛있어 보이네요. 어디서 샀습니까?

남：정말이지, 야마다씨는 단 것에는 맥을 못 추네요. 옆에 있는 케이크 가게.

여：단 것뿐만이 아니에요. 맛있을 것 같은 것이라면, 아낌없이 돈을 씁니다.

남：그러니까 야마다씨는 살찌는 것이에요.

女(おんな)の人(ひと)が太(ふと)っている理由(りゆう)は？

(A) 元々(もともと)の体質(たいしつ)が太(ふと)りやすいから。

(B) 甘(あま)いものばかり食(た)べて運動(うんどう)はまったくしないから。

(C) 甘(あま)いものばかりを見付(みつ)けて、食(た)べ歩(ある)くから。

(D) 美味(おい)しそうなものには際限(さいげん)なくお金(かね)をどんどん使(つか)うから。

여자가 살찐 이유는?

(A) 원래 체질이 살찌기 쉽기 때문에.

(B) 단 것만 먹고 운동은 전혀 하지 않기 때문에.

(C) 단 것만 찾아서 먹으러 다니기 때문에.

(D) 맛있을 것 같은 것에는 제한 없이 돈을 펑펑 쓰기 때문에.

[참 고] 속담 「金(かね)に糸目(いとめ)をつけない」의 의미를 알아두자.

[어구·해설] もう 이미, 벌써, 더, 그 위에 또, 곧, 정말이지 甘(あま)い 달다, 싱겁다, 달콤하다, 엄하지 않다, 무르다, 느슨하다
目(め)がない 판단하는 안목이 없다, 감식력이 없다, 열중하다, 매우 좋아하다
金(かね)に糸目(いとめ)をつけない 아낌없이 돈을 쓰다 太(ふと)る 살찌다, 굵어지다, 살이 오르다
元々(もともと) 원래, 본디, 이전 상태와 같음(본전치기) 体質(たいしつ) 체질 ばかり 가량, 만, 뿐 運動(うんどう) 운동
まったく 전혀, 완전히, 아주, 정말로 食(た)べ歩(ある)く 먹으러 다니다 際限(さいげん) 제한, 끝, 한
どんどん 순조롭게 나아가는 모양(척척, 착착, 술술), 잇따라, 계속해서

[정 답] D

70

女：最近は不景気で大変ですよね。鈴木さんの会社は大丈夫ですか。

男：うちの会社も大変ですよ。人件費削減のために新入社員の募集はやらないって言ってるし、ボーナスも一律３０％カットだって。本当にまいっちゃうよ。田中さんの会社はどうですか。

女：うちの会社も同じようなもんですよ。人件費削減のために社員を２００人リストラするとかで、気が気じゃないですよ。

男：そうですか。どこも厳しいんですね。

여 : 최근에는 불경기 때문에 큰일이에요. 스즈키씨의 회사는 괜찮습니까?

남 : 우리 회사도 큰일이에요. 인건비 삭감을 위해 신입사원 모집은 하지 않는다고 하고, 보너스도 일률 30% 삭감이래요. 정말로 질렸어요. 다나카씨의 회사는 어떻습니까?

여 : 우리 회사도 마찬가지예요. 인건비 삭감을 위해 사원을 200명 정리해고한다고 해서, 안절부절 못하고 있어요.

남 : 그래요? 어디나 힘겹네요.

田中さんはどうして心配していますか。

(A) 新入社員を募集しないから。

(B) 会社の上司が厳しい人だから。

(C) 自分が首になるかもしれないから。

(D) ボーナスが減らされるかもしれないから。

다나카씨는 왜 걱정하고 있습니까?

(A) 신입사원을 모집하지 않기 때문에.

(B) 회사의 직장 상사가 엄한 사람이기 때문에.

(C) 자기 자신이 해고될지도 모르기 때문에.

(D) 보너스가 줄어들게 될지도 모르기 때문에.

참고 여자(다나카)는 정리해고 소문에 안절부절 못하고 있다.

어구·해설 **不景気**(ふけいき) 불경기 **大丈夫**(だいじょうぶ) 괜찮음, 끄떡없음, 걱정 없음 **人件費**(じんけんひ) 인건비
削減(さくげん) 삭감 **新入社員**(しんにゅうしゃいん) 신입사원 **募集**(ぼしゅう) 모집 **ボーナス** 보너스
一律(いちりつ) 일률, 한결같음 **カット** 컷(자름, 삭제, 중단) **参**(まい)る 지다(항복하다), 질리다
リストラ 정리해고, 권고퇴직 **気**(き)**が気**(き)**でない** 걱정이 되어 마음을 놓지 못하다, 안절부절 못하다
首(くび)**になる** 해고되다 **減**(へ)**らす** 줄이다, 덜다, 감하다

정답 C

71

女：ねぇ、見て、これ。ごぼうが一本５００円ですって。

男：結構、値が張るなぁ。最近、地産地消と言って、地元で作った野菜を地元で消費しようという動きが高まっているから、地元ブランドの野菜が高くなってるんじゃないかなぁ。

女：そうね。でも、やっぱり輸入したものより、国産が信用できるわ。

男：今日はごぼうの煮物でもしようと思っていたのに……。

여 : 얘, 이것 좀 봐, 이거. 우엉이 한 개에 500엔이래.

남 : 꽤 값이 비싸군. 최근에 지역생산 지역소비라고 해서, 그 지역에서 만든 야채는 그 지역에서 소비하자고 하는 움직임이 높아지고 있기 때문에, 본 고장 브랜드 야채가 비싸지고 있는 것은 아닐까?

여 : 그렇네. 그래도 역시 수입한 것보다, 국산이 신용할 수 있지.

남 : 오늘은 우엉조림이라도 하려고 했는데…….

ごぼうを買わなかった理由は？

(A) 値段が高かったから。

(B) 買う必要がなかったから。

(C) 海外からのものだったから。

(D) 地元で取れた野菜だったから。

우엉을 사지 않은 이유는?

(A) 가격이 비쌌기 때문에.

(B) 살 필요가 없었기 때문에.

(C) 해외로부터 들여온 것이기 때문에.

(D) 본 고장에서 채취한 야채이기 때문에

참고 남녀가 우엉이 비싼 이유에 대해서 이야기하고 있다.

어구·해설 **ごぼう** 우엉 **結構(けっこう)** 충분함, 만족스러움, 충분함, 꽤, 제법 **値(ね)が張(は)る** 값이 비싸다, 시세가 높다

地産地消(ちさんちしょう) 그 지역에서 생산된 농작물이나 수산물을 그 지역에서 소비하는 것(지역생산 지역소비)

地元(じもと) 그 고장, 그 지방, 자기의 생활 근거지, 자기가 살고 있는 지역 **作(つく)る** 만들다, 제작하다, 제조하다

野菜(やさい) 야채 **消費(しょうひ)** 소비 **動(うご)き** 움직임, 활동, 동태, 변동 **高(たか)まる** 높아지다, 오르다, 고조되다

ブランド 브랜드(상표, 품종, 종류) **輸入(ゆにゅう)** 수입 **国産(こくさん)** 국산 **信用(しんよう)** 신용

煮物(にもの) 음식물을 끓임, 그러한 음식 **海外(かいがい)** 해외

정답 A

72

女：見て、あの人だかり。すごいね。何かあったのかしら。パトカーも停まってるし。

男：轢き逃げ事件みたいだね。さっき近くを通ったら、老人が轢き逃げされて死亡したって言ってたよ。

女：そうだったの。だから野次馬がたくさんいたのね。

男：鈴木さんも注意しないとね。時々赤信号を無視して横断歩道を渡る時あるでしょう。

여 : 봐봐, 저 많은 사람들. 엄청나네. 무슨 일이 있었나 봐. 순찰차도 멈춰 있고.

남 : 뺑소니 사건 같아. 조금 전 근처를 지났는데, 노인이 뺑소니 사고를 당해서 사망했다고 하더라고.

여 : 그랬구나. 그래서 구경꾼이 많이 있었던 거구나.

남 : 스즈키씨노 주의해야지. 가끔 빨간불 무시하고 횡단보도를 건널 때 있지요?

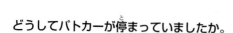

どうしてパトカーが停(と)まっていましたか。

(A) 馬(うま)が逃(に)げ出(だ)したから。

(B) 人(ひと)が車(くるま)に轢(ひ)かれたから。

(C) 信号(しんごう)を無視(むし)したから。

(D) 信号(しんごう)が故障(こしょう)したから。

왜 순찰차가 멈춰 있었습니까?

(A) 말이 도망쳤기 때문에.

(B) 사람이 차에 치였기 때문에.

(C) 신호를 무시했기 때문에.

(D) 신호가 고장 났기 때문에.

참 고 남자가 뺑소니 사건인 것 같다고 말했다.

어구·해설 人(ひと)だかり 많은 사람들이 모임, 또는 그 군중 すごい 무시무시하다, 무섭다, 광장하다, 대단하다

パトカー 패트롤 카(경찰 순찰차) 停(と)まる 멈추다, 정지하다 轢(ひ)き逃(に)げ 사람을 치고 도망함(뺑소니)

事件(じけん) 사건 通(とお)る 지나다, 지나가다, 통과하다, 다니다 老人(ろうじん) 노인 死亡(しぼう) 사망

野次馬(やじうま) 자기와는 상관없는 일에 덩달아 떠들어댐, 또는 그런 사람들(구경꾼) 時々(ときどき) 가끔, 때때로

赤信号(あかしんごう) 적신호 無視(むし) 무시 横断歩道(おうだんほどう) 횡단보도 渡(わた)る 건너다, 건너오다(가다)

馬(うま) 말 逃(に)げ出(だ)す 도망치다, 달아나다, 도망치기 시작하다 故障(こしょう) 고장

정 답 B

73

女：最近(さいきん)、車(くるま)の輸出台数(ゆしゅつだいすう)が急激(きゅうげき)に増(ふ)えていますね。

男：そうですね。トヨタをはじめ、様々(さまざま)な会社(かいしゃ)が輸出(ゆしゅつ)を増(ふ)やしていますね。円高(えんだか)の影響(えいきょう)もありますけど、やっぱり日本(にほん)の自動車(じどうしゃ)の最新技術(さいしんぎじゅつ)には目(め)を見張(みは)るものがありますよね。

女：そうですね。最近(さいきん)は環境(かんきょう)に配慮(はいりょ)したハイブリッドカーも開発(かいはつ)されましたね。

男：他(ほか)の国(くに)も追(お)い付(つ)け追(お)い越(こ)せで一生懸命(いっしょうけんめい)技術(ぎじゅつ)を研究(けんきゅう)していますが、まだ日本(にほん)の技術(ぎじゅつ)に追(お)い付(つ)くのは難(むずか)しいでしょうね。

여 : 최근 차 수출 대수가 급격히 늘어나고 있어요.

남 : 그렇지요. 도요타를 비롯하여, 여러 회사가 수출을 늘리고 있어요. 엔고의 영향도 있지만, 역시 일본 자동차의 최신 기술에는 눈이 휘둥그레지는 것이죠.

여 : 그래요. 최근에는 환경을 배려한 하이브리드 자동차도 개발되었어요.

남 : 다른 나라도 앞다퉈 열심히 기술을 연구하고 있지만, 아직 일본 기술을 따라 잡는 것은 어렵지요.

車(くるま)の輸出(ゆしゅつ)が増(ふ)えた理由(りゆう)は、何(なん)だと言(い)っていますか。

(A) トヨタがあったから。

(B) 環境(かんきょう)が悪(わる)くなったから。

(C) 他(ほか)の国(くに)が追(お)い付(つ)けない最新技術(さいしんぎじゅつ)があるから。

(D) 燃費効率(ねんぴこうりつ)が高(たか)く、価格(かかく)も安(やす)いから。

차 수출이 늘어난 이유는, 무엇이라고 말하고 있습니까?

(A) 도요타가 있기 때문에.

(B) 환경이 나빠졌기 때문에.

(C) 다른 나라가 따라갈 수 없는 최신기술이 있기 때문에.

(D) 연비 효율이 높고, 가격도 저렴하기 때문에.

참고　남자가 자동차의 최신 기술에 대해서 언급하고 있다.

어구·해설　**輸出**(ゆしゅつ) 수출　**台数**(だいすう) 대수　**円高**(えんだか) 엔고　**影響**(えいきょう) 영향

目(め)**を見張**(みは)**る** 눈이 휘둥그래지다　**環境**(かんきょう) 환경　**配慮**(はいりょ) 배려

ハイブリッドカー 하이브리드 자동차(가솔린 엔진과 전기모터 등 두 개의 동력원을 함께 사용하여 연비를 높이고 오염물질을 줄인 자동차)

技術(ぎじゅつ) 기술　**追**(お)**いつけ追**(お)**い越**(こ)**せ** 따라잡아라 앞질러라

一生懸命(いっしょうけんめい) 목숨을 걸고 일함, 열심임　**研究**(けんきゅう) 연구　**追**(お)**い付**(つ)**く** 따라잡다, 따라붙다

燃費効率(ねんぴこうりつ) 연비효율　**価格**(かかく) 가격

정답　C

74

女：明日は台風が関東地方に接近するってニュースで聞いたよ。関東地方から東海地方の広い範囲で、朝から夕方にかけて雷を伴って強い雨が降るって言ってたよ。

男：それは大変だね。明日の朝、大阪で会議があるんだけど、明日は飛行機が飛びそうにもないから、会議の時間を繰り下げるか中止するしかないな。

女：明日は一日中、飛行機も新幹線も全て運休する予定だそうよ。

男：しょうがないな、自然の前には人間はなす術なしか。

여 : 내일은 태풍이 관동지방에 접근한다고 뉴스에서 들었어. 관동지방에서 동해지방의 넓은 범위에서, 아침부터 저녁에 걸쳐서 천둥을 동반하고 강한 비가 내릴 거라고 하던데.

남 : 그거 큰일이군. 내일 아침, 오사카에서 회의가 있는데, 내일은 비행기가 뜰 것 같지 않으니까, 회의 시간을 늦추거나 중지하는 수밖에 없네.

여 : 내일은 하루 종일, 비행기도 신칸센도 모두 운행을 중단할 예정이래.

남 : 어쩔 수 없군, 자연 앞에서 인간은 어찌할 도리가 없는 건가.

二人の会話で正しいものは何ですか。

(A) 台風が大阪地方に接近している。

(B) 予定より早い時間に会議をするしかない。

(C) 夕方から雷を伴って激しい雨が降る。

(D) 明日の朝、大阪で会議の予定がある。

두 사람의 회화로 바른 것은 무엇입니까?

(A) 태풍이 오사카지방에 접근하고 있다.

(B) 예정보다 빠른 시간에 회의를 하는 수밖에 없다.

(C) 저녁부터 천둥을 동반해서 심한 비가 내린다.

(D) 내일 아침, 오사카에서 회의 예정이 있다.

참고　남자가 내일 아침, 오사카에서 회의가 있다고 말했다. 오사카는 関西地方(かんさいちほう;관서지방)

어구·해설　**台風**(たいふう) 태풍　**関東地方**(かんとうちほう) 관동지방　**接近**(せっきん) 접근　**東海地方**(とうかいちほう) 동해지방

範囲(はんい) 범위　**AからBにかけて** A부터 B에 걸쳐서　**雷**(かみなり) 천둥, 벼락　**伴**(ともな)**う** 동반하다

予定(よてい) 예정　**飛行機**(ひこうき) 비행기　**繰**(く)**り下**(さ)**げる** 기일 등을 예정보다 늦추다　**中止**(ちゅうし) 중지

運休(うんきゅう) 운휴(운전중지, 운항중지)　**自然**(しぜん) 자연　**なす術**(すべ)**なし** 어찌될 도리가 없음

정답　D

75

女：あの課長には本当にうんざりだよ。

男：どうしたの？今日、何かいやなことでもあったの？

女：いつも怒る時に感情的になるし、関係ない部下にまで怒鳴り散らすの。堪忍袋の緒が切れそうだわ。

男：それは大変だね。でも我慢我慢。あの課長、定年まで後2年だろ。

여 : 저 과장한테는 정말이지 진절머리가 나.

남 : 왜 그래? 오늘, 뭔가 안 좋은 일이라도 있었어?

여 : 화낼 때 늘 감정적이 되고, 관계없는 부하한테까지 마구 고함을 쳐. 더 이상 참을 수 없을 것 같아.

남 : 그것 참 힘들겠군. 하지만 참아. 저 과장, 정년까지 앞으로 2년이잖아.

女の人は課長をどう思っていますか。

(A) 頼りない。

(B) 呆れている。

(C) 好感を持っている。

(D) 世渡りがうまい。

여자는 과장을 어떻게 생각하고 있습니까?

(A) 믿음직스럽지 못하다.

(B) 어처구니없다.

(C) 호감을 갖고 있다.

(D) 처세가 능하다.

참고 여자는 과장에 대해 싫증을 느끼고, 참을 수 없다고 말했다.

어구·해설 **うんざり** 지긋지긋함, 진절머리가 남　**怒鳴(どな)り散(ち)らす** 마구 고함쳐대다

堪忍袋(かんにんぶくろ)の緒(お)が切(き)れる 더는 참을 수 없게 되다　**我慢(がまん)** 참음, 인내

呆(あき)れる 어이가 없어 놀라다

정답 B

76

男：近くの小学校の子供がさらわれたって本当？

女：あ、さっき交番で保護されたって連絡があったらしいわよ。

男：本当？あー、ほっとした。

女：そうね。でも、またいつ何が起こるか分からないから、私たちも注意しましょう。

남 : 근처 초등학교의 어린이가 유괴됐다는 게 정말이야?

여 : 아, 조금 전 파출소에서 보호하고 있다고 연락이 있었던 것 같아.

남 : 정말? 아～, 다행이다.

여 : 그러게. 하지만 또 언제 무슨 일이 일어날지 모르니까, 우리도 조심하도록 해요.

何が起こりましたか。

(A) 誘拐事件。

(B) 殺人事件。

(C) 強盗事件。

(D) 飲酒運転事件。

무슨 일이 일어났습니까?

(A) 유괴 사건.

(B) 살인 사건.

(C) 강도 사건.

(D) 음주운전 사건.

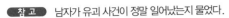

참고 남자가 유괴 사건이 정말 일어났는지 물었다.

어구·해설 さらう 유괴하다　交番(こうばん) 파출소　保護(ほご) 보호　連絡(れんらく) 연락　ほっと 긴장이 풀려 마음을 놓는 모양
誘拐(ゆうかい) 유괴　殺人(さつじん) 살인　強盗(ごうとう) 강도　飲酒運転(いんしゅううんてん) 음주운전

정답 A

77

女：あのアナウンサー最近人気が出てきたわ。

男：歯に衣を着せない、あの言い回しは聞いているとすっきりするよ。

女：ずばずばと意見を言うのは、日本の文化ではなかなかできないことだからね。

男：そうだね。単刀直入で分かりやすく言うから人気があるんだ。

여 : 저 아나운서 요즘 인기 있네.

남 : 생각하는 걸 솔직하게 말하는, 저 말솜씨는 듣고 있으면 속이 시원해지지.

여 : 서슴지 않고 의견을 말하는 것은, 일본 문화에서는 좀처럼 할 수 없는 일이니까.

남 : 그래. 단도직입으로 알기 쉽게 말하니까 인기가 있는 거야.

アナウンサーが人気になった理由は何ですか。

(A) 歯がきれいだから。

(B) はっきりと物事を言うから。

(C) 他人を非難するから。

(D) 日本文化に合った言葉遣いをするから。

아나운서가 인기를 얻게 된 이유는 무엇입니까?

(A) 이가 예쁘기 때문에.

(B) 확실하게 하고 싶은 말을 하기 때문에.

(C) 타인을 비난하기 때문에.

(D) 일본 문화에 맞는 말을 쓰기 때문에.

참고 「歯(は)に衣(きぬ)を着(き)せない」의 의미를 알아두자.

어구·해설 人気(にんき) 인기　歯(は)に衣(きぬ)を着(き)せない 생각하는 바를 솔직하게 말하다　言(い)い回(まわ)し 말솜씨, 말의 표현
すっきり 말쑥이, 산뜻이　ずばずば 가차 없이 말하거나 일을 해치우는 모양　意見(いけん) 의견　文化(ぶんか) 문화
なかなか 꽤, 상당히, 매우, 좀처럼　単刀直入(たんとうちょくにゅう) 직접 요점으로 들어감(단도직입)
はっきり 분명히, 확실히　物事(ものごと)を言(い)う 하고 싶은 말을 하다　言葉遣(ことばづか)い 말씨, 말투

정답 B

78

女：最近、加藤さんいろいろ高価なものを買ってるわね。

男：今まで貯めてきたへそくりを使っているそうだよ。
ご主人には内緒で。

女：いいわね。私も、そんなにたくさんへそくりをしたいわ。

男：山田さんはへそくりがなくてもいいじゃない。ご主人が何でも買ってくれるから。

여 : 최근 가토씨가 여러 가지 비싼 물건을 사네요.

남 : 지금까지 모아 온 비상금을 사용하고 있대. 남편에게는 비밀로.

여 : 좋겠네. 나도 그렇게 비상금을 많이 모으고 싶다.

남 : 야마다씨는 비상금이 없어도 되잖아요. 남편이 뭐든지 사 주니까.

加藤さんはどうして高価なものを買うことができますか。

(A) カードがあるから。

(B) お金を借りてきたから。

(C) 家に隠しておいたお金があるから。

(D) ご主人には内緒で仕事をしたから。

가토씨는 어떻게 비싼 물건을 살 수 있습니까?

(A) 카드가 있기 때문에.

(B) 돈을 빌려왔기 때문에.

(C) 집에 숨겨둔 돈이 있기 때문에.

(D) 남편에게는 비밀로 일을 했기 때문에.

참고 가토씨는 남편 몰래 비상금을 사용하고 있다.

어구·해설 高価(こうか) 고가　貯(た)める 돈을 모으다　へそくり 주부 등이 살림을 절약하거나 하여 남편 모르게 은밀히 모은 돈(비상금)
主人(しゅじん) 남편, 바깥양반　内緒(ないしょ) 비밀　借(か)りる 빌리다　隠(かく)す 감추다, 숨기다

정답 C

79

女：野球の試合はどうでしたか。

男：惜しくも1対0で負けてしまいました。もう少し頑張るべきでした。悔しい思いでいっぱいです。

女：そうですか。でも、また次の機会がありますから頑張ってください。

男：でも、今はまだ悔しい気持でいっぱいです。

여 : 야구 시합은 어떻게 되었습니까?

남 : 아깝게도 1대 0으로 패하고 말았습니다. 조금 더 힘을 냈어야 했습니다. 분한 마음이 가득합니다.

여 : 그래요? 하지만 또 다음 기회가 있으니까 힘내세요.

남 : 그래도, 지금은 아직 분한 마음으로 가득합니다.

男の人の気持はどうですか。

(A) 地団駄を踏んでいる。

(B) 駄々を捏ねている。

(C) 癪に障っている。

(D) 二の足を踏んでいる。

남자의 기분은 어떻습니까?

(A) 발을 동동 구르며 분해하고 있다.

(B) 떼를 쓰고 있다.

(C) 화가 나 있다.

(D) 주저하고 있다.

참고 분한 마음으로 가득하다.

어구·해설 野球(やきゅう) 야구　試合(しあい) 시합　惜(お)しい 아깝다, 애석하다, 서운하다　負(ま)ける 지다, 패배하다
悔(くや)しい 분하다, 억울하다, 유감스럽다, 후회스럽다　機会(きかい) 기회　気持(きもち) 기분, 마음, 느낌
地団駄(じだんだ)を踏(ふ)む 발을 동동 구르며 분해하다　駄駄(だだ)を捏(こ)ねる 떼를 쓰다
癪(しゃく)に障(さわ)る 화가 나다, 비위에 거슬리다　二(に)の足(あし)を踏(ふ)む 주저하다, 망설이다

정답 A

80

男 : 来月(らいげつ)から買物袋(かいものぶくろ)の有料化(ゆうりょうか)が始(はじ)まるそうですよ。

女 : え、本当(ほんとう)ですか。今年中(ことしじゅう)には始(はじ)まると知(し)っていましたが、こんなに前倒(まえだお)しされるなんて、どうしてなんですか。

男 : 買物袋(かいものぶくろ)の有料化(ゆうりょうか)で得(え)た資金(しきん)を、地方自治(ちほうじち)の財政(ざいせい)に回(まわ)して、地方自治経済(ちほうじちけいざい)を回復(かいふく)させる目的(もくてき)らしいですよ。

女 : でも、買物袋有料化(かいものぶくろゆうりょうか)を突然開始(とつぜんかいし)するなんて、市民(しみん)を馬鹿(ばか)にしてるわ。行政(ぎょうせい)にはもっと市民感覚(しみんかんかく)で改革(かいかく)を行(おこな)ってほしいわ。

남 : 다음 달부터 쇼핑백의 유료화가 시작된다고 하네요.

여 : 어, 정말입니까? 올해 안으로 시작된다고 알고는 있었습니다만, 이렇게 예정을 앞당겨 실시하다니, 어째서입니까?

남 : 쇼핑백 유료화로 얻은 자금을 지방 자치 재정으로 돌려서, 지방 자치 경제를 회복시키려는 목적이라고 해요.

여 : 그래도 쇼핑백 유료화를 갑자기 개시하다니, 시민을 깔보고 있어요. 행정기관에서는 좀 더 시민 감각으로 개혁을 행해 줬으면 좋으련만.

女(おんな)の人(ひと)は買物袋有料化(かいものぶくろゆうりょうか)についてどう思(おも)っていますか。

(A) 買物袋有料化自体(かいものぶくろゆうりょうかじたい)に反対(はんたい)だ。

(B) 行政(ぎょうせい)にはもっと高(たか)いモラルを持(も)って仕事(しごと)をしてほしい。

(C) 買物袋有料化(かいものぶくろゆうりょうか)で得(え)た資金(しきん)は地方自治(ちほうじち)のために使(つか)ってほしくない。

(D) 買物袋有料化(かいものぶくろゆうりょうか)を予定(よてい)より早(はや)く、説明(せつめい)もなしに始(はじ)めたので不満(ふまん)がたまっている。

여자는 쇼핑백 유료화에 대해서 어떻게 생각하고 있습니까?

(A) 쇼핑백 유료화 자체에 반대이다.

(B) 행정기관에서는 좀 더 높은 모럴을 갖고 일을 해 주길 바란다.

(C) 쇼핑백 유료화에서 얻은 자금은 지방자치를 위해 사용하기를 바라지 않는다.

(D) 쇼핑백 유료화를 예정보다 빨리, 설명도 없이 시작했기 때문에 불만이 쌓여 있다.

참고 쇼핑백 유료화를 갑자기 개시하는 것은 시민을 무시하는 처사다.

어구·해설 買(か)い物袋(ものぶくろ) 쇼핑백, 시장바구니　有料化(ゆうりょうか) 유료화　今年中(ことしじゅう) 금년 중
始(はじ)まる 시작되다　前倒(まえだお)し 예산을 앞당겨 쓰는 것, 예정을 앞당겨 실시하는 것
資金(しきん) 자금　地方自治(ちほうじち) 지방자치　財政(ざいせい) 재정　回復(かいふく) 회복　目的(もくてき) 목적
突然(とつぜん) 돌연, 갑자기　開始(かいし) 개시　馬鹿(ばか)にする 업신여기다, 깔보다　行政(ぎょうせい) 행정
改革(かいかく) 개혁　行(おこな)う 행하다, 실시하다, 실행하다　自体(じたい) 자체　反対(はんたい) 반대
モラル 모럴(도덕, 윤리, 도의)　不満(ふまん)がたまる 불만이 쌓이다, 불만이 늘다

정답 D

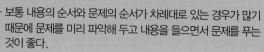

PART 4 설명문 — 보통 내용의 순서와 문제의 순서가 차례대로 있는 경우가 많기 때문에 문제를 미리 파악해 두고 내용을 들으면서 문제를 푸는 것이 좋다.

81-84

6月3日付紙面で日経新聞はアンケートの結果を報じた。それによると「3年前に比べて、土曜日、日曜日の買い物を平日に変えた」人が全体の16.7%。この割合は20代、30代の女性でとりわけ高く、20代女性で28.9%、30代女性で24.7%に及ぶ。その理由を一言で言えば「せっかくの休日を買い物でつぶしたくない」。土曜日、日曜日に買い物の代わりに増やした時間を聞くと、1位が「インターネット・携帯電話」、2位が「休養・くつろぎ」で、以下「趣味・娯楽」「育児」「家事」「睡眠」と続く。ショッピングよりこれらの方が優先順位が上と考える人が増えているのだ。

6월 3일 자 지면에서 일본경제신문은 앙케트 결과를 보도했다. 그에 따르면 '3년 전에 비해 토요일, 일요일의 쇼핑을 평일로 바꾼' 사람이 전체의 16.7%. 이 비율은 20대, 30대 여성에게서 특히 높아, 20대 여성은 28.9%, 30대 여성은 24.7%에 이른다. 그 이유를 한마디로 말하면 '모처럼의 휴일을 쇼핑으로 보내고 싶지 않다'. 토요일·일요일에 쇼핑 대신 늘린 시간을 묻자, 1위가 '인터넷·핸드폰', 2위가 '휴양·휴식'이고, 이하 '취미·오락', '육아', '가사', '수면'으로 이어진다. 쇼핑보다 이런 일이 우선순위가 위라고 생각하는 사람이 늘고 있는 것이다.

81 このアンケートは何についてのアンケートですか。

(A) インターネットや携帯電話に費やす時間について。

(B) 週末の時間の過ごし方について。

(C) インターネットショッピングについて。

(D) 買い物をする日時と優先順位について。

이 앙케트는 무엇에 대한 앙케트입니까?

(A) 인터넷이나 핸드폰에 소비하는 시간에 대해서.

(B) 주말 시간을 보내는 방법에 대해서.

(C) 인터넷 쇼핑에 대해서.

(D) 쇼핑을 하는 날과 우선순위에 대해서.

82 20代・30代は最近、いつ買い物をするようになりましたか。

(A) 土曜日。

(B) 日曜日。

(C) 平日。

(D) 休日。

20대·30대는 최근, 언제 쇼핑을 하게 되었습니까?

(A) 토요일.

(B) 일요일.

(C) 평일.

(D) 휴일.

83 最近の若者が買い物の日時を変えたもっとも大きな理由は何ですか。

(A) 家事や育児が忙しくなってきているから。

(B) 趣味や娯楽の時間がないから。

(C) せっかくの休日に買い物をしたくないから。

(D) 今、若者の流行だから。

요즘 젊은이들이 쇼핑하는 날을 바꾼 가장 큰 이유는 무엇입니까?

(A) 가사나 육아가 바빠졌기 때문에.

(B) 취미나 오락 시간이 없기 때문에.

(C) 모처럼의 휴일에 쇼핑을 하고 싶지 않기 때문에.

(D) 현재, 젊은 층의 유행이기 때문에.

84 若者が買い物よりも優先順位が高いと考えているものはどれですか。

(A) 家族と過ごす時間。

(B) インターネットをする時間。

(C) 会社で残業する時間。

(D) 友だちとの付き合いの時間。

젊은 층이 쇼핑보다도 우선순위가 높다고 생각하고 있는 것은 어느 것입니까?

(A) 가족과 보내는 시간.

(B) 인터넷을 하는 시간.

(C) 회사에서 잔업을 하는 시간.

(D) 친구와의 교제 시간.

어구·해설 ~付(つき) ~부 紙面(しめん) 지면, 종이의 표면, 가사면 日経新聞(にっけいしんぶん) 일본경제신문
報(ほう)じる 갚다, 보답하다, 알리다, 보도하다 比(くら)べる 비교하다, 비하다, 견주다, 우열을 겨루다
買(か)い物(もの) 쇼핑 平日(へいじつ) 평일 変(か)える 바꾸다, 변화시키다, 변경하다 割合(わりあい) 비율
とりわけ 특히, 유난히, 그중에서도 及(およ)ぶ 달하다, 이르다, 걸치다, 미치다 一言(ひとこと) 한마디 말
せっかく 모처럼, 일부러 休日(きゅうじつ) 휴일 つぶす 찌그러뜨리다, 부수다, 으깨다, 다른 용도에 쓰기 위해 변형하다
代(か)わり 대리, 대신, 대체, 대용 増(ふ)やす 늘리다, 불리다 携帯電話(けいたいでんわ) 휴대전화
休養(きゅうよう) 휴양 くつろぎ 편히 쉼, 느긋이 지냄 趣味(しゅみ) 취미 娯楽(ごらく) 오락
育児(いくじ) 육아 家事(かじ) 가사 睡眠(すいみん) 수면 続(つづ)く 이어지다, 계속되다, 잇따르다
優先(ゆうせん) 우선 順位(じゅんい) 순위 増(ふ)える 늘다, 늘어나다, 증가하다 若者(わかもの) 젊은이, 청년
流行(りゅうこう) 유행 家族(かぞく) 가족 過(す)ごす 시간을 보내다, 지내다, 살아가다, 생활하다
残業(ざんぎょう) 잔업 付(つ)き合(あ)い 교제, 사귐

정답 81-D, 82-C, 83-C, 84-B

お客様にご案内申し上げます。9時20分発の東京行きの飛行機は悪天候のため、欠航となりました。ご搭乗予定のお客様にはご迷惑をお掛け致しますことをお詫び申し上げます。ご搭乗券をお持ちのお客様は発券カウンターまでお越し下さい。払い戻しをさせて頂きます。午後の便につきましては、後程、再度ご案内申し上げます。なお、大阪行、札幌行の便は通常通り運行いたします。また、本日の沖縄行の便は全便欠航致します。

손님 여러분께 안내 말씀드립니다. 9시 20분 출발 도쿄행 비행기는 악천후로 인하여, 결항되었습니다. 탑승 예정 손님께 불편을 드린 점 사과 말씀드립니다. 탑승권을 소지하신 손님은 발권 카운터까지 와 주시기 바랍니다. 환불해 드리겠습니다. 오후 출발 편에 대해서는, 추후 다시 안내 말씀드리겠습니다. 또한 오사카행, 삿포로행 비행기는 정상 운행함을 알려드립니다. 또한 금일 오키나와행 비행기는 모든 비행기가 결항입니다.

85 東京行の飛行機が欠航になった理由はなんですか。

(A) 機内で爆弾が見つかったから。
(B) 飛行機に異常が見つかったから。
(C) 天気が悪いから。
(D) 航空機に悪い人が乗ったから。

도쿄행 비행기가 결항이 된 이유는 무엇입니까?

(A) 기내에서 폭탄이 발견되었기 때문에.
(B) 비행기에 이상이 발견되었기 때문에.
(C) 날씨가 나쁘기 때문에.
(D) 항공기에 나쁜 사람이 탔기 때문에.

86 飛行機の搭乗券を持っている人はどうすればいいですか。

(A) 案内カウンターで案内を受ければよい。
(B) 発券カウンターに行って、お金を返してもらう。
(C) 発券カウンターで文句を言うことになっている。
(D) そのまま次の便を待つことになっている。

비행기의 탑승권을 가지고 있는 사람은 어떻게 하면 됩니까?

(A) 안내카운터에서 안내를 받으면 된다.
(B) 발권카운터에 가서 돈을 환불받는다.
(C) 발권카운터에서 불만을 말하기로 되어 있다.
(D) 그대로 다음 비행기를 기다리기로 되어 있다.

87 今日一日、欠航するのはどこの行の飛行機ですか。

(A) 東京行の飛行機。

(B) 大阪行の飛行機。

(C) 札幌行の飛行機。

(D) 沖縄行の飛行機。

오늘 하루 결항되는 것은 어디 행 비행기입니까?

(A) 도쿄행 비행기.

(B) 오사카행 비행기.

(C) 삿포로행 비행기.

(D) 오키나와행 비행기.

어구·해설　申(もう)し上(あ)げる 말씀드리다, 아뢰다　発(はつ) 출발, ~발　行(ゆき) 감, 목적지가 그 곳임을 나타내는 말(~행)　悪天候(あくてんこう) 악천후　欠航(けっこう) 결항　搭乗(とうじょう) 탑승　迷惑(めいわく)を掛(か)ける 폐를 끼치다　発券(はっけん) 발권, 은행권/승차권 등의 발행　お越(こ)し 오심, 가심　払(はら)い戻(もど)し 환급, 환불　午後(ごご) 오후　便(びん) 연락·수송의 수단, 교통 기관의 운행의 순서·횟수를 나타냄(~편)　後程(のちほど) 나중에, 뒤에　再度(さいど) 재차, 두 번　通常(つうじょう) 통상, 보통의 경우　~通(とお·どお)り ~대로임, ~같음, ~처럼, ~가지　運行(うんこう) 운행　本日(ほんじつ) 오늘, 금일　機内(きない) 항공기의 기내　爆弾(ばくだん) 폭탄　見付(みつ)かる 들키다, 발각되다　異常(いじょう) 이상　航空機(こうくうき) 항공기　返(かえ)す 돌려주다, 되돌리다, 되돌려 놓다　文句(もんく) 문구, 어구, 불만이나 할말, 트집

정답　85-C, 86-B, 87-D

88-90

日本で、多くの場合、食事の際には箸を用いる。現代ではフォーク、スプーンなどの用具を用いることもある。果物やお菓子などの一部の食材・料理は手を使って食べても良いが、肉・魚などの料理を食器を用いず手づかみで食べてはいけない。ただし寿司や茹でたカニなどのように手でつかんで食べることを前提とした料理もある。寿司は格式によって箸で食べることを求められる場合もある。日本では可能な限りおわんを持ち上げ、おわんの中の料理を食べるのが良い作法とされている。逆にテーブルに食器を置いたままその上に覆い被さるようにして食べるのは犬食いと呼ばれ無作法とされる。このようにおわんをもって食べる食べ方は世界的にも珍しいとされる。

일본에서 대부분의 경우, 식사할 때에는 젓가락을 사용한다. 현대에는 포크, 스푼 등의 도구를 사용하는 경우도 있다. 과일이나 과자 등의 일부 식재료·요리는 손을 사용하여 먹어도 되지만, 고기·생선 등의 요리를 식기를 사용하지 않고 손으로 집어먹어서는 안 된다. 단, 초밥이나 삶은 게 등과 같이 손으로 집어서 먹는 것을 전제로 한 요리도 있다. 초밥은 격식에 따라서 젓가락으로 먹을 것을 요구받는 경우도 있다. 일본에서는 가능한 한 공기를 들고, 공기 안의 요리를 먹는 것이 좋은 예법으로 여겨지고 있다. 반대로 테이블에 식기를 놓은 재 ㄱ 위를 덮듯이 하여 먹는 것은 개가 먹는 방법이라 하여 예절에 벗어난다고 여겨진다. 이같이 공기를 들고 먹는 식사방식은 세계적으로도 드문 것으로 여겨신다.

88 日本で食事の際に、多く用いられるのは何ですか。

(A) 手で料理を食べる。

(B) 箸。

(C) フォークやスプーン。

(D) テーブル。

일본에서 식사 시에, 많이 사용되는 것은 무엇입니까?

(A) 손으로 요리를 먹는다.

(B) 젓가락.

(C) 포크와 스푼.

(D) 테이블.

89 日本で無作法とされている食べ方はどんな食べ方ですか。

(A) おわんをもって食べる食べ方。

(B) すしを箸を使って食べる食べ方。

(C) 食器をテーブルに置いたまま食べる食べ方。

(D) ナイフとフォークで食べる食べ方。

일본에서 예절에 벗어나는 식사방식은 어떤 방식입니까?

(A) 공기를 들고 먹는 식사방법.

(B) 초밥을 젓가락을 사용하여 먹는 방법.

(C) 식기를 테이블에 놓은 채 먹는 방법.

(D) 나이프와 포크로 먹는 방법.

90 手でつかんで食べることが許されている料理は何ですか。

(A) 肉。

(B) 魚。

(C) 犬食い。

(D) すし。

손으로 잡고 먹는 것이 허용되는 요리는 무엇입니까?

(A) 고기.

(B) 생선.

(C) 개가 밥을 먹듯이 먹는 방법.

(D) 초밥.

어구·해설 箸(はし) 젓가락　現代(げんだい) 현대　用具(ようぐ) 용구　用(もち)いる 쓰다, 사용하다, 이용하다

果物(くだもの) 과일　お菓子(かし) 과자　一部(いちぶ) 일부　食材(しょくざい) 식재, 요리 재료, 식품 재료

食器(しょっき) 식기　手(て)づかみ 손으로 잡음　いけない 좋지 않다, 나쁘다　ただし 단, 다만　寿司(すし) 초밥

茹(ゆ)でる 데치다, 삶다　蟹(かに) 게　前提(ぜんてい) 전제　格式(かくしき) 격식

求(もと)める 구하다, 바라다, 요구하다　わん 밥이나 국 등을 담는 그릇(공기)

持(も)ち上(あ)げる 들어 올리다, 쳐들다, 들다, 일으키다　作法(さほう) 예의범절, 예절, 관례, 규정

逆(ぎゃく) 역, 반대, 거꾸로임　覆(おお)い被(かぶ)さる 위에서 덮이다, 지워지다

犬喰(いぬく)い・犬食(いぬぐ)い 개처럼 머리를 숙이고 먹는 모양　無作法(ぶさほう) 무례, 버릇없음, 예절에 벗어남

世界的(せかいてき) 세계적　珍(めずら)しい 드물다, 희귀하다　つかむ 붙잡다, 움켜쥐다, 손에 넣다, 잡다

許(ゆる)す 허가하다, 허락하다, 허용하다

정답 88-B, 89-C, 90-D

91-94

ネットカフェ難民は、いわゆるホームレスの一種で、定住する住居がなく寝泊まりする場として
インターネットカフェを利用する人々を指した造語である。ネットカフェ難民の多くは日雇い労
働や派遣労働をしている。しかし、日雇いや派遣では家賃・光熱費など数万円のまとまったお
金がとても作りにくい。毎日仕事が入るとは保証できない上、日払いの賃金がその日暮らしを維
持することだけに使われる。ネットカフェ難民は宿泊施設替わりにインターネットカフェで休
息し、フリードリンクを利用して糖分・カロリーの確保の場、テレビ・コンピューター・漫画な
ど最低限度の文化や情報に接する場としてインターネットカフェを利用する。対策はあまり進ん
でいないが、最近になって東京都は全国の約4割を占める都内のネットカフェ難民に対し賃貸住
宅の入居費用などを無利子で貸し付ける支援に乗り出すことを決定した。

넷 카페 난민은, 이른바 홈리스의 일종으로, 정착할 집이 없어 잠잘 장소로 인터넷 카페를 이용하는 사람
들을 가리키는 조어이다. 넷 카페 난민의 대부분은 일용노동이나 파견노동을 하고 있다. 그러나 일용노동
이나 파견노동으로는 집세・광열비 등 수 만 엔의 목돈을 만들기가 매우 어렵다. 매일 일이 들어온다는 보
장이 없는 데다가, 일당인 임금이 그날의 생활을 유지하는 데에만 사용된다. 넷 카페 난민은 숙박시설 대
신에 인터넷 카페에서 휴식을 취하고, 음료 뷔페를 이용하여 당분・칼로리를 확보하는 장소, TV・컴퓨
터・만화 등 최저한도의 문화나 정보를 접하는 장소로 인터넷 카페를 이용한다. 대책은 그다지 진행되어
있지 않지만, 최근 들어 도쿄도는 전국의 약 4할을 차지하는 도내의 넷 카페 난민에게 임대주택의 입거비
용 등을 무이자로 빌려주는 지원에 착수할 것을 결정하였다.

91 ネットカフェ難民とはどんな人の事を言いますか。

(A) ホームレスの一種で、インターネットカフ
ェで寝泊まりする人。

(B) 日雇い労働や派遣労働をしながらインター
ネットカフェで、大半の時間を過ごす人。

(C) テレビ・コンピューターなどの最低限度の
文化生活もできない人。

(D) コンピューターをすることができず、社会
の進歩についていけない人。

넷 카페 난민이란 어떤 사람을 말합니까?

(A) 홈리스의 일종으로, 인터넷 카페에서 숙박하는 사람.

(B) 일용노동이나 파견노동을 하면서 인터넷 카페에서 대부
분의 시간을 보내는 사람.

(C) TV・컴퓨터 등의 최저한도의 문화생활도 할 수 없는 사람.

(D) 컴퓨터를 할 수 없어, 사회의 진보에 따라갈 수 없는 사람.

92 ネットカフェ難民は収入をどのように使いますか。

(A) 家賃や光熱費を払うために使う。

(B) 数万円のまとまったお金を作るために使う。

(C) その日の生活のために使う。

(D) 借りたお金を返すために使う。

넷 카페 난민은 수입을 어떻게 사용합니까?

(A) 집세나 광열비를 내기 위해서 사용한다.

(B) 수 만 엔의 목돈을 만들기 위해서 사용한다.

(C) 그날의 생활을 위해서 사용한다.

(D) 빌린 돈을 갚기 위해서 사용한다.

93 ネットカフェ難民はインターネットカフェをどのように利用しますか。

(A) 宿泊施設の代わりに使っている。

(B) テレビや漫画などの文化生活を楽しむためだけに利用している。

(C) 日雇いの労働の場として利用している。

(D) 他の人との出会いの場として利用している。

넷 카페 난민은 인터넷 카페를 어떻게 이용합니까?

(A) 숙박시설 대신에 사용하고 있다.

(B) TV나 만화 등의 문화생활을 즐기는 데에만 이용하고 있다.

(C) 일용노동의 장소로 이용하고 있다.

(D) 타인과의 만남의 장소로 이용하고 있다.

94 最近、東京都が始めた、ネットカフェ難民のための対策とは何ですか。

(A) ネットカフェ難民の日雇い労働を原則禁止とした。

(B) ネットカフェ難民の派遣労働を原則禁止とした。

(C) ネットカフェ難民が家を借りるためのお金を無利子とした。

(D) ネットカフェ難民のためにインターネットカフェの数を増やした。

최근, 도쿄도가 시작한 넷 카페 난민을 위한 대책은 무엇입니까?

(A) 넷 카페 난민의 일용노동을 원칙적으로 금지하기로 했다.

(B) 넷 카페 난민의 파견노동을 원칙적으로 금지하기로 했다.

(C) 넷 카페 난민이 집을 빌리기 위한 돈을 무이자로 하기로 했다.

(D) 넷 카페 난민을 위해서 인터넷 카페의 수를 늘렸다.

어구·해설 ネットカフェ 인터넷 카페 難民(なんみん) 난민, 피난민 いわゆる 소위, 이른바, 흔히 말하는

ホームレス 홈리스, 주거가 없는 사람, 노상 생활자 寝泊(ねと)まり 숙박함, 기숙함

インターネットカフェ 인터넷 카페 日雇(ひやと)い 일용, 일용직

日払(ひばら)い 일당, 임금 등을 그날 중에 지불하는 것 日暮(ひぐ)らし 종일, 하루 종일

フリードリンク 음료 뷔페(free drink) カロリー 칼로리 進(すす)む 나아가다, 진척되다, 진행되다

占(し)める 차지하다, 자리 잡다 貸(か)し付(つ)ける 대부하다 乗(の)り出(だ)す 타고 나아가다, 착수하다

借(か)りる 빌리다 増(ふ)やす 늘리다, 불리다

정답 91-A, 92-C, 93-A, 94-C

95-97

四日未明茨城県稲敷市で、農家の物置からおよそ600キロの玄米が盗まれているのが見付かりました。四日午前5時頃、稲敷市に住む田中さん、55歳の物置から、およそ20袋の玄米が盗まれているのが見付かりました。重さはおよそ600キロで、14万円相当だということです。犯人は物置小屋の窓から侵入し、その後、板壁をはがして30キロ入りの玄米袋を運び出していたとみられています。田中さんの裏の家では先月から3回玄米が盗まれており、市内では9月頃から同様の犯行がおよそ20件起きているため、警察は関連を調べるとともに、周辺の巡回警備の強化をすることになりました。

4일 미명 이바라키현, 이나시키시에서, 농가의 창고에서 약 600kg의 현미를 도둑맞은 것이 확인되었습니다. 4일 새벽 5시경, 이나시키시에 사는 다나카씨, 55세의 창고에서, 약 20봉지의 현미를 도둑맞은 것이 확인되었습니다. 무게는 약 600kg으로, 14만 엔 상당이라고 합니다. 범인은 창고의 창문으로 침입한 후, 판자로 된 벽을 뜯어내고 30kg들이의 현미를 운반한 것으로 보여집니다. 다나카씨의 뒷집에서는 지난달부터 3회 현미를 도둑맞았으며, 시내에서는 9월경부터 동일한 범행이 약 20건 일어났기 때문에, 경찰은 관련조사와 함께, 주변 순회경비를 강화하게 되었습니다.

95 農家の物置から何キログラムの玄米が盗まれましたか。

(A) 20キログラム。
(B) 30キログラム。
(C) 14キログラム。
(D) 600キログラム。

농가의 창고로부터 몇kg의 현미를 도둑맞았습니까?

(A) 20kg.
(B) 30kg.
(C) 14kg.
(D) 600kg.

96 犯人はどうやって、農家の物置に侵入しましたか。

(A) 倉庫の扉の鍵を盗んで、物置に侵入した。

(B) 物置の窓から侵入した。

(C) 物置の壁をはがして侵入した。

(D) 物置の裏から侵入した。

범인은 어떻게 농가의 창고에 침입하였습니까?

(A) 창고의 문 열쇠를 훔쳐서 창고에 침입하였다.

(B) 창고의 창문으로 침입하였다.

(C) 창고의 벽을 뜯고 침입하였다.

(D) 창고 뒤로 침입하였다.

97 警察が周辺の巡回を強化したのはどうしてですか。

(A) 田中さんの家から何度も盗まれたから。

(B) 14万円もの高額のものが盗まれたから。

(C) 近所で同じような事件が連続したから。

(D) 田中さんが高齢だから。

경찰이 주변 순찰을 강화한 이유는 무엇입니까?

(A) 다나카 씨의 집에서 몇 번이나 도둑맞았기 때문에.

(B) 14만 엔이나 되는 고액의 물건을 도둑맞았기 때문에.

(C) 근처에서 동일한 사건이 연속으로 일어났기 때문에.

(D) 다나카 씨가 고령이기 때문에.

어구·해설 未明(みめい) 미명, 날이 채 밝지 않음　農家(のうか) 농가　物置(ものおき) 광, 곳간　玄米(げんまい) 현미
盗(ぬす)む 훔치다, 도둑질하다　住(す)む 살다, 거주하다　およそ 대체적인 것, 대략　袋(ふくろ) 주머니, 봉지
重(おも)さ 무게, 중량　相当(そうとう) 상당　小屋(こや) 오두막집, 임시로 세운 작은 건물　侵入(しんにゅう) 침입
壁(かべ) 벽, 장애　はがす 벗기다, 떼다　運(はこ)び出(だ)す 날라서 밖으로 내다　同様(どうよう) 같음, 다름없음
犯行(はんこう) 범행　警察(けいさつ) 경찰　関連(かんれん) 관련　調(しら)べる 조사하다　巡回(じゅんかい) 순회
警備(けいび) 경비　強化(きょうか) 강화　周辺(しゅうへん) 주변　高額(こうがく) 고액　連続(れんぞく) 연속
高齢(こうれい) 고령

정답 95-D, 96-B, 97-C

98-100

昔から、アニメはキャラクターグッズ化によって制作資金回収を行うという独自のシステムが形成されていた。鉄腕アトムの制作者手塚治虫は、ディズニーアニメの販売戦略を真似たともいわれるが、日本のアニメはディズニーのそれとは別の道を歩むことになった。現代、ディズニーアニメは制作費が高騰し、全世界で配給して多くの年齢層の観客をとりこみ、できるだけ多くの興行収入を確保するというシステムになっており、それに伴ってストーリーや題材も当り障りがなく、どこからも苦情が来ないようにあえて工夫されて作られているものが多くなりつつある。これに対して日本では、ディズニーのようなアニメの巨人が存在しなかった。多くのアニメスタジオが競って作品を作ったため、作家性の薄いもの、強いもの、個性的なもの、平凡なもの、当り障りないものなど、おびただしい数と種類のアニメ作品が生まれた。現在も少人数、低予算で制作されるという点は変っておらず、これが欠点であり武器でもあるという点も変っていない。

옛날부터 만화는 캐릭터 상품화에 따라 제작 자금 회수를 한다고 하는 독자적인 시스템이 형성되어 있었다. 아톰의 제작자 데즈카 오사무는 디즈니 만화의 판매 전략을 모방하였다고도 하지만, 일본의 만화는 디즈니의 그것과는 별도의 길을 걷게 되었다. 현대의 디즈니 만화는 제작비가 앙등하여, 전 세계에 배급해서 많은 연령층의 고객을 확보하여, 가능한 한 많은 흥행 수입을 확보한다는 시스템이 되어 있어서, 이에 따라 스토리나 소재도 문제의 여지가 없고, 어디에서도 불만이 나오지 않도록 억지로 고안되어 만들어지고 있는 것이 많아지고 있다. 이에 비해 일본에는 디즈니와 같은 만화의 거장이 존재하지 않았다. 많은 만화 제작소가 경쟁하여 작품을 만들었기 때문에, 작가성이 부족한 것, 강한 것, 개성적인 것, 평범한 것, 문제 없는 것 등, 엄청난 수와 종류의 만화 작품이 태어났다. 현재도 소수, 저예산으로 제작된다고 하는 점은 변함이 없고, 이것이 결점이며 무기이기도 하다는 점도 변함이 없다.

98 昔から行われているアニメーションの資金回収法は何ですか。

(A) アニメーションの登場人物のグッズ化。

(B) 多くの人に見てもらい、多くの興行収入をもらう。

(C) 様々な種類のアニメーションを作って多様化させる。

(D) 低予算で多くのアニメーションを作る。

옛날부터 행해지고 있는 애니메이션의 자금 회수방법은 무엇입니까?

(A) 애니메이션의 등장인물의 상품화.

(B) 많은 사람들이 보게 하여, 많은 흥행수입을 얻는다.

(C) 여러 종류의 애니메이션을 만들어 다양화시킨다.

(D) 낮은 예산으로 많은 애니메이션을 만든다.

99 ディズニーのアニメーションはどうして、ストーリーや題材に当たり障りのない内容になっていますか。

(A) 多くの会社がアニメーション制作を競い合っていたから。

(B) 小さな子供たちが主に見るので衝撃的な内容を避けたから。

(C) 少人数で、低予算で制作しているため。

(D) 多くの年齢層の観客に見てもらうため。

디즈니의 애니메이션은 왜, 스토리나 소재에 문제가 없는 내용으로 되어 있습니까?

(A) 많은 회사가 애니메이션 제작을 경합하고 있었기 때문에.

(B) 어린 아이들이 주로 보기 때문에 충격적인 내용을 피했기 때문에.

(C) 소수로, 저예산으로 제작했기 때문에.

(D) 많은 연령층의 관객이 보게 하기 위해서.

100 日本のアニメーション制作の特徴は何ですか。

(A) 少人数、低予算のためアニメーションの内容が似ている。

(B) 苦情が出ないように作っているので、世界中で受け入れられている。

(C) 少人数、低予算でおびただしい種類のアニメーションを作っている。

(D) 日本のアニメーションの制作費も高騰し続けている。

일본의 애니메이션 제작의 특징은 무엇입니까?

(A) 소수, 저예산으로 애니메이션의 내용이 비슷하다.

(B) 불만이 나오지 않도록 만들었기 때문에, 전 세계에서 수용되고 있다.

(C) 소수, 저예산으로 엄청난 종류의 애니메이션을 만들고 있다.

(D) 일본의 애니메이션 제작비도 계속 앙등하고 있다.

어구·해설 アニメ 애니메이션, 동화(動畵) キャラクターグッズ 캐릭터 상품 制作(せいさく) 제작 資金(しきん) 자금 回収(かいしゅう) 회수 行(おこな)う 행동하다, 실시하다, 실행하다 鉄腕(てつわん) 철완, 무쇠같이 강한 팔 手塚治虫(てづかおさむ) 일본의 대표적 만화가 販売(はんばい) 판매 戦略(せんりゃく) 전략 真似(まね) 흉내, 모방, 동작, 행동, 몸짓, 시늉 歩(あゆ)む 걷다, 비유적으로 거쳐 오다, 지나다 高騰(こうとう) 고등, 앙등, 등귀 取(と)り込(こ)む 혼잡해지다, 거두어들이다 興行(こうぎょう) 흥행 伴(ともな)う 따라가다, 데리고 가다, 동반하다, 걸맞다, 어울리다 題材(だいざい) 제재, 주제나 내용이 될 재료, 소재 当(あた)り障(さわ)り 탈, 지장, 영향 苦情(くじょう) 불평, 불만, 푸념, 고충 あえて 감히, 굳이, 억지로, 무리하게 工夫(くふう) 궁리함, 생각을 짜냄, 고안 巨人(きょじん) 거인 存在(そんざい) 존재 競(きそ)う 다투다, 경쟁하다 薄(うす)い 얇다, 연하다 おびただしい 엄청나다, 수량이 광장히 많다, 정도가 심하다 欠点(けってん) 결점 武器(ぶき) 무기 登場人物(とうじょうじんぶつ) 등장인물 様々(さまざま) 가지가지, 여러 가지, 가지각색 多様化(たようか) 다양화 競(きそ)い合(あ)う 경합하다 主(おも)に 주로 衝撃的(しょうげきてき) 충격적 避(さ)ける 피하다, 멀리하다, 삼가다, 조심하다 特徴(とくちょう) 특징 似(に)る 닮다, 비슷하다 受(う)け入(い)れる 받아들이다, 남의 청을 들어주다, 승낙하다

정답 98-A, 99-D, 100-C

54

실전모의고사 해설

회

01

(A) 人々が電車を待っているところ です。

(B) 人々が電車に乗ろうとしている ところです。

(C) 人々が電車に乗ったところです。

(D) 電車がホームを通過していると ころです。

(A) 사람들이 전차를 기다리고 있는 참입 니다.

(B) 사람들이 전차를 타려고 하고 있는 참 입니다.

(C) 사람들이 막 전차를 탔습니다.

(D) 전차가 플랫폼을 통과하고 있는 참입 니다.

> **참 고** 사람들이 막 전차를 타려고 하는 사진이다.

> **어구·해설** **人々**(ひとびと) 사람들 **電車**(でんしゃ) 전차, 전철 **待**(ま)**つ** 기다리다 **乗**(の)**る** 탈 것에 올라타다, 위에 오르다
> **ホーム** 정거장 등의 플랫폼 **通過**(つうか) 통과

> **정 답** B

02

(A) ここには郵便局がありません。

(B) ここには銀行がありません。

(C) ここには駐車場がありますが、 有料です。

(D) ここには駐車場がありますし、 無料です。

(A) 이곳에는 우체국이 없습니다.

(B) 이곳에는 은행이 없습니다.

(C) 이곳에는 주차장이 있습니다만, 유료 입니다.

(D) 이곳에는 주차장이 있으며, 무료입니다.

> **참 고** 각 게시판을 주의해서 보자!

> **어구·해설** **郵便局**(ゆうびんきょく) 우체국 **銀行**(ぎんこう) 은행 **駐車場**(ちゅうしゃじょう) 주차장 **有料**(ゆうりょう) 유료
> **無料**(むりょう) 무료

> **정 답** C

03

(A) ボールは男_{おとこ}の人_{ひと}の手前_{てまえ}にあります。
(B) ボールは子供_{こども}の後_{うし}ろにあります。
(C) ボールはどこにもありません。
(D) ボールは男_{おとこ}の人_{ひと}の後_{うし}ろにあります。

(A) 공은 남자 바로 앞에 있습니다.
(B) 공은 어린이 뒤에 있습니다.
(C) 공은 어디에도 없습니다.
(D) 공은 남자 뒤에 있습니다.

참고 사람뿐만 아니라 사물의 위치도 미리 파악해 두자!

어구·해설 ボール 공　手前(てまえ) 자기의 바로 앞, 자기에게 가까운 위치, 어떤 곳에 약간 못 미치는 지점
子供(こども) 어린이, 아이　後(うし)ろ 뒤, 뒤쪽, 등

정답 D

04

(A) 右側_{みぎがわ}の男_{おとこ}の人_{ひと}は足_{あし}を組_くんでいます。
(B) 右側_{みぎがわ}の男_{おとこ}の人_{ひと}は背広_{せびろ}を着_きています。
(C) 左側_{ひだりがわ}の男_{おとこ}の人_{ひと}はお手上_{てあ}げです。
(D) 左側_{ひだりがわ}の男_{おとこ}の人_{ひと}は立_たち尽_つくしています。

(A) 우측의 남자는 다리를 꼬고 있습니다.
(B) 우측의 남자는 신사복을 입고 있습니다.
(C) 좌측의 남자는 속수무책입니다.
(D) 좌측의 남자는 내내 서 있습니다.

참고 소수의 인물이 나오는 경우에는 사람의 자세 및 행동 등에 유의해야 한다.

어구·해설 右側(みぎがわ) 우측, 오른쪽　足(あし)を組(く)む 다리를 꼬다　背広(せびろ)を着(き)る 신사복을 입다
左側(ひだりがわ) 좌측, 왼쪽　お手上(てあ)げ 더 이상 어찌할 수 없게 됨, 손듦, 항복, 속수무책
立(た)ち尽(つ)くす 멍해지거나 감격해서 언제까지나 그곳에 서 있다, 내내 서 있다

정답 A

05

(A) 肉_{にく}が串_{くし}と一緒_{いっしょ}に寝_ねそべっています。
(B) 肉_{にく}が串_{くし}に刺_ささっています。
(C) 肉_{にく}が串_{くし}に刺_さしています。
(D) 串_{くし}が肉_{にく}に刺_さされています。

(A) 고기가 꼬치와 함께 드러누워 있습니다.
(B) 고기가 꼬치에 꽂혀 있습니다.
(C) 고기가 꼬치를 꿰고 있습니다.
(D) 꼬치가 고기에 꿰어져 있습니다.

참고 자·타동사 및 수동 관계에 대해 주의하자!

어구·해설 肉(にく) 살, 근육, 고기　串(くし) 꼬챙이, 꼬치　一緒(いっしょ)に 함께, 같이　寝(ね)そべる 엎드려 눕다, 드러눕다
刺(さ)さる 꽂히다, 박히다, 찔리다　刺(さ)す 찌르다, 꿰다

정답 B

06

(A) 二人は並んで横断歩道を渡っています。

(B) 二人は縦に並んで横断歩道を渡っています。

(C) 女の人は両手を広げて横断歩道を渡っています。

(D) 女の子はかばんを持っています。

(A) 두 사람은 나란히 횡단보도를 건너고 있습니다.

(B) 두 사람은 세로로 나란히 횡단보도를 건너고 있습니다.

(C) 여자는 두 팔을 벌리고 횡단보도를 건너고 있습니다.

(D) 여자 아이는 가방을 들고 있습니다.

참고 등장인물의 복장 및 소지품에 대한 내용을 주의해서 들어야 한다.

어구·해설 二人(ふたり) 두 사람, 2인 並(なら)ぶ 줄 서다, 늘어서다, 나란히 서다 横断歩道(おうだんほどう) 횡단보도 渡(わた)る 건너다, 건너오다, 건너가다 縦(たて) 세로, 수직 방향 両手(りょうて) 두 손, 양손 広(ひろ)げる 넓히다, 확장하다, 확대하다, 끝이 벌어지게 하다 かばんを持(も)つ 가방을 들다

정답 A

07

(A) かごには氷が置いてあります。

(B) カップにストローが並べてあります。

(C) カップに氷が浮いています。

(D) カップに氷はありません。

(A) 바구니에는 얼음이 놓여 있습니다.

(B) 컵에 스트로가 나란히 놓여 있습니다.

(C) 컵에 얼음이 떠 있습니다.

(D) 컵에 얼음은 없습니다.

참고 빨대와 함께 얼음이 들어 있는 모양을 이야기하고 있다.

어구·해설 籠(かご) 바구니, 소쿠리 氷(こおり) 얼음 置(お)く 물건을 어떤 장소에 놓다, 두다 カップ 컵 ストロー 스트로, 빨대 並(なら)べる 줄지어 놓다, 나란히 놓다, 죽 늘어놓다 浮(う)く 뜨다

정답 C

08

(A) これは遊園地の入場券です。

(B) これは新橋駅までの乗車券です。

(C) これは一日限定で自由に乗り降りできる切符です。

(D) これは4月27日から有効の乗車券です。

(A) 이것은 유원지 입장권입니다.

(B) 이것은 신바시역까지의 승차권입니다.

(C) 이것은 일일 한정으로 자유롭게 타고 내릴 수 있는 표입니다.

(D) 이것은 4월 27일부터 유효한 승차권입니다.

참고 표에 적혀있는 내용을 잘 파악해야 한다. 有効日(ゆうこうび)라는 단어를 포착해야 한다.

어구·해설 遊園地(ゆうえんち) 유원지 乗車券(じょうしゃけん) 승차권 一日(いちにち) 일일, 하루 限定(げんてい) 한정 自由(じゆう)に 자유롭게 乗(の)り降(お)り 타고 내림, 승강 切符(きっぷ) 표 有効(ゆうこう) 유효

정답 C

09

(A) 子供は走っています。

(B) 親子が向かい合って立っています。

(C) 女の人は帽子を被り直しています。

(D) 男の人は鞄を背負っています。

(A) 어린이는 달리고 있습니다.

(B) 부자가 마주보고 서 있습니다.

(C) 여자는 모자를 고쳐 쓰고 있습니다.

(D) 남자는 가방을 짊어지고 있습니다.

참고 등장인물의 복장, 소지품, 행동 등에 주의하자!

어구·해설 走(はし)る 달리다, 뛰다, 빨리 움직이다 親子(おやこ) 어버이와 자식, 부자, 모자 向(む)かい合(あ)う 마주보다, 마주 대하다 立(た)つ 서다 帽子(ぼうし)を被(かぶ)る 모자를 쓰다 동사의 연용형 + 直(なお)す 다시 ～하다 鞄(かばん) 가방 背負(せお)う 짊어지다, 등에 업다, 지다

정답 D

10

(A) 子供はおんぶしています。

(B) 子供はおんぶされています。

(C) 子供は抱っこしています。

(D) 子供は抱っこされています。

(A) 아이는 업고 있습니다.

(B) 아이는 업혀 있습니다.

(C) 아이는 안고 있습니다.

(D) 아이는 안겨 있습니다.

참고 아이를 안고 있는 모습(수동 관계에 유의)을 잘 보고 문제를 풀자!

어구·해설 おんぶ 어부바, 업음 抱(だ)っこ 안음, 안김

정답 D

11

(A) <ruby>左端<rt>ひだりはし</rt></ruby>の<ruby>洗面台<rt>せんめんだい</rt></ruby>には<ruby>吊革<rt>つりかわ</rt></ruby>がついています。

(B) <ruby>左端<rt>ひだりはし</rt></ruby>の<ruby>洗面台<rt>せんめんだい</rt></ruby>には<ruby>手垢<rt>てあか</rt></ruby>がついています。

(C) <ruby>右端<rt>みぎはし</rt></ruby>の<ruby>洗面台<rt>せんめんだい</rt></ruby>には<ruby>手<rt>て</rt></ruby>すりがついています。

(D) <ruby>右端<rt>みぎはし</rt></ruby>の<ruby>洗面台<rt>せんめんだい</rt></ruby>には<ruby>消毒液<rt>しょうどくえき</rt></ruby>がありません。

(A) 왼쪽 끝 세면대에는 가죽 손잡이가 달려 있습니다.

(B) 왼쪽 끝 세면대에는 손때가 묻어 있습니다.

(C) 오른쪽 끝 세면대에는 난간이 달려 있습니다.

(D) 오른쪽 끝 세면대에는 소독액이 없습니다.

참고 어휘「手(て)すり(난간)」를 알아야 풀 수 있는 문제이다.

어구·해설 **左端**(ひだりはし) 맨 왼쪽, 왼쪽 끝　**洗面台**(せんめんだい) 세면대　**吊革**(つりかわ) 전차 · 버스 등의 손잡이　**手垢**(てあか) 손때, 물건에 묻은 손의 때　**右端**(みぎはし) 맨 오른쪽, 오른쪽 끝　**手**(て)**すり** 난간　**消毒液**(しょうどくえき) 소독액

정답 C

12

(A) <ruby>女<rt>おんな</rt></ruby>の<ruby>人<rt>ひと</rt></ruby>は<ruby>髪<rt>かみ</rt></ruby>を<ruby>結<rt>むす</rt></ruby>んでいます。

(B) <ruby>女<rt>おんな</rt></ruby>の<ruby>人<rt>ひと</rt></ruby>は<ruby>半袖<rt>はんそで</rt></ruby>のシャツを<ruby>着<rt>き</rt></ruby>ています。

(C) <ruby>女<rt>おんな</rt></ruby>の<ruby>人<rt>ひと</rt></ruby>は<ruby>左手<rt>ひだりて</rt></ruby>で<ruby>消<rt>け</rt></ruby>しています。

(D) <ruby>女<rt>おんな</rt></ruby>の<ruby>人<rt>ひと</rt></ruby>は<ruby>字<rt>じ</rt></ruby>を<ruby>書<rt>か</rt></ruby>いています。

(A) 여자는 머리를 묶었습니다.

(B) 여자는 반소매 셔츠를 입고 있습니다.

(C) 여자는 왼손으로 지우고 있습니다.

(D) 여자는 글자를 쓰고 있습니다.

참고 등장인물의 행동과 모습에 주의하자.

어구·해설 **髪**(かみ)**を結**(むす)**ぶ** 머리를 묶다　**半袖**(はんそで) 반소매　**シャツを着**(き)**る** 셔츠를 입다　**左手**(ひだりて) 왼손　**消**(け)**す** 끄다, 지우다　**字**(じ)**を書**(か)**く** 글자를 쓰다

정답 A

13

(A) 人形_{にんぎょう}はきれいな紙_{かみ}で包装_{ほうそう}されています。

(B) 招_{まね}き猫_{ねこ}は目_めを見開_{みひら}いています。

(C) 招_{まね}き猫_{ねこ}は笑_{わら}っています。

(D) 人形_{にんぎょう}は頭_{あたま}を深々_{ふかぶか}と下_さげています。

(A) 인형은 깨끗한 종이로 포장되어 있습니다.

(B) 마네키 네코는 눈을 크게 뜨고 있습니다.

(C) 마네키 네코는 웃고 있습니다.

(D) 인형은 머리를 푹 숙이고 있습니다.

[참고] 고양이가 어느 쪽 손을 들고 있는지에 대해서 묻기도 한다.

[어구·해설] 人形(にんぎょう) 인형　紙(かみ) 종이　包装(ほうそう) 포장　見開(みひら)く 눈을 크게 뜨다　頭(あたま) 머리
招(まね)き猫(ねこ) 한쪽 앞발로 사람을 부르는 시늉을 한 고양이 장식물(손님이나 재물을 불러들인다 하여 상가의 장식으로 씀)
笑(わら)う 웃다　深々(ふかぶか) 깊숙이, 푹　下(さ)げる 위치를 낮추다, 정도·질을 떨어뜨리다

[정답] B

14

(A) 女_{おんな}の子_こは左手_{ひだりて}に袋_{ふくろ}を持_もっています。

(B) 女_{おんな}の子_こは右手_{みぎて}に袋_{ふくろ}を抱_{かか}えています。

(C) 女_{おんな}の子_こはぬいぐるみを触_{さわ}っています。

(D) 女_{おんな}の子_こはヨーヨーを触_{さわ}っています。

(A) 여자 아이는 왼손에 봉투를 들고 있습니다.

(B) 여자 아이는 오른손으로 봉투를 안고 있습니다.

(C) 여자 아이는 봉제 인형을 만지고 있습니다.

(D) 여자 아이는 요요를 만지고 있습니다.

[참고] 어휘「ヨーヨー(요요)」를 잘 모를 경우에는 소거법으로 문제를 푼다.

[어구·해설] 左手(ひだりて) 왼손　袋(ふくろ) 주머니, 자루, 봉투　持(も)つ 손에 들다, 지속하다, 지탱하다, 견디다　右手(みぎて) 오른손
抱(かか)える 안다, 껴안다, 감싸 쥐다　縫(ぬ)い包(ぐる)み 솜·헝겊 등을 속에 넣고 꿰매거나 그렇게 꿰맨 것, 봉제 인형
触(さわ)る 닿다, 손을 대다, 건드리다, 만지다　ヨーヨー 요요(자이로스코프 원리를 응용한 장난감)

[정답] D

15

(A) 多_{おお}くの人_{ひと}でごった返_{がえ}しています。

(B) 閑散_{かんさん}とした風景_{ふうけい}です。

(C) 今_{いま}にも岩_{いわ}が落_おちそうです。

(D) 人_{ひと}っ子_こ一人_{ひとり}いません。

(A) 많은 사람으로 몹시 붐비고 있습니다.

(B) 한산한 풍경입니다.

(C) 금방이라도 바위가 떨어질 것 같습니다.

(D) 사람 하나 없습니다.

[참고] 다수의 인물이 등장할 경우에는 전체적인 배경을 중심으로 봐 두어야 한다.

[어구·해설] 多(おお)く 많음, 다수, 대부분　ごった返(がえ)す 심한 혼잡을 이루다, 몹시 붐비다　閑散(かんさん) 한산
風景(ふうけい) 풍경　今(いま)にも 당장에라도, 이내, 곧, 금방　岩(いわ) 바위　落(お)ちる 떨어지다, 하락하다
人(ひと)っ子(こ)一人(ひとり) 누구 하나, 아무도, 사람 하나

[정답] A

16

(A) 歩道橋に車が衝突しました。

(B) 歩道橋に人っ子一人いません。

(C) 歩道橋に信号はありません。

(D) 歩道橋の近くにビルが林立しています。

(A) 육교에 차가 충돌했습니다.

(B) 육교에 사람 하나 없습니다.

(C) 육교에 신호는 없습니다.

(D) 육교 근처에 빌딩이 숲을 이루어 서 있습니다.

참 고 신호등은 어디에도 보이지 않는다.

어구·해설 歩道橋(ほどうきょう) 육교 車(くるま) 차, 자동차 人(ひと)っ子(こ)一人(ひとり) 누구 하나, 아무도, 사람 하나
信号(しんごう) 신호 近(ちか)く 근처, 가까운 곳 ビル 빌딩 林立(りんりつ) 임립, 숲을 이루어 서 있음

정 답 C

17

(A) ここではキリスト教会のお祭りが行われます。

(B) ここでは神社のお祭りが行われます。

(C) ここでは寺院のお祭りが行われます。

(D) ここでは映画のお祭りが行われます。

(A) 이곳에서는 그리스도 교회 축제가 행하여집니다.

(B) 이곳에서는 신사 축제가 행하여집니다.

(C) 이곳에서는 사원 축제가 행하여집니다.

(D) 이곳에서는 영화 축제가 행하여집니다.

참 고 일본의 문화(신사)와 관련된 문제이다.

어구·해설 キリスト 그리스도, 예수 教会(きょうかい) 교회 お祭(まつ)り 축제 行(おこな)う 행위를 하다, 행동하다, 실시하다
神社(じんじゃ) 신사, 신도(神道)의 신을 제사 지내는 곳 寺院(じいん) 사원 映画(えいが) 영화

정 답 B

18

(A) 車はガードの下をくぐります。

(B) 車がトンネルから出てきました。

(C) 電車は車の下をくぐります。

(D) 電車より車が優先されます。

(A) 차는 가드 밑을 빠져나갑니다.

(B) 차가 터널에서 나왔습니다.

(C) 전차는 차 밑을 빠져나갑니다.

(D) 전차보다 차가 우선입니다.

참 고 「下(した)を潜(くぐ)る(아래를 빠져나가다)」의 의미를 알아야 풀 수 있는 문제이다.

어구·해설 車(くるま) 차, 자동차 ガード 육교, 가도교(架道橋), 도로 위의 철교 下(した)を潜(くぐ)る 아래를 빠져나가다
トンネル 터널 電車(でんしゃ) 전차, 전철 優先(ゆうせん) 우선

정 답 A

19

(A) 洗濯物は屋内に干してあります。

(B) 洗濯物が取り込んであります。

(C) 洗濯物は縁側に干してあります。

(D) 洗濯物は軒下に干してあります。

(A) 세탁물은 실내에 말리고 있습니다.

(B) 세탁물이 걷어 들여져 있습니다.

(C) 세탁물은 툇마루에 말리고 있습니다.

(D) 세탁물은 처마 밑에 말리고 있습니다.

참고 빨래를 처마 밑에서 말리고 있는 모습에 대한 문제이다.

어구·해설 **洗濯物**(せんたくもの) 세탁물 **屋内**(おくない) 옥내, 집의 안, 실내 **干**(ほ)**す** 말리다 **取**(と)**り込**(こ)**む** 거두어들이다

縁側(えんがわ) 마루, 툇마루 **軒下**(のきした) 처마 밑

정답 D

20

(A) 貧しい人にいろいろなものを提供しています。

(B) フリーマーケットにたくさんの人が参加しています。

(C) たくさんの人が座り込みをしています。

(D) 家を追われたホームレスが集会をしています。

(A) 가난한 사람에게 여러 가지 물건을 제공하고 있습니다.

(B) 벼룩시장에 많은 사람이 참가하고 있습니다.

(C) 많은 사람이 농성을 하고 있습니다.

(D) 집에서 쫓겨난 홈리스가 집회를 하고 있습니다.

참고 「フリーマーケット」는 우리나라의 벼룩시장과 같은 형식이다.

어구·해설 **貧**(まず)**しい** 가난하다, 부족하다, 빈약하다 **色々**(いろいろ) 여러 가지, 갖가지, 가지각색 **提供**(ていきょう) 제공

フリーマーケット 프리마켓, 벼룩시장 **たくさん** 많음, 충분함, 더 필요 없음, 질색임 **参加**(さんか) 참가

座(すわ)**り込**(こ)**み** 앉은 채 움직이지 않음, 농성 **追**(お)**う** 따르다, 몰다, 내쫓다, 추방하다

ホームレス 홈리스, 살 집이 없어서 길거리나 역 등에서 자는 사람 **集会**(しゅうかい) 집회

정답 B

PART 2 질의응답

21 高橋さんの趣味は何ですか？

(A) 本を読んだり、音楽を聞いたりすることです。

(B) ラーメンは好きじゃありません。

(C) いいえ、あまりしません。

(D) それはいけませんね。

다카하시씨의 취미는 무엇입니까?

(A) 책을 읽거나, 음악을 듣거나 하는 것입니다.

(B) 라면은 좋아하지 않습니다.

(C) 아니오, 별로 하지 않습니다.

(D) 그것은 안 되겠군요.

어구·해설 趣味(しゅみ) 취미　本(ほん) 책　読(よ)む 읽다　音楽(おんがく) 음악

聞(き)く 말이나 소리를 듣다, 남의 말을 받아들이다, 묻다(질문하다)　ラーメン 라면　好(す)き 좋아함

정답 A

22 銀行はどこですか。

(A) 玄関にあります。

(B) あそこが公園です。

(C) 学校は近いです。

(D) 駅の前にあります。

은행은 어디입니까?

(A) 현관에 있습니다.

(B) 저기가 공원입니다.

(C) 학교는 가깝습니다.

(D) 역 앞에 있습니다.

어구·해설 銀行(ぎんこう) 은행　どこ 어디　玄関(げんかん) 현관　あそこ 저기, 저곳　公園(こうえん) 공원

学校(がっこう) 학교　近(ちか)い 가깝다　駅(えき) 역　前(まえ) 앞, 정면, 이전(전)

정답 D

23

川口^{かわぐち}さんは結婚^{けっこん}していますか。

(A) はい、結婚^{けっこん}します。

(B) はい、結婚^{けっこん}しています。

(C) いいえ、結婚^{けっこん}しません。

(D) 子供^{こども}は産^うみません。

가와구찌씨는 결혼했습니까?

(A) 예, 결혼합니다.

(B) 예, 결혼했습니다.

(C) 아니오, 결혼하지 않습니다.

(D) 아이는 낳지 않습니다.

어구·해설 結婚(けっこん) 결혼　子供(こども) 아이, 어린이　産(う)む 낳다

정답 B

24

課長^{かちょう}、その仕事^{しごと}私^{わたし}にさせてください。

(A) じゃ、君^{きみ}がそんなに望^{のぞ}むなら、やめてもいいよ。

(B) じゃ、君^{きみ}の願^{ねが}いとなればやらなくてもいいよ。

(C) 君^{きみ}が望^{のぞ}むなら、君^{きみ}に任^{まか}せることにしよう。

(D) 望^{のぞ}みを一^{ひと}つだけかなえてあげよう。

과장님, 그 일은 저에게 시켜 주십시오.

(A) 그럼, 자네가 그렇게 원하면, 그만둬도 괜찮아.

(B) 그럼, 자네의 바람이라면 안 해도 돼.

(C) 자네가 원하면, 자네에게 맡기기로 하지.

(D) 소원을 한 가지만 들어주지.

참고 사역 표현에 대한 응답 표현을 찾아야 한다.

어구·해설 課長(かちょう) 과장, 과장님　仕事(しごと) 일, 작업　君(きみ) 남자가 동년배 또는 손아래 상대를 친근하게 부르는 말(자네, 그대, 군)
願(ねが)い 바람, 바라는 일, 소망(소원)　望(のぞ)む 바라다(원하다), 멀리서 보다(바라보다)　任(まか)せる 맡기다, 위임하다(일임하다)
望(のぞ)み 희망(소망, 소원), 전망(가망)　かなえる 채우다(충족시키다), 들어주다(이루어 주다, 성취시키다)

정답 C

25

今日^{きょう}、予約^{よやく}したお客様^{きゃくさま}はいつおいでになりますか。

(A) どうぞいつでもお越^こしください。

(B) 午前中^{ごぜんちゅう}に来^こられるはずですよ。

(C) 午後^{ごご}には来^こないようにしてください。

(D) 深夜^{しんや}には営業^{えいぎょういた}致しません。

오늘, 예약한 손님은 언제 오십니까?

(A) 아무쪼록 언제든지 와 주십시오.

(B) 오전 중에 오실 거예요.

(C) 오후에는 오지 않도록 해 주십시오.

(D) 심야에는 영업하지 않습니다.

참고 경어 표현에 주의하자!

어구·해설 予約(よやく) 예약　お客様(きゃくさま) 손님　いつ 언제, 평소(여느 때)　おいでになる 오시다, 가시다, 계시다
お越(こ)し 오심, 가심, 왕림(행차)　午前(ごぜん) 오전　午後(ごご) 오후　深夜(しんや) 심야　営業(えいぎょう) 영업
致(いた)す 「する」의 겸양어·정중어

정답 B

26 毎朝、運動すると体にもいいそうですよ。

(A) そうですね。運動すると、体がだるくなりますね。

(B) そうですね。運動すると、新陳代謝が悪くなります。

(C) そうですね。運動すると、食事も美味しくいただけます。

(D) そうですね。運動すると、脳出血を起します。

매일 아침, 운동을 하면 몸에도 좋다고 해요.

(A) 그렇지요. 운동을 하면, 몸이 나른해지네요.

(B) 그렇지요. 운동을 하면, 신진대사가 나빠집니다.

(C) 그렇지요. 운동을 하면, 식사도 맛있게 할수 있습니다.

(D) 그렇지요. 운동을 하면, 뇌출혈을 일으킵니다.

어구·해설 　**毎朝**(まいあさ) 매일 아침　**運動**(うんどう) 운동　**だるい** 나른하다　**新陳代謝**(しんちんたいしゃ) 신진대사
悪(わる)**い** 나쁘다, 좋지 않다　**食事**(しょくじ) 식사　**脳出血**(のうしゅっけつ) 뇌출혈　**起**(おこ)**す** 일으키다, 잠을 깨우다

정답 C

---

27 ちょっとお伺いしたいのですが。

(A) すみません。高いですよ。

(B) はい、なんなりとお聞き下さい。

(C) いいえ、違います。

(D) どういたしまして。

잠시 여쭙고 싶습니다만.

(A) 미안합니다, 비쌉니다.

(B) 예, 무엇이든지 물어주십시오.

(C) 아니오, 다릅니다.

(D) 별 말씀을 다 하십니다.

어구·해설 　**ちょっと** 잠깐(잠시), 좀(약간)　**伺**(うかが)**う** '묻다, 듣다, 방문하다'의 겸양어 (여쭙다, 삼가듣다, 찾아뵙다)
高(たか)**い** 높다, 키가 크다, 비싸다　**なんなりと** 무엇이든지, 무엇이건　**聞**(き)**く** 듣다, 묻다(질문하다)
違(ちが)**う** 다르다(상이하다), 잘못되다(틀리다)　**どういたしまして** 상대편의 사례·사과·칭찬의 말에 대하여 겸손하게 그것을 부
정하면서 하는 인사말(별 말씀을 다 하십니다, 천만의 말씀)

정답 B

---

28 部屋の電気を付けっぱなしにして出かけてしまいました。

(A) そんなことは朝飯前ですよ。

(B) 電気代がもったいないですね。

(C) 電気代の節約になりますね。

(D) コンセントのプラグはどこですか。

방의 전기를 켜 둔 채로 외출하고 말았습니다.

(A) 그런 것은 누워서 떡먹기예요.

(B) 전기세가 아깝네요.

(C) 전기세 절약이 되겠네요.

(D) 콘센트 플러그는 어디에 있습니까?

어구·해설 　**部屋**(へや) 방　**電気**(でんき)**を付**(つ)**ける** 전기를 켜다　**出**(で)**かける** 나가다
朝飯前(あさめしまえ) 식전에 해치울 수 있을 만큼 아주 쉬움(누워서 떡 먹기, 식은 죽 먹기)
電気代(でんきだい) 전기세　**もったいない** 과분하다(고맙다), 아깝다　**節約**(せつやく) 절약
コンセント 전기 기구의 코드를 배선에 접속키 위해 설치한 플러그를 꽂는 곳(콘센트)　**プラグ** 전기 코드를 끼워 넣는 곳(플러그)

정답 B

29

金曜日の会議、欠席してもいいかしら。

(A) 病気で会議を欠席したの？

(B) 欠席の理由はもう伝えてあるよ。

(C) 会議に欠席してどこへ行ったの？

(D) 別に大事な会議でもないし、かまわないよ。

금요일 회의, 결석해도 괜찮을까?

(A) 병으로 회의를 결석한 거야?

(B) 결석 이유는 이미 전해 뒀어.

(C) 회의에 결석하고 어디에 간 거야?

(D) 별로 중요한 회의도 아니고, 상관없어.

어구·해설 **かしら** 의문의 뜻을 나타내는 여성어(~일지 몰라), 부정어 뒤에 붙여서 희망하거나 부탁하는 뜻을 나타내는 여성어(~해 주지 않을까나)

病気(びょうき) 병 **もう** 이미, 벌써, 이제, 더(그 위에 또) **伝**(つた)**える** 전하다, 전언하다, 전달하다

行(い)**く** 가다 **別**(べつ)**に** 부정어와 함께 사용(별로, 특별히), 부정어와 함께 사용하지 않고 단독으로 사용하여 상대편의 물음에 대한 부정의 뜻을 나타냄(별로) **大事**(だいじ) 큰일, 소중함, 중요함 **かまわない** 상관없다, 걱정하지 않다

정답 D

30

来月の京都への研修旅行は何で行きますか。

(A) 会社の経営状態が悪いので中止になりました。

(B) 夜は会社の親睦会です。

(C) 本当に楽しみですね。

(D) たぶん新幹線になると思います。

다음 달 교토로의 연수 여행은 무엇으로 갑니까?

(A) 회사의 경영상태가 좋지 않아서 중지되었습니다.

(B) 밤에는 회사의 친목회입니다.

(C) 정말로 기대되네요.

(D) 아마도 신칸센이 될 것으로 생각합니다.

참고 여행 방법(수단)을 묻는 데 대한 응답 표현을 찾아야 한다.

어구·해설 **来月**(らいげつ) 내달(다음달) **研修**(けんしゅう) 연수 **旅行**(りょこう) 여행 **経営**(けいえい) 경영

状態(じょうたい) 상태 **中止**(ちゅうし) 중지 **夜**(よる) 밤 **親睦会**(しんぼくかい) 친목회

楽(たの)**しみ** 낙, 즐거움, 즐길 거리(기대) **たぶん** 아마, 대개, 거의 **新幹線**(しんかんせん) 신칸센 **思**(おも)**う** 생각하다

정답 D

31 山本さんはいつも黄色いシャツに赤いスカートよね。

(A) 山本さんの服装の好みが派手なんですよ。

(B) 山本さんの服装の好みが地味なんですよ。

(C) 山本さんは玉の輿に乗りましたから。

(D) いつも強引な感じで話をしますよ。

야마모토씨는 항상 노란 셔츠에 빨간 스커트네요.

(A) 야마모토씨의 복장 취향은 화려하답니다.

(B) 야마모토씨의 복장 취향은 수수하답니다.

(C) 야마모토씨는 부잣집에 시집갔으니까요.

(D) 늘 막무가내로 말을 해요.

어구·해설 いつも 언제나(항상, 늘), 평소(평상시, 여느 때) 黄色(きいろ)い 노랗다 シャツ 셔츠(내의), 와이셔츠
赤(あか)い 붉다(빨갛다) スカート 스커트(치마) 服装(ふくそう) 복장 好(この)み 좋아함, 기호, 취향
派手(はで) 화려함, 야함, 정도가 심함(야단스러움) 地味(じみ) 수수함, 검소함
玉(たま)の輿(こし)に乗(の)る 귀인이 타는 가마를 타고 시집간다는 뜻(신분이 낮은 여자가 결혼을 함으로써 고귀한 신분이 되다)
強引(ごういん) 반대나 장애를 무릅쓰고 억지로 함 感(かん)じ 감각(감촉), 인상 話(はなし) 이야기, 말

정답 A

---

32 山田君、必ず来るって言ってたのに、まだ来ませんね。

(A) 彼は男の中の男ですよ。

(B) それは夢のまた夢ですね。

(C) 彼はいつも大人しいですね。

(D) 何か来るに来れない事情があるのかもしれませんね。

야마다군, 반드시 온다고 했었는데, 아직도 오지 않네요?

(A) 그는 남자 중의 남자예요.

(B) 그것은 하늘의 별따기네요.

(C) 그는 언제나 얌전하네요.

(D) 뭔가 오려고 해도 올 수 없는 사정이 있는지도 모르겠네요.

참고 「来(く)るに来(こ)れない」는 오고 싶어도 오지 못한다는 의미이다.

어구·해설 必(かなら)ず 반드시, 꼭, 틀림없이 来(く)る 오다 言(い)う 말하다 男(おとこ) 남자
夢(ゆめ)のまた夢(ゆめ) 꿈속의 꿈처럼 아주 덧없음, 하늘의 별따기 大人(おとな)しい 얌전하다(온순하다), 수수하다
事情(じじょう) 사정 来(く)るに来(こ)れない 오려고 해도 올 수 없다 〜かもしれない 〜ㄹ지도 모른다

정답 D

---

33 このノートちょっと拝見してもよろしいですか。

(A) ええ、見てはいけません。

(B) ええ、どうぞお入りください。

(C) ええ、ご自由にご覧になってください。

(D) ええ、気軽に持ち歩けます。

이 노트 잠시 봐도 괜찮겠습니까?

(A) 네, 봐서는 안 됩니다.

(B) 네, 어서 들어오십시오.

(C) 네, 자유롭게 보세요.

(D) 네, 부담 없이 갖고 다닐 수 있습니다.

참고 의뢰(부탁) 표현에 대한 응답 표현을 찾아야 한다.

어구·해설 ノート 노트 拝見(はいけん) 삼가 봄 よろしい 「よい」의 공손한 표현(좋다, 괜찮다), 적당하다(적절하다, 알맞다)
ご覧(らん)になる 「見(み)る」의 높임말(보시다) 気軽(きがる)に 부담 없이, 선선히 持(も)ち歩(ある)く 갖고 다니다

정답 C

34 金子部長、明日のプレゼンテーションの資料はこれでよろしいでしょうか。

(A) よし、これなら手に汗を握るだろうね。

(B) ああ、これで手垢が付くよ。

(C) それはすぐ手を引いた方がいいな。

(D) もう少し手を加えるともっとよくなると思うけど。

가네코 부장님 내일의 프리젠테이션 자료는 이것으로 괜찮겠습니까?

(A) 좋아, 이거라면 손에 땀을 쥐겠네.

(B) 아아, 이것으로 손때가 묻어요.

(C) 그것은 바로 손을 떼는 편이 좋겠구나.

(D) 조금 더 수정을 하면 더 좋아질 것 같은데.

참고 프리젠테이션 자료에 대한 질문에 적합한 응답 표현을 찾아야 한다.

어구·해설 明日(あす) 내일, 앞날(장래) プレゼンテーション 자신의 생각을 이해하기 쉽게 눈에 보이는 형태로 제시함(프리젠테이션), 광고 대리점이 광고주에게 광고 계획안을 제시함 資料(しりょう) 자료 手(て)に汗(あせ)を握(にぎ)る 손에 땀을 쥐다 手垢(てあか)が付(つ)く 손때가 묻다 手(て)を引(ひ)く 손을 잡고 이끌다(인도하다), 손을 떼다(관계를 끊다) 手(て)を加(くわ)える 가공하다, 손질하다(수정하다)

정답 D

35 田中さんの学生時代には体罰があったんですか。

(A) そんなことは簡単には納得できません。

(B) 奥の手がものをいいましたよ。

(C) 当時は愛の鞭と言われていましたよ。

(D) まったく埒が明かないですよ。

다나카씨의 학생시절에는 체벌이 있었습니까?

(A) 그런 것은 간단하게 납득할 수 없습니다.

(B) 비법이 효력을 나타냈어요.

(C) 당시에는 사랑의 매라고 말했어요.

(D) 전혀 결말이 나지 않아요.

참고 어휘「愛(あい)の鞭(むち)(사랑의 매)」를 알아야 풀 수 있는 문제이다.

어구·해설 学生時代(がくせいじだい) 학생시절 体罰(たいばつ) 체벌 簡単(かんたん) 간단 納得(なっとく) 납득 奥(おく)の手(て) 비법, 최후 수단(비장의 솜씨) ものを言(い)う 입을 열다, 효력·효과가 나타나다(증명하다, 행세하다) 当時(とうじ) 당시 愛(あい)の鞭(むち) 사랑의 매(회초리) 埒(らち)が明(あ)かない 결말이 나지 않다, 진척이 안 되다

정답 C

36
<ruby>今<rt>こん</rt></ruby><ruby>度<rt>ど</rt></ruby>の<ruby>英語<rt>えいご</rt></ruby>の<ruby>試験<rt>しけん</rt></ruby>を<ruby>受<rt>う</rt></ruby>けるかどうか<ruby>悩<rt>なや</rt></ruby>んでいるのよ。

(A) <ruby>一<rt>いち</rt></ruby>か<ruby>八<rt>ばち</rt></ruby>か、<ruby>受<rt>う</rt></ruby>けてみたらどうかな。

(B) <ruby>捨<rt>す</rt></ruby>てる<ruby>神<rt>かみ</rt></ruby>あれば<ruby>助<rt>たす</rt></ruby>ける<ruby>神<rt>かみ</rt></ruby>ありだよ。

(C) そんなことは<ruby>朝飯前<rt>あさめしまえ</rt></ruby>だよ。

(D) <ruby>待<rt>ま</rt></ruby>ちに<ruby>待<rt>ま</rt></ruby>った<ruby>瞬間<rt>しゅんかん</rt></ruby>だよ。

이번 영어 시험을 볼지 어쩔지 고민하고 있어.

(A) 되든 안 되든 보는 게 어떨까?

(B) 버리는 신이 있으면 줍는 신도 있어.

(C) 그런 것은 식은 죽 먹기야.

(D) 기다리고 기다리던 순간이야.

참고 관용 표현에 주의하자!

어구·해설 試験(しけん)을 受(う)ける 시험을 보다(치르다) ~かどうか ~할지 어떨지 悩(なや)む 고민하다(번민하다), 병에 시달리다 一(いち)か八(ばち)か 되든 안 되든(흥하든 망하든, 운수를 하늘에 맡기고) 捨(す)てる神(かみ)あれば助(たす)ける神(か み)あり 세상은 넓음으로 한편에서 버림받더라도 다른 한편에서 도움을 받게 되는 경우도 있다(버리는 신이 있으면 줍는 신도 있다) 朝飯前(あさめしまえ) 식전에 해치울 수 있을 만큼 아주 쉬움(누워서 떡 먹기, 식은 죽 먹기) 待(ま)ちに待(ま)った 기다리고 기다리던 瞬間(しゅんかん) 순간

정답 A

37
<ruby>昨日<rt>きのう</rt></ruby>のワールドカップのサッカー<ruby>試合<rt>しあい</rt></ruby>はどうでしたか?

(A) よく<ruby>頑張<rt>がんば</rt></ruby>りましたが、<ruby>惜<rt>お</rt></ruby>しくも<ruby>引分<rt>ひきわ</rt></ruby>けでしたよ。

(B) あのゲームははったりでした。

(C) <ruby>選手<rt>せんしゅ</rt></ruby>には<ruby>練習<rt>れんしゅう</rt></ruby>の<ruby>成果<rt>せいか</rt></ruby>を<ruby>十分<rt>じゅうぶん</rt></ruby>に<ruby>発揮<rt>はっき</rt></ruby>してもらいたいですね。

(D) <ruby>韓国<rt>かんこく</rt></ruby>のチームが<ruby>勝<rt>か</rt></ruby>つと<ruby>思<rt>おも</rt></ruby>います。

어제 월드컵 축구 시합은 어땠습니까?

(A) 아주 열심히 했습니다만, 애석하게도 무승부였어요.

(B) 그 게임은 허세였습니다.

(C) 선수들은 연습의 성과를 충분히 발휘해 주었으면 합니다.

(D) 한국 팀이 이길 것이라고 생각합니다.

참고 시합 결과를 묻는 질문에 대한 적합한 응답 표현을 찾아야 한다.

어구·해설 ワールドカップ 각종 운동 경기의 세계 선수권 대회(월드컵) サッカー 축구 試合(しあい) 시합 頑張(がんば)る 견디며 버티다, 끝까지 노력하다, 끝가지 우기다(주장하다) 惜(お)しい 아깝다, 애석하다, 서운하다 引分(ひきわ)け 무승부(비김) はったり 상대를 위압하기 위하여 허세를 부리거나 강경한 태도를 보이거나 함(허세) 成果(せいか) 성과 十分(じゅうぶん) 충분함, 부족함이 없음 発揮(はっき) 발휘 勝(か)つ 이기다(승리하다)

정답 A

38 最近(さいきん)の天気予報(てんきよほう)、全然当(ぜんぜんあ)たらないよね。

(A) まったくそうだね、親(おや)のすねをかじっているようなものだね。

(B) まったくそうだね、当(あ)てにならないね。

(C) 目(め)も当(あ)てられない状況(じょうきょう)だ。

(D) 目頭(めがしら)が熱(あつ)くなるよ。

최근의 일기예보, 전혀 맞지 않네.

(A) 정말 그래, 부모에게 의지하는 것과 같은 거야.

(B) 정말로 그래, 신뢰가 가지 않아.

(C) 차마 볼 수 없는 상황이야.

(D) 눈시울이 뜨거워져.

참고 일기예보가 맞지 않는 것에 대해 불평하고 있다.

어구·해설 全然(ぜんぜん) 전연(전혀, 조금도) 当(あた)る 맞다(부딪히다), 적중하다(명중하다), 들어맞다 まったく 전혀, 완전히, 정말로 親(おや)の臑(すね)を齧(かじ)る 자식이 어지간한 나이가 되어서도 부모에게 의지하여 살다(부모에게 기대어 지내다) 当(あ)てにならない 믿을 수 없다, 불확실하다 目(め)も当(あ)てられない 심해서 차마 볼 수 없다 状況(じょうきょう) 상황 目頭(めがしら)が熱(あつ)くなる 눈시울이 뜨거워지다

정답 B

39 友達(ともだち)のことを思(おも)って、いろいろ短所(たんしょ)を指摘(してき)してあげたわ。

(A) 短所(たんしょ)を指摘(してき)してあげるなんて、頭(あたま)が上(あ)がらないよ。

(B) 短所(たんしょ)を指摘(してき)してあげるなんて、いい加減(かげん)だよ。

(C) 短所(たんしょ)を指摘(してき)してあげるなんて、もってのほかよ。

(D) 短所(たんしょ)を指摘(してき)してあげるなんて、友達(ともだち)にとっていい迷惑(めいわく)だよ。

친구를 생각해서, 여러 가지 결점을 지적해 주었어.

(A) 결점을 지적해 주다니, 고개를 들지 못하겠어.

(B) 결점을 지적해 주다니, 무책임해.

(C) 결점을 지적해 주다니, 당치도 않아요.

(D) 결점을 지적해 주다니, 친구에게 있어서 달갑지 않은 민폐야.

어구·해설 短所(たんしょ) 단점(결점) 指摘(してき) 지적 頭(あたま)が上(あ)がらない 큰 소리를 칠 수 없다(고개를 들지 못하다) いい加減(かげん) 알맞음(적당함), 그 정도에서(어지간한 선에서), 미적지근함(철저하지 않음), 꽤(어지간히), 무책임한 모양(엉터리) 以(もっ)ての外(ほか) 뜻밖(의외), 당치도 않음(언어도단임) ～にとって ～에 있어서 迷惑(めいわく) 폐, 귀찮음(성가심)

정답 D

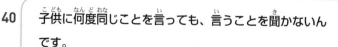

40

子供<small>(こども)</small>に何度<small>(なんど)</small>同<small>(おな)</small>じことを言<small>(い)</small>っても、言<small>(い)</small>うことを聞<small>(き)</small>かないんです。

(A) そんな時<small>(とき)</small>、本当<small>(ほんとう)</small>にいらいらしますよね。

(B) それは本当<small>(ほんとう)</small>に残念<small>(ざんねん)</small>な結果<small>(けっか)</small>ですね。

(C) それはあなたがうっかりしていたからですよ。

(D) あなたの子供<small>(こども)</small>さん、がっかりしていますね。

아이에게 몇 번 같은 말을 해도, 말을 듣지 않아요.

(A) 그럴 때, 정말로 짜증이 나지요.

(B) 그것은 정말로 유감스러운 결과네요.

(C) 그것은 당신이 깜빡하고 있었기 때문이에요.

(D) 당신의 아이, 낙담하고 있네요.

어구·해설 いらいら 안절부절못하는 모양, 초조해하는 모양, 가시 등이 피부에 닿았을 때의 느낌(까칫까칫, 따끔따끔)

残念<small>(ざんねん)</small> 유감스러움, 아쉬움, 분함(억울함) うっかり 깜빡, 멍청히, 무심코 がっかり 실망·낙담하는 모양

정답 A

41

田中<small>(たなか)</small>さんと鈴木<small>(すずき)</small>さんっていつも喧嘩<small>(けんか)</small>してるよね。

(A) 彼<small>(かれ)</small>らは見<small>(み)</small>て見<small>(み)</small>ぬふりをするのが上手<small>(じょうず)</small>ですからね。

(B) 彼<small>(かれ)</small>らは見違<small>(みちが)</small>えるほどきれいになりましたね。

(C) 喧嘩<small>(けんか)</small>するほど仲<small>(なか)</small>がいいと言<small>(い)</small>いますから、本当<small>(ほんとう)</small>は仲良<small>(なかよ)</small>しなんですよ。

(D) 犬猿<small>(けんえん)</small>の仲<small>(なか)</small>と言<small>(い)</small>いますから、二人<small>(ふたり)</small>は愛<small>(あい)</small>し合<small>(あ)</small>っているかもしれませんね。

다나카씨와 스즈키씨는 항상 싸움을 해.

(A) 그들은 보고도 못 본 체하는 것이 능숙하니까.

(B) 그들은 몰라볼 정도로 예뻐졌네요.

(C) 싸울수록 사이가 좋다고 하니까, 정말은 사이가 좋을 거예요.

(D) 견원지간이라고 말하니까, 두 사람은 서로 사랑하고 있는 것인지도 모르겠네요.

어구·해설 喧嘩<small>(けんか)</small> 싸움, 다툼, 언쟁 見<small>(み)</small>て見<small>(み)</small>ぬふりをする 보고 못 본 체하다 見違<small>(みちが)</small>える 잘못 보다, 몰라보다

仲<small>(なか)</small>がいい 사이가 좋다 仲良<small>(なかよ)</small>し 사이가 좋음(단짝) 犬猿<small>(けんえん)</small>の仲<small>(なか)</small> 견원지간

愛<small>(あい)</small>し合<small>(あ)</small>う 서로 사랑하다

정답 C

42

こう結婚式<small>(けっこんしき)</small>が続<small>(つづ)</small>くとお祝<small>(いわ)</small>い貧乏<small>(びんぼう)</small>になっちゃうよ。

(A) ご祝儀<small>(しゅうぎ)</small>も回数<small>(かいすう)</small>が多<small>(おお)</small>ければ、話<small>(はなし)</small>にならないからね。

(B) ご祝儀<small>(しゅうぎ)</small>も回数<small>(かいすう)</small>が多<small>(おお)</small>ければ、支出<small>(ししゅつ)</small>も多<small>(おお)</small>くなるからね。

(C) ご祝儀<small>(しゅうぎ)</small>も回数<small>(かいすう)</small>が多<small>(おお)</small>ければ、収入<small>(しゅうにゅう)</small>も多<small>(おお)</small>くなるからね。

(D) ご祝儀<small>(しゅうぎ)</small>も回数<small>(かいすう)</small>が多<small>(おお)</small>ければ、収入<small>(しゅうにゅう)</small>も減<small>(へ)</small>るからね。

이렇게 결혼식이 계속되면 축의금 때문에 가난해지겠어.

(A) 축의금도 횟수가 많으면, 말이 되지 않으니까.

(B) 축의금도 횟수가 많으면, 지출도 많아지게 되니까.

(C) 축의금도 횟수가 많으면, 수입도 많아지게 되니까.

(D) 축의금도 횟수가 많으면, 수입도 줄어드니까.

참고 관용 표현「お祝<small>(いわ)</small>い貧乏<small>(びんぼう)</small>」에 주의하자!

어구·해설 続<small>(つづ)</small>く 이어지다(계속되다), 잇따르다 お祝<small>(いわ)</small>い貧乏<small>(びんぼう)</small> 축하·경사에 들어가는 돈이 많아져서 가난해짐

ご祝儀<small>(しゅうぎ)</small> 축의, 축의금, 축하의 말 話<small>(はなし)</small>にならない 문제가 되지 않다(이야기할 가치가 없다)

정답 B

43

こんど あたら きかく やまだ いけん き
今度の新しい企画について山田さんのご意見をお聞かせ
くだ
下さい。

(A) しょうじき、ゆめ 正直、夢をみているようで信じられないんです。

(B) ないよう み かぎ けいかく き ひ この内容を見る限りでは、この計画には気が引けますね。

(C) ていど きかく しょうじき とりひきさき き の この程度の企画では正直、取引先も気が乗りませんよ。

(D) わたし きかく さんか 私は企画チームに参加したくないですね。

이번의 새로운 기획에 대해서 야마다씨의 의견을 들려 주십시오.

(A) 솔직히, 꿈을 꾸고 있는 것 같아서 믿을 수 없습니다.

(B) 이 내용을 보기로는, 이 계획에는 기가 죽네요.

(C) 이 정도의 기획으로는 솔직히, 거래처도 마음이 내키지 않을 거에요.

(D) 나는 기획팀에 참가하고 싶지 않아요.

참고 새로운 기획에 대한 의견을 묻는 질문에 적합한 응답 표현을 찾아야 한다.

어구·해설 企画(きかく) 기획 正直(しょうじき) 정직 信(しん)じる 믿다, 신뢰하다(확신하다)
~限(かぎ)り ~는 동안에는, ~는 이상, ~하는 한 計画(けいかく) 계획 気(き)が引(ひ)ける 주눅이 들다, 기가 죽다
取引先(とりひきさき) 거래처 気(き)が乗(の)る 마음이 내키다 参加(さんか) 참가

정답 C

44

わ しゃ じょうきょう てきかく はんだん きてん き
我が社は状況を的確に判断し、機転を利かせることがで
ゆうしゅう しゃいん さいよう おも
きる優秀な社員を採用したいと思っているんだ。

(A) これからの社員には融通の利かない者がふさわしい しゃいん ゆうづう き もの ですね。

(B) やっぱり今の時代は、臨機応変に行動できる人間が いま じだい りんきおうへん こうどう にんげん 求められていますね。 もと

(C) いま じだい あたま かた にんげん ひつよう じだい 今の時代は、頭が固い人間が必要な時代ですよね。

(D) いま じだい しゃいん もと 今の時代は、いろいろなことができる社員が求めら れているんですね。

우리 회사는 상황을 정확하게 판단하고, 임기응변을 발휘할 줄 아는 우수한 사원을 채용하려고 생각하고 있다.

(A) 앞으로의 사원으로는 융통성이 없는 사람이 적합하네요.

(B) 역시 지금 시대는 임기응변으로 행동할 수 있는 사람이 요구되고 있군요.

(C) 지금 시대는 융통성이 없는 사람이 필요한 시대지요.

(D) 지금 시대는 여러 가지를 할 수 있는 사원을 요구하고 있군요.

어구·해설 我(わ)が 나의, 우리의 的確(てきかく) 적확(정확함) 判断(はんだん) 판단 機転(きてん) 재치, 임기응변
利(き)かせる 특성을 살리다, 발휘시키다, 맛·효력 등을 내다 優秀(ゆうしゅう) 우수 採用(さいよう) 채용
融通(ゆうづう) 융통 ふさわしい 어울리다, 걸맞다, 적합하다 臨機応変(りんきおうへん) 임기응변
求(もと)める 구하다, 바라다, 요구하다(요청하다) 頭(あたま)が固(かた)い 융통성이 없다

정답 B

45 佐々木部長、中国産の製品と日本製の製品を比較検討してみたのですが。

(A) うーん、両方間違いだと思うけれど。

(B) 結構似合ってるんじゃないか。

(C) 二つ共に際立った違いがみられないな。

(D) 製品を作る時は原料の調達費が鍵を握っているね。

사사키 부장님, 중국산 제품과 일본제 제품을 비교 검토해 봤습니다만.

(A) 음~, 양쪽 모두 잘못이라고 생각되는데.

(B) 제법 어울리잖아.

(C) 둘 모두 두드러지게 다른 점을 볼 수 없군.

(D) 제품을 만들 때는 원료의 조달비가 열쇠를 쥐고 있지.

어구·해설 間違(まちが)い 틀림, 잘못됨, 실수(과실) 似合(にあ)う 어울리다, 잘 맞다 際立(きわだ)つ 두드러지게 눈에 띄다 調達費(ちょうたつひ) 조달비용 鍵(かぎ)を握(にぎ)る 열쇠를 쥐다

정답 C

---

46 人事課の佐藤部長には、冗談は禁物だよ。

(A) えっ？部長は禁煙していらっしゃるの。

(B) 佐藤部長は田中部長と喧嘩したと聞いてるよ。

(C) 彼は禁止薬物を使ったことで逮捕されたことがあるからね。

(D) 彼はいつも冗談を真に受けてしまうからね。

인사과의 사토 부장님에게는 농담은 금물이야.

(A) 뭐? 부장님은 금연하고 계시는 거야?

(B) 사토 부장님은 다나카 부장님과 싸웠다고 들었어.

(C) 그는 금지 약물을 사용해서 체포된 적이 있으니까.

(D) 그는 항상 농담을 곧이들어 버리니까.

참고 농담을 하면 안 되는 이유에 대해서 언급하고 있는 문장을 찾아야 한다.

어구·해설 冗談(じょうだん) 농담 禁物(きんもつ) 금물 禁煙(きんえん) 금연 喧嘩(けんか) 싸움, 다툼, 언쟁 禁止薬物(きんしやくぶつ) 금지약물 逮捕(たいほ) 체포 真(ま)に受(う)ける 곧이듣다, 그대로 받아들이다

정답 D

---

47 会社の皆さん、毎日とは言わないまでも週に2〜3回は身の回りの整理整頓をするようにしましょう。

(A) えっ、毎日掃除をしなければならないんですか。

(B) はい、いつも整理整頓を心掛けるようにします。

(C) 私は解雇されるのは嫌ですよ。

(D) いよいよ身を固める時が来ましたね。

회사 여러분, 매일은 아니더라도 일주일에 2〜3회는 주변의 정리정돈을 하도록 합시다.

(A) 뭐? 매일 청소를 하지 않으면 안 되는 것입니까?

(B) 예, 항상 정리정돈에 유의하도록 하겠습니다.

(C) 나는 해고되는 것은 싫어요.

(D) 마침내 가정을 이룰 때가 왔습니다.

어구·해설 身(み)の回(まわ)り 일상생활에 필요한 자질구레한 것, 자신의 주위, 신변 整理整頓(せいりせいとん) 정리정돈 掃除(そうじ) 청소 心掛(こころが)ける 마음을 쓰다, 유의하다 解雇(かいこ) 해고 いよいよ 점점, 마침내, 드디어 身(み)を固(かた)める 몸차림을 단단히 하다, 일정한 직업을 가지다, 결혼을 하여 가정을 이루다

정답 B

48

昨日(きのう)捕(つか)まった犯人(はんにん)は笑(え)みを浮(う)かべながら、犯行(はんこう)に及(およ)んだそうですよ。

(A) 笑(わら)いながら犯罪(はんざい)をするなんて気味悪(きみわる)いね。

(B) 笑(わら)いを堪(こら)えながら犯罪(はんざい)をするなんて、きついよ。

(C) 笑(わら)わせながら犯罪(はんざい)をするなんて、面白(おもしろ)いね。

(D) 笑(わら)っちゃいけないなんて、過酷(かこく)ですよ。

어제 붙잡힌 범인은 웃음을 띠우면서, 범행을 저질렀다고 해요.

(A) 웃으면서 범죄를 저지르다니 기분 나쁘네.

(B) 웃음을 참으면서 범죄를 저지르다니, 심해.

(C) 웃기면서 범죄를 저지르다니, 재미있네.

(D) 웃으면 안 된다니, 가혹해.

어구·해설 捕(つか)まる (범인 등이) 잡히다, 붙잡히다　犯人(はんにん) 범인　笑(え)みを浮(う)かべる 미소를 띠다　犯行(はんこう) 범행　及(およ)ぶ 달하다, 이르다, 역량 등이 미치다　気味悪(きみわる)い 어쩐지 기분 나쁘다　堪(こら)える 견디다(참다), 감당하다　きつい 기질이 강하다, 심하다, 엄하다, 꼭 끼다　過酷(かこく) 지나치게 가혹함

정답 A

49

明日(あした)出張(しゅっちょう)に行(い)くことになったんですが、今(いま)から飛行機(ひこうき)のチケットを取(と)るのは無理(むり)でしょうか。

(A) 割引(わりびき)は受(う)けられませんが、本日(ほんじつ)の便(びん)には若干(じゃっかん)の空席(くうせき)がございます。

(B) 来週(らいしゅう)の金曜日(きんようび)の便(びん)は特別割引(とくべつわりびき)を適用(てきよう)して半額(はんがく)セールでございます。

(C) 明日(あした)の便(びん)でしたら、空席(くうせき)がございますので、可能(かのう)です。

(D) 空港(くうこう)からの送迎(そうげい)サービスはご利用(りよう)になれません。

내일 출장을 가게 되었습니다만, 지금부터 비행기 티켓을 구하는 것은 무리일까요?

(A) 할인은 받을 수 없습니다만, 오늘 편에는 약간의 공석이 있습니다.

(B) 다음 주 금요일 편은 특별 할인을 적용해서 반액 세일입니다.

(C) 내일 편이라면, 공석이 있기 때문에, 가능합니다.

(D) 공항에서의 환송 서비스는 이용하실 수 없습니다.

어구·해설 割引(わりびき) 할인　本日(ほんじつ) 오늘, 금일　若干(じゃっかん) 약간, 다소, 얼마간　空席(くうせき) 공석　適用(てきよう) 적용　半額(はんがく) 반액　空港(くうこう) 공항　送迎(そうげい)サービス 환송 서비스

정답 C

50

昨日(きのう)の彼(かれ)らの発言(はつげん)を聞(き)いて、腸(はらわた)が煮(に)えくり返(かえ)りそうでした。

(A) そんなに向(む)きにならないでください。

(B) それはお気(き)の毒(どく)です。

(C) それじゃ、お大事(だいじ)に。

(D) それは一目瞭然(いちもくりょうぜん)でしたね。

어제 그들의 발언을 듣고, 속이 뒤집힐 뻔했어요.

(A) 그렇게 정색하지 마세요.

(B) 그것은 안됐습니다.

(C) 그럼, 몸조리 잘 하세요.

(D) 그것은 일목요연했지요.

참고 관용 표현 「腸(はらわた)が煮(に)えくり返(かえ)る」에 주의하자!

어구·해설 腸(はらわた)が煮(に)えくり返(かえ)る 속이 뒤집히다　向(む)きになる 사소한 일에도 정색을 하고 화내다　気(き)の毒(どく) 딱함, 안됨　一目瞭然(いちもくりょうぜん) 일목요연

정답 A

PART 3 회화문

Track 014

51

男：週末、何をしますか。

女：家でゆっくり休みたいですが、英語のテストのために図書館へ行かなければなりません。

男：そうですか、大変ですね。図書館はどこにありますか。

女：駅の近くにあります。

남 : 주말에 무엇을 합니까?

여 : 집에서 느긋하게 쉬고 싶습니다만, 영어 테스트 때문에 도서관에 가야만 합니다.

남 : 그래요, 힘들겠군요. 도서관은 어디에 있습니까?

여 : 역 근처에 있습니다.

女の人は週末、何をしますか。

(A) 家でゆっくり休む。

(B) 図書館へ本を借りに行く。

(C) 図書館で勉強する。

(D) 図書館へ本を返さなければならない。

여자는 주말에 무엇을 합니까?

(A) 집에서 느긋하게 쉰다.

(B) 도서관에 책을 빌리러 간다.

(C) 도서관에서 공부한다.

(D) 도서관에 책을 돌려주어야만 한다.

어구·해설 週末(しゅうまつ) 주말　家(いえ) 집, 가정　ゆっくり 천천히, 느긋하게　休(やす)む 휴식하다, 쉬다
図書館(としょかん) 도서관　行(い)く 가다　借(か)りる 빌리다　勉強(べんきょう) 공부　返(かえ)す 빌린 것을 돌려주다

정답 C

52

男：今週末、友達と二人で旅行に行きます。

女：いいですね。また山ですか。

男：いいえ、海に泳ぎに行きます。

女：羨ましいですね。私も泳ぎに行きたいです。

남 : 이번 주말에 친구와 둘이서 여행을 갑니다.

여 : 좋겠네요. 또 산입니까?

남 : 아니오, 바다에 헤엄치러 갑니다.

여 : 부럽네요. 나도 헤엄치러 가고 싶습니다.

男の人は誰と旅行に行きますか。

(A) 一人。

(B) 友達。

(C) 女の人。

(D) 家族。

남자는 누구와 여행을 갑니까?

(A) 혼자.

(B) 친구.

(C) 여자.

(D) 가족.

어구·해설 今週末(こんしゅうまつ) 이번 주말　旅行(りょこう) 여행　泳(およ)ぐ 헤엄치다　羨(うらや)ましい 부럽다

정답 B

53

男：先週、友達に英語の小説と雑誌を貸してあげました。

女：どんな雑誌ですか。

男：韓国テレビドラマの雑誌です。

女：面白かったでしょう。

남 : 지난주, 친구에게 영어 소설과 잡지를 빌려줬습니다.

여 : 어떤 잡지입니까?

남 : 한국 텔레비전 드라마 잡지입니다.

여 : 재미있었겠네요.

友達が借りたのは何ですか。

(A) 小説と雑誌。

(B) 韓国テレビ。

(C) 韓国テレビドラマ。

(D) 漫画。

친구가 빌린 것은 무엇입니까?

(A) 소설과 잡지.

(B) 한국 텔레비전.

(C) 한국 텔레비전 드라마.

(D) 만화.

참고 남자는 친구에게 영어 소설과 한국 드라마 잡지를 빌려줬다.

어구·해설 先週(せんしゅう) 지난주　英語(えいご) 영어　小説(しょうせつ) 소설　雑誌(ざっし) 잡지　貸(か)す 빌려 주다　韓国(かんこく) 한국　ドラマ 드라마　面白(おもしろ)い 우습다, 재미있다, 흥겹다, 즐겁다　漫画(まんが) 만화

정답 A

54

男：あの、午前9時の便を予約したいんですが。

女：申し訳ございません。午前の便は、あいにくですが……。

男：じゃ、午後の便はどうですか。

女：午後は3時と6時、それから8時の便に空席がありますが。

남 : 저기, 오전 9시 편을 예약하고 싶습니다만.

여 : 죄송합니다. 오전 편은 공교롭게도…….

남 : 그럼, 오후 편은 어떻습니까?

여 : 오후는 3시와 6시, 그리고 8시 편에 빈자리가 있습니다만.

男の人は何時の飛行機に乗れますか。

(A) 午後6時。

(B) 午後2時。

(C) 午後5時。

(D) 午前8時。

남자는 몇 시 비행기를 탈 수 있습니까?

(A) 오후 6시.

(B) 오후 2시.

(C) 오후 5시.

(D) 오전 8시.

참고 오후 3시, 6시, 8시 비행기를 탈 수 있다.

어구·해설 便(びん) 편, 연락·수송의 수단　予約(よやく) 예약　あいにく 공교롭게도　それから 그리고, 그 다음에, 게다가, 그 이후　空席(くうせき) 공석, 빈자리, 빈 좌석　飛行機(ひこうき) 비행기

정답 A

55

男：私、２５年間も彼女がいないんです。

女：田中さんは優柔不断だからですよ。

男：私が優柔不断ですか。女の人は、そんな男の人が嫌いですよね。

女：嫌いだとは言いませんが、頼りなく見えるからね。私だったらお断りだわ。

남 : 나, 25년 동안이나 애인이 없습니다.

여 : 다나카씨는 우유부단하기 때문이에요.

남 : 내가 우유부단합니까? 여자는 그런 남자를 싫어하잖아요.

여 : 싫어한다고는 말하지 않겠지만, 미덥지 않아 보이니까요. 나라면 사양해요.

田中さんに彼女ができない理由は何ですか。

(A) 性格が悪いから。

(B) 決断力がないから。

(C) 頼り甲斐があるから。

(D) 女の人に会う機会がないから。

다나카씨에게 애인이 생기지 않는 이유는 무엇입니까?

(A) 성격이 좋지 않기 때문에.

(B) 결단력이 없기 때문에.

(C) 의지가 되기 때문에

(D) 여자를 만날 기회가 없기 때문에.

참고 우유부단하기 때문에 애인이 없다.

어구·해설 彼女(かのじょ) 그녀, 그 여자, 어떤 남성의 애인 　優柔不断(ゆうじゅうふだん) 우유부단 　嫌(きら)い 싫음, 싫어함, 꺼림　頼(たよ)りない 미덥지 않다, 믿기에는 불안하다　断(ことわ)る 거절하다, 사절하다　性格(せいかく) 성격　悪(わる)い 나쁘다, 옳지 않다　決断力(けつだんりょく) 결단력　頼(たよ)り甲斐(がい) 의지한 보람　機会(きかい) 기회

정답 B

56

女：今夜、一杯どうですか。

男：いいですね。じゃ、仕事の後、例のビアガーデンに行きましょうよ。

女：例のって、あのデパートの屋上のビアガーデンですか。

男：いや、新しくできたビアガーデン、この前一緒に行ったところですよ。

여 : 오늘밤, 한 잔 어떻습니까?

남 : 좋죠. 그럼, 업무 후에 여느 때와 같이 비어 가든에 갑시다.

여 : 여느 때와 같다면, 그 백화점 옥상의 비어 가든입니까?

남 : 아뇨, 새롭게 생긴 비어 가든, 얼마 전에 함께 간 곳이요.

二人はどこへ行きますか。

(A) デパートの屋上のビアガーデン。

(B) 会社の隣のビアガーデン。

(C) 始めて行くビアガーデン。

(D) 新しいビアガーデン。

두 사람은 어디에 갑니까?

(A) 백화점 옥상의 비어 가든.

(B) 회사 옆의 비어 가든.

(C) 처음으로 가는 비어 가든.

(D) 새로운 비어 가든.

참고 새롭게 생긴 비어 가든에 가자고 이야기하고 있다.

어구·해설 **今夜**(こんや) 오늘 밤, 오늘 저녁 **一杯**(いっぱい) 한잔, 한 그릇, 가볍게 술을 마심, 한잔함 **仕事**(しごと) 일, 작업, 업무, 직업 **例**(れい) 전례, 선례, 여느 때와 같음, 보기 **ビアガーデン** 옥외나 옥상에 정원식으로 만든 맥주 집(비어 가든) **デパート** 백화점 **屋上**(おくじょう) 옥상 **一緒**(いっしょ)**に** 같이, 함께 **隣**(となり) 이웃, 옆 **始**(はじ)**めて** 처음으로, 비로소

정답 D

57

男：すみません。勘定お願いします。

女：はい、ではてんぷら定食と刺身の盛り合わせで 4500円になります。

男：あの、生ビールも飲んだんですが。

女：あっ、申し訳ございません。4890円になります。

남 : 저기요. 계산 부탁합니다.

여 : 예, 그럼 튀김 정식과 모듬회 4500엔입니다.

남 : 저어, 생맥주도 마셨습니다만.

여 : 아이고, 죄송합니다. 4890엔입니다.

生ビールはいくらですか。

(A) 290円。
(B) 390円。
(C) 490円。
(D) 590円。

생맥주는 얼마입니까?

(A) 290엔.
(B) 390엔.
(C) 490엔.
(D) 590엔.

참고 4890 − 4500 = 390

어구·해설 **勘定**(かんじょう) 셈, 계산 **てんぷら** 튀김 **定食**(ていしょく) 정식 **刺身**(さしみ) 생선회 **盛**(も)**り合**(あ)**わせ** 요리에서 한 접시 위에 여러 가지 것을 늘어놓음(모듬) **生**(なま)**ビール** 생맥주

정답 B

58

女：課長、申し訳ないんですが、今日、早退させていただきたいんですが……。

男：山田君、突然、どうしたの。

女：はい、ちょっとお腹を壊してしまったみたいなんです。朝からお手洗いを何度も往復しているんです。

男：それは大変だね。今日は早く帰って、ゆっくり休んでね。ではお大事に。

여 : 과장님, 죄송합니다만, 오늘 조퇴하도록 해 주셨으면 합니다만…….

남 : 야마다 군, 갑자기 무슨 일이야!

여 : 예, 배탈이 좀 난 것 같습니다. 아침부터 화장실을 몇 번이나 왕복하고 있습니다.

남 : 그것 참 큰일이군. 오늘은 빨리 돌아가서 편히 쉬게나. 그럼 몸조리 잘하고.

山田さんはどうして早退しますか。

(A) 疲れたから。
(B) 顔が痛かったから。
(C) お腹の調子が悪かったから。
(D) 頭が痛かったから。

야마다씨는 왜 조퇴를 합니까?

(A) 피곤하기 때문에.
(B) 얼굴이 아팠기 때문에.
(C) 배 상태가 나빴기 때문에.
(D) 머리가 아팠기 때문에.

참 고 여자(야마다)는 배탈이 나서 조퇴하고 싶어한다.

어구·해설 **課長**(かちょう) 과장 **早退**(そうたい) 조퇴 **突然**(とつぜん) 돌연, 갑자기 **お腹**(なか)**を壊**(こわ)**す** 배탈이 나다
お手洗(てあら)**い** 화장실 **往復**(おうふく) 왕복 **大変**(たいへん) 대단함, 힘듦, 매우 **帰**(かえ)**る** 돌아오다, 돌아가다
お大事(だいじ)**に** 아픈 사람에 대한 표현(몸조리 잘 하세요) **疲**(つか)**れる** 지치다, 피로해지다 **顔**(かお) 얼굴 **痛**(いた)**い** 아프다

정 답 C

59

男 : あれ、田村書店ってどこだったっけ。１０年ぶりにここに来たから覚えてないなぁ。

女 : 昔はあの角の魚屋の向かいにあった本屋でしょう？今は、喫茶店になってるわ。書店はつぶれたって聞いたよ。魚屋の横には八百屋があったのに……。懐かしいわ。

男 : そうか。じゃ、昔、書店の向かいにあった文房具屋もつぶれちゃったのかなぁ。

女 : 文房具屋はそのままあるわよ。あまりお客さんは多くないみたいだけど。

남 : 어, 다무라 서점은 어디였지? 10년 만에 여기 오니까 기억이 나지 않네.

여 : 옛날에는 저 모퉁이 생선 가게 건너편에 있었던 책방 말이지? 지금은 커피숍이 되었어. 서점은 망했다고 들었어. 생선 가게 옆에는 채소 가게가 있었는데……. 그립네.

남 : 그래? 그럼, 옛날에 서점 건너편에 있었던 문방구도 망해버렸나?

여 : 문방구는 그대로 있어. 손님은 별로 많지 않은 것 같지만.

田村書店はどこにありましたか。

(A) 魚屋の向かい。

(B) 八百屋の向かい。

(C) 魚屋の隣。

(D) そのまま残っている。

다무라 서점은 어디에 있었습니까?

(A) 생선 가게 건너편.

(B) 채소 가게 건너편.

(C) 생선 가게 옆.

(D) 그대로 남아 있다.

참 고 여자가 생선 가게 건너편이었다고 이야기했다.

어구·해설 **書店**(しょてん) 서점 **どこ** 어디, 어느 곳 **〜っけ** 과거 회상(〜였지, 〜하곤 했지) **〜ぶり** 〜만에
覚(おぼ)**える** 느끼다, 기억하다 **昔**(むかし) 옛날, 예전 **角**(かど) 모난 귀퉁이, 모서리, 모퉁이 **魚屋**(さかなや) 생선 가게
向(む)**かい** 마주봄, 맞은편, 건너편, 정면 **本屋**(ほんや) 서점, 책방 **喫茶店**(きっさてん) 차를 마시는 곳(다방, 찻집)
つぶれる 찌부러지다, 부서지다, 망하다 **横**(よこ) 가로, 옆 **八百屋**(やおや) 채소 가게, 야채 가게
懐(なつ)**かしい** 그립다, 정겹다 **文房具屋**(ぶんぼうぐや) 문방구 **あまり** 그다지, 별로 **残**(のこ)**る** 남다

정 답 A

60

女：今回のオリンピックでは野球のチームは期待できそうね。

男：最近、波に乗ってきた感じだよ。

女：明日の準決勝楽しみだわ。それに大リーグに行って活躍している選手たちもチームに加わるそうだから。

男：もう、これは優勝しかないよな。

여 : 이번 올림픽에서는 야구팀은 기대할 수 있을 것 같아.

남 : 최근 궤도에 오른 느낌이야.

여 : 내일 준결승 기대되네. 게다가 메이저 리그에서 활약하고 있는 선수들도 팀에 가세한다고 하니까.

남 : 이제, 이건 우승밖에 없겠네.

今回の野球のチームはどうだと言っていますか。

(A) 絶好調だ。

(B) かなりの不調だ。

(C) あまり期待できない。

(D) 調子があまりよくない。

이번 야구팀은 어떻다고 말하고 있습니까?

(A) 아주 좋은 상태다.

(B) 몹시 상태가 좋지 않다.

(C) 그다지 기대할 수 없다.

(D) 상태가 별로 좋지 않다.

참고 남자가 야구 팀의 상태를 말할 때 사용한 관용표현 「波(なみ)に乗(の)る」를 알아야 풀 수 있는 문제이다.

어구·해설 今回(こんかい) 이번 차례, 이번　オリンピック 올림픽, 오륜　野球(やきゅう) 야구　期待(きたい) 기대

波(なみ)に乗(の)る 물결을 타다, 궤도에 오르다, 기회를 타다　感(かん)じ 지각함, 감각, 감촉, 인상

準決勝(じゅんけっしょう) 준결승　楽(たの)しみ 낙, 즐거움　大(だい)リーグ 미국 프로 야구의 메이저 리그

活躍(かつやく) 활약　選手(せんしゅ) 선수　加(くわ)わる 늘다, 많아지다, 가해지다, 추가되다　優勝(ゆうしょう) 우승

絶好調(ぜっこうちょう) 몸 상태가 매우 좋음　かなり 꽤, 제법, 상당히　不調(ふちょう) 부조, 상태가 나쁨

정답 A

61

女：すみません。この辺で部屋を借りたいと思っているんですけど。

男：どんな条件をお望みですか。私どもではアパート中心に一戸建てをご紹介しておりますが。

女：アパートを探しているんですが。部屋が2つで南向きの日当たりがよくて、トイレと浴室が別々になっている物件がいいんです。それから、駐車場がついている物件をお願いします。

男：すべてのご希望に添うことはできかねますが、南向きでない物件でよろしければお客様のほかのご要望をすべて満たす物件をご案内できますよ。

여 : 실례합니다. 이 근처에서 방을 빌리고 싶은데요.

남 : 어떤 소선을 희망하십니까? 저희늘은 아파트를 숭심으로 단독 주택을 소개해 드리고 있습니다만.

여 : 아파트를 찾고 있습니다만. 방이 둘로 남향의 양지 바른 곳이고, 화장실과 욕실이 별도로 되어 있는 물건이 좋습니다. 그리고 주차장이 딸려 있는 물건을 부탁합니다.

남 : 모든 희망에 부응하기는 어렵습니다만, 남향이 아닌 물건으로 괜찮으시면 손님의 다른 요망을 모두 충족시키는 물건을 안내해 드릴 수 있습니다.

女<ruby>の<rt></rt></ruby>人<ruby>ひと<rt></rt></ruby>はどんな建物<ruby>たてもの<rt></rt></ruby>を紹介<ruby>しょうかい<rt></rt></ruby>してもらいますか。

(A) 部屋<ruby>へや<rt></rt></ruby>が2つでトイレと浴室<ruby>よくしつ<rt></rt></ruby>が共同<ruby>きょうどう<rt></rt></ruby>のアパート。

(B) 南向<ruby>みなみむ<rt></rt></ruby>きの日当<ruby>ひあ<rt></rt></ruby>たりのよい物件<ruby>ぶっけん<rt></rt></ruby>。

(C) 駐車場<ruby>ちゅうしゃじょう<rt></rt></ruby>がない一戸建<ruby>いっこだ<rt></rt></ruby>ての物件<ruby>ぶっけん<rt></rt></ruby>。

(D) 部屋<ruby>へや<rt></rt></ruby>が2つで駐車場<ruby>ちゅうしゃじょう<rt></rt></ruby>がある物件<ruby>ぶっけん<rt></rt></ruby>。

여자는 어떤 건물을 소개받습니까?

(A) 방이 두 개이고 화장실과 욕실이 공동인 아파트.

(B) 남향의 양지바른 물건.

(C) 주차장이 없는 단독 주택인 물건.

(D) 방이 둘이고 주차장이 있는 물건.

[참고] 부동산에서는 남향은 아니지만 방이 2개에 욕실과 화장실이 구분되어 있으며, 주차장이 있는 아파트를 소개하겠다고 했다.

[어구·해설] 辺(へん) 근처, 근방　部屋(へや) 방　借(か)りる 빌리다　条件(じょうけん) 조건　望(のぞ)み 소망, 희망

~ども 사람을 나타내는 명사에 붙어서 복수임을 나타냄(~들), 1인칭의 말에 붙어서 겸양의 뜻을 나타냄(저희)　アパート 아파트

探(さが)す 찾다　日当(ひあ)たり 볕이 듦, 양지바른 곳　トイレ 화장실　別々(べつべつ) 따로따로임, 제각기임, 각각임

すべて 모두, 모조리, 통틀어　希望(きぼう) 희망　添(そ)う 따르다, 기대와 목적에 부합되다, 부응하다　かねる ~하기 어렵다

よろしい 「よい」의 공손한 표현(좋다, 괜찮다)　満(み)たす 가득 채우다, 충족시키다, 만족시키다

一戸建(いっこだ)て 단독 주택

[정답] D

62

女 : ニートって言葉<ruby>ことば<rt></rt></ruby>を聞<ruby>き<rt></rt></ruby>いたんですが、ニートって何<ruby>なん<rt></rt></ruby>ですか。

男 : 勉強<ruby>べんきょう<rt></rt></ruby>もせず、働<ruby>はたら<rt></rt></ruby>かない人<ruby>ひと<rt></rt></ruby>の英語<ruby>えいご<rt></rt></ruby>の略称<ruby>りゃくしょう<rt></rt></ruby>をニートっていうんですよ。

女 : ではお金<ruby>かね<rt></rt></ruby>はどうするんですか。お金<ruby>かね<rt></rt></ruby>がないと生<ruby>い<rt></rt></ruby>きていけませんよ。

男 : 親<ruby>おや<rt></rt></ruby>の臑<ruby>すね<rt></rt></ruby>を齧<ruby>かじ<rt></rt></ruby>っているんですよ。

여 : 니트라는 말을 들었습니다만, 니트라는 것은 무엇입니까?

남 : 공부도 하지 않고, 일하지 않는 사람의 영어 약칭을 니트라고 해요.

여 : 그럼 돈은 어떻게 합니까? 돈이 없으면 살아갈 수 없잖아요.

남 : 부모에게 기대어 지내는 거지요.

ニートとは何<ruby>なん<rt></rt></ruby>ですか。

(A) ひきこもりの人<ruby>ひと<rt></rt></ruby>。

(B) ずっと家<ruby>いえ<rt></rt></ruby>にいる人<ruby>ひと<rt></rt></ruby>。

(C) 親<ruby>おや<rt></rt></ruby>のお世話<ruby>せわ<rt></rt></ruby>をする人<ruby>ひと<rt></rt></ruby>。

(D) 親<ruby>おや<rt></rt></ruby>のお世話<ruby>せわ<rt></rt></ruby>になっている人<ruby>ひと<rt></rt></ruby>。

니트란 무엇입니까?

(A) 집에 틀어박혀 있는 사람.

(B) 계속 집에 있는 사람.

(C) 부모를 보살피는 사람.

(D) 부모에게 신세를 지고 있는 사람.

[참고] 속담 「親(おや)の臑(すね)を齧(かじ)る」의 의미를 알아두자.

[어구·해설] ニート 학교에 가지 않고 직업 훈련도 받지 않는 젊은이(NEET; Not currently engaged in Employment, Education or Training)

言葉(ことば) 말, 언어　働(はたら)く 일하다　略称(りゃくしょう) 약칭　生(い)きる 살다, 생존하다, 생활하다, 지내다

親(おや)の臑(すね)を齧(かじ)る 자식이 어지간한 나이가 되어서도 부모에게 의지하여 살다, 부모에게 기대어 지내다

ひきこもり 정신적인 문제나 사회생활에 대한 스트레스 등의 이유로 외출하지 않고 집안에 틀어박혀 있는 상태나 그러한 사람

世話(せわ)をする 보살피다, 시중을 들다　世話(せわ)になる 신세를 지다, 폐를 끼치다

[정답] D

63

女：はい、ありがとうございます。どんなピザをお届けしましょうか。

男：トマトベーコンピザをお願いします。トッピングはチーズとハムをお願いします。それから、私はタマネギは食べられないのでタマネギを抜いていただけますか。

女：タマネギをお抜きすることはできますが、今、ハムを切らしておりますので代りにソーセージでもよろしいでしょうか。

男：はい、結構です。

여 : 예, 감사합니다. 어떤 피자를 배달해 드릴까요?

남 : 토마토 베이컨 피자를 부탁합니다. 토핑은 치즈와 햄을 부탁합니다. 그리고 나는 양파를 먹을 수 없으니까 양파를 빼 주실 수 있습니까?

여 : 양파를 빼는 것은 할 수 있습니다만, 지금 햄이 다 떨어져서 대신에 소시지라도 괜찮으시겠습니까?

남 : 예, 괜찮습니다.

ピザのトッピングはどうなりますか。

(A) チーズ、ソーセージ。
(B) チーズ、ハム。
(C) チーズ、ソーセージ、ハム。
(D) チーズ、ソーセージ、タマネギ。

피자의 토핑은 어떻게 됩니까?

(A) 치즈, 소시지.
(B) 치즈, 햄.
(C) 치즈, 소시지, 햄.
(D) 치즈, 소시지, 양파.

어구·해설 ピザ 피자　届(とど)ける 보내다, 전하다, 신고하다　トマト 토마토　ベーコン 소금에 절인 돼지고기를 훈제한 보존 식품(베이컨)　トッピング 음식 위에 올려놓거나 장식하는 것(토핑)　チーズ 치즈　ハム 햄　タマネギ 양파　抜(ぬ)く 뽑다, 빼내다, 골라내다　切(き)らす 가지고 있던 것을 다 없애다, 바닥내다　代(かわ)り 대신, 대리　ソーセージ 소시지　結構(けっこう) 충분함, 만족스러움, 꽤, 제법

정답 A

64

女：昨日はまだ8月というのに、肌寒かったですね。

男：観測史上初の寒さを観測したってテレビで言ってましたよ。北海道では1度だったって。

女：この時期に寒くなると野菜の凶作が起きて、野菜が高くなるんですよね。これからが心配ですね。最近の原油高に伴う燃料代の値上がりに加えて野菜まで値上がりしちゃったら、うちの家計は火の車ですよ。

男：うちも火の車ですよ。これからの生活が心配です。

여 : 어제는 아직 8월인데도, 쌀쌀했지요.

남 : 관측 사상 처음으로 추위를 관측했다고 텔레비전에서 말했어요. 홋카이도에서는 1도였다고 해요.

여 : 이 시기에 추워지면 채소가 흉작이 되어, 채소가 비싸지지요. 앞으로가 걱정이네요. 최근 원유 가격 상승에 따른 연료비의 가격 인상에 채소까지 가격 인상해 버리면, 우리 가게는 몹시 어려워요.

남 : 우리도 몹시 어려워요. 앞으로의 생활이 걱정입니다.

女の人は何を心配していますか。

(A) これからももっと寒くならないかということ。

(B) これからの寒さに備えて車を買うかどうかということ。

(C) 寒くなったら火を使うので安全かどうかということ。

(D) 寒くなるにつれて家庭の経済的負担が大きくなること。

여자는 무엇을 걱정하고 있습니까?

(A) 앞으로도 더욱 추워지지 않을까 하는 것.

(B) 앞으로의 추위에 대비하여 차를 살지 어떨지 하는 것.

(C) 추워지면 불을 사용하기 때문에 안전할지 어떨지 하는 것.

(D) 추워짐에 따라 가정의 경제적 부담이 커지게 되는 것.

참고 여자는 야채 가격이 비싸지고, 원유 가격이 올라서 경제적 부담이 커지는 것을 걱정하고 있다.

어구·해설 肌寒(はだざむ)い・肌寒(はだざむ)い 으스스 춥다, 쌀쌀하다 **史上初**(しじょうはつ) 역사상 최초 **寒**(さむ)**さ** 추위 時期(じき) 시기 野菜(やさい) 야채, 채소 凶作(きょうさく) 흉작 起(お)きる 일어나다, 기상하다, 생기다, 발생하다 原油高(げんゆだか) 원유고, 고유가 伴(ともな)う 따라가다, 데리고 가다, 동반하다 **値上**(ねあ)**がり** 값이 오름 加(くわ)える 보태다, 더하다 家計(かけい) 가계 火(ひ)の車(くるま) 죄 지은 사람을 지옥으로 싣고 간다는 불타는 수레, 살림이 매우 쪼들림

정답 D

65
男：田中さん、お久しぶりですね。

女：まあ、鈴木さん本当にお久しぶりね。本当に懐かしいわ。何年ぶりかしら。

男：前回の同窓会で会った時は、私の子供が小学6年生でしたから……。3年ぶりですよね。

女：そうですか。もうそんなになるんですね。時が経つのは早いものね。私の子供も今年で小学5年生になりますからね。

남 : 다나카씨, 오랜만이네요.

여 : 어머, 스즈키씨 정말로 오랜만이야. 정말이지 반갑다. 몇 년 만인지 모르겠네.

남 : 지난번 동창회에서 만났을 때는, 제 아이가 초등학교 6학년이었으니까…… . 3년 만이네요.

여 : 그런가요. 벌써 그렇게 되네요. 시간이 지나는 것은 빠르네요. 제 아이도 올해로 초등학교 5학년이 되니까.

鈴木さんの子供は今、何年生ですか。

(A) 小学5年生。

(B) 小学6年生。

(C) 中学2年生。

(D) 中学3年生。

스즈키씨의 아이는 지금, 몇 학년입니까?

(A) 초등학교 5학년.

(B) 초등학교 6학년.

(C) 중학교 2학년.

(D) 중학교 3학년.

참고 남자(스즈키)의 아이는 초등학교 6학년 + 3년이므로 중학교 3학년이다.

어구·해설 久(ひさ)しぶり 오랜간만 **まあ** 놀라거나 뜻밖의 일을 당했을 때 내는 소리(어머, 어머나) **懐**(なつ)**かしい** 그립다, 정겹다 かしら 의문의 뜻을 나타내거나 희망·부탁하는 뜻을 나타내는 여성어(~을까, ~일까) **会**(あ)**う** 만나다 **もう** 이미, 벌써 時(とき)が経(た)つ 시간이 지나다, 세월이 흐르다 早(はや)い 시기·시각이 이르다, 빠르다 **中学**(ちゅうがく) 중학, 중학교(중학생)

정답 D

66

女：野球の結果はどうなったの？

男：あれ、昨日、早く家へ帰って見るって言ってたじゃない。

女：それが、シャワーを浴びて、ご飯を食べて、横になって見てたら眠くなっちゃって。

男：それじゃ、早く帰った意味がないじゃない！

여 : 야구 결과는 어떻게 됐어?

남 : 어, 어제 일찍 집에 돌아가서 본다고 했잖아.

여 : 그게, 샤워를 하고, 밥을 먹고, 누워서 봤더니 잠이 와 버려서.

남 : 그럼, 일찍 돌아간 의미가 없잖아!

女の人はどうして野球の結果を知りませんでしたか。

(A) 早く帰れなかった。

(B) ご飯を食べていて見逃した。

(C) シャワーを浴びていて見逃した。

(D) テレビを見ていたが、途中で寝てしまった。

여자는 왜 야구 시합 결과를 몰랐습니까?

(A) 일찍 돌아갈 수 없었다.

(B) 밥을 먹고 있어서 못 봤다.

(C) 샤워를 해서 못 봤다.

(D) 텔레비전을 보고 있었지만, 도중에 자고 말았다.

[참고] TV를 보다가 도중에 잠들었다.

[어구·해설] シャワーを浴(あ)びる 샤워를 하다　ご飯(はん) 식사, 밥　横(よこ)になる 눕다, 드러눕다　眠(ねむ)い 졸리다

意味(いみ) 의미　見逃(みのが)す 못 보고 넘기다, 빠뜨리고 보다, 눈감아 주다　途中(とちゅう) 도중　寝(ね)る 잠자다, 눕다

[정답] D

67

女：新しい会社はどうですか、鈴木さん。

男：とてもいいですよ。前の会社では技術は見て覚えろっていったんですが、新しい会社の上司は手取り足取り教えてくれるんですよ。

女：良い会社ですね。それでお給料の方はどうですか。

男：う～ん、手取り20万ぴったしってとこですかね。

여 : 새로운 회사는 어떻습니까, 스즈키씨?

남 : 아주 좋아요. 전의 회사에서는 기술은 보고 기억하라고 했습니다만, 새로운 회사의 직장 상사는 하나하나 자상하게 가르쳐 줘요.

여 : 좋은 회사네요. 그런데 급료 쪽은 어떻습니까?

남 : 음～, 실수령액 20만 엔 딱이라고나 할까요.

新しい会社はどうですか。

(A) 給料は20万円以下だ。

(B) 給料は税金込でちょうど20万円だ。

(C) 上司は丁寧に教えてくれる。

(D) 技術は見よう見まねで覚えている

새로운 회사는 어떻습니까?

(A) 급료는 20만 엔 이하다.

(B) 급료는 세금 포함에서 정확히 20만 엔이다.

(C) 직장 상사는 친절하게 가르쳐 준다.

(D) 기술은 어깨너머로 배우고 있다.

[어구·해설] 覚(おぼ)える 기억하다　手取(てと)り足取(あしと)り 꼼꼼히 가르쳐 줌　教(おし)える 가르치다

手取(てど)り 세금 등을 제한 실수령액　税金込(ぜいきんこみ) 세금이 포함되어 있음, 또는 그 금액　ちょうど 꼭, 정확히

丁寧(ていねい) 정중함, 공손함, 예의바르고 친절함　見(み)よう見(み)まね 남이 하는 것을 보고 흉내 냄, 어깨너머로 배움

[정답] C

68

女：すみません。小川さん、お願いがあるんですが……。

男：はい、どんなお願いですか。山田さんのお願いとあれば、何でもしますよ。

女：あの……。来週の国際会議のことなんですが、私の代りに通訳をお願いできないかなと思いまして。宿泊先とか食事は私が担当の職員にお願いしておきますから。突然で申し訳ないんですが、お願いできないでしょうか。

男：いいですよ。山田さんのお願いなら、一肌脱ぎましょう。

여：실례합니다. 오가와씨, 부탁이 있습니다만…….

남：예, 어떤 부탁입니까? 야마다씨의 부탁이라면 무엇이든지 하겠습니다.

여：저……. 다음 주 국제회의에 대한 것입니다만, 저 대신에 통역을 부탁할 수 없을까 해서요. 숙박할 곳이나 식사는 제가 담당 직원에게 부탁해 둘 테니까. 갑자기 죄송합니다만, 부탁할 수 없겠습니까?

남：좋아요. 야마다씨의 부탁이라면, 발 벗고 나서야지요.

山田さんは小川さんに何をお願いしましたか。

(A) 国際会議の日程を変えること。

(B) 国際会議の通訳を任せること。

(C) 国際会議の宿泊先や食事の準備。

(D) 山田さんの洋服を脱がせること。

야마다씨는 오가와씨에게 무엇을 부탁했습니까?

(A) 국제회의 일정을 변경하는 것.

(B) 국제회의의 통역을 맡기는 것.

(C) 국제회의의 숙박할 곳과 식사 준비.

(D) 야마다씨의 양복을 벗기는 것.

참고 여자(야마다)는 남자(오가와)에게 통역을 부탁하고 있다.

어구·해설 願(ねが)い 바람, 바라는 일, 부탁　来週(らいしゅう) 내주, 다음 주　国際会議(こくさいかいぎ) 국제회의
通訳(つうやく) 통역　宿泊先(しゅくはくさき) 숙박소　担当(たんとう) 담당　職員(しょくいん) 직원
突然(とつぜん) 돌연, 갑자기　一肌脱(ひとはだぬ)ぐ 한 팔 걷고 도와주다, 발 벗고 나서다　日程(にってい) 일정
変(か)える 바꾸다　任(まか)せる 맡기다, 일임하다　準備(じゅんび) 준비　洋服(ようふく) 양복　脱(ぬ)ぐ 벗다

정답 B

69

男：野村さん、人事課に配置になったら大変だそうよ。

女：どうしてですか。残業が多いんですか。

男：いやいや、人事課の田中課長、いつも責任転嫁をするんです。企画やプロジェクトで失敗したら、尻拭いはいつも部下がするんです。

女：そんな部署に行くのは嫌ですね。

남：노무라씨, 인사과에 배치되면 힘들다고 해요.

여：왜 그렇습니까? 잔업이 많습니까?

남：아니아니, 인사과의 다나카 과장님, 항상 책임전가를 합니다. 기획이나 프로젝트에서 실패를 하면, 뒷수습은 언제나 부하가 합니다.

여：그런 부서에 가는 것은 싫어요.

どうして人事課に配置されたら大変だと言っていますか。

(A) 残業が多いから。

(B) 人事課は皆に嫌われているから。

(C) 上司の失敗を部下が処理しなければならないから。

(D) 部下のアイディアを課長が自分のアイディアのように発表するから。

왜 인사과에 배치되면 힘들다고 말하고 있습니까?

(A) 잔업이 많기 때문에.

(B) 인사과는 모두에게 미움을 받고 있기 때문에.

(C) 상사의 실패를 부하가 처리하지 않으면 안 되기 때문에.

(D) 부하의 아이디어를 과장이 자신의 아이디어처럼 발표하기 때문에.

참 고 인사과에서는 상사가 책임을 전가시키고, 실패의 뒷수습을 시켜서 힘들다.

어구·해설 **人事課**(じんじか) 인사과 **配置**(はいち) 배치 **大変**(たいへん) 대단함, 힘듦 **残業**(ざんぎょう) 잔업 **多**(おお)**い** 많다 **責任転嫁**(せきにんてんか) 책임전가 **企画**(きかく) 기획 **プロジェクト** 프로젝트 **失敗**(しっぱい) 실패 **尻拭**(しりぬぐ)**い** 남의 실패나 실수의 뒷수습, 뒤치다꺼리 **部下**(ぶか) 부하 **部署**(ぶしょ) 부서 **嫌**(きら)**う** 싫어하다 **アイディア** 아이디어 **発表**(はっぴょう) 발표

정 답 C

70

男 : 田中さん、本当に申し訳ないんですが、お金を貸していただけませんか。

女 : 鈴木さん、どうしたんですか、急に。

男 : 多額の借金で首が回らないんです。食べ物も事欠いているんです。

女 : いくら鈴木さんでもお金を貸すわけにはいきませんよ。私も生きるのであっぷあっぷしているんですから。

남 : 다나카씨, 정말로 죄송합니다만, 돈을 빌려주실 수 없겠습니까?

여 : 스즈키씨, 무슨 일이에요, 갑자기?

남 : 큰 액수의 빚으로 꼼짝 못하고 있습니다. 먹을거리도 부족한 형편에 있습니다.

여 : 아무리 스즈키씨라 해도 돈을 빌려줄 수는 없습니다. 저도 사는 것에 허덕이고 있기 때문에.

田中さんはどうしてお金を貸しませんか。

(A) 鈴木さんは借金があるから。

(B) 鈴木さんは仕事をしないから。

(C) 田中さんも金銭的に余裕がないから。

(D) 田中さんは鈴木さんが嫌いだから。

나나카씨는 왜 돈을 빌려주지 않습니까?

(A) 스즈키씨는 빚이 있기 때문에.

(B) 스즈키씨는 일을 하지 않기 때문에.

(C) 다나카씨도 금전적으로 여유가 없기 때문에.

(D) 다나카씨는 스즈키씨를 싫어하기 때문에.

참 고 여자(다나카)도 경제적으로 궁핍하기 때문에 돈을 빌려 줄 수 없다고 말하고 있다.

어구·해설 **貸**(か)**す** 빌려주다 **急**(きゅう)**に** 갑자기 **多額**(たがく) 다액 **借金**(しゃっきん) 차금, 빚 **首**(くび)**が回**(まわ)**らない** 빚에 몰려 옴짝달싹 못하다 **食**(た)**べ物**(もの) 먹을거리, 음식물 **事欠**(ことか)**く** 부족한 형편에 있다, 어렵게 지내다 **いくら~ても** 아무리 ~하더라도 **生**(い)**きる** 살다, 생활하다, 지내다 **あっぷあっぷ** 물에 빠져 버둥거리는 모양(허우적허우적), 곤경에서 허덕이는 모양(허덕지덕) **金銭的**(きんせんてき) 금전적 **余裕**(よゆう) 여유 **嫌**(きら)**い** 싫음, 싫어함, 꺼림

정 답 C

71

女：飛行機に乗っているスチュワーデスの給料は意外と低いそうよ。

男：パイロットなどの運行乗務員は2000万円ぐらいの高い給料をもらっているのにもかかわらず、スチュワーデスは入社3年間は契約社員だって。人件費を抑えるために。

女：そうだったの。知らなかったわ。

男：きれいな服を着ているスチュワーデス、華やかに見える仕事もやっぱり易しくはないのね。

여：비행기를 타고 있는 스튜어디스의 급료는 의외로 낮다고 해.

남：조종사 등의 운행 승무원은 2000만 엔 정도의 높은 급료를 받는데도 불구하고, 스튜어디스는 입사 3년 간은 계약 사원이래. 인건비를 억제하기 위해서.

여：그랬어? 몰랐네.

남：예쁜 옷을 입고 있는 스튜어디스, 화려하게 보이는 일도 역시 쉽지는 않네.

女の人は何が意外でしたか。

(A) パイロットの給料が高いこと。

(B) スチュワーデスの給料が低いこと。

(C) 航空会社の運営が厳しいこと。

(D) スチュワーデスが華やかな仕事をしていること。

여자는 무엇이 의외였습니까?

(A) 조종사의 급료가 높은 것.

(B) 스튜어디스의 급료가 낮은 것.

(C) 항공 회사의 운영이 힘겨운 것.

(D) 스튜어디스가 화려한 일을 하고 있는 것.

참고 겉보기에는 화려해 보이는 스튜어디스의 급료가 낮은 것이 의외라고 말하고 있다.

어구·해설 スチュワーデス 스튜어디스　給料(きゅうりょう) 급료　意外(いがい) 의외, 뜻밖, 생각 밖　低(ひく)い 낮다, 작다
パイロット 파일럿, 조종사　運行乗務員(うんこうじょうむいん) 운행 승무원
~にもかかわらず ~에도 불구하고　入社(にゅうしゃ) 입사　契約社員(けいやくしゃいん) 계약사원
人件費(じんけんひ)を抑(おさ)える 인건비를 억제하다　服(ふく) 옷, 의복　華(はな)やか 화려함, 화사함, 눈부심
易(やさ)しい 쉽다　航空会社(こうくうがいしゃ) 항공회사　運営(うんえい) 운영　厳(きび)しい 엄하다, 어렵다

정답 B

72

女：どうしたんですか、田中さん、元気がないですね。

男：昨日、彼女と口喧嘩をしたんです。些細な事で喧嘩を始めたと思うんですが、彼女はその喧嘩の原因が私にあると言うんです。

女：田中さんの行動や言葉に思い当る節はありませんか。

男：かいもく見当もつきませんよ。私はいつも同じでしたから。

여：무슨 일입니까? 다나카씨, 힘이 없네요.

남：어제, 애인과 말다툼을 했습니다. 사소한 일로 싸움을 시작했습니다만, 그녀는 그 싸움의 원인이 나에게 있다고 말합니다.

여：다나카씨의 행동이나 말에 짐작이 가는 곳은 없습니까?

남：도무지 짐작이 가지 않아요. 나는 언제나 똑같았으니까요.

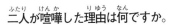

二人が喧嘩した理由は何ですか。

(A) 全然分からない。

(B) 彼女の口が悪かったから。

(C) 田中さんの口が悪かったから。

(D) 田中さんの行動に問題があったから。

두 사람이 싸움을 한 이유는 무엇입니까?

(A) 전혀 알 수가 없다.

(B) 애인이 욕을 했기 때문에.

(C) 다나카씨가 욕을 했기 때문에.

(D) 다나카씨의 행동에 문제가 있었기 때문에.

참 고 남자는 말싸움의 원인을 모르고 있다.

어구·해설 口喧嘩(くちげんか) 말다툼, 언쟁 些細(ささい) 사소함 喧嘩(けんか) 싸움, 다툼 原因(げんいん) 원인
行動(こうどう) 행동 言葉(ことば) 말, 언어, 단어 思(おも)い当(あ)たる 그렇구나 하고 생각이 미치다, 짐작이 가다
節(ふし) 마디, 마음에 걸리거나 하는 곳 かいもく見当(けんとう)もつかない 도무지 짐작이 가지 않다
同(おな)じ 같음, 동일함 全然(ぜんぜん) 전연, 전혀 口(くち)が悪(わる)い 입이 걸다, 노골적으로 남을 헐뜯는 버릇이 있다

정 답 A

실전모의고사 2회

73

女：田中さん、仕事を辞めて、農業を始めたそうですね。

男：そうです。もう仕事ばかりの人生なんてまっぴらごめんです。

女：仕事ばかりするとストレスが溜りますからね。

男：そうです。これからは夢だった自給自足の生活をするんです。

여 : 다나카씨, 회사를 사직하고, 농업을 시작했다면서요.

남 : 그렇습니다. 이제 일만 하는 인생 따위 정말 싫습니다.

여 : 일만 하면 스트레스가 쌓이니까요.

남 : 그렇습니다. 앞으로는 꿈이었던 자급자족의 생활을 할 겁니다.

田中さんはこれからどうやって生活しますか。

(A) 修行をしながら生活する。

(B) 新しい会社を作る。

(C) もう人生が嫌になった。

(D) 必要なものは自分で作って生活する。

다나카씨는 앞으로 어떻게 해서 생활합니까?

(A) 수행을 하면서 생활한다.

(B) 새로운 회사를 만든다.

(C) 이제 인생이 싫어졌다.

(D) 필요한 것은 자신이 만들어서 생활한다.

참 고 남자(다나카)는 자급자족의 생활을 할 것이라고 말하고 있다.

어구·해설 農業(のうぎょう) 농업 始(はじ)める 시작하다, 개시하다 人生(じんせい) 인생 まっぴらごめん 정말 싫음, 딱 질색임
ストレスが溜(たま)る 스트레스가 쌓이다 夢(ゆめ) 꿈, 희망, 소망 自給自足(じきゅうじそく) 자급자족
修行(しゅぎょう) 수행 自分(じぶん) 자기, 자신, 스스로

정 답 D

74

男：やっぱり最近の原油高の影響かな。

女：原油高の影響で燃料も軒並高くなっているでしょう。週末にショッピングセンターに車で行こうと思ってたのに、どうしようかな。それから、ドライブにも行こうと思ってたのに。

男：公共交通機関を利用したらどうかな。そっちの方がいいと思うけど。

女：そうね。その方が環境にいいものね。でもたくさん買物したら重くて持って帰るのが大変だわ。今週は近くの公園に歩いて行こうかしら。

남：역시 최근의 원유 가격 상승의 영향인가.

여：원유 가격 상승의 영향으로 연료도 모두 비싸졌지요. 주말에 쇼핑센터에 차로 가려고 했는데, 어떻게 하지? 그 다음에 드라이브도 가려고 생각했는데.

남：공공교통기관을 이용하는 것이 어떨까? 그 편이 좋을 것 같은데.

여：그렇네. 그 편이 환경에도 좋겠는걸. 하지만 쇼핑을 많이 하면 무거워서 들고 오기가 힘들어. 이번 주는 근처 공원을 걸어서 가 볼까.

女の人は週末に何をしますか。

(A) ドライブをしようと思っている。

(B) 車で公園に行こうと思っている。

(C) 徒歩で公園に行こうと思っている。

(D) 車で買物に行こうと思っている。

여자는 주말에 무엇을 합니까?

(A) 드라이브를 하려고 한다.

(B) 차로 공원에 가려고 한다.

(C) 도보로 공원에 가려고 한다.

(D) 차로 쇼핑을 하려고 한다.

[참고] 소거법으로 풀면 정확한 정답을 알 수 있다.

[어구·해설] **原油高**(げんゆだか) 원유고, 고유가 **影響**(えいきょう) 영향 **燃料**(ねんりょう) 연료
軒並(のきなみ) 처마가 잇달아 늘어서 있음, 집집마다, 모두 **週末**(しゅうまつ) 주말 **ショッピングセンター** 쇼핑센터
ドライブ 드라이브 **公共交通機関**(こうきょうこうつうきかん) 공공교통기관 **利用**(りよう) 이용
環境(かんきょう) 환경 **買**(か)**い物**(もの) 쇼핑 **重**(おも)**い** 무겁다, 중대하다, 병이 위중하다 **持**(も)**つ** 들다, 지속하다
公園(こうえん) 공원 **歩**(ある)**く** 걷다, 걸어가다, 거닐다 **徒歩**(とほ) 도보

[정답] C

75

男：このごろ、代理母による出産についてのニュースをよく見ます。

女：日本では倫理上の理由で代理母による出産は許可されていないんですが、代理母が合法化されている海外で、代理母出産をした夫婦もいるそうです。

男：どうしても自分の子供がほしいという夫婦の切実な願いと、赤の他人に出産を依頼するという倫理的な問題があるのでしょう。

女：命と倫理、非常に難しい問題ですね。

남：요즘, 대리모 출산에 대한 뉴스를 자주 봅니다.

여：일본에서는 윤리상의 이유로 대리모의 출산은 허가되지 않았습니다만, 대리모가 합법화되어 있는 해외에서, 대리모 출산을 한 부부도 있다고 합니다.

남：어떻게 해서라도 자신의 아이를 갖고 싶다고 하는 부부의 절실한 소망과, 생판 남에게 출산을 의뢰한다고 하는 윤리적인 문제가 있겠지요.

여：생명과 윤리, 대단히 어려운 문제네요.

代理母（だいりはは）の出産（しゅっさん）について、何（なに）が問題（もんだい）だと言（い）っていますか。

(A) 出産（しゅっさん）することが危険（きけん）だから。

(B) 血縁関係（けつえんかんけい）のない人（ひと）に生（う）ませるから。

(C) 生（う）まれても自分（じぶん）の子供（こども）にできないから。

(D) 代理母（だいりはは）による出産（しゅっさん）は許可（きょか）されるべきだから。

대리모 출산에 대해서, 무엇이 문제라고 말하고 있습니까?

(A) 출산하는 것이 위험하기 때문에.

(B) 혈연관계가 없는 사람에게 낳게 하기 때문에.

(C) 태어나도 자신의 아이로 할 수 없기 때문에.

(D) 대리모의 출산은 허가되어야만 하기 때문에.

참고 남자가 대리모 출산에는 윤리적인 문제가 있다고 언급하였다.

어구·해설 このごろ 요사이, 요즘, 최근 代理母（だいりはは）대리모 出産（しゅっさん）출산 ニュース 뉴스
倫理上（りんりじょう）윤리상, 도덕상 許可（きょか）허가 合法化（ごうほうか）합법화 海外（かいがい）해외
夫婦（ふうふ）부부 切実（せつじつ）절실 赤（あか）の他人（たにん）생판 남, 전혀 관계가 없는 사람 依頼（いらい）의뢰
倫理的（りんりてき）윤리적, 도덕적 命（いのち）목숨, 생명, 수명 非常（ひじょう）비상, 예사가 아님, 대단함
血縁関係（けつえんかんけい）혈연관계 〜べき 〜해야 할[될], 〜하는 것이 적절한, 〜이 온당한

정답 B

76

男（さいきん）：最近（さいきん）は大（おお）きな事件（じけん）が起（お）きると、集（あつ）まる野次馬（やじうま）のマナーが問題視（もんだいし）されています。

女：もちろん知（し）りたいと思（おも）うことは悪（わる）いことじゃないですし、自分（じぶん）の目（め）で見（み）てみたいと思（おも）う野次馬（やじうま）の気持（きも）ちは理解（りかい）できますが、やはり常軌（じょうき）を逸（いっ）してはいけませんね。

男：先日（せんじつ）の東京（とうきょう）の事件（じけん）では、野次馬（やじうま）の一人（ひとり）が被害者（ひがいしゃ）をカメラで撮影（さつえい）し、それをインターネットで公開（こうかい）して大（おお）きな問題（もんだい）になりました。

女：知（し）る権利（けんり）はありますが、個人情報（こじんじょうほう）やプライバシーを侵害（しんがい）してはいけませんね。

남 : 최근에는 큰 사건이 일어나면, 모여드는 구경꾼의 매너가 문제시되고 있습니다.

여 : 물론 알고 싶어 하는 것은 나쁜 것이 아니고, 자신의 눈으로 보고 싶어 하는 구경꾼의 마음은 이해할 수 있지만, 역시 지켜야 할 도리를 벗어나서는 안 됩니다.

남 : 일전의 도쿄 사건에서는, 구경꾼 한 명이 피해자를 카메라로 촬영하여, 그것을 인터넷에 공개해서 큰 문제가 되었습니다.

여 : 알 권리는 있습니다만, 개인 정보나 프라이버시를 침해해서는 안 됩니다.

野次馬（やじうま）の問題点（もんだいてん）とは何（なん）ですか。

(A) 非常識（ひじょうしき）な行動（こうどう）。

(B) 知（し）る権利（けんり）を侵害（しんがい）すること。

(C) 自分（じぶん）の目（め）で見（み）たいと思（おも）う気持（きも）。

(D) 被害者（ひがいしゃ）をカメラで撮影（さつえい）すること。

구경꾼의 문제점이란 무엇입니까?

(A) 비상식적인 행동.

(B) 알 권리를 침해하는 것.

(C) 자신의 눈으로 보고 싶어하는 마음.

(D) 피해자를 카메라로 촬영하는 것.

참 고 ：구경꾼들이 프라이버시를 침해하는 비상식적인 행동을 하는 것이 문제이다.

어구·해설 ：**集(あつ)まる** 모이다, 모여들다, 집합하다 　**野次馬(やじうま)** 자기와는 상관없는 일에 덩달아 떠들어댐, 또는 그런 사람들(구경꾼)

マナー 매너, 예의 범절, 태도, 몸가짐 　**問題視(もんだいし)** 문제시 　**理解(りかい)** 이해

常軌(じょうき) 항상 따라야 할 바른 길(상궤, 상도) 　**常軌(じょうき)に逸(いっ)する** 상도를 벗어나다

先日(せんじつ) 전일, 요전 날, 일전 　**被害者(ひがいしゃ)** 피해자 　**撮影(さつえい)** 촬영 　**公開(こうかい)** 공개

権利(けんり) 권리 　**個人情報(こじんじょうほう)** 개인정보 　**プライバシー** 프라이버시, 사적인 일

侵害(しんがい) 침해 　**非常識(ひじょうしき)** 비상식, 상식을 벗어남, 몰상식

정 답 ：**A**

77

女：新入社員がどんな会社を望んでいるかについてのアンケートが公表されたよ。施設面だけど、トレーニングジムがほしいという人や、図書館があったらいいという人もいたけど、一番多かったのは会社にカフェテリアがほしいと思っている人だったわ。

男：施設面の他にも何か統計があるの？

女：後は、職場環境っていうのがあって、やはり上司とも仲良く話すことができる会社の雰囲気を求めている新入社員も多くいるみたい。

男：そっか。でも石の上にも３年というから、新入社員は最後まで頑張ってほしいな。

여：신입사원이 어떤 회사를 희망하는가에 대한 앙케트가 공표됐어. 시설면인데, 체육관을 바라는 사람과 도서관이 있었으면 좋겠다는 사람도 있지만, 가장 많았던 것은 회사에 카페테리아가 있으면 좋겠다고 하는 사람이었어.

남：시설면 이외에도 무슨 통계가 있어?

여：그 다음은, 직장 환경이라고 하는 것이 있어서, 역시 직장 상사하고도 사이좋게 이야기를 할 수 있는 회사의 분위기를 바라고 있는 신입사원도 많이 있는 것 같아.

남：그래. 하지만 차가운 돌에도 3년간 앉아 있으면 따스해진다고 하니까, 신입사원은 마지막까지 힘냈으면 좋겠어.

会話の内容に合っているものはどれですか。

(A) 図書館よりトレーニングジムの方が人気がある。

(B) もっとも多かったのは会社にカフェテリアがほしいと思っている人である。

(C) 新入女子社員がどんな会社を望んでいるかについてのアンケートが公表された。

(D) 上司とも仲良く話すことができる会社の雰囲気を求めている新入女子社員も多くいる。

회화 내용과 맞는 것은 어느 것입니까?

(A) 도서관보다 체육관 쪽이 인기가 있다.

(B) 가장 많았던 것은 회사에 카페테리아가 있으면 좋겠다고 하는 사람이다.

(C) 신입여자사원이 어떤 회사를 희망하는가에 대한 앙케트가 공표되었다.

(D) 직장 상사하고도 사이좋게 이야기할 수 있는 회사의 분위기를 바라고 있는 신입여자사원도 많이 있다.

참 고 ：회사에 카페테리아가 있으면 좋겠다고 하는 사람이 가장 많았다.

어구·해설 ：**新入社員(しんにゅうしゃいん)** 신입사원 　**トレーニングジム** 체육관 　**ほしい** 갖고 싶다, 탐나다

一番(いちばん) 첫째, 맨 처음, 제일 　**カフェテリア** 카페테리아 　**施設面(しせつめん)** 시설면 　**統計(とうけい)** 통계

職場環境(しょくばかんきょう) 직장환경 　**仲良(なかよ)く** 사이좋게 　**雰囲気(ふんいき)** 분위기

求(もと)める 바라다 　**石(いし)の上(うえ)にも３年(さんねん)** 차가운 돌에도 3년 앉아 있으면 따스해진다는 뜻, 어렵더라도

참고 견디면 반드시 성공함 　**最後(さいご)** 최후, 마지막, 맨 끝 　**望(のぞ)む** 바라다, 원하다 　**公表(こうひょう)** 공표

정 답 ：**B**

78

男：現在、いろいろな中毒症状に悩まれている人が多く
　　なりましたね。
女：お酒を飲みすぎるとアルコール中毒、麻薬をすると
　　麻薬中毒などですね。
男：中毒を治療するのは簡単ではないです。中毒になった
　　ということは何かに依存しているということです。だ
　　からそれを解決しなければいけないし、もっとも核と
　　なるのは中毒になった原因を突き止めて根本的な問題
　　を解決しなければならないということです。
女：中毒だからって、中毒になったものを止めさせるだ
　　けではいけないんですね。

남 : 현재 여러 가지 중독 증상에 시달리고 있는 사람이
　　 많아졌습니다.
여 : 술을 지나치게 많이 마시면 알코올 중독, 마약을 하
　　 면 마약 중독 등이지요.
남 : 중독을 치료하는 것은 간단한 것이 아닙니다. 중독
　　 이 되었다고 하는 것은 무엇인가에 의존하고 있다
　　 고 하는 것입니다. 그렇기 때문에 그것을 해결하지
　　 않으면 안 되며, 가장 핵심이 되는 것은 중독이 된
　　 원인을 알아내서 근본적인 문제를 해결하지 않으면
　　 안 된다는 것입니다.
여 : 중독이라고 해서, 중독이 된 것을 그만두게 하는 것
　　 만으로는 안 되는 것이네요.

中毒治療をする時、一番大切なことは何ですか。

(A) 中毒になったものを止めさせること。
(B) 依存しているものを遠ざけること。
(C) 中毒患者を隔離すること。
(D) 中毒になった原因を解決すること。

중독 치료를 할 때, 가장 중요한 것은 무엇입니까?

(A) 중독인 된 것을 그만두게 하는 것.
(B) 의존하고 있는 것을 멀리하는 것.
(C) 중독 환자를 격리시키는 것.
(D) 중독이 된 원인을 해결하는 것.

참 고 중독이 된 근본적인 원인을 해결하는 것이 더 중요하다.

어구·해설 現在(げんざい) 현재　中毒症状(ちゅうどくしょうじょう) 중독증상　悩(なや)む 고민하다, 병에 시달리다
飲(の)みすぎる 과음하다, 너무 많이 마시다　アルコール中毒(ちゅうどく) 알코올 중독　麻薬(まやく) 마약
麻薬中毒(まやくちゅうどく) 마약중독　簡単(かんたん) 간단　依存(いぞん) 의존　解決(かいけつ) 해결
核(かく) 핵, 핵심, 중심　突(つ)き止(と)める 규명하여 밝혀내다, 규명하다, 알아내다　根本的(こんぽんてき) 근본적
中毒治療(ちゅうどくちりょう) 중독치료　大切(たいせつ) 중요함, 귀중함, 소중함, 소중하게 다루는 모양, 물건을 아끼는 모양
遠(とお)ざける 멀리하다, 물리치다, 가까이하지 않다　中毒患者(ちゅうどくかんじゃ) 중독환자　隔離(かくり) 격리

정 답 D

男：今年もこの時期が来ましたね。お歳暮の時期……。

女：今年はデパートの売り上げは上がるんじゃないでしょうか。会社員のボーナスも少し上がったという話もありますから。

男：いや、主婦がお歳暮商戦の鍵を握っているからね。増えたボーナスも貯蓄に回す可能性もあるからな。財布の口を締める可能性が高いと思うけど。

女：今年も楽観視は出来ないということですね。気を引き締めてお歳暮商戦に取り組まなければなりませんね。

남 : 올해도 이 시기가 왔습니다. 연말 선물의 시기…….

여 : 올해는 백화점 매상은 오르지 않을까요? 회사원 보너스도 조금 올랐다고 하는 이야기도 있으니까.

남 : 아니, 주부가 연말 선물 상업 전쟁의 열쇠를 쥐고 있으니까 말이야. 늘어난 보너스도 저축으로 돌릴 가능성도 있지. 지갑의 끈을 졸라맬 가능성이 높다고 생각하는데.

여 : 올해도 낙관할 수 없다는 것이네요. 정신을 바짝 차려서 연말 선물 상업 전쟁에 몰두하지 않으면 안 되겠습니다.

男の人は、今年のお歳暮商戦はどうなると予想していますか。

(A) 会社員のボーナスも上がり、ボーナス商戦はうまくいく。

(B) 今年はデパートの売り上げが上がるから楽観視している。

(C) 主婦がお歳暮商戦の鍵を握っているが、財布の紐は固いだろう。

(D) ボーナスが減り、貯蓄をする主婦が増えるのでお歳暮は売れない。

남자는 올해 연말 선물 상업 전쟁은 어떻게 될 것으로 예상하고 있습니까?

(A) 회사원 보너스도 올라, 보너스 상업 전쟁은 잘 된다.

(B) 올해는 백화점의 매상이 오르기 때문에 낙관하고 있다.

(C) 주부가 연말 선물 상업 전쟁의 열쇠를 쥐고 있는데, 지갑을 쉽게 열지 않을 것이다.

(D) 보너스가 줄고, 저축하는 주부가 늘기 때문에 연말 선물은 팔리지 않는다.

참고 주부가 연말 선물 상업전의 열쇠를 쥐고 있는데, 지갑을 쉽게 열지 않을 것으로 예상하고 있다.

어구·해설 時期(じき) 시기　お歳暮(せいぼ) 연말 선물　売(う)り上(あ)げ 매상, 매출　会社員(かいしゃいん) 회사원
ボーナス 보너스　主婦(しゅふ) 주부　お歳暮(せいぼ)商戦(しょうせん) 연말 선물 상업 전쟁
貯蓄(ちょちく) 저축　回(まわ)す 돌리다, 회전시키다　可能性(かのうせい) 가능성
財布(さいふ)の口(くち)を締(し)める 지갑의 끈을 졸라매다, 돈을 절약하다　楽観視(らっかんし) 낙관적으로 봄, 낙관함
気(き)を引(ひ)き締(し)める 정신을 바짝 차리다, 긴장시키다　取(と)り組(く)む 맞붙다, 열심히 일에 들러붙다, 몰두하다
鍵(かぎ)を握(にぎ)る 열쇠를 쥐다　財布(さいふ)の紐(ひも)は固(かた)い 지갑의 끈은 견고하다, 지갑을 쉽게 열지 않는다

정답 C

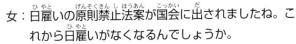

80

女：日雇いの原則禁止法案が国会に出されましたね。これから日雇いがなくなるんでしょうか。

男：この法案には労働者も雇用者も反対を唱えています。特にホームレスなどの定職がない労働者は、日雇いがなくなることで収入を得る機会が減るのを心配しています。また雇用者側では、必要な時に必要な人材を投入することが出来なくなり、無駄なコストを支払わなければならないのではと心配しています。

女：労働者も雇用者も都合のよい日雇い労働をどうして禁止するんですか。

男：政府としては不安定な日雇い労働を禁止することによって正規職への就職を斡旋したいのかもしれないね。正規職が増えれば、納税額も増えるからね。

여 : 일용직에 대한 원칙적인 금지 법안이 국회에 제출되었습니다. 앞으로 일용직이 없어지게 되나요?

남 : 이 법안에는 노동자도 고용자도 반대를 하고 있습니다. 특히 홈리스 등의 일정한 직업이 없는 노동자는 일용직이 없어짐으로써 수입을 얻을 기회가 줄어드는 것을 걱정하고 있습니다. 또한 고용자 측에서는 필요한 때에 필요한 인재를 투입할 수 없게 되어, 쓸데없는 비용을 지불하지 않으면 안 되는 것인가 하고 걱정하고 있습니다.

여 : 노동자도 고용자도 형편이 좋은 일용 노동을 왜 금지시키는 것입니까?

남 : 정부로서는 불안정한 일용 노동을 금지함으로써 정규직으로의 취직을 알선하고 싶어서일지도 모르겠습니다. 정규직이 늘어나면, 납세액도 늘어나니까.

労働者はどうして日雇い労働禁止に反対していますか。

(A) 不安定な気分になるから。

(B) 収入を得る機会が少なくなるから。

(C) 無駄なコストを払わなければならないから。

(D) 税金をたくさん納めなければならないから。

노동자는 왜 일용 노동 금지에 반대하고 있습니까?

(A) 불안정한 기분이 되기 때문에.

(B) 수입을 얻을 기회가 적어지기 때문에.

(C) 쓸데없는 비용을 지불하지 않으면 안 되기 때문에.

(D) 세금을 많이 납부하지 않으면 안 되기 때문에.

참고 수입을 얻을 기회가 적어지기 때문에 반대하고 있다.

어구·해설 日雇(ひやと)い 일용, 날품팔이 原則(げんそく) 원칙 禁止法案(きんしほうあん) 금지법안 国会(こっかい) 국회 労働者(ろうどうしゃ) 노동자 雇用者(こようしゃ) 고용자 反対(はんたい) 반대 唱(とな)える 외치다, 주장하다 特(とく)に 특히, 특별히 ホームレス 주거가 없는 사람(홈리스) 定職(ていしょく) 정직, 일정한 직업 収入(しゅうにゅう) 수입 人材(じんざい) 인재 投入(とうにゅう) 투입 無駄(むだ) 보람이 없음, 쓸데없음, 헛됨 コスト 생산비, 원가, 비용 支払(しはら)う 지불하다, 돈을 치르다 政府(せいふ) 정부 不安定(ふあんてい) 불안정 正規職(せいきしょく) 정규직 就職(しゅうしょく) 취직 斡旋(あっせん) 알선 納税額(のうぜいがく) 납세액 納(おさ)める 납부하다, 납품하다

정답 B

PART 4 설명문

– 보통 내용의 순서와 문제의 순서가 차례대로 있는 경우가 많기 때문에 문제를 미리 파악해 두고 내용을 들으면서 문제를 푸는 것이 좋다.

81-84

日本で70歳以上の高齢者人口が初めて2000万人を突破した。2009年1月現在、総人口、1億2771万人のうち2017万人が70歳以上だった。6人に一人だ。14歳未満の人口より300万人も多い。少子化、高齢化が急激に進み、高齢者を扶養しなければならない社会の責任がより一層大きくなっている。また、高齢化に伴う国の医療保険料や年金の支給問題が大きく取り上げられるようになった。しかし、高齢でも仕事ができる高齢者も多く、長年の勤務を通して培われた技術を生かそうという動きも広まりつつある。現に65歳まで定年を引き上げる会社も大幅に増えている。昨年、日本で65歳〜73歳の人口のうち働く人の割合は32.2%と、2002年に比べ1.1%増加した。

일본에서 70세 이상의 고령자 인구가 처음으로 2000만 명을 돌파하였다. 2009년 1월 현재, 총인구, 1억 2771만 명 중 2017만 명이 70세 이상이었다. 6명에 한 명이다. 14세 미만 인구보다 300만 명이나 많다. 소자화, 고령화가 급격하게 진행되어, 고령자를 부양해야 하는 사회의 책임이 한층 더 커졌다. 또 고령화에 동반되는 국가의 의료보험료와 연금 지급문제가 크게 다루어지게 되었다. 그러나 고령이라도 일을 할 수 있는 고령자도 많고, 오랜 기간의 근무를 통하여 터득한 기술을 활용하려고 하는 움직임도 퍼지고 있다. 현재 65세까지 정년을 늘리는 회사도 대폭적으로 늘고 있다. 작년 일본에서 65~73세 인구 중 일하는 사람의 비율은 32.2%로, 2002년에 비해 1.1% 증가하였다.

81 現在日本の70歳以上の人口は何人ですか。

(A) 2771万人。
(B) 2017万人。
(C) 300万人。
(D) 1700万人。

현재 일본의 70세 이상의 인구는 몇 명입니까?

(A) 2771만 명.
(B) 2017만 명.
(C) 300만 명.
(D) 1700만 명.

82 現在14歳以下の人口は何人ですか。

(A) 2771万人。
(B) 2017万人。
(C) 1717万人。
(D) 1700万人。

현재 14세 이하의 인구는 몇 명입니까?

(A) 2771만 명.
(B) 2017만 명.
(C) 1717만 명.
(D) 1700만 명.

83 高齢化に伴う問題にはどんなものがありますか。

(A) 仕事をしない高齢者が街にあふれる。

(B) 高齢になっても仕事をすることへの不安。

(C) 年金の支給に関する問題。

(D) 高齢者同士の意思疎通に関する問題。

고령화에 동반되는 문제에는 어떤 것이 있습니까?

(A) 일을 하지 않는 고령자가 거리에 넘친다.

(B) 고령이 되어도 일을 하는 것에 대한 불안.

(C) 연금 지급에 관한 문제.

(D) 고령자끼리의 의사소통에 관한 문제.

84 最近の高齢者に関する動きとして正しいものはどれですか。

(A) 長年の経験を活かして高齢になっても働いてもらおうという動き。

(B) 長年の経験を活かして高齢になったら定年してもらおうという動き。

(C) 高齢になったら、健康面を考慮して早めに定年してもらおうという動き。

(D) 高齢に伴う問題もあるが、高齢者の意見も聞いてみようという動き。

최근 고령자에 관한 움직임으로 올바른 것은 어느 것입니까?

(A) 오랜 경험을 살려서 고령이 되어도 일하게 하려는 움직임.

(B) 오랜 경험을 살려서 고령이 되면 정년퇴직하게 하려는 움직임.

(C) 고령이 되면, 건강 면을 고려해 일찍 정년퇴직하게 하려는 움직임.

(D) 고령에 동반되는 문제도 있지만, 고령자의 의견도 들으려고 하는 움직임.

어구·해설 高齢者(こうれいしゃ) 고령자 人口(じんこう) 인구 突破(とっぱ) 돌파 総人口(そうじんこう) 총인구 少子化(しょうしか) 출생률 저하에 따라 총인구를 차지하는 아이의 수가 감소하는 것(소자화) 急激(きゅうげき) 급격 進(すす)む 진행되다 扶養(ふよう) 부양 社会(しゃかい) 사회 責任(せきにん) 책임 一層(いっそう) 한층 더, 더욱 伴(ともな)う 따라가다 医療保険料(いりょうほけんりょう) 의료보험료 年金(ねんきん) 연금 支給(しきゅう) 지급 長年(ながねん) 오랜 세월, 여러 해 勤務(きんむ) 근무 通(とお)す 통하게 하다 培(つちか)う 능력이나 심성을 기르다 技術(ぎじゅつ) 기술 生(い)かす 살리다 定年(ていねん) 정년 引(ひ)き上(あ)げる 끌어올리다, 인양하다, 값을 인상하다 大幅(おおはば) 대폭, 큰 폭 増(ふ)える 늘다, 늘어나다, 증가하다 働(はたら)く 일하다, 활동하다, 움직이다 割合(わりあい) 비율 比(くら)べる 비교하다, 견주다 増加(ぞうか) 증가 経験(けいけん) 경험 健康面(けんこうめん) 건강 면 考慮(こうりょ) 고려 意見(いけん) 의견

정답 81-B, 82-C, 83-C, 84-A

ノロウイルスは、ノロウイルスが入った食べ物を食べたり、ノロウイルスを持っている人からうつったりします。ノロウイルスはまず口から入って胃を通ります。胃の中には、胃酸という強い酸があるのですが、ノロウイルスは酸に強いので胃の中でも死にません。そしてノロウイルスは小腸に入ります。小腸の上の部分にはノロウイルスとくっつきやすいところがあって、ノロウイルスはここで自分のコピーを大量に作って、急激に増えるのです。ノロウイルスにかかると、ひどい下痢になったり、何度も吐いたりします。また熱がでることもあるので風邪とまちがえられることもあります。ウイルスに効く薬はないので、とにかく水分や栄養を取って安静にするしかありません。普通は1日〜2日経てば症状はおさまりますが、体力のないお年寄りや、小さい子供だと、亡くなることもあるそうです。

노로 바이러스는, 노로 바이러스가 들어간 음식을 먹거나, 노로 바이러스를 갖고 있는 사람으로부터 옮기도 합니다. 노로 바이러스는 먼저 입으로 들어가서 위를 통과합니다. 위 안에는 위산이라는 강한 산이 있지만, 노로 바이러스는 산에 강하기 때문에 위 안에서도 죽지 않습니다. 그리고 노로 바이러스는 소장으로 들어갑니다. 소장의 윗부분에는 노로 바이러스가 달라붙기 쉬운 부분이 있어서, 노로 바이러스는 여기에서 자신의 복사체를 대량으로 만들어, 급격하게 증가하는 것입니다. 노로 바이러스에 걸리면, 심한 설사를 하거나, 몇 번이고 구토를 하기도 합니다. 또 열이 나는 경우도 있기 때문에 감기로 착각하는 경우도 있습니다. 바이러스에 효과가 있는 약은 없기 때문에, 어쨌든 수분이나 영향을 취하고 안정하게 하는 수밖에 없습니다. 보통 1~2일이 지나면 증상은 진정됩니다만, 체력이 약한 노인이나 어린이의 경우, 사망하는 경우도 있다고 합니다.

85 ノロウイルスはどうやって感染しますか。

(A) ノロウイルスを持っている人から感染する。
(B) 胃にある胃液を通して感染する。
(C) 食べ物をとおして感染しないことは分かっている。
(D) 感染経路もまだ分かっていない。

노로 바이러스는 어떻게 감염됩니까?

(A) 노로 바이러스를 가지고 있는 사람으로부터 감염된다.
(B) 위에 있는 위액을 통해서 감염된다.
(C) 음식을 통해서 감염되지 않는 것은 알고 있다.
(D) 감염경로도 아직 알 수 없다.

86 ノロウイルスは胃の中でどうなりますか。

(A) 胃の中の胃酸で消滅する。
(B) 胃の中の胃酸でも死なない。
(C) 長い間胃酸の中にいると、弱まる。
(D) 胃に行く前に、ウイルスが排除される。

노로 바이러스는 위 안에서 어떻게 됩니까?

(A) 위 안의 위산으로 소멸된다.
(B) 위 안의 위산으로도 죽지 않는다.
(C) 장기간 위산 안에 있으면, 약해진다.
(D) 위에 가기 전에, 바이러스가 배제된다.

87 ノロウイルスはどこで一番よく繁殖しますか。

　(A) 胃酸の中。

　(B) 大腸の中。

　(C) 小腸の中。

　(D) 口の中。

노로 바이러스는 어디에서 가장 잘 번식합니까?

　(A) 위산 안.

　(B) 대장 안.

　(C) 소장 안.

　(D) 입 안.

88 ノロウイルスに感染したら、どうすればいいですか。

　(A) 熱が出ることもあるので、冷たい料理を食べない。

　(B) 効果がある薬が無いので、すぐに手術をする。

　(C) 効果がある薬が無いので、とにかく安静にしなければならない。

　(D) 薬の効果を高めるために、水などを飲んではいけない。

노로 바이러스에 감염되면, 어떻게 하면 됩니까?

　(A) 열이 나는 경우도 있으므로, 찬 요리를 먹지 않는다.

　(B) 효과가 있는 약이 없으므로, 바로 수술을 한다.

　(C) 효과가 있는 약이 없으므로, 어쨌든 안정하게 해야 된다.

　(D) 약의 효과를 높이기 위해서, 물 등을 마셔서는 안 된다.

어구·해설　ノロウイルス 사람에게 장염을 일으키는 바이러스(Norovirus)　食(た)べ物(もの) 먹을거리, 음식물
移(うつ)る 바뀌다, 옮기다, 옮아가다　胃(い) 위　通(とお)る 지나다, 지나가다, 통과하다　胃酸(いさん) 위산
小腸(しょうちょう) 소장　くっつきやすい 달라붙기 쉽다　大量(たいりょう) 대량　急激(きゅうげき) 급격
増(ふ)える 늘다, 늘어나다, 증가하다　ひどい 잔인하다, 지독하다, 심하다　下痢(げり) 설사　吐(は)く 뱉다, 토하다
効(き)く 듣다, 효과가 있다　とにかく 아무튼　水分(すいぶん) 수분　栄養(えいよう) 영양　安静(あんせい) 안정
症状(しょうじょう) 증상　おさまる 진정되다, 가라앉다　体力(たいりょく) 체력　亡(な)くなる 사망하다
感染(かんせん) 감염　胃液(いえき) 위액　経路(けいろ) 경로　消滅(しょうめつ) 소멸　弱(よわ)まる 약해지다
繁殖(はんしょく) 번식　大腸(だいちょう) 대장　手術(しゅじゅつ) 수술　効果(こうか) 효과

정답　85-A, 86-B, 87-C, 88-C

今日も、東北から九州にかけて、さわやかな秋晴れが続くでしょう。絶好の洗濯日和・布団干し日和です。日中の気温は、東北や東日本は23度くらいで、快適な陽気でしょう。西日本は25度を越えて半袖一枚で過ごせそうです。沖縄も大体晴れるでしょう。北海道は前線を伴った低気圧が近づくため、雪が多く、午後は雨の所が多くなり、雷が鳴る所もありそうです。

오늘도 도호쿠에서 규슈에 걸쳐, 상쾌한 가을 날씨가 계속됩니다. 빨래하기에 아주 좋은 날씨·이불 널기에 좋은 날씨입니다. 한낮의 기온은 동북과 동일본은 23도 정도로, 쾌적한 맑은 날씨입니다. 서일본은 25도를 넘어 반팔 차림으로 지낼 수 있을 것 같습니다. 오키나와도 대체로 맑은 날씨가 되겠습니다. 홋카이도는 전선을 동반한 저기압이 다가와서, 눈이 많이 내리고, 오후에는 비가 내리는 곳도 많아지며, 천둥이 치는 곳도 있을 것 같습니다.

89 今日、東北から九州はどんな天気ですか。

(A) 秋の風が吹いて少し寒くなる。

(B) さわやかな晴れが続く。

(C) 雪が多く、午後は雨が降る。

(D) 雷がなるところも多い。

오늘, 도호쿠 지방부터 규슈는 어떤 날씨입니까?

(A) 가을바람이 불어 조금 추워진다.

(B) 상쾌한 날씨가 계속된다.

(C) 눈이 많이 내리고, 오후에는 비가 내린다.

(D) 천둥이 치는 곳도 많다.

90 雪が多く、午後は雨が降るのはどこですか。

(A) 北海道。

(B) 沖縄。

(C) 東北。

(D) 東日本。

눈이 많이 내리고, 오후에는 비가 내리는 곳은 어디입니까?

(A) 홋카이도.

(B) 오키나와.

(C) 도호쿠.

(D) 동일본.

91 今日の西日本の気温について何と言っていますか。

(A) 23度くらいで少し肌寒い。

(B) 23度くらいで快適だ。

(C) 25度くらいですが、長袖を準備した方がいい。

(D) 25度くらいですから、半袖で十分だ。

오늘의 서일본 기온에 대해서 뭐라고 말하고 있습니까?

(A) 23도 정도로 조금 쌀쌀하다.

(B) 23도 정도로 쾌적하다.

(C) 25도 정도이지만 긴소매를 준비하는 것이 좋다.

(D) 25도 정도이니까, 반팔로 충분하다.

실전모의고사 2회

어구·해설 東北(とうほく) 동북, 도호쿠 지방의 준말　九州(きゅうしゅう) 규슈　爽(さわ)やか 기분이 개운함, 산뜻함, 상쾌함

秋晴(あきば)れ 맑게 갠 가을 날씨　続(つづ)く 이어지다, 계속되다, 잇따르다, 끊이지 않다　絶好(ぜっこう) 절호

洗濯日和(せんたくびより) 빨래하기 좋은 날씨　布団干(ふとんほ)し日和(びより) 이불 널기 좋은 날씨

日中(にっちゅう) 대낮　気温(きおん) 기온　快適(かいてき) 쾌적　陽気(ようき) 날씨, 기후

超(こ)える 지나가다, 기준을 넘다　半袖(はんそで) 반소매　過(す)ごす 시간을 보내다, 지내다

沖縄(おきなわ) 오키나와　大体(だいたい) 대체, 대강　北海道(ほっかいどう) 홋카이도　前線(ぜんせん) 전선

低気圧(ていきあつ) 저기압　近付(ちかづ)く 접근하다, 다가오다　午後(ごご) 오후

雷(かみなり)が鳴(な)る 천둥이 울리다　気温(きおん) 기온　肌寒(はだざむ)い 으스스 춥다, 쌀쌀하다

長袖(ながそで) 긴 소매　準備(じゅんび) 준비

정답 89-B, 90-A, 91-D

92-94

飛行機の発達により、海外にも簡単に行けるようになった現在。旅行を楽しむ人も年々増加しています。私にとって、旅行は人生の中のエネルギーです。旅行情報は毎日集めています。温泉もいいし、名所旧跡もよし。旅行情報を調べて国内旅行、海外旅行にと時間を見つけては出かけます。世界一周が夢ですが、今は旅行した国を世界地図で一つずつ塗りつぶしています。一年かけた船旅も夢です。いろいろ旅行情報を織り交ぜました。私の旅行にぜひお付き合い下さい。

비행기의 발달로 인해, 해외에도 간단히 갈 수 있게 된 현재. 여행을 즐기는 사람도 점점 증가하고 있습니다. 나에게 있어서 여행은 인생의 에너지입니다. 여행 정보는 매일 모으고 있습니다. 온천도 좋고, 명소 유적도 좋습니다. 여행 정보를 조사해서 국내여행, 해외여행으로 시간을 내서 떠납니다. 세계일주가 꿈이지만, 지금은 여행한 나라를 세계지도에서 하나씩 칠하고 있습니다. 일 년에 걸친 배 여행도 꿈입니다. 여러 가지 여행정보를 곁들였습니다. 나의 여행에 꼭 동참해 주세요.

92　「私(わたし)」にとって旅行(りょこう)は何(なん)ですか。

(A) 旅行情報(りょこうじょうほう)を毎日集(まいにちあつ)めること。

(B) 人生(じんせい)の中(なか)のエネルギーだ。

(C) 私(わたし)の旅行(りょこう)に付(つ)き合(あ)ってほしい。

(D) 温泉(おんせん)も大好(だいす)きだ。

'나'한테 여행은 무엇입니까?

(A) 여행정보를 매일 모으는 것.

(B) 인생의 에너지다.

(C) 나의 여행에 함께해 주길 바란다.

(D) 온천도 아주 좋아한다.

93 「私」が毎日していることは何ですか。

(A) 旅行情報を集めること。

(B) 世界地図をひとつずつ塗りつぶしている。

(C) 旅行情報を織り交ぜること。

(D) いろいろな人とお付き合いすること。

'나'가 매일 하고 있는 것은 무엇입니까?

(A) 여행정보를 모으는 것.

(B) 세계지도를 하나씩 칠하고 있다.

(C) 여행정보를 곁들이는 것.

(D) 여러 사람과 사귀는 것.

94 「私」の目標は何ですか。

(A) 温泉にたくさん入ること。

(B) 名所・旧跡を巡ること。

(C) 旅行に付き合ってくれる人を探すこと。

(D) 1年かけた船旅。

'나'의 목표는 무엇입니까?

(A) 온천에 많이 들어가는 것.

(B) 명소 유적을 순회하는 것.

(C) 여행에 같이해 줄 사람을 찾는 것.

(D) 1년에 걸친 배 여행.

어구·해설　飛行機(ひこうき) 비행기　発達(はったつ) 발달　海外(かいがい) 해외　現在(げんざい) 현재

楽(たの)しむ 즐기다, 취미로 삼다　人生(じんせい) 인생　エネルギー 에너지　情報(じょうほう) 정보

集(あつ)める 모으다　温泉(おんせん) 온천　名所(めいしょ) 명소　旧跡(きゅうせき) 구적, 고적

出掛(でか)ける 나가다, 떠나다　世界一周(せかいいっしゅう) 세계일주　世界地図(せかいちず) 세계지도

塗(ぬ)り潰(つぶ)す 빈틈없이 칠하다, 칠해서 보이지 않게 하다　船旅(ふなたび) 배를 타고 하는 여행

織(お)り交(ま)ぜる 여러 가지 실/무늬를 섞어서 짜다, 한 사물에 다른 것을 끼워 넣다　付(つ)き合(あ)う 행동을 같이 하다

巡(めぐ)る 돌다, 차례로 돌아다니다　探(さが)す 찾다

정답　92-B, 93-A, 94-D

95-97

これまで増え続けてきた日本の人口が、去年から減り始めた。この先、人口は減り続けると予測されている。人口が減ると同時に、お年寄りの割合も増えている。生まれる子供の数が減っているためだ。地域によっては、すでに、人口減少がすすんでいるところもある。秋田県上小阿仁村は人口およそ3000人。この中にある八木沢という地区では、とても人が減ってしまった。もっとも林業で栄えていた頃は、300人以上いたのに、今では住民はわずか20人。そのうち16人が60歳以上だ。人がよそへ移って、人口が減ると、町や村に入る税金が減ってしまう。そうすると、学校や道路の整備など、町の仕事ができなくなる。人が減った地域では、町がさびれてしまう。

지금까지 계속 증가했던 일본의 인구가 작년부터 감소하기 시작했다. 장차 인구는 계속 감소할 것으로 예측되고 있다. 인구가 감소함과 동시에, 고령자의 비율도 늘고 있다. 태어나는 아이의 수가 줄고 있기 때문이다. 지역에 따라서는 이미 인구 감소가 진행되고 있는 곳도 있다. 아키타현 가미코아니 마을은 인구가 약 3000명. 이 중 야기사와라는 지구에서는 사람이 많이 줄어들었다. 임업으로 한창 번창하고 있었을 때는 300명 이상이었는데, 지금은 주민이 겨우 20명. 그 중 16명이 60세 이상이다. 사람들이 다른 곳으로 이동하여 인구가 줄면, 읍이나 마을에 들어오는 세금이 줄어버린다. 그러면 학교나 도로의 정비 등, 마을 일을 할 수 없게 된다. 인구가 줄어든 지역에서는 마을이 황폐해져 버린다.

95 お年寄りの割合が増えているのはどうしてですか。

(A) 日本の人口が減り始めたから。
(B) これからも人口は減ると予想されるから。
(C) 子供の生まれる数が減っているから。
(D) 町に入る税金が足りないから。

고령자의 비율이 늘고 있는 것은 왜입니까?
(A) 일본의 인구가 줄기 시작했기 때문에.
(B) 앞으로도 인구는 줄어들 것으로 예상되기 때문에.
(C) 아이가 태어나는 수가 줄고 있기 때문에.
(D) 마을에 들어오는 세금이 부족하기 때문에.

96 八木沢という地域は昔、何人の人が住んでいましたか。

(A) 3000人。
(B) 300人。
(C) 20人。
(D) 16人。

야기사와라고 하는 지역은 옛날, 몇 명이 살고 있었습니까?
(A) 3000명.
(B) 300명.
(C) 20명.
(D) 16명.

97 人口が減ると町にはどんな影響がありますか。

(A) 仕事が無くなり、失業者が増える。

(B) 子供たちが少なくなり、町の学校が閉鎖の危機になる。

(C) 税金が入ってこなくなり、町がさびれてしまう。

(D) お年寄りの割合が増える。

인구가 줄면 마을에는 어떤 영향이 있습니까?

(A) 일이 없어져서, 실업자가 늘어난다.

(B) 아이들이 적어져서, 마을의 학교가 폐쇄의 위기에 놓인다.

(C) 세금이 들어오지 않게 되어, 마을이 황폐해져 버린다.

(D) 고령자의 비율이 늘어난다.

어구·해설 増(ふ)え続(つづ)ける 계속해서 늘다　人口(じんこう) 인구　減(へ)り始(はじ)める 줄기 시작하다
予測(よそく) 예측　割合(わりあい) 비율　増(ふ)える 늘다, 늘어나다, 증가하다, 불어나다　生(う)まれる 태어나다
地域(ちいき) 지역　すでに 이미, 벌써　減少(げんしょう) 감소　進(すす)む 진행되다
およそ 대체적인 것, 대개, 약　地区(ちく) 지구　もっとも 가장　林業(りんぎょう) 임업
栄(さか)える 번영하다, 번창하다　移(うつ)る 바뀌다, 옮기다, 이동하다　税金(ぜいきん) 세금　道路(どうろ) 도로
整備(せいび) 정비　寂(さび)れる 쇠퇴하다, 황폐해지다　予想(よそう) 예상　足(た)りない 모자라다, 부족하다
影響(えいきょう) 영향　失業者(しつぎょうしゃ) 실업자　閉鎖(へいさ) 폐쇄　危機(きき) 위기

정답 95-C, 96-B, 97-C

98-100

いかなる年代でもスポーツをする機会があり、地域の中でも学校がスポーツのための重要な役割を担っている。幼稚園や小学校低学年の児童は安くスポーツクラブで活動できる。小学5年生頃になると、放課後のクラブ活動へ自由に参加できるようになる。中学校や高校でも学校のクラブやチームに参加することができる。米国とは異なり、高校卒業後にすぐプロレベルでレギュラーとして活動をはじめることは稀である。一方学校とは別に、柔道や空手など伝統的な格闘技は、地元の道場に参加することで4～5歳から始めることができる。また、20世紀後半から水泳や体操といった競技では学校の他に私設のクラブ、たとえばスイミングスクールなどがエリート教育に重要な役割を担っている。こうした例ではサッカーもプロクラブを頂点として選手教育に着手しており、学校教育とは違った場でのスポーツ参加の機会が拡大している。

어떤 시대라도 스포츠를 할 기회가 있고, 지역에서도 학교가 스포츠를 위한 중요한 역할을 담당하고 있다. 유치원이나 초등학교 저학년 아동은 저렴하게 스포츠 클럽에서 활동할 수 있다. 초등학교 5학년쯤 되면 방과 후 클럽 활동에 자유롭게 참가할 수 있게 된다. 중학교나 고등학교에서도 학교의 클럽이나 팀에 참가할 수 있다. 미국과는 달리, 고등학교 졸업 후에 바로 프로 레벨로 정규 선수로서 활동을 시작하는 일은 드물다. 한편 학교와는 별도로, 유도나 가라테 등 전통적인 격투기는, 자기 고장의 도장에 참가하는 것으로 4~5세부터 시작할 수 있다. 또 20세기 후반부터 수영이나 체조 같은 경기에서는 학교 외에 사설 클럽, 예를 들면 수영 교실 등이 엘리트 교육에 중요한 역할을 하고 있다. 이러한 예로는 축구도 프로 클럽을 정점으로 선수 교육에 착수하고 있으며, 학교 교육과는 다른 장소에서의 스포츠 참가 기회가 확대되고 있다.

98 小学校5年生になるとできることは何ですか。

(A) 安くスポーツクラブで活動できる。

(B) 学校のクラブやチームに参加できる。

(C) 放課後のクラブ活動に参加できる。

(D) エリート教育をうけることができる。

초등학교 5학년이 되면 할 수 있는 것은 무엇입니까?

(A) 싸게 스포츠 클럽에서 활동할 수 있다.

(B) 학교 클럽이나 팀에 참가할 수 있다.

(C) 방과 후 클럽 활동에 참가할 수 있다.

(D) 엘리트 교육을 받을 수 있다

99 柔道や空手などの伝統的な格闘技は、どこで習うことができますか。

(A) スポーツクラブ。

(B) 放課後のクラブ活動。

(C) 学校のクラブチーム。

(D) 地元の道場。

유도나 가라테 등의 전통적인 격투기는 어디에서 배울 수 있습니까?

(A) 스포츠 클럽.

(B) 방과 후 클럽 활동

(C) 학교 클럽 팀.

(D) 자기 고장의 도장.

100 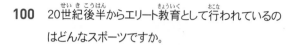 20世紀後半からエリート教育として行われているのはどんなスポーツですか。

(A) 柔道や空手などの格闘技。

(B) サッカーやバスケットボールなどの球技。

(C) 水泳や体操などの運動。

(D) ジャズダンスや日舞などの舞踊。

20세기 후반부터 엘리트 교육으로서 이루어지고 있는 것은 어떤 스포츠입니까?

(A) 유도나 가라테 등의 격투기.

(B) 축구나 농구 등의 구기.

(C) 수영이나 체조 같은 운동.

(D) 재즈댄스나 일본 전통 무용 등의 무용.

어구·해설 いかなる 어떤, 어떠한　年代(ねんだい) 연대　機会(きかい) 기회　地域(ちいき) 지역　役割(やくわり) 역할
担(にな)う 짊어지다, 메다, 책임 등을 떠맡다　幼稚園(ようちえん) 유치원　低学年(ていがくねん) 저학년
児童(じどう) 아동　放課後(ほうかご) 방과 후　クラブ活動(かつどう) 클럽 활동
自由(じゆう) 자유　参加(さんか) 참가　米国(べいこく) 미국　異(こと)なる 같지 않다, 다르다
卒業(そつぎょう) 졸업　レギュラー 레귤러, 정규의　活動(かつどう) 활동　稀(まれ) 드묾, 좀처럼 없음
一方(いっぽう) 한편　柔道(じゅうどう) 유도　空手(からて) 공수, 가라테, 일본 특유의 권법
伝統的(でんとうてき) 전통적　格闘技(かくとうぎ) 격투기　地元(じもと) 그 고장, 그 사람이 살고 있는 곳
道場(どうじょう) 도장　世紀(せいき) 세기　後半(こうはん) 후반　水泳(すいえい) 수영　体操(たいそう) 체조
競技(きょうぎ) 경기　私設(しせつ) 사설　スイミングスクール 수영 교실
エリート教育(きょういく) 엘리트 교육　頂点(ちょうてん) 정점　教育(きょういく) 교육
着手(ちゃくしゅ) 착수　拡大(かくだい) 확대　習(なら)う 배우다, 익히다　行(おこな)う 실시하다, 실행하다
バスケットボール 농구　球技(きゅうぎ) 구기　日舞(にちぶ) 일본 무용의 준말　舞踊(ぶよう) 무용

정답 98-C, 99-D, 100-C

실전모의고사 해설

3회

PART 1 사진묘사

01

(A) 電車がホームに入ってくるところです。

(B) 電車がホームに到着したところです。

(C) 電車がホームに止まっています。

(D) 電車がホームを離れていくところです。

(A) 전차가 플랫폼에 들어오는 중입니다.

(B) 전차가 플랫폼에 막 도착했습니다.

(C) 전차가 플랫폼에 서 있습니다.

(D) 전차가 플랫폼을 떠나는 중입니다.

참고 시제(ところ용법:과거, 현재 진행, 미래)에 주의할 것!
「과거형 +ところ」막 ~했다, 막 ~한 참이다, 「~ている +ところ」~하고 있는 중이다,
「기본형 +ところ」~하려는 참이다

어구·해설 電車(でんしゃ) 전차, 전철 　ホーム 정거장 등의 플랫폼 　入(はい)ってくる 들어오다 　到着(とうちゃく) 도착
止(と)まる 멎다, 멈추다, 서다 　離(はな)れる 떨어지다, 멀어지다, 떠나다, 벗어나다

정답 A

02

(A) 傘を差してない人も見えます。

(B) 人々が傘を差しながら踏切を渡っているところです。

(C) 人々が傘を差しながら横断歩道を渡っているところです。

(D) 人々が傘を差しながら踏切を渡ったところです。

(A) 우산을 쓰지 않은 사람도 보입니다.

(B) 사람들이 우산을 쓰고 건널목을 건너고 있는 참입니다.

(C) 사람들이 우산을 쓰고 횡단보도를 건너고 있는 참입니다.

(D) 사람들이 우산을 쓰고 건널목을 막 건넜습니다.

참고 사람들이 우산을 쓰고 횡단보도를 건너고 있다.

어구·해설 傘(かさ)を差(さ)す 우산을 쓰다 　見(み)える 보이다, 눈에 비치다 　人々(ひとびと) 사람들 　踏切(ふみきり) 건널목
渡(わた)る 건너다, 건너오다, 건너가다 　横断歩道(おうだんほどう) 횡단보도

정답 C

03

(A) 3人は橋を渡ろうとしています。

(B) 3人は橋の上から何かを覗き込んでいます。

(C) 3人は橋の上から飛び下りようとしています。

(D) 3人は橋で話し合っています。

(A) 세 사람은 다리를 건너려 하고 있습니다.

(B) 세 사람은 다리 위에서 무엇인가를 들여다보고 있습니다.

(C) 세 사람은 다리 위에서 뛰어내리려 하고 있습니다.

(D) 세 사람은 다리에서 서로 이야기하고 있습니다.

참고 세 사람이 다리 위에서 아래를 내려다보고 있는 사진이다.

어구·해설 橋(はし) 다리　渡(わた)る 건너다, 건너오다(가다)　覗(のぞ)き込(こ)む 목을 길게 빼어 들여다보다, 얼굴을 가까이 들이밀고 보다
飛(と)び下(お)りる 뛰어내리다　話(はな)し合(あ)う 서로 이야기하다, 이야기를 나누다, 서로 의논하다

정답 B

04

(A) 池の湖面は波立っています。

(B) 池の湖面は荒い波が押し寄せています。

(C) 池の湖面は穏やかです。

(D) 池は建物に囲まれています。

(A) 연못의 수면은 물결치고 있습니다.

(B) 연못의 수면은 거센 파도가 밀려오고 있습니다.

(C) 연못의 수면은 조용합니다.

(D) 연못은 건물로 둘러싸여 있습니다.

참고 연못의 수면은 잔잔하다.

어구·해설 池(いけ) 못　湖面(こめん) 호면, 호수의 수면　波立(なみだ)つ 파도가 일다, 물결치다　荒(あら)い 거칠다, 맹렬하다
波(なみ) 파도, 물결, 물결처럼 요동하는 것　押(お)し寄(よ)せる 몰려오다, 밀려오다, 쇄도하다, 밀어닥치다
穏(おだ)やか 평온함, 온후함, 차분함　建物(たてもの) 건물　囲(かこ)む 두르다, 둘러싸다, 에워싸다, 포위하다

정답 C

05

(A) 手を握った銅像です。

(B) おかっぱ頭の銅像です。

(C) 寝込んだ姿の銅像です。

(D) 頭が禿げた銅像です。

(A) 손을 잡은 동상입니다.

(B) 단발머리 동상입니다.

(C) 깊이 잠든 모습의 동상입니다.

(D) 머리가 벗겨진 동상입니다.

(참 고) 중이 두 손을 모아 기도하는 동상 사진이다.

(어구·해설) **手(て)を握(にぎ)る** 손을 잡다, 화해하다　**銅像(どうぞう)** 동상　**おかっぱ頭(あたま)** 단발머리
寝込(ねこ)む 깊이 잠들다　**姿(すがた)** 몸매, 옷차림, 풍채, 모습　**頭(あたま)が禿(は)げる** 머리가 벗겨지다

(정 답) D

06

(A) 本の行列が出来ています。

(B) 本がきちんと並べてあります。

(C) 本が散らかっています。

(D) 足の踏み場も無いほどです。

(A) 책의 행렬이 만들어져 있습니다.

(B) 책이 가지런하게 나열되어 있습니다.

(C) 책이 흩어져 있습니다.

(D) 발 디딜 곳도 없을 정도입니다.

(참 고) 책이 책꽂이에 가지런하게 정돈되어 있다.

(어구·해설) **本(ほん)** 책, 서적　**行列(ぎょうれつ)** 행렬　**出来(でき)る** 생기다, 할 수 있다, 만들어지다
きちんと 정돈되어 흩어지지 않은 모양(깔끔히, 말쑥이, 말끔히), 규칙 바른 모양　**並(なら)べる** 줄지어 놓다, 나란히 놓다
散(ち)らかる 흩어지다　**足(あし)の踏(ふ)み場(ば)も無(な)い** 발 디딜 곳도 없다

(정 답) B

07

(A) お弁当(べんとう)を食(た)べる時(とき)に使(つか)う箸(はし)は右端(みぎはし)のゴミ箱(ばこ)に捨(す)てればいいです。

(B) 燃(も)えないゴミは捨(す)てることが出来(でき)ません。

(C) ここではゴミの分別(ぶんべつ)はしません。

(D) 生(なま)ごみは中央(ちゅうおう)のゴミ箱(ばこ)に捨(す)てればいいです。

(A) 도시락을 먹을 때 사용하는 젓가락은 오른쪽 끝 쓰레기통에 버리면 됩니다.

(B) 불연성 쓰레기는 버릴 수 없습니다.

(C) 이곳에서는 쓰레기 분별은 하지 않습니다.

(D) 음식물 쓰레기는 중앙의 쓰레기통에 버리면 됩니다.

참고 분리수거 쓰레기통의 사진이다. 쓰레기통 위에 쓰여 있는 내용을 잘 보고 문제를 풀자!

어구·해설 お弁当(べんとう) 도시락 食(た)べる 먹다 使(つか)う 쓰다, 사용하다 箸(はし) 젓가락
右端(みぎはし) 맨 오른쪽 ゴミ箱(ばこ) 쓰레기통 ゴミ 쓰레기, 먼지 燃(も)える 불타다, 피어오르다
捨(す)てる 버리다, 내다버리다, 모른 체하다 分別(ぶんべつ) 분별
生(なま)ごみ 음식물 쓰레기, 부엌 쓰레기, 채소·생선 등의 젖은 쓰레기

정답 A

08

(A) 人々(ひとびと)は皆(みんな)立(た)ちすくんで本(ほん)を読(よ)んでいます。

(B) 人々(ひとびと)は皆(みんな)座(すわ)り込(こ)んで本(ほん)を読(よ)んでいます。

(C) 人々(ひとびと)は本屋(ほんや)で立(た)ち読(よ)みをしています。

(D) 人々(ひとびと)は本(ほん)を手(て)に取(と)るやいなや床(ゆか)に置(お)いています。

(A) 사람들은 모두 선 채 꼼짝 않고 책을 읽고 있습니다.

(B) 사람들은 모두 앉아서 움직이지 않고 책을 읽고 있습니다.

(C) 사람들은 책방에서 선 채로 책을 읽고 있습니다.

(D) 사람들은 책을 손에 잡자마자 마루에 놓고 있습니다.

참고 사람들이 서점에서 선채로 책을 읽고 있다.

어구·해설 人々(ひとびと) 사람들 皆(みんな) 모두, 다, 전부 立(た)ち竦(すく)む 선 채 꼼짝 못하다
座(すわ)り込(こ)む 들어가 앉다, 그 자리에 앉아서 움직이지 않다, 눌러 앉다 本屋(ほんや) 서점, 책방
立(た)ち読(よ)み 책방에서 책은 사지 않고 선 채로 읽음 手(て)に取(と)る 손에 쥐다, 손에 들다
~やいなや ~하자마자, ~하기가 무섭게 床(ゆか) 마루

정답 C

09

(A) 鉄塔が建っています。

(B) 銅像が建っています。

(C) 石碑が倒れています。

(D) 石碑が建っています。

(A) 철탑이 세워져 있습니다.

(B) 동상이 세워져 있습니다.

(C) 비석이 쓰러져 있습니다.

(D) 비석이 세워져 있습니다.

참고 비석이 서 있는 모습을 찍은 사진이다.

어구·해설 鉄塔(てっとう) 철탑 建(た)つ (건물·동상·국가 등이) 세워지다 銅像(どうぞう) 동상 石碑(せきひ) 비석

倒(たお)れる 쓰러지다, 넘어지다, 파산하다, 도산하다

정답 D

10

(A) 雑誌などが所狭しと並んでいます。

(B) 男性はしゃがんで、商品を覗き込んでいます。

(C) 男性は腰を下ろして、商品を覗き込んでいます。

(D) 男性は座り込んで、商品を見つめています。

(A) 잡지 등이 비좁게 늘어서 있습니다.

(B) 남성은 웅크리고 앉아서, 상품을 들여다보고 있습니다.

(C) 남성은 걸터앉아서, 상품을 들여다보고 있습니다.

(D) 남성은 눌러앉아서, 상품을 열심히 바라보고 있습니다.

참고 남자가 웅크리고 앉아서 물건을 보고 있다.

어구·해설 雑誌(ざっし) 잡지 所狭(ところせま)し 장소가 좁음, 비좁음 並(なら)ぶ 줄을 서다, 늘어서다 男性(だんせい) 남성

しゃがむ 쭈그리고 앉다, 웅크리고 앉다 商品(しょうひん) 상품 覗(のぞ)き込(こ)む 목을 길게 빼어 들여다보다

腰(こし)を下(お)ろす 걸터앉다 見詰(みつ)める 응시하다, 주시하다, 열심히 바라보다

정답 B

11

(A) 二人はたばこを吸いながら話し合っています。

(B) 地面のタイルは縦と横向きになっています。

(C) 吸い殻入れが4つおいてあります。

(D) 背広の人はたばこを片手に持っています。

(A) 두 사람은 담배를 피우면서 이야기를 하고 있습니다.

(B) 지면 타일은 세로와 가로 방향으로 되어 있습니다.

(C) 재떨이가 4개 놓여 있습니다.

(D) 신사복을 입은 사람은 담배를 한 손에 들고 있습니다.

참고 등장인물의 복장과 행동, 주변 환경에 주의하자! 오른쪽 남자는 담배를 피우지 않는다.

어구·해설 たばこを吸(す)う 담배를 피우다　話(はな)し合(あ)う 서로 이야기하다, 이야기를 나누다　地面(じめん) 지면, 땅바닥　タイル 타일(점토를 구워서 만든 얇은 판으로, 벽이나 바닥에 붙이거나 깖)　縦(たて) 세로, 수직 방향　横(よこ) 가로, 옆, 옆면　向(む)き 방향, 한정된 방면　吸(す)い殻(がら)入(い)れ 재떨이　背広(せびろ) 신사복　片手(かたて) 한쪽 손

정답 B

12

(A) 二人は言い争っています。

(B) 二人は向かい合って座っています。

(C) 二人は何かを掘り出しています。

(D) 二人は買物をしています。

(A) 두 사람은 말다툼을 하고 있습니다.

(B) 두 사람은 마주보고 앉아 있습니다.

(C) 두 사람은 무엇인가를 파내고 있습니다.

(D) 두 사람은 쇼핑을 하고 있습니다.

참고 무엇인가를 열심히 파내고 있는 모습이다.

어구·해설 言(い)い争(あらそ)う 말다툼하다, 언쟁하다　向(む)かい合(あ)う 마주보다, 마주 대하다　座(すわ)る 앉다, 지위를 차지하다　掘(ほ)り出(だ)す 파내다, 우연히 진귀한 물건을 찾아내다, 뜻밖에 싸게 물건을 손에 넣다　買(か)い物(もの) 물건사기, 쇼핑

정답 C

13

(A) 猫はバイクの上で日光浴をして
います。

(B) 猫はバイクに立っています。

(C) 猫はバイクを破壊しています。

(D) 猫はバイクにひかれました。

(A) 고양이는 오토바이 위에서 일광욕을
하고 있습니다.

(B) 고양이는 오토바이에 서 있습니다.

(C) 고양이는 오토바이를 파괴하고 있습
니다.

(D) 고양이는 오토바이에 치었습니다.

참 고 햇빛이 확실하게 비추고 있는 것인지 단정할 수 없지만, 나머지 보기의 설명이 잘못된 표현이기 때문에 소거법으로 풀면 정답은 A가 된다.

어구·해설 猫(ねこ) 고양이 バイク 오토바이 日光浴(にっこうよく) 일광욕 破壊(はかい) 파괴 轢(ひ)く (차 등으로) 치다

정 답 A

14

(A) 人々は満開の桜の木の下で宴会
をしています。

(B) 人々は満開の桜の木の下で争っ
ています。

(C) 人々は満開の桜の木の下で抗議
集会をしています。

(D) 人々は桜の蕾を摘み取ってい
ます。

(A) 사람들은 만개한 벚꽃 나무 아래에서
연회를 하고 있습니다.

(B) 사람들은 만개한 벚꽃 나무 아래에서
다투고 있습니다.

(C) 사람들은 만개한 벚꽃 나무 아래에서
항의 집회를 하고 있습니다.

(D) 사람들은 벚꽃의 꽃봉오리를 따고 있
습니다.

참 고 많은 사람들이 만개된 벚꽃 나무 아래에서 벚꽃놀이를 하는 모습이다.

어구·해설 満開(まんかい) 만개, 만발 桜(さくら)の木(き) 벚꽃 나무 宴会(えんかい) 연회, 잔치 争(あらそ)う 다투다
抗議集会(こうぎしゅうかい) 항의집회 蕾(つぼみ) 꽃봉오리, 비유적으로 아직 제구실을 못하나 촉망되는 젊은이
摘(つ)み取(と)る 열매나 싹을 따다, 뜯다, 커지기 전에 제거하다

정 답 A

15

(A) お母さんは立ち上がっています。

(B) 子供は乳母車の中にいます。

(C) 職員は前屈みになっています。

(D) お父さんは職員と握手しています。

(A) 어머니는 일어서 있습니다.

(B) 아이는 유모차 안에 있습니다.

(C) 직원은 앞으로 구부리고 있습니다.

(D) 아버지는 직원과 악수하고 있습니다.

참고 아이를 태운 유모차를 끌고 입장하고 있는 모습이다.

어구·해설 立(た)ち上(あ)がる 앉아 있거나 누운 사람이 일어서다, 공중으로 솟아오르다 **乳母車**(うばぐるま) 유모차

職員(しょくいん) 직원 **前屈**(まえかが)み 상반신을 앞으로 구부림, 구부정한 자세 **握手**(あくしゅ) 악수

정답 B

16

(A) 真っ直ぐに続いている道です。

(B) 凸凹した道です。

(C) 突き当たりになっている道です。

(D) くねっている道です。

(A) 똑바로 이어져 있는 길입니다.

(B) 울퉁불퉁한 길입니다.

(C) 막다른 길입니다.

(D) 구부러져 있는 길입니다.

참고 길은 구부러진 모양이다.

어구·해설 真(ま)っ直(す)ぐ 똑바름, 조금도 숨김이 없음, 정직함, 올곧음 **続**(つづ)く 이어지다, 계속되다 **道**(みち) 길, 도로 **凸凹**(でこぼこ) 요철, 울퉁불퉁, 고르지 않음 **突当**(つきあ)たり 막다른 곳, 맞닥뜨림, 마주침 **くねる** 구부러지다, 비뚤어지다

정답 D

17

(A) 建物は植物に覆われて見えません。

(B) 建物の前のフェンスは植物に覆われて見えません。

(C) 建物は植物に覆われつつあります。

(D) 建物の窓は丸い形をしています。

(A) 건물은 식물에 덮여 보이지 않습니다.

(B) 건물 앞의 울타리는 식물에 덮여 보이지 않습니다.

(C) 건물은 식물에 덮이고 있는 중입니다.

(D) 건물의 창문은 둥근 형태를 하고 있습니다.

참고 식물이 건물을 덮고 있는 모습이다.

어구·해설 植物(しょくぶつ) 식물 **フェンス** 펜스, 울타리 **覆**(おお)う 표면을 덮다, 씌우다 **丸**(まる)い 둥글다

정답 C

18

(A) 優先席の近くでは携帯電話での通話だけが禁じられています。

(B) 優先席には子供が近づくことが禁止されています。

(C) 優先席では誰が座れるかは基準がありません。

(D) 怪我をした人にも席を譲ることが求められています。

(A) 우선석(경로석) 근처에서는 휴대 전화로 하는 통화만 금지되어 있습니다.

(B) 우선석(경로석)에는 어린이가 가까이 가는 것이 금지되어 있습니다.

(C) 우선석(경로석)에는 누가 앉을 수 있는지는 기준이 없습니다.

(D) 부상을 입은 사람에게도 자리를 양보할 것을 요청하고 있습니다.

참 고 우선석은 노인, 임산부, 아기를 안고 있는 사람, 부상을 입은 사람을 위한 좌석이다.

어구·해설 優先席(ゆうせんせき) 우선석(양보석, 경로석)　近(ちか)く 근처, 가까운 곳　携帯電話(けいたいでんわ) 휴대 전화　通話(つうわ) 통화　禁(きん)じる 금하다, 금지하다　近(ちか)づく 가까이 가다, 접근하다, 가까이하다, 가까이 사귀다　禁止(きんし) 금지　誰(だれ) 누구　基準(きじゅん) 기준　怪我(けが)をする 부상을 입다　席(せき)を譲(ゆず)る 자리를 양보하다

정 답 D

19

(A) 女の人はのけぞっています。

(B) 女の人は向かい合って立っています。

(C) 四角い台の上に丸いものが置いてあります。

(D) 丸い台の上に四角いものが置いてあります。

(A) 여자는 뒤로 몸을 젖히고 있습니다.

(B) 여자는 마주보고 서 있습니다.

(C) 네모진 받침대 위에 둥근 것이 놓여 있습니다.

(D) 둥근 받침대 위에 네모진 것이 놓여 있습니다.

참 고 사각대 위에 둥근 것이 놓여 있다.

어구·해설 のけぞる 뒤로 휘다, 뒤로 몸을 젖히다　向(む)かい合(あ)う 마주보다　四角(しかく)い 네모지다　台(だい) 대, 받침대

정 답 C

20

(A) この道路は２車線道路です。

(B) この道路には高さ制限がありません。

(C) この道路ははとバスは通れません。

(D) この道路には歩道はありません。

(A) 이 도로는 2차선 도로입니다.

(B) 이 도로에는 높이 제한이 없습니다.

(C) 이 도로는 하토버스는 통과할 수 없습니다.

(D) 이 도로에는 인도는 없습니다.

참고 ハトバス는 2층으로 되어 있어서 사진 속 높이의 길은 다닐 수 없다. 일본 문화에 대한 지식이 있어야 풀 수 있는 문제.

어구·해설 車線(しゃせん) 차선　高(たか)さ 높이　制限(せいげん) 제한　はとバス 하토버스(도쿄를 중심으로 하는 관광버스)
通(とお)る 지나다, 지나가다, 통과하다　歩道(ほどう) 보도, 인도

정답 C

PART 2 질의응답

21 　今日は暑いですね。

　　(A) ええ、本当に。

　　(B) 暑いかもしれません。

　　(C) いいえ、暑くなかったんですよ。

　　(D) いいえ、暑くなりますよ。

오늘은 덥네요.

(A) 네, 정말로.

(B) 더울지도 모르겠습니다.

(C) 아니오, 덥지 않았어요.

(D) 아니오, 더워져요.

> **참고** 가볍게 주고받는 인사표현이다.

> **어구·해설** 暑(あつ)い 덥다　本当(ほんとう) 사실, 진실(정말임), 진짜임　〜かもしれない 〜ㄹ지도 모른다

> **정답** A

22 　今日は何をしましたか。

　　(A) 明日は友達と約束があります。

　　(B) デパートへ行きます。

　　(C) 昨日は図書館へ行きました。

　　(D) 妹と映画を見ました。

오늘은 무엇을 했습니까?

(A) 내일은 친구와 약속이 있습니다.

(B) 백화점에 갑니다.

(C) 어제는 도서관에 갔습니다.

(D) 여동생과 영화를 봤습니다.

> **참고** 의문사「何」와 시제에 주의하자!

> **어구·해설** 今日(きょう) 오늘　明日(あした) 내일　友達(ともだち) 친구　約束(やくそく) 약속　デパート 백화점　行(い)く 가다
> 昨日(きのう) 어제　図書館(としょかん) 도서관　妹(いもうと) 여동생　映画(えいが)を見(み)る 영화를 보다

> **정답** D

23 木村(きむら)さんはどんな映画(えいが)をよく見(み)るんですか。

(A) はい、よく見(み)ます。

(B) はい、毎日(まいにち)見(み)ています。

(C) コメディー映画(えいが)です。

(D) いいえ、見(み)ません。

기무라씨는 어떤 영화를 자주 봅니까?

(A) 예, 자주 봅니다.

(B) 예, 매일 보고 있습니다.

(C) 코미디 영화입니다.

(D) 아니오, 안 봅니다.

> **참고** 의문사「どんな」에 주의하자!
>
> **어구·해설** 映画(えいが) 영화 よく 자주, 잘 見(み)る 보다 毎日(まいにち) 매일 コメディー 코미디, 희극
>
> **정답** C

---

24 高橋(たかはし)さんのお父(とう)さんのお仕事(しごと)は？

(A) 今(いま)、単身赴任(たんしんふにん)をしています。

(B) 北海道(ほっかいどう)で自営業(じえいぎょう)をしています。

(C) 怒(おこ)ったら怖(こわ)いですよ。

(D) たばこは吸(す)いません。

다카하시씨 아버님의 직업은?

(A) 지금, 단신부임을 하고 있습니다.

(B) 홋카이도에서 자영업을 하고 있습니다.

(C) 화내면 무서워요.

(D) 담배는 피우지 않습니다.

> **어구·해설** お父(とう)さん 아버지 仕事(しごと) 직업 単身赴任(たんしんふにん) 단신부임 自営業(じえいぎょう) 자영업
> 怒(おこ)る 성내다(화내다), 꾸짖다 怖(こわ)い 무섭다, 겁나다, 두렵다 吸(す)う 기체나 액체를 들이마시다, 흡수하다
>
> **정답** B

---

25 バスはどこから出(で)ますか。

(A) 新宿駅(しんじゅくえき)までいきますよ。

(B) 近(ちか)くてとても便利(べんり)ですね。

(C) あそこにある銀行(ぎんこう)の前(まえ)からですよ。

(D) ここから１５分(ふん)ぐらいかかりましたよ。

버스는 어디에서 출발합니까?

(A) 신주쿠역까지 가요.

(B) 가까워서 아주 편리하네요.

(C) 저쪽에 있는 은행 앞에서예요.

(D) 여기에서 15분 정도 걸렸어요.

> **참고** 의문사「どこ」에 주의하자!
>
> **어구·해설** バス 버스 どこ 어디, 어느 어느 곳 出(で)る 나가다, 나오다, 출발하다 駅(えき) 역 近(ちか)い 가깝다 便利(べんり) 편리
> あそこ 저기, 저 곳, 저쪽 銀行(ぎんこう) 은행 前(まえ) 전(앞) ここ 이곳, 여기 かかる 걸리다, 매달리다
>
> **정답** C

26
どようび やま のぼ
土曜日に山に登りました。

(A) そうですか。私も泳ぎたいです。

(B) そうですか。何時まで行きますか。

(C) そうですか。楽しかったですか。

(D) そうですか。ここから遠いですか。

토요일에 산에 올랐습니다.

(A) 그래요? 나도 헤엄치고 싶습니다.

(B) 그래요? 몇 시까지 갑니까?

(C) 그래요? 즐거웠습니까?

(D) 그래요? 여기에서 멉니까?

> **어구·해설** 山(やま)に登(のぼ)る 산에 오르다 泳(およ)ぐ 헤엄치다 行(い)く 가다 楽(たの)しい 즐겁다, 재미있다, 유쾌하다
> 遠(とお)い 멀다

> **정답** C

27
はは まいあさ はな みず にっか
母は毎朝、花に水をやるのが日課になっています。

(A) そうですか、日記をつけるなんて素晴らしいで
すね。

(B) 毎日すると習慣になるんですね。

(C) 庭にはいろいろな草花が咲いていますね。

(D) それじゃ、週末には暇になりますね。

어머니는 매일 아침, 꽃에 물을 주는 것이 일과가 되었
습니다.

(A) 그래요, 일기를 쓰다니 훌륭하네요.

(B) 매일하면 습관이 되지요.

(C) 정원에는 여러 가지 화초가 피어 있네요.

(D) 그럼, 주말에는 한가해지겠네요.

> **어구·해설** 母(はは) 어머니 毎朝(まいあさ) 매일 아침 花(はな) 꽃 水(みず)をやる 물을 주다 日課(にっか) 일과
> 日記(にっき)をつける 일기를 쓰다 素晴(すば)らしい 매우 훌륭하다, 굉장하다 毎日(まいにち) 매일
> 習慣(しゅうかん) 습관 庭(にわ) 정원(뜰, 마당) いろいろ 여러 가지(갖가지, 가지각색) 草花(くさばな) 화초
> 咲(さ)く 꽃피다 週末(しゅうまつ) 주말 暇(ひま) 틈, 짬, 한가한 모양

> **정답** B

28
しめい こくせき か
ここに氏名と国籍を書くのですか。

(A) いいえ、ここは指定席です。

(B) いいえ、ここは出口です。

(C) はい、ボールペンでお願いします。

(D) はい、毎日手紙を書いてください。

여기에 성명과 국적을 쓰는 것입니까?

(A) 아니오, 여기는 지정석입니다.

(B) 아니오, 여기는 출구입니다.

(C) 예, 볼펜으로 부탁합니다.

(D) 예, 매일 편지를 써 주십시오.

> **어구·해설** 氏名(しめい) 성명 国籍(こくせき) 국적 書(か)く 쓰다 指定席(していせき) 지정석 出口(でぐち) 출구
> 毎日(まいにち) 매일 手紙(てがみ) 편지

> **정답** C

29

あのー、６０円切手と５０円の葉書を３枚ずつもらえますか。

(A) 書留ですね。こちらに印鑑をお願いします。

(B) 郵便局では保険も販売しておりますが、いかがですか。

(C) 郵便配達員の募集は終了しました。

(D) あいにく、60円切手は売切れなんです。

저, 60엔 우표와 50엔 엽서를 3장씩 주시겠어요?

(A) 등기지요? 여기에 인감을 부탁합니다.

(B) 우체국에서는 보험도 판매하고 있습니다만, 어떻습니까?

(C) 우편 배달원의 모집은 종료했습니다.

(D) 공교롭게도, 60엔 우표는 품절입니다.

어구·해설 切手(きって) 우표 葉書(はがき) 엽서 書留(かきとめ) 등기우편 印鑑(いんかん) 인감
郵便局(ゆうびんきょく) 우체국 保険(ほけん) 보험 販売(はんばい) 판매 郵便(ゆうびん) 우편
配達員(はいたついん) 배달원 募集(ぼしゅう) 모집 終了(しゅうりょう) 종료 あいにく 공교롭게도
売切(うりき)れ 매진(매절)

정 답 D

30

キムさん、日本の食べ物にはもう慣れましたか。

(A) 馴れ馴れしいんですよ、彼は。

(B) ええ、でもお辞儀の文化はまだ身についていません。

(C) ええ、日本の調理師の免許を取ったんです。

(D) ええ、一人でどこでも行けるようになりました。

김씨, 일본의 음식에는 이제 익숙해졌습니까?

(A) 허물이 없어요, 그는.

(B) 네, 하지만 머리 숙여 인사하는 문화는 아직 몸에 배지 않습니다.

(C) 네, 일본의 조리사 면허를 취득했습니다.

(D) 네, 혼자서 어디든지 갈 수 있게 되었습니다.

어구·해설 食(た)べ物(もの) 먹을거리(음식물) 慣(な)れる 습관이 되다, 길들다 馴(な)れ馴(な)れしい 매우 친하다, 허물없다
お辞儀(じぎ) 머리 숙여 인사함 文化(ぶんか) 문화 身(み)につく 지식·기술 등이 몸에 배나, 완전히 제 것이 되다
調理師(ちょうりし) 조리사 免許(めんきょ)を取(と)る 면허를 취득하다

정 답 B

31

佐藤(さとう)さんと山田(やまだ)さんはどうやって友達(ともだち)になったんですか。

(A) 道(みち)でぶつかって殴(なぐ)り合(あ)いの喧嘩(けんか)になってしまいました。

(B) 類(るい)は友(とも)を呼(よ)ぶっていう諺(ことわざ)を勉強(べんきょう)しました。

(C) 偶然(ぐうぜん)同(おな)じクラスになって、話(はな)してるうちに気(き)が合(あ)っちゃって。

(D) 気(き)になる人(ひと)がいるのは事実(じじつ)ですが、それが何(なに)か。

사토씨와 야마다씨는 어떻게 해서 친구가 된 것입니까?

(A) 길에서 부딪쳐서 주먹다짐의 싸움이 되고 말았습니다.

(B) 끼리끼리 모인다고 하는 속담을 공부했습니다.

(C) 우연히 같은 반이 되어서, 이야기하는 동안에 마음이 맞아서.

(D) 마음에 걸리는 사람이 있는 것은 사실입니다만, 그게 왜요?

> **참 고** 친구가 된 계기에 대해 묻고 있다.

> **어구·해설** 道(みち) 길(도로) ぶつかる 부딪치다, 충돌하다, 맞붙다 殴(なぐ)り合(あ)い 서로 때림(치고 받음), 주먹다짐
> 喧嘩(けんか) 싸움, 다툼, 언쟁 類(るい)は友(とも)を呼(よ)ぶ 유유상종(끼리끼리 모이다) 諺(ことわざ) 속담
> 偶然(ぐうぜん) 우연 同(おな)じ 같음 気(き)が合(あ)う 마음이 맞다 気(き)になる 걱정이 되다, 마음에 걸리다

> **정 답** C

32

新入社員(しんにゅうしゃいん)の山田(やまだ)さん、本当(ほんとう)にできた人(ひと)だねぇ。

(A) ええ、いろいろ気(き)が利(き)く人(ひと)ですから、好感(こうかん)が持(も)てますね。

(B) ええ、山田(やまだ)さんを見(み)ると気(き)が腐(くさ)りますね。

(C) 本当(ほんとう)に。山田(やまだ)さんの気(き)が知(し)れないですね。

(D) 当(あ)たり前(まえ)ですよ。もう山田(やまだ)さんは辞職(じしょく)したんですから。

신입 사원인 야마다씨, 정말로 괜찮은 사람이네.

(A) 네, 여러 가지로 세심한 데까지 생각이 미치는 사람이기 때문에, 호감이 가네요.

(B) 네, 야마다씨를 보면 유쾌하지 않네요.

(C) 정말. 야마다씨의 속마음을 알 수가 없네요.

(D) 당연해요. 이미 야마다씨는 사직했으니까.

> **참 고** 관용 표현에 주의하자!

> **어구·해설** 新入社員(しんにゅうしゃいん) 신입사원 気(き)が利(き)く 자잘한 데까지 생각이 잘 미치다 好感(こうかん) 호감
> 気(き)が腐(くさ)る 울적해지다, 유쾌하지 않다 気(き)が知(し)れない 무슨 생각을 하고 있는지 이해할 수 없다
> 当(あ)たり前(まえ) 당연함(마땅함), 예사(보통) 辞職(じしょく) 사직

> **정 답** A

33
時間（じかん）が来（き）ましたから、今日（きょう）の話（はなし）はここで終（おわ）りとします。

(A) 彼（かれ）らは本当（ほんとう）に話（はなし）になりませんね。

(B) ここで話（はなし）を切（き）り上（あ）げてしまうなんて、何（なん）だか物足（ものた）りないですね。

(C) 今（いま）まで頑張（がんば）ってきたメンバーを切（き）り捨（す）ててしまうなんて残酷（ざんこく）ですね。

(D) せっかくの話（はなし）に水（みず）をさしてしまったようで、すみません。

시간이 됐으니, 오늘의 이야기는 여기에서 마치기로 하겠습니다.

(A) 그들은 정말로 말이 되지 않네요.

(B) 여기서 이야기를 일단락 짓다니, 왜 그런지 약간 아쉽네요.

(C) 지금까지 열심히 해 온 멤버를 잘라 버리다니 잔혹하네요.

(D) 모처럼의 이야기에 물을 끼얹은 것 같아서, 죄송합니다.

어구·해설 時間（じかん）시간 終（お）わり 끝, 마지막 切（き）り上（あ）げる 일단락 짓다, 일단 끝내다

物足（ものた）りない 뭔가 아쉽다, 어쩐지 섭섭하다 頑張（がんば）る 견디며 버티다, 끝까지 노력하다, 끝가지 우기다(주장하다)

切（き）り捨（す）てる 잘라 버리다, 무시하다(돌보지 않다) 残酷（ざんこく）잔혹 せっかく 모처럼(일부러), 애써(힘껏)

水（みず）を差（さ）す 좋은 사이를 이간질하다, 잘 되어가는 일을 훼방하다(물을 끼얹다)

정답 B

34
大企業（だいきぎょう）との契約（けいやく）が決（き）まったそうですね、おめでとうございます。

(A) 詰（つ）めを怠（おこた）ったから失敗（しっぱい）してしまいました。

(B) 会社（かいしゃ）の存続（そんぞく）がかかっていますから、緊張（きんちょう）の連続（れんぞく）でした。

(C) 思（おも）いがけない悲（かな）しい知（し）らせでした。

(D) 好（す）きこそものの上手（じょうず）なれですよ。

대기업과의 계약이 정해졌다면서요, 축하합니다.

(A) 마무리를 게을리해서 실패하고 말았습니다.

(B) 회사의 존속이 걸려있기 때문에, 긴장의 연속이었습니다.

(C) 뜻밖의 슬픈 소식이었습니다.

(D) 좋아하면 자연히 능숙해져요.

어구·해설 大企業（だいきぎょう）대기업 契約（けいやく）계약 決（き）まる 정해지다, 결정되다

おめでとうございます 축하합니다 詰（つ）めを怠（おこた）る 마무리를 게을리 하다 失敗（しっぱい）실패

存続（そんぞく）がかかる 존속이 걸리나 緊張（きんちょう）긴장 連続（れんぞく）연속

思（おも）いがけない 뜻밖이다, 예상 밖이다, 의외이다 悲（かな）しい 슬프다 知（し）らせ 알림, 통지, 전조(조짐)

好（す）きこそものの上手（じょうず）なれ 무슨 일이든 좋아하면 자연히 능숙해진다

정답 B

35

明日(あした)は休日(きゅうじつ)なのに、山本(やまもと)さんは出勤(しゅっきん)されるんですか。

(A) たくさん歩(ある)きすぎて足(あし)が棒(ぼう)のようです。

(B) 昨日(きのう)はお酒(さけ)を飲(の)みすぎて二日酔(ふつか)いです。

(C) お陰様(かげさま)で、いい調子(ちょうし)ですよ。

(D) 正直言(しょうじきい)えば、足(あし)が重(おも)いですね。

내일은 휴일인데도, 야마토씨는 출근하십니까?

(A) 너무 많이 걸어서 다리가 뻣뻣해진 것 같아요.

(B) 어제는 과음을 해서 숙취입니다.

(C) 덕분에 좋은 상태입니다.

(D) 솔직하게 말하면, 나오고 싶지 않아요.

> **참고** 관용 표현에 주의하자!

> **어구·해설** 休日(きゅうじつ) 휴일 出勤(しゅっきん) 출근 歩(ある)きすぎる 너무 많이 걷다, 지나치게 걷다
> 足(あし)が棒(ぼう)になる 오래 걷거나 오래 서 있어서 다리가 뻣뻣해지다 酒(さけ) 술 飲(の)みすぎる 과음하다
> 二日酔(ふつかよ)い 숙취 お陰様(かげさま) 남의 호의·친절에 대해 감사의 뜻을 표하는 말(덕분, 덕택)
> 調子(ちょうし) 상태, 컨디션 正直(しょうじき) 정직 足(あし)が重(おも)い 발이 무겁다, 외출할 마음이 내키지 않다

> **정답** D

36

新(あたら)しく入社(にゅうしゃ)した宮崎(みやざき)と申(もう)します。どうぞよろしくお願(ねが)い致(いた)します。

(A) こちらこそ。じゃ、早速(さっそく)、初仕事(はつしごと)を頼(たの)もうかな。

(B) お疲(つか)れ様(さま)でした。お先(さき)に失礼(しつれい)します。

(C) はい、どういたしまして。気(き)にしなくてもいいですよ。

(D) どうぞお構(かま)い無(な)く。簡単(かんたん)に済(す)ませましょう。

새롭게 입사한 미야자키라고 합니다. 아무쪼록 잘 부탁드립니다.

(A) 이쪽이야말로. 그럼, 바로, 첫 업무를 부탁할까.

(B) 수고하셨습니다. 먼저 실례하겠습니다.

(C) 예, 천만의 말씀. 신경을 쓰지 않아도 괜찮아요.

(D) 아무쪼록 괘념치 마세요. 간단하게 끝냅시다.

> **참고** 비즈니스 인사 표현에 주의하자!

> **어구·해설** 入社(にゅうしゃ) 입사 申(もう)す 「言(い)う」의 겸양어 早速(さっそく) 곧, 즉시, 지체 없이 하는 모양
> 初仕事(はつしごと) 첫 업무 頼(たの)む 부탁하다, 의뢰하다 お疲(つか)れ様(さま) 상대방의 노고에 대한 위로의 표현
> お先(さき)に失礼(しつれい)します 남보다 먼저 자리를 뜨거나 어떤 일을 할 때 하는 인사말(먼저 실례하겠습니다)
> どういたしまして 상대편의 사례·사과·칭찬의 말에 대하여 겸손하게 그것을 부정하면서 하는 인사말
> 気(き)にする 걱정하다(신경을 쓰다), 마음에 두다 お構(かま)い無(な)く 괘념치 마시고(걱정하지 마시고, 신경 쓰지 마시고)
> 簡単(かんたん) 간단 済(す)ませる 끝내다, 마치다

> **정답** A

37 私って甘いものに目がないのよ。

(A) それは大変だ。すぐ病院に行って診察を受けなくちゃ。

(B) 私もケーキ屋さんを見たら、足がそっちに向いちゃうんだよね。

(C) 今日の相場は甘いよね。

(D) 目には目を歯には歯を！

나는 말이야, 단 것을 너무 좋아해.

(A) 그건 큰일이다. 바로 병원에 가서 진찰을 받아야지.

(B) 나도 케이크 가게를 보면, 발이 그 쪽으로 향하고 말아.

(C) 오늘의 시세는 하락세네요.

(D) 눈에는 눈 이에는 이!

참 고 관용 표현에 주의하자!

어구·해설 甘(あま)い 맛이 달다, 간이 싱겁다(짜지 않다), 엄하지 않다(무르다) 目(め)がない 판단하는 안목이 없다, 매우 좋아하다
大変(たいへん) 큰 일, 대단함(굉장함) まったく 전혀, 완전히, 정말로(참으로) 診察(しんさつ)を受(う)ける 진찰을 받다
ケーキ屋(や) 케이크 가게 向(む)く 향하다, 면하다 相場(そうば)は甘(あま)い 시세는 하락세이다
目(め)には目(め)を歯(は)に歯(は)を 해를 입은 만큼 똑같은 방식으로 보복한다는 뜻(눈에는 눈, 이에는 이!)

정 답 B

38 先日、世界的に有名な映画俳優が交通事故で死んだそうよ。

(A) 有名なわりには、気さくな人のようだね。

(B) いつも八つ当たりをするような人は嫌いだ。

(C) 彼は有名だったのに呆気ない最期だったね。

(D) 彼の態度は傲慢だったからね。

일전에 세계적으로 유명한 영화배우가 교통사고로 죽었다는군.

(A) 유명함에 비해, 소탈한 사람인 것 같네.

(B) 늘 화풀이를 할 것 같은 사람은 싫다.

(C) 그는 유명했는데 허망한 최후였네.

(D) 그의 태도는 거만했었으니까.

어구·해설 先日(せんじつ) 전일, 요전 날(일전) 世界的(せかいてき) 세계적 有名(ゆうめい) 유명
映画俳優(えいがはいゆう) 영화배우 交通事故(こうつうじこ) 교통사고 死(し)ぬ 죽다 気(き)さく 소탈함, 싹싹함
八(や)つ当(あ)たり 관계없는 사람에게까지 마구잡이로 화풀이를 함 嫌(きら)い 싫음, 싫어함, 꺼림
呆気(あっけ)ない 어이없다, 허망하다 最期(さいご) 최후, 죽음(임종) 態度(たいど) 태도 傲慢(ごうまん) 오만, 거만

정 답 C

39

鈴木(すずき)さん、昨日(きのう)は気(き)が済(す)むまで勉強(べんきょう)できましたか。

(A) ええ、それはそうですけど。

(B) 外(そと)が騒(さわ)がしくて、気(き)が散(ち)って、なかなか。

(C) 机(つくえ)と椅子(いす)のバランスが悪(わる)くて、倒(たお)れそうになりました。

(D) 私(わたし)には彼(かれ)の気(き)が知(し)れませんよ。

스즈키씨, 어제는 만족할 때까지 공부했습니까?

(A) 네, 그것은 그렇지만.

(B) 밖이 소란스럽고, 마음이 산란해져서, 좀처럼.

(C) 책상과 의자의 밸런스가 좋지 않아서 넘어질 뻔했습니다.

(D) 나로선 그의 생각을 이해할 수 없어요.

참고 관용 표현에 주의하자!

어구·해설 気(き)が済(す)む 마음이 홀가분해지다, 걱정거리가 없어지다, 만족해지다 外(そと) 바깥(외부), 집 밖, 외부
騒(さわ)がしい 시끄럽다(소란스럽다, 떠들썩하다), 뒤숭숭하다 気(き)が散(ち)る 정신이 흐트러지다, 마음이 산란해지다
なかなか 꽤, 상당히(매우), 좀처럼(쉽사리) 倒(たお)れる 쓰러지다, 넘어지다, 파산하다(도산하다)
気(き)が知(し)れない 무슨 생각을 하고 있는지 이해할 수 없다(속마음을 알 수 없다)

정답 B

40

取引先(とりひきさき)からの連絡(れんらく)はまだありませんか。

(A) 吉田(よしだ)さん、相手(あいて)が検討中(けんとうちゅう)かもしれませんから気長(きなが)に待(ま)ちましょう。

(B) 吉田(よしだ)さん、訪問販売(ほうもんはんばい)は法律(ほうりつ)に触(ふ)れるおそれがありますよ。

(C) 吉田(よしだ)さん、小心者(しょうしんもの)ですね、もう少(すこ)し大(おお)きな心(こころ)を持(も)ってください。

(D) 吉田(よしだ)さんはこの取引(とりひき)に気(き)が進(すす)まないんですか。

거래처에서의 연락은 아직 없습니까?

(A) 요시다씨, 상대방이 검토 중일지도 모르니 느긋하게 기다립시다.

(B) 요시다씨, 방문 판매는 법률에 저촉될 우려가 있어요.

(C) 요시다씨, 소심한 사람이네요. 좀 더 대범한 마음을 가져 주십시오.

(D) 요시다씨는 이 거래에 마음이 내키지 않습니까?

어구·해설 取引先(とりひきさき) 거래처 連絡(れんらく) 연락 相手(あいて) 상대 検討中(けんとうちゅう) 검토 중
気長(きなが) 성질이 느긋함, 조급하게 굴지 않는 모양 訪問販売(ほうもんはんばい) 방문판매 法律(ほうりつ) 법률
触(ふ)れる 닿다, 스치다, 건드리다 おそれ 우려, 염려 小心者(しょうしんもの) 소심한 사람
取引(とりひき) 거래, 흥정 気(き)が進(すす)む 마음이 내키다, 할 생각이 들다

정답 A

41

金子(かねこ)さんは来月(らいげつ)、新(あたら)しい店舗(てんぽ)をオープンさせるんですって?

(A) ええ、一寸(いっすん)の虫(むし)にも五分(ごぶ)の魂(たましい)です。

(B) ええ、最近(さいきん)は猫(ねこ)の手(て)も借(か)りたいほど忙(いそが)しいそうですよ。

(C) ええ、だから最近(さいきんねこ)猫を被(かぶ)っているんですよ。

(D) ええ、開業資金(かいぎょうしきん)の確保(かくほ)に工面(くめん)しているとは聞(き)いたことがないです。

가네코씨는 다음 달, 새로운 점포를 오픈시킨다며?

(A) 네, 지렁이도 밟으면 꿈틀합니다.

(B) 네, 요즘은 고양이 손이라도 빌리고 싶을 정도로 바쁘다고 하네요.

(C) 네, 그렇기 때문에 요즘 시치미를 떼고 있는 것예요.

(D) 네, 개업 자금의 확보에 애쓰고 있다고는 들은 적이 없습니다.

어구·해설 店舗(てんぽ) 점포, 가게 一寸(いっすん)の虫(むし)にも五分(ごぶ)の魂(たましい) 지렁이도 밟으면 꿈틀한다
猫(ねこ)の手(て)も借(か)りたい 매우 바쁨의 비유(고양이의 손이라도 빌리고 싶다)
猫(ねこ)を被(かぶ)る 본성을 숨기고 얌전한 체하다, 시치미를 떼다 開業資金(かいぎょうしきん) 개업 자금
確保(かくほ) 확보 工面(くめん) 금품을 애써 마련함, 변통, 융통, 자금 사정(주머니 사정)

정답 B

42

伊藤先輩(いとうせんぱい)、上司(じょうし)と意見(いけん)が食(く)い違(ちが)った時(とき)はどうすればいいでしょうか。

(A) 一(いち)を聞(き)いて十(じゅう)を知(し)るって人(ひと)が多(おお)いからね。

(B) 相(あい)づちを打(う)ちながら話(はなし)を聞(き)いたらどうかな。

(C) 上司(じょうし)と犬猿(けんえん)の仲(なか)に発展(はってん)した方(ほう)がいいとも思(おも)うけど。

(D) 上司(じょうし)の意見(いけん)を聞(き)いて、上司(じょうし)に責任(せきにん)を取(と)ってもらう方(ほう)がいいんじゃない。

이토 선배, 상사와 의견이 일치하지 않을 때는 어떻게 하면 좋을까요?

(A) 하나를 듣고 열을 아는 사람이 많으니까.

(B) 맞장구를 치면서 이야기를 들으면 어떨까?

(C) 상사와 견원지간으로 발전하는 편이 좋다고 생각하는데.

(D) 상사의 의견을 듣고, 상사에게 책임을 지게 하는 편이 좋지 않겠어?

어구·해설 先輩(せんぱい) 선배 上司(じょうし) 상사 意見(いけん) 의견 食(く)い違(ちが)う 어긋나다, 일치하지 않다
一(いち)を聞(き)いて十(じゅう)を知(し)る 하나를 듣고 열을 알다 相(あい)づちを打(う)つ 맞장구치다
犬猿(けんえん)の仲(なか) 견원지간 発展(はってん) 발전 責任(せきにん)を取(と)る 책임을 지다

정답 D

43 木村部長、製品の完成も間近に迫ってきましたね。

(A) そうだね、でも仕上げは肝心だぞ、気を抜くなよ。

(B) そうだ、外見が大切なんだから。

(C) 後始末が大変かもしれないな。

(D) 湯煎してしまいたいね。

기무라 부장님, 제품의 완성도 얼마 남지 않았네요.

(A) 그러네, 하지만 마무리는 중요하지, 긴장을 늦추지 말도록.

(B) 그래, 외관이 중요하니까.

(C) 뒤처리가 힘들지도 모르겠군.

(D) 중탕해 버리고 싶군.

어구·해설 **製品**(せいひん) 제품 **完成**(かんせい) 완성 **間近**(まぢか) 시간이나 거리가 얼마 남지 않음, 임박함, 가까움
迫(せま)る 다가오다, 육박하다, 닥치다(직면하다) **仕上**(しあ)げ 마무리, 완성, 끝손질 **肝心**(かんじん) 중요, 소중, 요긴함
気(き)を**抜**(ぬ)く 긴장을 늦추다 **外見**(がいけん) 외견, 외관 **後始末**(あとしまつ) 뒷정리, 뒤처리, 뒷마무리
湯煎(ゆせん)する 중탕하다

정답 A

44 アメリカに行った娘から連絡がないので、安否が心配で眠れないんですよ。

(A) もう誰も分からないでしょうね。

(B) 私は知合いがアメリカにいますよ。

(C) 情けは人のためならずとはこのことを言うんですね。

(D) 便りがないのは無事な証拠というじゃありませんか。

미국에 간 딸에게서 연락이 없기 때문에, 안부가 걱정되어 잘 수가 없어요.

(A) 이제 아무도 모르겠네요.

(B) 나는 아는 사람이 미국에 있어요.

(C) 남에게 인정을 베풀면 반드시 내게 돌아온다고 하는 것은 이것을 말하는 것이네요.

(D) 소식이 없는 것은 무사한 증거라고 하지 않습니까.

참고 연락이 없는 딸의 안부를 걱정하는 사람에게 해 줄 수 있는 말로 적합한 것을 찾아야 한다.

어구·해설 **安否**(あんぴ) 안부 **知合**(しりあ)い 아는 사람 **情**(なさ)けは**人**(ひと)のためならず 남에게 인정을 베풀면 그 사람을 돕게 될 뿐 아니라 돌고 돌아 결국 자신에게도 좋은 응보가 있다(남에게 인정을 베풀면 반드시 내게 돌아온다)

便(たよ)り 알림, 편지, 소식 **無事**(ぶじ) 무사 **証拠**(しょうこ) 증거

정답 D

45

政府の地方分権が進んで自治体へ支給する支援金も減少の一途を辿っているそうです。

(A) 政府は自治体にも自立を促しているのでしょう。

(B) 自治体が自画自賛していますね。

(C) 自治体は自業自得ですよ。

(D) 自治体の自作自演ですよ。

정부의 지방분권이 진행되어 자치단체에 지급하는 지원금도 감소의 일로를 걷고 있다고 합니다.

(A) 정부는 자치단체에게도 자립을 촉구하고 있는 거지요.

(B) 자치단체가 자화자찬하고 있네요.

(C) 자치단체는 자업자득이에요.

(D) 자치단체의 자작자연이에요.

어구·해설 　政府(せいふ) 정부 　地方分権(ちほうぶんけん) 지방분권 　進(すす)む 나아가다, 전진하다, 진보하다(발달하다)
自治体(じちたい) 자치 단체 　支給(しきゅう) 지급 　支援金(しえんきん) 지원금 　減少(げんしょう) 감소
一途(いっと)を辿(たど)る 일로를 걷다 　自立(じりつ) 자립 　促(うなが)す 재촉하다, 독촉하다(촉구하다), 촉진시키다
自画自賛(じがじさん) 자화자찬 　自業自得(じごうじとく) 자기가 저지른 일의 과보(果報)를 자기 자신이 받음(자업자득)
自作自演(じさくじえん) 자기가 지은 소설이나 희곡 따위를 스스로 연출하거나 거기에 출연함(자작자연)

정답 A

46

会社の経営状態が少しずつ上向いていますね。

(A) リストラなどの経営努力の甲斐無く、手持ちのお金は底をついてしまいましたね。

(B) このままでは倒産という事態も考えなければなりませんね。

(C) コスト削減などのおかげで回復の兆候が出てきましたね。

(D) 今は経営陣の引退を望むほか方法ありませんね。

회사의 경영상태가 조금씩 좋아지고 있네요.

(A) 권고퇴직 등의 경영 노력의 보람도 없이, 수중의 돈은 바닥이 나고 말았네요.

(B) 이대로는 도산이라고 하는 사태도 생각하지 않으면 안 되겠어요.

(C) 생산비 삭감 등의 덕분으로 회복의 징후가 나오고 있네요.

(D) 지금은 경영진의 퇴진을 바라는 것 외에 방법이 없겠어요.

참고 회사의 경영 상태는 조금씩 좋아지고 있다.

어구·해설 　経営状態(けいえいじょうたい) 경영상태 　上向(うわむ)く 위를 향하다, 상태가 좋아지다(궤도에 오르다)
リストラ 기업 재구성, 정리해고(권고퇴직) 　努力(どりょく) 노력 　甲斐無(かいな)い 애쓴 보람이 없다, 효과가 없다
手持(ても)ち 현재 수중에 가지고 있음, 현재의 소유 　底(そこ)をつく 바닥이 나다, 바닥 시세가 되다 　倒産(とうさん) 도산
事態(じたい) 사태 　コスト 생산비, 원가 　削減(さくげん) 삭감 　回復(かいふく) 회복 　兆候(ちょうこう) 징후
経営陣(けいえいじん) 경영진 　引退(いんたい) 은퇴 　望(のぞ)む 바라다(원하다), 멀리서 보다(바라보다)

정답 C

47

ギャンブルの誘惑(ゆうわく)に陥(おちい)る人(ひと)が年々(ねんねん)多(おお)くなるのはどうして
でしょうか。

(A) お金(かね)があまりにも余(あま)っていて使(つか)い道(みち)がないからでしょう。

(B) お金(かね)には糸目(いとめ)を付(つ)けない富裕層(ふゆうそう)の減少(げんしょう)が原因(げんいん)でしょう。

(C) 家庭(かてい)の足(た)しになればとこつこつ貯金(ちょきん)をする人(ひと)が増(ふ)え
ているからでしょう。

(D) ギャンブルの一攫千金(いっかくせんきん)の夢(ゆめ)を諦(あきら)めきれない人(ひと)が多(おお)い
んでしょう。

도박의 유혹에 빠지는 사람이 해마다 많아지는 것은 어째서일까요?

(A) 돈이 너무나도 남아 돌아서 쓸 곳이 없기 때문이겠지요.

(B) 돈을 아끼지 않고 쓰는 부유층의 감소가 원인이겠지요.

(C) 가정의 보탬이 되고자 부지런히 저금을 하는 사람이 늘고 있기 때문이겠지요.

(D) 도박의 일확천금의 꿈을 단념할 수 없는 사람이 많은 것이지요.

> **참고** 관용 표현에 주의하자!

> **어구·해설** ギャンブル 갬블, 노름(도박)　誘惑(ゆうわく)に陥(おちい)る 유혹에 빠지다　使(つか)い道(みち) 용도, 쓸모
> 金(かね)に糸目(いとめ)を付(つ)けない 돈을 아끼지 않고 쓰다　富裕層(ふゆうそう) 부유층　減少(げんしょう) 감소
> 足(た)しになる 보탬이 되다, 도움이 되다　こつこつ 꾸준히 노력함, 부지런히 함　貯金(ちょきん) 저금
> 一攫千金(いっかくせんきん) 일확천금　諦(あきら)める 단념하다, 체념하다

> **정답** D

48

総務部(そうむぶ)の木村(きむら)さんって、皆(みんな)の憧(あこが)れですよ。

(A) 木村(きむら)さんは頭(あたま)が切(き)れて、容姿端麗(ようしたんれい)ですから。

(B) 木村(きむら)さんはまだ親(おや)の臑(すね)を齧(かじ)っていますから。

(C) 木村(きむら)さんはいつも大口(おおぐち)をたたきますから。

(D) 木村(きむら)さんのおならはいい香(かお)りですから。

총무부의 기무라씨는요, 모두의 동경의 대상이에요.

(A) 기무라씨는 두뇌가 명석하고 용자단려하기 때문에.

(B) 기무라씨는 아직 부모에게 기대어 지내기 때문에.

(C) 기무라씨는 항상 큰소리를 치기 때문에.

(D) 기무라씨의 방귀는 좋은 향기이기 때문에.

> **참고** 관용 표현에 주의하자!

> **어구·해설** 憧(あこが)れ 동경, 그리움　頭(あたま)が切(き)れる 머리가 잘 돌아가다, 두뇌가 명석하다
> 容姿端麗(ようしたんれい) 얼굴 모습과 몸매가 가지런하여 아름다움, 흔히 여성을 가리킴(용자단려)
> 親(おや)の臑(すね)を齧(かじ)る 자식이 어지간한 나이가 되어서도 부모에게 의지하여 살다(부모에게 기대어 지내다)
> 大口(おおぐち)をたたく 호언장담하다, 큰소리치다　おなら 방귀　香(かお)り 향기, 좋은 냄새

> **정답** A

49 地方にある伝統工芸の作業場では跡継ぎがいなくて深刻な問題になっているわ。

(A) そんなこと言っても言うだけ無駄だよ。

(B) 後釜の問題はどこでも深刻なんだね。

(C) やっぱり伝統工芸は趣があっていいな。

(D) 地方に人口が集中するのもよくないんじゃないかな。

지방에 있는 전통 공예 작업장에서는 후계자가 없어서 심각한 문제가 되고 있어.

(A) 그런 말을 해도 입만 아파.

(B) 후계자의 문제는 어디나 심각하군.

(C) 역시 전통 공예는 풍취가 있어 좋구나.

(D) 지방에 인구가 집중하는 것도 좋지 않을 것 같은데.

어구·해설 伝統工芸(でんとうこうげい) 전통공예 作業場(さぎょうば) 작업장 跡継(あとつ)ぎ 상속자, 후계자

深刻(しんこく) 심각 言(い)うだけ無駄(むだ) 말해도 소용이 없음(입만 아프다) 後釜(あとがま) 후임, 후임자, 후계자

趣(おもむき) 멋, 풍취, 아취 人口(じんこう) 인구 集中(しゅうちゅう) 집중

정답 B

50 星野部長が企業から賄賂をもらったとして逮捕されたみたいよ。

(A) 星野部長は当てにならない人だからな。

(B) あんなことをしたなら、頭が上がらないよな。

(C) だから如何わしい金はもらっちゃいけないって言ったのに。

(D) とりあえず、峠は越したようですね。

호시노 부장이 기업으로부터 뇌물을 받았다고 해서 체포된 것 같아요.

(A) 호시노 부장은 믿을 수 없는 사람이니까.

(B) 그런 짓을 했다면, 고개를 들지 못하겠군.

(C) 그렇기 때문에 의심스러운 돈은 받으면 안 된다고 했건만.

(D) 우선 고비는 넘긴 것 같네요.

어구·해설 賄賂(わいろ) 뇌물 逮捕(たいほ) 체포 当(あ)てにならない 믿을 수 없다, 불확실하다

頭(あたま)が上(あ)がらない 큰 소리를 칠 수 없다(고개를 들지 못하다) 如何(いか)わしい 의심스럽다

峠(とうげ) 고개, 절정기, 한창때, 고비

정답 C

51

女：寒いですね。

男：そうですね、今週は寒い日が多いですね。

女：明日はどうでしょうね。

男：明日はもっと寒くなりますよ。ラジオで聞きました。

여 : 춥네요.

남 : 그렇네요, 이번 주는 추운 날이 많군요.

여 : 내일은 어떨까요.

남 : 내일은 더 추워져요. 라디오에서 들었습니다.

男の人はどう思っていますか。

(A) 今日は暖かい。

(B) 今日は昨日より寒い。

(C) 明日は今日より寒い。

(D) 明日は今日より寒くない。

남자는 어떻게 생각하고 있습니까?

(A) 오늘은 따뜻하다.

(B) 오늘은 어제보다 춥다.

(C) 내일은 오늘보다 춥다.

(D) 내일은 오늘보다 춥지 않다.

어구·해설 寒(さむ)い 춥다, 오싹하다, 써늘하다　今週(こんしゅう) 금주, 이번 주　どう 어떻게　ラジオ 라디오　聞(き)く 듣다

정답 C

52

男：いいかばんですね。デパートで買いましたか。

女：いいえ、渋谷駅の前の店で買いました。

男：とても高そうに見えますね。

女：そうですか、そんなに高くはないですよ。

남 : 좋은 가방이네요. 백화점에서 샀습니까?

여 : 아니오, 시부야역 앞의 가게에서 샀습니다.

남 : 아주 비싸 보이네요.

여 : 그래요? 그렇게 비싸지는 않아요.

かばんはどこで買いましたか。

(A) 渋谷駅。

(B) 渋谷駅のデパート。

(C) 男の人が渋谷駅の前の店で。

(D) 女の人が駅の前の店で。

가방은 어디에서 샀습니까?

(A) 시부야역.

(B) 시부야역의 백화점.

(C) 남자가 시부야역 앞의 가게에서.

(D) 여자가역 앞의 가게에서.

어구·해설 良(い)い 좋다　デパート 백화점　買(か)う 사다, 구입하다　店(みせ) 가게, 상점, 점포　高(たか)い 높다, 크다, 비싸다　見(み)える 보이다

정답 D

53

女：佐藤さん、兄弟はいますか。

男：はい、兄と姉がいます。山田さんは？

女：私は弟が一人います。

男：私は弟か妹がほしかったです。

여 : 사토씨, 형제는 있습니까?

남 : 예, 형과 누나가 있습니다. 야마다씨는?

여 : 저는 남동생이 한 명 있습니다.

남 : 저도 남동생이나 여동생이 있었으면 했습니다.

女の人について正しいものは何ですか。

(A) 弟が一人いる。

(B) 妹が一人いる。

(C) 兄と姉がいる。

(D) 弟と妹がいる。

여자에 대해서 올바른 것은 무엇입니까?

(A) 남동생이 한 명 있다.

(B) 여동생이 한 명 있다.

(C) 오빠와 언니가 있다.

(D) 남동생과 여동생이 있다.

참 고 여자는 남동생이 한 명 있다.

어구·해설 兄弟(きょうだい) 형제　兄(あに) 형, 오빠　姉(あね) 언니, 누나　弟(おとうと) 남동생, 아우

정 답 A

54

男：チェックアウトをお願いします。

女：4日のお泊りですから、4万5千円になります。

男：じゃ、カードでお願いします。

女：申し訳ございません、カードでのお支払いは……。

남 : 체크아웃 부탁합니다.

여 : 4일 묵으셨으니, 4만 5천 엔입니다.

남 : 그럼, 카드로 부탁합니다.

여 : 죄송합니다, 카드로 지불은…….

男の人は何泊しましたか。

(A) 3泊。

(B) 4泊。

(C) 5泊。

(D) 6泊。

남자는 몇 박 묵었습니까?

(A) 3박.

(B) 4박.

(C) 5박.

(D) 6박.

어구·해설 チェックアウト 요금을 치르고 호텔을 떠나는 일(체크아웃)　お願(ねが)いする 부탁하다　4日(よっか) 나흘, 4일　泊(とま)り 숙박　カード 카드　支払(しはら)い 지불, 지급

정 답 B

55

女：すみません。この近くに交番がありますか。

男：はい。駅の中にありますが。

女：郵便局も駅の中にありますか。

男：いいえ、郵便局は駅の前のデパートの隣にあります。

여 : 실례합니다. 이 근처에 파출소가 있습니까?

남 : 예. 역 안에 있습니다만.

여 : 우체국도 역 안에 있습니까?

남 : 아니오, 우체국은 역 앞의 백화점 옆에 있습니다.

郵便局はどこにありますか。

(A) デパートの隣。

(B) 駅の中。

(C) 交番の向かい。

(D) デパートの向かい。

우체국은 어디에 있습니까?

(A) 백화점 옆.

(B) 역 안.

(C) 파출소 맞은편.

(D) 백화점 맞은편.

참고 우체국은 역 앞의 백화점 옆에 있다.

어구·해설 近(ちか)く 근처, 가까운 곳　交番(こうばん) 파출소　駅(えき) 역　郵便局(ゆうびんきょく) 우체국　デパート 백화점　隣(となり) 이웃, 옆, 곁, 이웃집, 옆집　向(む)かい 마주봄, 맞은편, 건너편, 정면

정답 A

56

女：会社には誰がいましたか。

男：会社には田中部長はご不在でしたが、鈴木部長はいらっしゃいました。それから、取引先の金子部長がお見えでしたよ。

女：石田主任はいらっしゃいませんでしたか。

男：ええ。

여 : 회사에는 누가 있었습니까?

남 : 회사에는 다나카 부장님은 안 계셨습니다만, 스즈키 부장님은 계셨습니다. 그리고 거래처의 가네코 부장님이 오셨습니다.

여 : 이시다 주임은 계시지 않았습니까?

남 : 네.

会社には誰がいましたか。

(A) 鈴木部長、金子部長。

(B) 鈴木部長、金子課長。

(C) 鈴木部長、石田主任。

(D) 鈴木部長、石田課長。

회사에는 누가 있었습니까?

(A) 스즈키 부장, 가네코 부장.

(B) 스즈키 부장, 가네코 과장.

(C) 스즈키 부장, 이시다 주임.

(D) 스즈키 부장, 이시다 과장.

참고 다나카 부장과 이시다 주임은 외출 중이었고, 스즈키 부장과 가네코 부장을 만났다.

어구·해설 誰(だれ) 누구　いらっしゃる 오시다, 가시다, 계시다　それから 그리고, 그 다음에, 게다가, 그 이후　取引先(とりひきさき) 거래처　お見(み)え 오심　主任(しゅにん) 주임

정답 A

57

女：昨日の宿題、もうした？ もしよかったら見せてくれない？

男：あ、うっかりしてた。

女：あ、佐藤君もなの？ 私も昨日忙しくてうっかりしてたわ。

男：一緒にやれば、今からでも間に合うかもしれない。

여 : 어제 숙제, 벌써 했니? 혹시 괜찮다면 보여 주지 않을래?

남 : 아, 깜빡했다.

여 : 아, 사토군도야? 나도 어제 바빠서 깜빡했어.

남 : 같이 하면, 지금부터라도 늦지 않을지도 몰라.

二人はどうしましたか。

(A) 宿題を出した。

(B) 宿題をし忘れた。

(C) 宿題を無くしてしまった。

(D) 宿題を地下鉄に忘れてしまった。

두 사람은 어떻게 했습니까?

(A) 숙제를 제출했다.

(B) 숙제 하는 것을 잊었다.

(C) 숙제를 잃어버리고 말았다.

(D) 숙제를 지하철에서 잃어버리고 말았다.

참고 숙제하는 것을 깜빡했다.

어구·해설 もし 만약, 만일, 혹시 見(み)せる 보이다, 보도록 하다 くれる 주다 うっかり 깜빡, 멍청히, 무심코

忙(いそが)しい 바쁘다, 부산하다, 수선스럽다 一緒(いっしょ)に 같이, 함께

間(ま)に合(あ)う 급한 대로 쓸 수 있다, 시간에 늦지 않게 대다 ～かもしれない ~할지도 모른다 出(だ)す 내다, 꺼내다

忘(わす)れる 잊다, 잊어버리다, 망각하다 地下鉄(ちかてつ) 지하철

정답 B

58

男：あの背が高くて若い男の人が英語の先生ですか。

女：いいえ、英語の先生ではありません。国語の先生ですよ。

男：それじゃ、英語の先生は窓のそばにいる女の人ですか。

女：はい、あの背が低い人ですよ。

남 : 저 키가 크고 젊은 남자가 영어 선생님입니까?

여 : 아니오, 영어 선생님이 아닙니다. 국어 선생님입니다.

남 : 그럼, 영어 선생님은 창문 옆에 있는 여자입니까?

여 : 예, 저 키가 작은 사람입니다.

国語の先生は誰ですか。

(A) 窓のそばにいる女の人。

(B) 窓のそばにいる男の人。

(C) 背が高い男の人。

(D) 背が高くて若い女の人。

국어 선생님은 누구입니까?

(A) 창문 옆에 있는 여자.

(B) 창문 옆에 있는 남자.

(C) 키가 큰 남자.

(D) 키가 크고 젊은 여자.

참 고 키가 크고 젊은 남자가 국어 선생님이고 창문 옆에 있는 키가 작은 여자가 영어 선생님이다.

어구·해설 背(せ)が高(たか)い 키가 크다　若(わか)い 젊다, 나이가 어리다, 미숙하다　英語(えいご) 영어　先生(せんせい) 선생님

国語(こくご) 국어　窓(まど) 창, 창문　そば 곁, 옆, 근처　背(せ)が低(ひく)い 키가 작다

정 답 C

59

男：すみません。ドルを円に換えていただけますか。

女：はい、かしこまりました。

男：あの、5000円だけ韓国のウォンに換えることはできますか。

女：こちらでは韓国のウォンは1万円単位での両替だけを承っております。1万円以下の両替は当銀行本店でのみ可能です。

남 : 저기요. 달러를 엔으로 바꿔 주실 수 있습니까?

여 : 예, 알겠습니다.

남 : 저기, 5000엔만 한국 원으로 바꿀 수 있습니까?

여 : 여기에서는 한국 원은 1만 엔 단위로의 환전만을 받고 있습니다. 1만 엔 이하의 환전은 당은행 본점에서만 가능합니다.

男の人は何をしましたか。

(A) 円をドルに換えた。

(B) ドルを円に換えた。

(C) 円をウォンに換えた。

(D) ドルをウォンに換えた。

남자는 무엇을 했습니까?

(A) 엔을 달러로 바꿨다.

(B) 달러를 엔으로 바꿨다.

(C) 엔을 원으로 바꿨다.

(D) 달러를 원으로 바꿨다.

참 고 달러를 엔으로 환전하려고 한다.

어구·해설 ドル 달러　換(か)える 바꾸다, 교환하다　かしこまりました 분부대로 하겠습니다, 알았습니다　韓国(かんこく) 한국

ウォン 원　単位(たんい) 단위　両替(りょうがえ) 환전, 돈을 바꿈　承(うけたまわ)る 삼가 받다, 삼가 듣다

当銀行(とうぎんこう) 당은행　本店(ほんてん) 본점　〜のみ 〜만, 〜뿐　可能(かのう) 가능

정 답 B

60

男：田中さん、足は大丈夫ですか。なんだか痛そうですが……。

女：昨日、歩きすぎて足が棒になりました。

男：そうですか。どうしてそんなに歩いたんですか。

女：お恥ずかしい話なんですが、持ち合わせがなくて、バスに乗れなかったんです。

남 : 다나카씨, 다리는 괜찮습니까? 어쩐지 아픈 것 같습니다만…….

여 : 어제, 너무 많이 걸어서 다리가 뻣뻣해졌습니다.

남 : 그래요? 왜 그렇게 걸었습니까?

여 : 창피한 이야기입니다만, 가진 돈이 없어서, 버스를 타지 못했습니다.

田中さんはどうして足が棒になりましたか。

(A) バスに乗り遅れたから。
(B) 終電に乗り遅れたから。
(C) 乗っていたバスが故障したから。
(D) 所持金が足りなくてバスに乗れなかったから。

다나카씨는 왜 다리가 뻣뻣해졌습니까?

(A) 버스를 놓쳤기 때문에.
(B) 막차를 놓쳤기 때문에.
(C) 타고 있던 버스가 고장 났기 때문에.
(D) 갖고 있는 돈이 모자라서 버스를 탈 수 없었기 때문에.

참고 돈이 모자라서 버스를 탈 수 없었기 때문에 많이 걸어서 다리가 뻣뻣해졌다.

어구·해설 大丈夫(だいじょうぶ) 괜찮음, 끄떡없음, 걱정 없음　なんだか 무엇인지, 무언지, 어쩐지　痛(いた)い 아프다
歩(ある)きすぎる 너무 많이 걷다　足(あし)が棒(ぼう)になる 다리가 뻣뻣해지다, 몹시 지치다
恥(は)ずかしい 부끄럽다, 창피하다, 면목 없다, 수줍다, 겸연쩍다　持(も)ち合(あ)わせ 마침 가진 것(돈)　バス 버스
乗(の)り遅(おく)れる 탈 것의 출발 시간에 늦어서 못 타다, 놓치다　終電(しゅうでん) 마지막 전차, 막차
故障(こしょう) 고장　所持金(しょじきん) 갖고 있는 돈　足(た)りない 부족하다, 모자라다

정답 D

61

男：土曜日にどこで会いましょうか。
女：駅前の「さくら」ってレストラン知ってますか。
男：いいえ、こちらに引っ越してきてまだ日が浅いので……。
女：駅前にデパートがあるのはご存じですね。そのデパートの隣に文化会館があるんですが、その6階です。

남 : 토요일에 어디에서 만날까요?
여 : 역 앞의 '사쿠라'라고 하는 레스토랑을 아십니까?
남 : 아니오, 여기에 이사 온 지 얼마 안 되어서…….
여 : 역 앞에 백화점이 있는 것은 잘 아시죠. 그 백화점 옆에 문화회관이 있습니다만, 그곳 6층입니다.

二人はどこで会いますか。

(A) 駅前のデパートの6階。
(B) 駅前の文化会館の6階。
(C) 駅の隣のレストランの6階。
(D) 駅の隣のデパートの6階。

두 사람은 어디서 만납니까?

(A) 역 앞의 백화점 6층.
(B) 역 앞의 문화회관 6층.
(C) 역 옆의 레스토랑 6층.
(D) 역 옆의 백화점 6층.

참고 만나기로 한 레스토랑은 역 앞에 있는 백화점 옆의 문화회관 6층에 있다.

어구·해설 どこ 어디, 어느 곳　会(あ)う 만나다　レストラン 레스토랑　知(し)る 알다　引(ひ)っ越(こ)す 이사하다, 이전하다
日(ひ)が浅(あさ)い 날짜가 얼마 되지 않다, 일천하다　ご存(ぞん)じ 잘 아심, 익히 아심　隣(となり) 이웃, 옆, 곁, 이웃집, 옆집
文化会館(ぶんかかいかん) 문화회관

정답 B

62

女：はい、東京クリーニングです。

男：そちらの営業時間をお伺いしたいんですが。

女：午前9時から午後8時までです。ただし水曜日は午後のみの営業となります。土・日は正午まで営業しております。

男：水曜日は午後だけですね。ありがとうございました。

여：예, 도쿄클리닝입니다.

남：그쪽 영업시간을 여쭙고 싶습니다만.

여：오전 9시부터 오후 8시까지입니다. 단 수요일은 오후에만 영업을 합니다. 토요일과 일요일은 정오까지 영업을 합니다.

남：수요일은 오후만 하네요. 감사합니다.

日曜日は何時まで営業していますか。

(A) 午後1時。

(B) 午後8時。

(C) 昼12時。

(D) 営業しない。

일요일은 몇 시까지 영업을 합니까?

(A) 오후 1시.

(B) 오후 8시.

(C) 낮 12시.

(D) 영업하지 않는다.

참 고 토·일요일은 정오까지 영업한다.

어구·해설 クリーニング 클리닝, 세탁 そちら 그쪽, 그곳, 거기 **営業時間**(えいぎょうじかん) 영업시간 伺(うかが)う 묻다, 여쭙다, 삼가 듣다 午前(ごぜん) 오전 ~から~まで ~부터 ~까지 ただし 단, 다만 ~のみ ~뿐, ~만 土日(どにち) 토요일과 일요일 正午(しょうご) 정오, 낮 열두 시

정 답 C

63

女：こら、そんなことをしたら駄目よ。

男：だって、お腹がぺこぺこだったんだから。

女：でも、今つまみ食いをしたら、夜ご飯が食べられなくなるわよ。

男：はい、分かりました。ごめんなさい。

여：이 녀석, 그런 짓을 하면 안 돼.

남：그렇지만, 배가 너무 고파서.

여：그렇다고 해도, 지금 몰래 집어먹으면 저녁밥을 먹을 수 없게 되잖니.

남：예, 알겠습니다. 잘못했어요.

子供はどうして怒られましたか。

(A) 食べ物を無駄にしたから。

(B) 夕御飯を食べなかったから。

(C) 夕御飯を食べないと言ったから。

(D) 食べ物を少しずつ盗み食いをしていたから。

어린이는 왜 야단맞았습니까?

(A) 음식을 낭비했기 때문에.

(B) 저녁밥을 먹지 않았기 때문에.

(C) 저녁밥을 안 먹겠다고 말했기 때문에.

(D) 음식을 조금씩 남몰래 먹고 있었기 때문에.

참고 음식을 몰래 집어먹었기 때문이다.

어구·해설 **こら** 상대편을 꾸짖거나 하기 위하여 강하게 부르는 말(이놈), 상대편에게 주의를 하게 하는 말(야, 이봐) **駄目**(だめ) 허사임, 소용없음
だって 상대방의 말을 그대로 받아들이지 않고 반론하는 경우에 씀(그렇지만, 하지만, 그런데) **お腹**(なか) 배
ぺこぺこ 배가 몹시 고픔, 머리를 연방 숙이며 굽실거리는 모양(굽실굽실) **つまみ食**(ぐ)**い** 손가락으로 집어먹음, 몰래 먹음
夜(よる) 밤 **ごめんなさい** 미안합니다, 죄송합니다 **盗**(ぬす)**み食**(ぐ)**い** 몰래 훔쳐 먹음, 남몰래 먹음

정답 D

64

男：昨日、友達と喧嘩しちゃったよ。
女：それで、仲直りしたの？
男：相手が「縁を切る」と言い出して。それで、昨日は一言もしゃべらなかったよ。
女：喧嘩したら、早く仲直りした方がいいわよ。

どうして昨日、一言もしゃべりませんでしたか。

(A) 仲直りしたから。
(B) 喧嘩の相手が無視したから。
(C) 喧嘩の相手が怪我をしたから。
(D) 喧嘩の相手がこれから関係を止めようと言ったから。

남 : 어제, 친구와 싸우고 말았어.
여 : 그래서, 화해했어?
남 : 상대가 '인연을 끊는다'고 말해서. 그래서 어제는 한 마디도 안 했어.
여 : 싸웠으면, 빨리 화해하는 편이 좋아.

왜 어제, 한 마디도 하지 않았습니까?

(A) 화해를 했기 때문에.
(B) 싸움 상대가 무시했기 때문에.
(C) 싸움 상대가 부상을 입었기 때문에.
(D) 싸움 상대가 이제부터 관계를 그만두자고 말했기 때문에.

참고 상대방이 인연을 끊자는 말을 했기 때문이다.

어구·해설 **喧嘩**(けんか) 싸움, 다툼, 언쟁 **仲直**(なかなお)**り** 화해 **相手**(あいて) 상대, 경쟁자 **縁**(えん)**を切**(き)**る** 인연을 끊다
言(い)**い出**(だ)**す** 처음에 말하다, 말을 꺼내다, 입에 올리다 **それで** 그런 까닭으로, 그래서
一言(ひとこと) 일언, 한마디 말 **しゃべる** 지껄이다, 말하다 **無視**(むし) 무시 **怪我**(けが)**をする** 다치다, 부상을 입다

정답 D

65

男：花はこの位置でいいですか。机の左の端に揃えてみましたが……。
女：うーん、もう少し右にずらしてみて。１０センチくらい。
男：これでどうですか。
女：うーん、どうかしら。もう少し左に戻した方がいいね。３センチくらい、戻して。

남 : 꽃은 이 위치로 괜찮습니까? 책상 왼쪽 끝으로 가지런히 해 보았습니다만……。
여 : 음~, 조금 더 오른쪽으로 비켜 놓아 봐. 10센티 정도.
남 : 이것으로 어떻습니까?
여 : 음~, 어떨까. 조금 더 왼쪽으로 되돌리는 편이 좋겠어. 3센티 정도, 되돌려 줘.

花はどこにありますか。

(A) 机の端。

(B) 机の中央。

(C) 机の端の左側。

(D) 机の端の右側。

꽃은 어디에 있습니까?

(A) 책상 끝.

(B) 책상 중앙.

(C) 책상 끝의 좌측.

(D) 책상 끝의 우측.

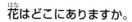

참고 책상 왼쪽 끝 → 오른쪽으로 10센티 → 다시 왼쪽으로 3센티

어구·해설 花(はな) 꽃 位置(いち) 위치 机(つくえ) 책상 左(ひだり) 왼쪽 端(はし) 끝 揃(そろ)える 고루 갖추다, 가지런히 하다
もう少(すこ)し 좀 더, 조금 더 右(みぎ) 오른쪽 ずらす 겹치지 않도록 위치나 시간을 조금 옮기다, 비켜 놓다 センチ 센티
戻(もど)す 되돌리다, 돌려주다, 갚다 中央(ちゅうおう) 중앙

정답 C

66

女：失礼ですが、山本さんはおいくつですか。

男：私は1983年生まれのいのしし年で45歳です。

女：あ、確か鈴木さんもいのしし年でしたね。同い年ですか。

男：いえいえ、まさか。彼女は私よりも一回りも年が違いますよ。彼女の方が若いんです。

여 : 실례지만, 야마모토씨는 몇 살입니까?

남 : 나는 1983년 출생의 돼지띠로 45살입니다.

여 : 아, 확실히 스즈키씨도 돼지띠였죠. 동갑입니까?

남 : 아니아니, 설마. 그녀는 나보다도 12살이나 나이가 차이나요. 그녀 쪽이 젊습니다.

鈴木さんは何歳ですか。

(A) 24歳。

(B) 33歳。

(C) 43歳。

(D) 57歳。

스즈키씨는 몇 살입니까?

(A) 24살.

(B) 33살.

(C) 43살.

(D) 57살.

참고 45 ― 12 = 33

어구·해설 失礼(しつれい) 실례, 무례함 いくつ 몇, 몇 개, 몇 살 生(う)まれ 태어남, 출생, 출생지 いのしし年(どし) 돼지띠
確(たし)か 분명히, 아마 同(おな)い年(どし) 동갑, 같은 나이 まさか 설마 一回(ひとまわ)り 한 바퀴 돎, 일주, 일순, 12년
違(ちが)う 다르다, 상이하다, 잘못되다, 틀리다 若(わか)い 젊다, 어리다, 미숙하다

정답 B

67

男：今年は例年より暑くてエアコンの売行きが好調だそ
うですね。

女：6月のはじめから売れ始めて、今は売り切れが続出
して、中には納品まで2週間ほどお待ちいただいて
いる商品もあります。

男：エアコンは売行きが絶好調なんですね。扇風機はど
うですか。

女：扇風機も売行きは好調ですが、エアコンにはかない
ませんよ。

남 : 올해는 예년보다 더워서 에어컨 판매가 순조롭다고
하네요.

여 : 6월 초순부터 팔리기 시작하여, 지금은 매진이 속
출해서, 그 중에는 납품까지 2주일 정도 기다려야
하는 상품도 있습니다.

남 : 에어컨은 판매 상태가 최상이군요. 선풍기는 어떻
습니까?

여 : 선풍기도 판매가 순조롭습니다만, 에어컨에는 못
당합니다.

エアコンがよく売れている理由はなんですか。

(A) 納品が早いから。

(B) いつもより早く夏が来たから。

(C) 扇風機が売り切れたから。

(D) いつもより遅く夏が来たから。

에어컨이 잘 팔리고 있는 이유는 무엇입니까?

(A) 납품이 빠르기 때문에.

(B) 평상시보다 일찍 여름이 왔기 때문에.

(C) 선풍기가 매진되었기 때문에.

(D) 평상시보다 늦게 여름이 왔기 때문에

참 고 소거법으로 풀어야 쉽게 정답을 알 수 있다.

어구·해설 今年(ことし) 올해, 금년　**例年**(れいねん) 예년　**売行**(うれゆ)**き** 팔리는 상태, 팔림새　**好調**(こうちょう) 호조
売(う)**れ始**(はじ)**める** 팔리기 시작하다　**売**(う)**りきれ** 매절, 매진　**続出**(ぞくしゅつ) 속출　**納品**(のうひん) 납품
週間(しゅうかん) 주간　**商品**(しょうひん) 상품　**エアコン** 에어컨　**絶好調**(ぜっこうちょう) 상태가 매우 좋음
扇風機(せんぷうき) 선풍기　**敵**(かな)**わない** 이길 수 없다, 적수가 못 되다, 못 당하다

정 답 B

68

男：このごろ、天気が変ですね。寒かったり暑かったり、夏なのに北米では降雪注意報も出ているそうですよ。

女：日本でも竜巻の被害が多くなってきているし、本当に心配です。

男：今、地球の温暖化が進んで、その影響で異常気象が続いているのかもしれませんね。

女：地球の温暖化が進まないように、私たちも気をつけなくちゃいけませんね。身の回りからできることから、始めなくちゃいけませんね。

남 : 요즈음, 날씨가 이상하네요. 추웠다가 더웠다가, 여름인데도 북미에서는 강설주의보까지 나왔다고 하네요.

여 : 일본에서도 회오리바람의 피해가 많아지고 있고, 정말로 걱정입니다.

남 : 지금, 지구 온난화가 진행되어, 그 영향으로 이상기상이 계속되고 있는 것인지도 모르겠습니다.

여 : 지구 온난화가 진행되지 않도록, 우리도 조심하지 않으면 안 되겠어요. 주변에서 할 수 있는 것부터, 시작하지 않으면 안 되겠어요.

異常気象の話として合っているものはどれですか。

(A) アメリカでは夏なのに雪が降った。

(B) アメリカでは豪雨が降った。

(C) 地球温暖化が始まった。

(D) 日本では竜巻が少なくなった。

이상기상의 이야기로 맞는 것은 어느 것입니까?

(A) 미국에서는 여름인데도 눈이 내렸다.

(B) 미국에서는 폭우가 내렸다

(C) 지구 온난화가 시작되었다.

(D) 일본에서는 회오리바람이 적어졌다.

어구·해설　このごろ 요사이, 요즈음, 최근　**天気**(てんき) 기상, 날씨　**変**(へん) 보통과 다름, 이상함　**北米**(ほくべい) 북미　**降雪注意報**(こうせつちゅういほう) 강설주의보　**竜巻**(たつまき) 선풍, 회오리바람　**被害**(ひがい) 피해　**地球**(ちきゅう) 지구　**温暖化**(おんだんか) 온난화　**影響**(えいきょう) 영향　**異常気象**(いじょうきしょう) 이상기상　**続**(つづ)く 이어지다, 계속되다　**気**(き)をつける 조심하다, 주의하다　**身**(み)の**回**(まわ)り 일상생활에 필요한 자질구레한 것, 자신의 주위, 신변　**豪雨**(ごうう) 호우, 폭우

정답　A

69

女：斎藤さん、また他人の失敗を見てほくそ笑んでいますよ。

男：ほんとうですね。人の振り見て我が振り直せって諺もあるのに。

女：あんなことばかりしているから皆に嫌われるんですよ。

男：まったくです。

여 : 사이토씨가 또 남의 실패를 보고 회심의 미소를 짓고 있어요.

남 : 정말이군요. 남의 행동을 보고 자기 행동을 고치라는 속담도 있는데.

여 : 저런 짓만 하고 있으니까 모두에게 미움을 받는 거예요.

남 : 정말 그렇습니다.

斎藤(さいとう)さんはどうして皆(みんな)に嫌(きら)われていますか。

(A) 他(ほか)の人(ひと)の失敗(しっぱい)を笑(わら)うから。

(B) 他(ほか)の人(ひと)の失敗(しっぱい)を非難(ひなん)するから。

(C) 失敗(しっぱい)した人(ひと)を無視(むし)するから。

(D) 失敗(しっぱい)した人(ひと)をいじめるから。

사이토씨는 왜 모두에게 미움을 받고 있습니까?

(A) 다른 사람의 실패를 비웃기 때문에.

(B) 다른 사람의 실패를 비난하기 때문에.

(C) 실패한 사람을 무시하기 때문에.

(D) 실패한 사람을 괴롭히기 때문에.

참고 남의 실패를 보고 회심의 미소를 짓기 때문이다.

어구·해설 他人(たにん) 타인 失敗(しっぱい) 실패 ほくそ笑(え)む 일이 뜻대로 되어 만족스러워 혼자 싱글거리다, 회심의 미소를 짓다

人(ひと)の振(ふ)り見(み)て我(わ)が振(ふ)り直(なお)せ 남의 행동을 보고 자기 행동을 고쳐라 諺(ことわざ) 속담

嫌(きら)う 싫어하다, 미워하다 非難(ひなん) 비난 無視(むし) 무시 いじめる 못살게 굴다, 괴롭히다

정답 A

70

女(きのう)：昨日(きのう)のニュースによると、2008年(ねん)の日本人(にほんじん)の海外(かいがい)出国者数(しゅっこくしゃすう)が1700万人(まんにん)を超(こ)えたんだって。

男：やっぱりグローバル化(か)時代(じだい)が来(き)たんだね。

女：でも日本国内(にほんこくない)の留学生(りゅうがくせい)は12万人(まんにん)だって言(い)ってたよ。アメリカ国内(こくない)の留学生(りゅうがくせい)が566万人(まんにん)だし、ドイツでも日本(にほん)の2倍(ばい)だって言(い)うから、すごいよね。

男：日本(にほん)も多(おお)くの留学生(りゅうがくせい)を受(う)け入(い)れる国(くに)になればいいね。

여 : 어제 뉴스에 의하면, 2008년 일본인의 해외 출국 자수가 1700만 명을 넘었대.

남 : 역시 글로벌화 시대가 온 것이군.

여 : 그렇지만 일본 국내의 유학생은 12만 명이라고 했어. 미국 국내의 유학생이 566만 명이고, 독일도 일본의 2배라고 하니까, 굉장하지.

남 : 일본도 많은 유학생을 받아들이는 나라가 되면 좋겠군.

ドイツ国内(こくない)の留学生(りゅうがくせい)は何人(なんにん)ですか。

(A) 12万人(まんにん)。

(B) 24万人(まんにん)。

(C) 556万人(まんにん)。

(D) 1700万人(まんにん)。

독일 국내의 유학생은 몇 명입니까?

(A) 12만 명.

(B) 24만 명.

(C) 566만 명.

(D) 1700만 명.

참고 12만 명의 두 배는 24만 명이다.

어구·해설 海外(かいがい) 해외 出国者(しゅっこくしゃ) 출국자 超(こ)える 넘다, 넘어서다 グローバル化(か) 글로벌화

留学生(りゅうがくせい) 유학생 アメリカ 미국 国内(こくない) 국내 ドイツ 독일 すごい 굉장하다, 대단하다

受(う)け入(い)れる 받아들이다, 남의 청을 들어주다, 승낙하다

정답 B

71

女：私、先週会社を辞めちゃった。

男：え、急にどうしたの。何で辞めちゃったの。

女：辞表には一身上の都合って書いたんだけど、本当はあの会社の課長が嫌で。いつも責任転嫁するのよ。失敗はいつも部下の責任にするんだから。

男：そうだったの。それで次の就職先は決まったの。

여 : 나, 지난주에 회사를 그만뒀어.

남 : 어, 갑자기 무슨 일이야? 왜 그만뒀어?

여 : 사표에는 일신상의 형편이라고 썼지만, 진짜는 그 회사 과장이 싫어서. 항상 책임전가를 해. 실패는 항상 부하 책임으로 한다니까.

남 : 그랬구나. 그래서 다음 취직할 곳은 정해졌어?

女の人はどうして会社を辞めることにしましたか。

(A) 病気のため。

(B) 個人的な理由。

(C) 会社のリストラ。

(D) 会社の中の人間関係。

여자는 왜 회사를 그만 두기로 했습니까?

(A) 병 때문에.

(B) 개인적인 이유.

(C) 회사의 정리해고.

(D) 회사 안에서의 인간관계.

> **참고** 과장이 싫고, 항상 책임전가를 하고, 실패는 항상 부하 책임으로 하기 때문에 회사를 그만두기로 했다.
>
> **어구·해설** 辞(や)める 사직하다, 그만두다, 사임하다   急(きゅう)に 갑자기   辞表(じひょう) 사표
> 一身上(いっしんじょう)の都合(つごう) 일신상의 형편   責任転嫁(せきにんてんか) 책임전가
> 就職先(しゅうしょくさき) 취직할곳   個人的(こじんてき) 개인적   リストラ 정리해고, 권고퇴직
>
> **정답** D

72

女：また佐藤さん、手前味噌を並べているわ。もういやになっちゃう。

男：今度は何と言ってるの。

女：自分の貿易会社が大きな利益を上げたのは自分の能力があるからだって。

男：あいつは手前味噌ばかりを並べる奴だから、しょうがないよ。

여 : 또 사토씨가 자기 자랑을 늘어놓고 있어. 이젠 지겹다.

남 : 이번에는 뭐라고 말해?

여 : 자기네 무역회사가 큰 이익을 올린 것은 자기 능력이 있기 때문이래.

남 : 그 녀석은 자기 자랑만 늘어놓는 녀석이니까, 어쩔 수 없어.

佐藤さんはどんな人ですか。

(A) 他人を非難する人だ。

(B) 他人を大切にする人だ。

(C) 自分の自慢ばかりする人だ。

(D) 貿易会社で味噌を売っている人だ。

사토씨는 어떠한 사람입니까?

(A) 타인을 비난하는 사람이다.

(B) 타인을 소중히 여기는 사람이다.

(C) 자신의 자랑만 하는 사람이다.

(D) 무역회사에서 된장을 팔고 있는 사람이다.

참 고) 味噌는 된장이라는 뜻 외에 자랑거리라는 의미도 있다.

어구·해설) **手前味噌(てまえみそ)を並(なら)べる** 자기 자랑을 늘어놓다 **貿易会社(ぼうえきがいしゃ)** 무역회사

利益(りえき)を上(あ)げる 이익을 올리다 **能力(のうりょく)** 능력 **奴(やつ)** 녀석, 놈 **しょうがない** 어쩔 수 없다

他人(たにん) 타인 **非難(ひなん)** 비난 **大切(たいせつ)** 중요함, 소중함, 소중하게 다루는 모양 **自慢(じまん)** 자랑

味噌(みそ) 된장, 자랑으로 하는 점, 특색으로 하는 점

정 답) C

73

男 : 京都(きょうと)にある京都市立図書館(きょうとしりつとしょかん)では、おもしろい図書(としょ)カードを発行(はっこう)して、図書カードを持(も)っていると、京都市内(しない)の図書館(としょかん)ならどこでも、図書館にある図書(としょ)の貸(か)し出(だ)しを受(う)けることができるし、映像(えいぞう)を見(み)ることもできるそうだ。

女 : へえ、面白(おもしろ)いわね。じゃ、どこで図書(としょ)カードを発行(はっこう)してもらえるの。

男 : 京都市内(きょうとしない)にある図書館(としょかん)ならどこでも発行(はっこう)してもらえるそうだよ。でも、作成(さくせい)できるカードは一人一枚(ひとりいちまい)までだって。

女 : それはいいアイディアかもね。

남 : 교토에 있는 교토 시립 도서관에서는, 흥미로운 도서카드를 발행해서, 도서카드를 갖고 있으면, 교토 시내의 도서관이라면 어디든지, 도서관에 있는 도서의 대출을 받을 수 있고, 영상을 볼 수도 있대.

여 : 와~, 흥미롭네. 그럼, 어디서 도서카드를 발행해 주는 거야?

남 : 교토 시내에 있는 도서관이라면 어디든지 발행해 준다고 해. 하지만 작성할 수 있는 카드는 한 사람에 한 장까지래.

여 : 그것은 좋은 아이디어일지도 몰라.

会話(かいわ)の内容(ないよう)に合(あ)っているものはどれですか。

(A) 作成(さくせい)できるカードは一人一枚(ひとりいちまい)までだ。

(B) 全国(ぜんこく)にある図書館(としょかん)で図書(としょ)カードを発行(はっこう)してもらえる。

(C) 図書(としょ)カードを持(も)っていると、会費(かいひ)を出(だ)さなければならない。

(D) 全国(ぜんこく)にある図書館(としょかん)で図書(としょ)の貸(か)し出(だ)しを受(う)けることができる。

회화 내용으로 맞는 것은 어느 것입니까?

(A) 작성할 수 있는 카드는 한 사람에 한 장까지이다.

(B) 전국에 있는 도서관에서 도서카드를 발행해 준다.

(C) 도서카드를 가지고 있으면 회비를 내지 않으면 안 된다.

(D) 전국에 있는 도서관에서 도서의 대출을 받을 수 있다.

참 고) 작성할 수 있는 카드는 한 사람에 한 장까지이다.

어구·해설) **市立図書館(しりつとしょかん)** 시립도서관 **図書(としょ)** 도서 **貸(か)し出(だ)し** 대출 **受(う)ける** 받다

映像(えいぞう) 영상 **図書(としょ)カード** 도서 카드 **発行(はっこう)** 발행 **市内(しない)** 시내 **作成(さくせい)** 작성

アイディア 아이디어 **全国(ぜんこく)** 전국 **会費(かいひ)を出(だ)す** 회비를 내다

정 답) A

74

女：最近、過労死が増えていますね。

男：残業時間の増加に加えて、自宅まで仕事を持ち帰る
人もいて、食事時間以外は仕事のことばかり考えて
いる人も多くなったそうです。それに仕事のストレ
スから体調を崩したり、うつ病になる人も多いと聞
きました。

女：インターネットなどが発達したおかげで、仕事を会
社でなくてもできるようになった反面、どこでも仕
事をしなければならなくなったとも言えますよね。

男：昼夜の区別がない社会になりつつありますし、仕事
と健康の問題は行政も会社も真剣に取り組まなけれ
ばならない問題です。

여 : 최근, 과로사가 늘고 있네요.

남 : 잔업시간 증가에 더해서, 자택까지 일을 가지고 돌아가는 사람도 있고, 식사 시간 이외에는 일만 생각하고 있는 사람도 많다고 합니다. 게다가 일의 스트레스 때문에 컨디션을 망가뜨리기도 하고, 우울증에 걸리는 사람도 많다고 들었습니다.

여 : 인터넷 등이 발달한 덕분에, 회사가 아니어도 일을 할 수 있게 된 반면, 어디서나 일을 하지 않으면 안되게 되었다고도 말할 수 있겠네요.

남 : 낮과 밤의 구별이 없는 사회가 되어가고 있고, 일과 건강의 문제는 행정기관도 사회도 진지하게 임하지 않으면 안 되는 문제입니다.

二人の会話で正しいものは何ですか。

(A) 過労死は不規則的な食生活を続けていたのが原
因だ。

(B) 過労死は不規則的な睡眠時間を続けていたのが原因
だ。

(C) 仕事のストレスから体調を崩したり、うつ病になる
人も多い。

(D) 残業時間の増加に加えて、自宅に帰れない時も時々
ある。

두 사람의 회화로 올바른 것은 무엇입니까?

(A) 과로사는 불규칙적인 식생활을 계속하고 있던 것이 원인이다.

(B) 과로사는 불규칙적인 수면 시간을 계속하고 있던 것이 원인이다.

(C) 일의 스트레스 때문에 컨디션을 망가뜨리기도 하고, 우울증에 걸리는 사람도 많다.

(D) 잔업시간 증가에 더해서, 자택에 돌아갈 수 없을 때도 가끔 있다.

> **참 고** 일의 스트레스 때문에 컨디션을 망가뜨리기도 하고, 우울증에 걸리는 사람도 많다.

> **어구·해설** **過労死**(かろうし) 과로사 **増**(ふ)**える** 늘어나다, 증가하다 **残業時間**(ざんぎょうじかん) 잔업시간 **増加**(ぞうか) 증가
> **加**(くわ)**える** 보태다, 더하다 **自宅**(じたく) 자택 **持**(も)**ち帰**(かえ)**る** 물건을 가지고 돌아가다
> **体調**(たいちょう)**を崩**(くず)**す** 컨디션을 망가뜨리다 **うつ病**(びょう) 울증, 우울증 **発達**(はったつ) 발달
> **反面**(はんめん) 반면 **昼夜**(ちゅうや) 주야, 낮과 밤 **区別**(くべつ) 구별 **行政**(ぎょうせい) 행정, 행정기관의 약어
> **真剣**(しんけん) 진검, 진정임, 진지함 **取**(と)**り組**(く)**む** 몰두하다, 임하다 **不規則的**(ふきそくてき) 불규칙적
> **睡眠時間**(すいみんじかん) 수면시간 **続**(つづ)**ける** 계속하다, 잇다, 연결하다 **原因**(げんいん) 원인
> **時々**(ときどき) 그때그때, 가끔, 때때로

> **정 답** C

75

女 : 株取引は人気がありますね。山本さんもしたことが
ありますか。

男 : 私は去年から始めたんですが、莫大な利益が上がる
時と、損をする時が半々ですね。この前なんか、株
式を買った会社が倒産して、今までの利益がふいに
なっちゃいました。

女 : あ、そうですか。それは大変でしたね。やっぱりハ
イリスクハイリターンですね。

男 : そうですよ。この世の中、こつこつ働いてお金を貯
めるのが一番です。

여 : 주식 거래는 인기가 있네요. 야마모토씨도 한 적이
있습니까?

남 : 저는 작년부터 시작했습니다만, 막대한 이익을 올
릴 때와 손해를 볼 때가 반반입니다. 얼마 전에는
주식을 산 회사가 도산을 해서, 지금까지의 이익이
허사가 되고 말았습니다.

여 : 아, 그래요. 정말로 힘들었겠어요. 역시 고위험 고
소득이네요.

남 : 그렇습니다. 요즘 세상, 부지런히 일해서 돈을 모
으는 것이 제일입니다.

株取引のいいところは何ですか。

(A) 簡単に取引ができること。

(B) 利益がふいになること。

(C) お金が少しずつ増えること。

(D) 莫大な利益が得られること。

주식 거래의 좋은 점은 무엇입니까?

(A) 간단하게 거래를 할 수 있는 것.

(B) 이익이 허사가 되는 것.

(C) 돈이 조금씩 늘어나는 것.

(D) 막대한 이익을 얻을 수 있는 것.

참고 막대한 이익을 올릴 때와, 손해를 볼 때가 반반이라고 했으므로 좋은 점은 막대한 이익을 얻는 것이다.

어구·해설 株取引(かぶとりひき) 주식 거래 莫大(ばくだい) 막대 利益(りえき) 이익 損(そん)をする 손해보다

半々(はんはん) 반반 株式(かぶしき) 주식 倒産(とうさん) 도산 ふいになる 허사가 되다

ハイリスクハイリターン 실패할 확률이 높지만 성공하면 큰 이익을 얻게 되는 사업을 중심으로 자금을 운영하는 일

世(よ)の中(なか) 세상, 세간, 사회, 시대 こつこつ 꾸준히 노력함, 부지런히 함 働(はたら)く 일하다, 활동하다

金(かね)を貯(た)める 돈을 모으다 一番(いちばん) 첫째, 맨 처음, 제일, 으뜸 取引(とりひき) 거래, 상품의 매매, 흥정

정답 D

76

男：日本人の海外旅行者が毎年増えるにつれて、日本人が海外で犯罪に巻き込まれたり犯罪の被害に遭うケースが増えているそうですね。

女：そうですよ。内訳は強盗と窃盗が9割、置き引きやスリに加え、睡眠薬を使った手口も増加しています。また残りの1割程度を占めているのが詐欺だそうです。

男：怖いね。来週、僕もアメリカに出張に行くんだけど、注意しなきゃいけないね。

女：そうですね。油断は禁物！ 気をつけていってらっしゃい。

남 : 일본인 해외여행자가 매년 증가함에 따라서, 일본인이 해외에서 범죄에 휩쓸리거나 범죄 피해를 당하는 케이스가 늘고 있다고 하네요.

여 : 그렇습니다. 내역은 강도와 절도가 9할, 들치기와 소매치기에 더하여, 수면제를 사용한 수법도 증가하고 있습니다. 또한 나머지 1할 정도를 차지하고 있는 것이 사기라고 합니다.

남 : 무섭네. 다음 주, 나도 미국에 출장을 가는데, 주의하지 않으면 안 되겠어.

여 : 그렇습니다. 방심은 금물! 조심해서 다녀오세요.

日本人が遭う犯罪の被害で一番多いのは何ですか。

(A) スリ被害。

(B) 置き引き被害。

(C) 詐欺の被害。

(D) ものを盗まれる被害。

일본인이 당하는 범죄의 피해로 가장 많은 것은 무엇입니까?

(A) 소매치기 피해.

(B) 들치기 피해.

(C) 사기 피해.

(D) 물건을 도둑맞는 피해.

참고 강도와 절도가 9할로 가장 많다.

어구·해설 犯罪(はんざい)に巻(ま)き込(こ)まれる 범죄에 휩쓸리다　被害(ひがい)に遭(あ)う 피해를 입다　ケース 경우, 사례　窃盗(せっとう) 절도　置(お)き引(び)き 자기 것처럼 남의 짐을 들고 가거나 자기 짐과 바꾸어서 훔쳐 감(들치기)　スリ 소매치기　加(くわ)える 보태다, 더하다　睡眠薬(すいみんやく) 수면제　手口(てぐち) 범죄 등의 수법　占(し)める 차지하다　詐欺(さぎ) 사기　油断(ゆだん) 방심, 부주의　禁物(きんもつ) 금물　盗(ぬす)む 훔치다, 도둑질하다

정답 D

77

女：家の掃除をしていたんですが、夫の書斎の机の引き出しから気になるものを見付けたんです。

男：え、どんなものですか。もしかして浮気相手からの手紙ですか。

女：いえ、姑からの手紙だったんですが、私についての批判ばかりで、話し方に訛りがあるとか、化粧の仕方が変だとか……、色々書いてありました。今まで、仲良くしていたのに、ショックでした。知らぬが仏でした。

男：まさか、そんな手紙が出てくるとは思わなかったでしょう。

여 : 집 청소를 하고 있었습니다만, 남편의 서재 책상 서랍에서 마음에 걸리는 것을 발견했습니다.

남 : 어, 무슨 물건입니까? 혹시 내연녀로부터의 편지입니까?

여 : 아뇨, 시어머니로부터의 편지였습니다만, 나에 대한 비판 일색으로, 말투에 방언이 있다든가 화장하는 법이 이상하다든가……, 여러 가지가 써 있었습니다. 지금까지 사이좋게 지냈는데, 쇼크였습니다. 모르는 것이 약이었습니다.

남 : 설마, 그런 편지가 나오리라고는 생각지도 못했겠어요.

女の人は手紙を見て、どう思いましたか。

(A) お姑さんは変な人だ。

(B) 知らない方がよかった。

(C) 事実を知って嬉しかった。

(D) お姑さんは浮気をしている。

여자는 편지를 보고, 어떻게 생각했습니까?

(A) 시어머니는 이상한 사람이다.

(B) 모르는 편이 더 좋았다.

(C) 사실을 알고 기뻤다.

(D) 시어머니는 바람을 피우고 있다.

> **참고** 사이좋게 지내던 시어머니가 남편에게 편지로 자신을 비판한 것을 알고 충격을 받았다.

> **어구·해설** 掃除(そうじ) 청소 夫(おっと) 남편 書斎(しょさい) 서재, 서실 引(ひ)き出(だ)し 빼냄, 꺼냄, 인출, 서랍
> 気(き)になる 걱정이 되다, 마음에 걸리다 見付(みつ)ける 발견하다, 찾다 浮気(うわき) 바람기
> 姑(しゅうとめ) 시어머니, 장모 批判(ひはん) 비판 訛(なま)り 방언, 특이한 말투 仲良(なかよ)く 사이좋게
> ショック 쇼크, 충격 知(し)らぬが仏(ほとけ) 모르는 것이 약 浮気(うわき)をする 바람을 피우다

> **정답** B

78

女 : 仕事をしてもお金が溜まらないね。金は天下の回り
物とはいうけれど、稼げば稼ぐほど、出て行く金も
多くなるね。

男 : ギャンブルとか株取引をしない限り、大金をもうけ
るっていうのは簡単じゃないと思うよ。

女 : 濡れ手に粟の仕事はないってことか。

男 : そうだよ。こつこつ仕事をして少しずつ貯金するの
が一番早道だと思うけど。

여 : 일을 해도 돈이 모이지 않아. 돈은 돌고 도는 것이
라고 하는데, 벌면 벌수록 나가는 돈도 많아지네.

남 : 도박이나 주식 거래를 하지 않는 한, 큰돈을 버는
것은 간단하지 않다고 생각해.

여 : 손쉽게 돈을 버는 일은 없다고 하는 것인가?

남 : 그래. 부지런히 일을 해서 조금씩 저금을 하는 것이
가장 빠른 길이라고 생각하는데.

男の人はどうしてこつこつ仕事をした方がいいと言って
いますか。

(A) お金はなくなるものだから。

(B) 稼げば稼ぐほどお金が出て行くから。

(C) 簡単にお金を稼ぐ方法はないから。

(D) ギャンブルとか株取引は違法だから。

남자는 왜 부지런히 일을 하는 편이 좋다고 말하고 있습
니까?

(A) 돈은 없어지기 마련이니까.

(B) 벌면 벌수록 돈은 나가기 때문에.

(C) 간단하게 돈을 버는 방법은 없기 때문에.

(D) 도박이나 주식 거래는 위법이기 때문에.

> **참고** 도박이나 주식 거래를 하지 않는 한, 큰돈을 버는 것은 쉽지 않다고 생각하기 때문이다.

> **어구·해설** 金(かね)が溜(たま)る 돈이 모이다 金(かね)は天下(てんか)の回(まわ)り物(もの) 돈은 돌고 도는 것
> 稼(かせ)ぐ 벌다, 돈벌이를 위해 부지런히 일하다 ギャンブル 갬블, 노름, 도박 株取引(かぶとりひき) 주식 거래
> 大金(たいきん) 큰돈 濡(ぬ)れ手(て)に粟(あわ) 젖은 손에 좁쌀, 쉽게 많은 이익을 얻음
> こつこつ 꾸준히 노력함, 부지런히 함 違法(いほう) 위법

> **정답** C

79

女：日本での犯罪率の増加が懸念される昨今、防犯を目的にした新しいガラスが開発されたそうです。

男：どんなガラスですか。今までは、窓ガラスが割れないように作るのが普通でしたが。

女：今回も今までのガラスと外見は変わらないんですが、中身がまったく違うんです。今までガラスの中にプラスチックを混ぜたガラス、つまり強化ガラスというのはあったんですが、今回はガラス製作時にガラス2枚でワイヤを挟んで、金槌で叩いても簡単には割れないように作ったんです。

男：へぇ、すごいですね。これで防犯対策もばっちりですね。

여 : 일본에서의 범죄율 증가가 염려되는 요즘, 방범을 목적으로 한 새로운 유리가 개발되었다고 합니다.

남 : 어떤 유리입니까? 지금까지는 유리창이 깨지지 않도록 만드는 것이 보통이었습니다만.

여 : 이번에도 지금까지의 유리와 외관은 변함이 없습니다만, 내용물이 완전히 다릅니다. 지금까지 유리 안에 플라스틱을 섞은 유리, 즉 강화 유리라고 하는 것은 있었습니다만, 이번에는 유리 제작시에 유리 2장으로 와이어를 끼워서, 쇠망치로 때려도 쉽게 깨지지 않도록 만들었습니다.

남 : 와~, 굉장하네요. 이것으로 방범대책도 완벽하네요.

新しいガラスはどんなガラスですか。

(A) 簡単に割れて怪我を防ぐガラス。

(B) ガラスをワイヤで囲ったガラス。

(C) ガラスの間にワイヤを入れたガラス。

(D) ガラスの代わりにプラスチックでできた強化ガラス。

새로운 유리는 어떤 유리입니까?

(A) 간단하게 깨져서 부상을 방지하는 유리.

(B) 유리를 와이어로 둘러싼 유리.

(C) 유리 사이에 와이어를 넣은 유리.

(D) 유리 대신에 플라스틱으로 만든 강화 유리.

어구·해설 犯罪率(はんざいりつ) 범죄율　懸念(けねん) 마음에 걸려 불안하게 생각함, 걱정, 염려　昨今(さっこん) 작금, 요즘, 근래 防犯(ぼうはん) 방범　ガラス 유리　開発(かいはつ) 개발　普通(ふつう) 보통　外見(がいけん) 외견, 겉보기, 외관 中身(なかみ) 속에 든 것, 내용물　まったく 전혀, 완전히　違(ちが)う 다르다, 상이하다, 잘못되다, 틀리다 プラスチック 플라스틱　混(ま)ぜる 섞다, 혼합하다　つまり 결국, 즉　強化(きょうか)ガラス 강화 유리 製作時(せいさくじ) 제작시　ワイヤ 와이어(쇠줄)　挟(はさ)む 끼우다, 사이에 두다, 끼다　金槌(かなづち) 쇠망치 割(わ)れる 깨지다, 부서지다, 터지다, 쪼개지다　防犯対策(ぼうはんたいさく) 방범대책 ばっちり 빈틈없이 완벽한 모양, 확실한 모양　防(ふせ)ぐ 막다, 방지하다　囲(かこ)う 둘러싸다, 숨겨 두다

정답 C

80
女：あのおばさん、またうちの店に来たのよ。

男：おばさん、店に来て何をするの？ 定期的に来てる
ようだけど。

女：商品を買ってくれるのは嬉しいんだけど、いつも次
の日にうちの商品にけちをつけて返金してくれって
いうんですよ。食料品の時は無理ですって言うんだ
けど、しつこいのよ。

男：そういう人を専門用語ではクレーマーというらしい
けど、まさにそのおばさんクレーマーだよ。

여 : 저 아줌마, 또 우리 가게에 왔어.

남 : 아줌마가 가게에 와서 뭐 하는데? 정기적으로 오는
것 같은데.

여 : 상품을 구입해 주는 것은 기쁘지만, 항상 다음 날
우리 상품에 트집을 잡고 돈을 돌려 달라고 해요.
식료품일 때는 무리라고 말을 하지만, 집요해요.

남 : 그런 사람을 전문용어로 클레이머라고 하는 것 같
은데, 진짜로 그 아줌마 클레이머군.

クレーマーとはどんな人ですか。

(A) 商品について不満をぶつける人。

(B) 定期的に店を訪問する人。

(C) 食料品を黙って持っていく人。

(D) 万引きをする人。

클레이머는 어떤 사람입니까?

(A) 상품에 대하여 불만을 터뜨리는 사람.

(B) 정기적으로 가게를 방문하는 사람.

(C) 식료품을 말없이 가지고 가는 사람.

(D) 물건을 몰래 훔치는 사람.

어구·해설 **おばさん** 아주머니, 아줌마 **定期的**(ていきてき) 정기적 **商品**(しょうひん) 상품 **けちをつける** 트집 잡다

返金(へんきん) 반금, 돈을 돌려줌, 돈을 갚음 **食料品**(しょくりょうひん) 식료 **無理**(むり) 무리 **しつこい** 집요하다

専門用語(せんもんようご) 전문용어 **クレーマー** 클레임을 거는 소비자, 트집 잡는 소비자

不満(ふまん)**をぶつける** 불만을 터뜨리다 **訪問**(ほうもん) 방문 **黙**(だま)**る** 입을 다물다, 침묵하다

万引(まんび)**き** 손님을 가장하여 상점에서 물건을 훔치는 일, 또는 그 사람

정답 A

– 보통 내용의 순서와 문제의 순서가 차례대로 있는 경우가 많기 때문에 문제를 미리 파악해 두고 내용을 들으면서 문제를 푸는 것이 좋다.

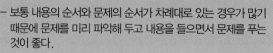

81-84

旅の楽しみといえばその土地の食べ物。ここ熊本はおいしい水と空気で育った新鮮な素材の宝庫です。当館では、選りすぐりの旬の素材をふんだんに使った懐石料理、ご家族皆様で楽しめるボリューム満点のバイキング等をご用意しております。レストランは予約制になっております。ご利用予定日の３日前までにご予約下さい。ご予約の中止は前日の午後３時まで、ご予約の変更は当日の午前中までにご連絡下さい。当ホテルへ宿泊されている方以外でも、お気軽にご利用になれます。職場の皆様やご家族でランチをお楽しみください。なお、6歳未満のお子様だけのご利用はお断り致しております。

여행의 즐거움이라고 하면 그 지방의 음식. 이곳 구마모토는 맛있는 물과 공기로 자란 신선한 소재의 보고입니다. 우리 관(호텔)에서는 엄선한 계절의 소재를 넉넉하게 사용한 가이세키요리, 가족 모두가 즐길 수 있는 볼륨 만점의 뷔페 등을 준비하였습니다. 식당은 예약제로 운영됩니다. 이용 예정일 3일 전까지 예약해 주십시오. 예약 취소는 전날 오후 3시까지, 예약 변경은 당일 오전까지 연락 주십시오. 저희 호텔에 숙박하시는 분이 아니더라도 부담없이 이용하실 수 있습니다. 직장 여러분이나 가족 단위로 점심을 즐겨 주십시오. 또한 6세 미만의 어린이 혼자만 이용하는 것은 불가능합니다.

81 旅の楽しみとは何ですか。

(A) 地元のおいしいものを食べること。
(B) 地元の人と交流すること。
(C) 家族でバイキングすること。
(D) 予約して食べること。

여행의 즐거움이란 무엇입니까?

(A) 그 고장의 맛있는 음식을 먹는 것.
(B) 그 고장의 사람과 교류하는 것.
(C) 가족단위로 뷔페를 이용하는 것.
(D) 예약하여 먹는 것.

82 このレストランで食べられるものはなんですか。

(A) ボリューム満点のステーキ。
(B) ボリューム満点の野菜のてんぷら。
(C) 地元の素材をつかったスパゲティ。
(D) 地元の素材をつかった懐石料理。

이 식당에서 먹을 수 있는 음식은 무엇입니까?

(A) 볼륨 만점의 스테이크.
(B) 볼륨 만점의 야채 튀김.
(C) 그 고장 소재를 사용한 스파게티.
(D) 그 고장 소재를 사용한 가이세키요리.

83 レストランの予約を取り消す時はいつまで連絡すれ
ばいいですか。

(A) いつでも可能。

(B) 前日の午前10時まで。

(C) 当日の午前中。

(D) 前日の午後3時まで。

식당 예약을 취소할 때는 언제까지 연락하면 됩니까?

(A) 언제라도 가능.

(B) 전날 오전 10시까지.

(C) 당일 오전 중.

(D) 전날 오후 3시까지.

84 このレストランを利用できないのはだれですか。

(A) 家族だけのお客様。

(B) 4歳の子供の団体。

(C) ホテルに宿泊していないお客様。

(D) 職場に通っている人々。

이 식당을 이용할 수 없는 사람은 누구입니까?

(A) 가족만의 손님.

(B) 4세 어린이 단체.

(C) 호텔에 숙박하지 않는 손님.

(D) 직장에 다니는 사람들.

어구·해설 旅(たび) 여행 楽(たの)しみ 낙, 즐거움, 즐길 거리, 즐기는 일, 재미 土地(とち) 토지, 그 지방(고장)

熊本(くまもと) 구마모토, 규슈지방 중앙부의 현 空気(くうき) 공기 育(そだ)つ 자라다, 성장하다

新鮮(しんせん) 신선 素材(そざい) 소재 宝庫(ほうこ) 보고, 보물을 넣어 두는 창고

当館(とうかん) 당관, 해당 건물 選(え)りすぐる 좋은 것들 중에서 더 좋은 것을 고르다, 엄선하다

旬(しゅん) 생선·조개·채소·과일 등의 한창때로 맛이 가장 좋은 시기, 무슨 일을 하기에 알맞은 시기

懐石料理(かいせきりょうり) 다회(茶會)에서 차를 권하기 전에 내는 간단한 요리 ふんだんに 풍부하게, 넉넉하게

家族(かぞく) 가족 ボリューム 볼륨, 분량, 양 バイキング 바이킹요리의 준말, 뷔페식 요리

用意(ようい) 준비, 채비 予約制(よやくせい) 예약제 中止(ちゅうし) 중지 午後(ごご) 오후

変更(へんこう) 변경 当日(とうじつ) 당일 午前中(ごぜんちゅう) 오전중 連絡(れんらく) 연락

宿泊(しゅくはく) 숙박 気軽(きがる) 깊이 생각하지 않음, 가볍게 행동함 職場(しょくば) 직장 ランチ 점심

なお 역시, 여전히, 또한 断(ことわ)る 거절하다, 사절하다 交流(こうりゅう) 교류 ステーキ 스테이크, 구운 고기

野菜(やさい) 야채 取(と)り消(け)す 취소하다 可能(かのう) 가능 団体(だんたい) 단체

人々(ひとびと) 사람들, 각자

정답 81-A, 82-D, 83-D, 84-B

恋人の魅力的なところについてのアンケート結果が発表されました。男女とも、1位は「優しい」、2位は「自分を大事にしてくれる」という結果になりました。男女別にみると、上位は男女とも同じ結果になりましたが、大きく違いが出た項目もあってかなり興味深い結果になりました。女性のランキングをみると、「まじめ」、「頼れる」、「包容力がある」といった項目が上位にきており、頼もしい男性がモテるようです。一方、男性のランキングでは、女性と比べて「素直」、「ルックス」という項目が上位にきています。特に、「ルックス」は、男性のランキングで5位、女性のランキングは19位とかなり差が出る結果に。比べてみると男性の方が「メンクイ」な傾向にあることがわかります。

애인의 매력적인 점에 대한 앙케트 결과가 발표되었습니다. 남녀 모두 1위는 '친절하고 다정하다', 2위는 '자신을 소중하게 여겨 준다'라는 결과가 나왔습니다. 남녀별로 보면, 상위는 남녀 모두 같은 결과가 나왔습니다만, 차이가 큰 항목도 있어 매우 흥미로운 결과가 되었습니다. 여성의 순위를 보면, '성실', '의지할 수 있다', '포용력이 있다'라는 항목이 상위에 올라 있어, 듬직한 남성이 인기가 있는 것 같습니다. 한편, 남성의 순위에서는, 여성과 비교해 '순진함', '용모'라는 항목이 상위에 올랐습니다. 특히 '용모'는 남성의 순위에서 5위, 여성의 순위는 19위로 상당히 차이가 나는 결과입니다. 비교해 보면 남성 쪽이 '얼굴'을 중요시하는 경향이 있는 것을 알 수 있습니다.

85 このアンケートの結果で男女とも共通していた1位と2位の内容は何でしたか。

(A) 1位はやさしさ、2位は頼れる。

(B) 1位はルックス、2位はまじめ。

(C) 1位はやさしさ、2位は自分を大事にしてくれる。

(D) 1位は自分を大事にしてくれる、2位はやさしさ。

이 앙케트의 결과에서 남녀 모두 공통적으로 1위와 2위인 내용은 무엇이었습니까?

(A) 1위는 다정함, 2위는 의지할 수 있다.

(B) 1위는 용모, 2위는 성실.

(C) 1위는 다정함, 2위는 자신을 소중하게 생각해 준다.

(D) 1위는 자신을 소중하게 생각해 준다, 2위는 다정함.

86 アンケートで明らかになった女性の傾向とはどんな傾向ですか。

(A) 女性は自分にないものを持っている男性が好きになるということ。

(B) 女性は頼もしい男性を避ける傾向があるということ。

(C) 女性はルックスを重視する「メンクイ」の傾向があるということ。

(D) 女性には頼もしい男が人気があるということ。

앙케트로 확실해진 여성의 경향은 어떤 경향입니까?

(A) 여성은 자신에게 없는 것을 가지고 있는 남성을 좋아하게 된다고 하는 것.

(B) 여성은 믿음직스러운 남성을 피하는 경향이 있다고 하는 것.

(C) 여성은 용모를 중시하는 '얼굴'을 보는 경향이 있다고 하는 것.

(D) 여성에게는 믿음직스러운 남성이 인기가 있다고 하는 것.

87 アンケートで男性と女性には大きな差がでましたが、どういうことですか。

(A) 男性はルックスを重視して「めんくい」の傾向があること。

(B) 男性はルックスをあまり重視しないということ。

(C) 女性はやはりお金持ちに魅力を感じるということ。

(D) 女性は玉の輿の夢を抱いているということ。

앙케트로 남성과 여성에게 큰 차이가 나타났는데, 어떤 것입니까?

(A) 남성은 용모를 중시하여 '얼굴'을 보는 경향이 있는 것.

(B) 남성은 용모를 별로 중시하지 않는다는 것.

(C) 여성은 역시 부자에게 매력을 느낀다는 것.

(D) 여성은 신분상승의 꿈을 꾸고 있다는 것.

88 このアンケートは何についてのアンケートですか。

(A) 未来の恋人の条件についてのアンケート。

(B) 恋人がどんなところに魅力を感じるかについてのアンケート。

(C) 男女の違いについて説明するアンケート。

(D) 男性の「メンクイ」傾向を明らかにするためのアンケ。

이 앙케트는 무엇에 대한 앙케트입니까?

(A) 미래의 애인의 조건에 대한 앙케트.

(B) 애인이 어떤 점에 매력을 느끼는지에 대한 앙케트.

(C) 남녀 차이에 대해 설명하는 앙케트.

(D) 남성의 '얼굴'을 보는 경향을 확실하게 하기 위한 앙케트.

恋人(こいびと) 연인, 애인　魅力的(みりょくてき) 매력적　アンケート 앙케트　結果(けっか) 결과

発表(はっぴょう) 발표　男女(だんじょ) 남녀　優(やさ)しい 온화하다, 친절하다고 다정하다, 상냥하다

項目(こうもく) 항목　興味深(きょうみぶか)い 흥미 깊다　ランキング 랭킹, 성적 순위, 등급

真面目(まじめ) 진지함, 성실함, 착실함　頼(たよ)る 의지하다, 믿다　包容力(ほうようりょく) 포용력

頼(たの)もしい 믿음직하다, 장래가 촉망되다　もてる 인기가 있다　比(くら)べる 비교하다

ルックス 용모, 얼굴, 생김새　評価(ひょうか) 평가　面食(めんく)い 얼굴이 고운 사람만을 좋아함, 미인만 탐하는 사람

傾向(けいこう) 경향　玉(たま)の輿(こし) 귀인이 타는 가마를 타고 시집간다는 뜻의 준말

夢(ゆめ)を抱(いだ)く 꿈을 품다, 희망을 품다

정답 85-C, 86-D, 87-A, 88-B

89-91

3日の東京株式市場は、米株式相場が大幅続落した流れを受けて、前日に続いて輸出関連株を中心に売られている。日経平均株価は一時、前日終値に比べ170円以上も下落し、2005年5月以来、約3年5か月ぶりに1万1000円台を割り込んだ。午前9時15分現在、日経平均は前日終値比170円安の1万984円。今週いっぱいは、この流れが続き、株価は下落すると見られている。

3일 도쿄주식시장은 미국 주식 시세가 대폭 연이어 떨어진 흐름을 받아, 전날에 이어 수출관련 주식을 중심으로 팔리고 있다. 닛케이 평균 주가는 일시적으로 전일 종가에 비해 170엔 이상이나 하락, 2005년 5월 이래, 약 3년 5개월만에 1만1000엔 대에 들어갔다. 오전 9시 15분 현재, 닛케이 평균은 전일 종가에 비해 170엔 떨어진 1만 984엔. 이번 주까지는 이 흐름이 계속되어 주가는 하락할 것으로 예상된다.

89　3日の東京株式市場の株価が下落した理由は何ですか。

(A) 輸出関連の業績が悪いから。

(B) アメリカの株式市場の株価が下落した影響をうけたから。

(C) 日経平均株価が値下がりしたから。

(D) 来週も株価が続落すると見られているから。

3일 도쿄 주식시장의 주가가 하락한 이유는 무엇입니까?

(A) 수출관련 업적이 나빠서.

(B) 미국 주식시장의 주가가 하락한 영향을 받아서.

(C) 닛케이 평균 주가가 떨어졌기 때문에.

(D) 다음주도 주가가 연이어 하락할 것으로 보이기 때문에.

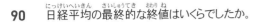

90 日経平均の最終的な終値はいくらでしたか。

(A) 170円。

(B) 1万1000円。

(C) 1万984円。

(D) 2005円。

닛케이 평균의 최종적인 종가는 얼마였습니까?

(A) 170엔.

(B) 1만1000엔.

(C) 1만 984엔.

(D) 2005엔.

91 株式続落の動きはいつまで続くと言っていますか。

(A) 2005年5月まで。

(B) 今週末まで。

(C) 3年5ヶ月くらい。

(D) 来週末まで。

주식속락의 동향은 언제까지 계속된다고 합니까?

(A) 2005년 5월까지.

(B) 이번 주 말까지.

(C) 3년 5개월 정도.

(D) 다음 주 말까지.

어구·해설 株式市場(かぶしきしじょう) 주식시장 株式相場(かぶしきそうば) 주식 시세 大幅(おおはば) 대폭, 큰 폭 続落(ぞくらく) 시세·물가 따위의 속락 流(なが)れ 흐름, 추세 続(つづ)く 이어지다, 계속되다 輸出(ゆしゅつ) 수출 関連(かんれん) 관련 中心(ちゅうしん) 중심 売(う)る 팔다 株価(かぶか) 주가 一時(いちじ) 일시, 한때, 그 당시 終値(おわりね) 증권 거래소에서의 종가 比(くら)べる 비교하다, 견주다 下落(げらく) 하락 割(わ)り込(こ)む 비집고 들어가다, 끼어들다 午前(ごぜん) 오전 現在(げんざい) 현재 日経(にっけい) 일본 경제 平均(へいきん) 평균 今週(こんしゅう) 금주, 이번 주 業績(ぎょうせき) 업적 影響(えいきょう) 영향 値下(ねさ)がり 값이 내림 最終的(さいしゅうてき) 최종적 動(うご)き 움직임, 활동, 동태, 변동, 동향

정답 89-B, 90-C, 91-B

一般的に、幸福の3要素とも言われるが、幸福とは満足、安心、豊かさなど人の願うことの中そのものにあると言われる。しかし、ある学者の話では、幸せはそれら三つの要素の中にあるのではなく、それを得ようとしたり持続させようとする緊張感の中に幸福があるとする。そして幸福についての考え方を、複雑性に応じて四つの段階に分類する。第一の段階は、富、名声、恋、スポーツ、食事などを通じて快楽を得ることに幸福を感じるという。次に第二の段階では、獲得した快楽を永続させようとする営みの中に幸福があると考える。また第三の段階は苦しみや悲しみを克服する営みの中に幸福がある。最後の第四の段階で、克服できない苦しみの中に、幸福があるという。

일반적으로 행복의 3요소라고도 이야기하지만, 행복이란 만족, 안심, 풍족함 등 사람이 바라는 것, 그 자체에 있다고 한다. 그러나 어떤 학자의 이야기로는 행복은 그 3가지 요소 중에 있는 것이 아니라, 그것을 얻으려고 하거나 지속시키려고 하는 긴장감 안에 행복이 있다고 한다. 그리고 행복에 대한 사고방식을 복잡성에 대응하여 4가지 단계로 분류한다. 제1단계는 부, 명성, 사랑, 스포츠, 식사 등을 통해서 쾌락을 얻는 것에 행복을 느낀다고 한다. 다음으로 제2단계에서는 획득한 쾌락을 영원히 지속시키려고 하는 행동 안에 행복이 있다고 생각한다. 또 제3단계는 고통이나 슬픔을 극복하는 행동 안에 행복이 있다. 마지막 제4단계로, 극복할 수 없는 고통 안에 행복이 있다고 한다.

92　一般的に言われる幸福の三要素とは何ですか。

(A) 満足、安心、恋。

(B) 富、名声、恋。

(C) スポーツ、食事、快楽。

(D) 満足、安心、豊かさ。

일반적으로 이야기하는 행복의 3요소는 무엇입니까?

(A) 만족, 안심, 사랑.

(B) 부, 명성, 사랑.

(C) 스포츠, 식사, 쾌락.

(D) 만족, 안심, 풍족함.

93　ある学者がいう幸せの1段階とは何ですか。

(A) 快楽を得ることに幸せを感じる。

(B) 快楽を得ようと努力する過程で幸せを感じる。

(C) 快楽を持続させようとする時、幸せを感じる。

(D) 苦しみや悲しみを克服する過程に幸せを感じる。

어떤 학자가 말하는 행복의 1단계란 무엇입니까?

(A) 쾌락을 얻는 것에 행복을 느낀다.

(B) 쾌락을 얻으려고 노력하는 과정에서 행복을 느낀다.

(C) 쾌락을 지속시키려고 할 때, 행복을 느낀다.

(D) 고통이나 슬픔을 극복하는 과정에 행복을 느낀다.

94 ある学者はどんな時に幸せを感じると言っていますか。

(A) 幸福について複雑に考えるとき。
(B) 幸福について考え、苦しんでいる時。
(C) 幸福を得ようと緊張している時。
(D) 幸福を維持しようとして、挫折したとき。

어떤 학자는 어떤 때에 행복을 느낀다고 하고 있습니까?

(A) 행복에 대해서 복잡하게 생각할 때.
(B) 행복에 대해서 생각하고, 고민하고 있을 때.
(C) 행복을 얻으려고 긴장하고 있을 때.
(D) 행복을 유지하려고 하여, 좌절했을 때.

어구·해설 一般的(いっぱんてき) 일반적　幸福(こうふく) 행복　要素(ようそ) 요소　満足(まんぞく) 만족　安心(あんしん) 안심　豊(ゆた)か 풍족함, 유복함, 부유함　願(ねが)う 원하다, 바라다　幸(しあわ)せ 행복, 행운　得(え)る 얻다, 손에 넣다　持続(じぞく) 지속　緊張感(きんちょうかん) 긴장감　考(かんが)え方(かた) 사고방식　複雑性(ふくざつせい) 복잡성　応(おう)じる 응하다, 받아들이다　段階(だんかい) 단계　分類(ぶんるい) 분류　富(とみ) 부, 재산　名声(めいせい) 명성　恋(こい) 사랑, 연애　通(つう)じる 통하다, 연결되다　快楽(かいらく) 쾌락　獲得(かくとく) 획득　永続(えいぞく) 영속, 오래도록 계속됨　営(いとな)み 일, 작업, 영위, 행위　苦(くる)しみ 괴로움, 고통, 고생, 어려움　悲(かな)しみ 슬픔, 비애　克服(こくふく) 극복　最後(さいご) 최후, 마지막　努力(どりょく) 노력　苦(くる)しむ 괴로워하다　維持(いじ) 유지　挫折(ざせつ) 좌절

정답 92-D, 93-A, 94-C

95-97

この秋の番組改編で、民放各局が、ついにお笑い番組に見切りをつけ始めた。各局とも「視聴者の心に響く」をテーマにして、ドキュメンタリー番組の制作に力を入れている。TBSは水曜日の午後9時以降を報道番組で固めた。9時には「水曜ノンフィクション」を関口宏が担当し、10時からは「久米宏のテレビってヤツは!?」を新設、11時からの「ニュース23」に流れを作る狙いだ。確かに、年金生活に突入した団塊の世代が、ひな壇タレントやバラエティー番組を求めているとは思えない。若者のテレビ離れははなはだしいが、団塊の世代の高齢者は、テレビを見ようとするものの、見たいコンテンツがない。そこで、視聴者の対象を40代以上に向けようというわけだ。

이번 가을 방송개편으로 민간방송 각 국이 드디어 개그 프로에 가망이 없다고 판단하기 시작하였다. 각 국 모두 '시청자의 마음에 감동을 준다'를 테마로 하여, 다큐멘터리 프로를 제작하는 데에 힘을 기울이고 있다. TBS는 수요일 오후 9시 이후를 보도 프로로 구성했다. 9시에는 '수요 논픽션'을 세키구치 히로시가 담당하고, 10시부터는 '구메 히로시의 TV란 녀석은!?'을 신설, 11시부터의 '뉴스23'에 흐름을 만들 목적이다. 확실히 연금생활에 들입한 베이비 붐 시대의 세대가 주로 게스트로 나오는 탤런트나 버라이어티 프로를 원한다고는 생각할 수 없다. 젊은층은 TV를 멀리하는 경향이 매우 심하지만, 베이비 붐 시대의 고령자는 TV를 보려고 해도 보고 싶은 콘텐츠가 없다. 그래서 시청자 대상을 40대 이상으로 돌리고자는 것이다.

95 この秋の番組改編でかわったことは何ですか。

(A) お笑い番組をやめて、ドキュメンタリーに力を入れることにしたこと。

(B) お笑い番組をやめて、年金生活の特集に力を入れることにしたこと。

(C) お笑い番組をやめてニュース番組に力を入れることになったこと。

(D) お笑い番組をやめて、フィクション映画に力を入れることにしたこと。

이번 가을 프로 개편으로 바뀐 것은 무엇입니까?

(A) 개그 프로를 방영하지 않고, 다큐멘터리에 주력하기로 한 것.

(B) 개그 프로를 방영하지 않고, 연금생활특집에 주력하기로 한 것.

(C) 개그 프로를 방영하지 않고, 뉴스 프로에 주력하게 된 것.

(D) 개그 프로를 방영하지 않고, 픽션영화에 주력하기로 한 것.

96 放送局がだれを対象にして秋の番組改編を行いましたか。

(A) 今までみたいコンテンツがあまり無かった40代以上。

(B) 今までテレビを見なかった幼児や小学生。

(C) お笑いテレビを良くみる若者。

(D) 今までテレビを見ていなかった60代の高齢者層。

방송국이 누구를 대상으로 가을 프로 개편을 했습니까?

(A) 지금까지 보고 싶은 콘텐츠가 그다지 없었던 40대 이상.

(B) 지금까지 TV를 보지 않았던 유아나 초등학생.

(C) 개그 방송을 잘 보는 젊은 층.

(D) 지금까지 TV를 보지 않았던 60대 고령자 층.

97 本文の内容と合っていないのはどれですか。

(A) 秋の番組改編で、民放各局が、ついにお笑い番組に見切りをつけ始めた。

(B) 各局ともドキュメンタリー番組の制作に力を入れている。

(C) TBSは水曜日の午後9時以降を報道番組で固めた。

(D) 団塊の世代の高齢者のテレビ離れははなはだしい。

본문 내용과 맞지 않는 것은 어느 것입니까?

(A) 가을 방송개편으로 민간방송 각 국이 드디어 개그 프로에 가망이 없다고 판단하기 시작하였다.

(B) 각 국 모두 다큐멘터리 프로를 제작하는 데 주력하고 있다.

(C) TBS는 수요일 오후 9시 이후를 보도 프로로 집중시켰다.

(D) 베이비 붐 시대의 고령자가 TV를 멀리하는 경향이 심하다.

어구·해설 秋(あき) 가을　番組(ばんぐみ) 프로그램, 프로　改編(かいへん) 개편　民放(みんぽう) 민간방송, 민방

各局(かっきょく) 각국　ついに 마침내, 드디어, 결국, 끝끝내, 끝까지　お笑(わら)い 만담, 웃음거리

見切(みき)り 가망이 없다고 단념함　視聴者(しちょうしゃ) 시청자　響(ひび)く 울리다

ドキュメンタリー 다큐멘터리, 실록　制作(せいさく) 제작　以降(いこう) 이후　報道(ほうどう) 보도

固(かた)める 다지다, 굳히다, 구성하다　ノンフィクション 논픽션, 문학이나 영화 등에서 픽션이 아니고 사실에 의거한 기록 작품

担当(たんとう) 담당　新設(しんせつ) 신설　狙(ねら)い 겨눔, 겨냥, 노리는 바, 목표

年金生活(ねんきんせいかつ) 연금생활　突入(とつにゅう) 돌입　団塊(だんかい) 단괴, 덩어리

団塊(だんかい)の世代(せだい) 1947~49년 무렵의 베이비 붐 시대에 태어난 세대(다른 세대에 비하여 인구수가 특히 많았던 데서

비롯됨)　ひな壇(だん)タレント TV 프로에서 레귤러 프로를 별로 갖지 않은 준 레귤러 또는 게스트 출연이 많은 탤런트

バラエティー 버라이어티, 다양성, 변화　若者(わかもの) 젊은이, 청년　離(ばな)れ ~에서 떠난 상태

はなはだしい 매우 심하다, 대단하다　高齢者(こうれいしゃ) 고령자　コンテンツ 콘텐츠, 내용, 알맹이

対象(たいしょう) 대상　向(む)ける 향하게 하다, 돌리다　特集(とくしゅう) 특집　フィクション 픽션, 허구

幼児(ようじ) 유아

정답 95-A, 96-A, 97-D

98-100

和服は、文字通り「和」の「服」、すなわち日本の衣服という意味である。着物は、「キるモノ」（着る物）という意味であり、本来は単に「衣服」を意味する言葉である。実際、洋服が日本で普及される以前は、日本人は衣服一般を「着物」と呼んでいて、着物という言葉に日本文化と西洋文化を区別する意味はなかった。しかし明治時代以降、洋服を着る人が日本で増え始めたため、洋服と区別するために日本在来の衣服を和服と呼ぶようになった。現在一般的には、「着物」には二つの意味があり、一つ目の意味は、和服である。「着物」と「和服」と「呉服」が同義語として使われることが多い。二つ目の意味は、衣服である。裸の子供に「着物を着なさい」というときの「着物」は衣服の意味だと解釈する人がいるが、そうではなく和服の意味だと解釈する人もいる。

일본 전통의복(와후쿠)은, 글자 그대로 '일본'의 '옷', 즉 일본의 의복이라는 의미이다. 기모노는, '입는 것'이라는 의미로, 본래는 단순히 '의복'을 의미하는 단어이다. 실제로 양복이 일본에 보급되기 이전에는 일본인은 의복을 일반적으로 '기모노'라고 불렀으며, 기모노라는 말에 일본문화와 서양문화를 구별하는 의미는 없었다. 그러나 메이지시대 이후, 양복을 입는 사람이 일본에서 늘어나기 시작했기 때문에, 양복과 구별하기 위해서 일본 재래 의복을 와후쿠라고 부르게 되었다. 현재 일반적으로는 '기모노'에는 두 가지 의미가 있는데, 첫 번째 의미는 와후쿠이다. '기모노'와 '와후쿠'와 '고후쿠'가 동의어로 사용되는 경우가 많다. 두 번째 의미는 의복이다. 알몸의 아이에게 '기모노를 입어라'라고 할 때의 '기모노'는 의복의 의미라고 해석하는 사람이 있지만, 그렇지 않고 와후쿠의 의미라고 해석하는 사람도 있다.

실전모의고사 3회

98 和服^{わふく}とはどういう意味^{いみ}ですか。

(A) 衣服^{いふく}という意味^{いみ}。

(B) 西洋^{せいよう}の服^{ふく}という意味^{いみ}。

(C) 日本^{にほん}の衣服^{いふく}という意味^{いみ}。

(D) 解釈^{かいしゃく}にはいろいろある。

와후쿠란 어떤 의미입니까?

(A) 의복이라는 의미.

(B) 서양 의복이라는 의미.

(C) 일본 의복이라는 의미.

(D) 해석에는 여러 가지 있다.

---

99 着物^{きもの}の意味^{いみ}はどのように変^かりましたか。

(A) 本来^{ほんらい}は衣服^{いふく}という意味^{いみ}だったが、今^{いま}は西洋^{せいよう}の服^{ふく}を意味^{いみ}する。

(B) 本来^{ほんらい}は西洋^{せいよう}の服^{ふく}という意味^{いみ}だったが、今^{いま}は日本^{にほん}の和服^{わふく}だけを意味^{いみ}する。

(C) 本来^{ほんらい}は日本^{にほん}の服^{ふく}という意味^{いみ}だったが、今^{いま}は西洋^{せいよう}の服^{ふく}だけを意味^{いみ}する。

(D) 今^{いま}は本来^{ほんらい}の衣服^{いふく}という意味^{いみ}と、和服^{わふく}という意味^{いみ}が混在^{こんざい}している。

기모노의 의미는 어떻게 변했습니까?

(A) 본래는 의복이라는 의미였는데, 지금은 서양 의복을 의미한다.

(B) 본래는 서양 의복이라는 의미였는데, 지금의 일본의 와후쿠만을 의미한다.

(C) 본래는 일본 의복이라는 의미였는데, 지금은 서양 의복만을 의미한다.

(D) 지금은 본래의 의복이라는 의미와 와후쿠라는 의미가 혼재하고 있다.

---

100 日本^{にほん}の衣服^{いふく}を和服^{わふく}と呼^よぶようになったのはどうしてですか。

(A) 衣服^{いふく}という言葉^{ことば}がすこし古^{ふる}くさく感^{かん}じられたから。

(B) 衣服^{いふく}という言葉^{ことば}に抵抗^{ていこう}を感^{かん}じる人^{ひと}が増^ふえたから。

(C) 西洋^{せいよう}の衣服^{いふく}と区別^{くべつ}して呼^よぶため。

(D) 西洋^{せいよう}の衣服^{いふく}との競争^{きょうそう}をして負^まけたため。

일본의 의복을 와후쿠라고 부르게 된 이유는 무엇입니까?

(A) 의복이라는 말이 조금 낡은 표현으로 느껴졌기 때문에.

(B) 의복이라는 말에 저항을 느끼는 사람이 늘어났기 때문에.

(C) 서양 의복과 구별해서 부르기 위해.

(D) 서양 의복과 경쟁을 하여 졌기 때문에.

어구·해설 和服(わふく) 일본 옷 文字通(もじどお)り 문자 그대로, 그야말로, 정말로 和(わ) 일본, 일본식 服(ふく) 옷, 의복
すなわち 즉, 다름 아닌 衣服(いふく) 의복 着物(きもの) 옷, 의복, 일본 옷 実際(じっさい) 실제
洋服(ようふく) 양복 普及(ふきゅう) 보급 西洋(せいよう) 서양
明治時代(めいじじだい) 메이지 시대(1968~1912년) 以降(いこう) 이후 増(ふ)え始(はじ)める 늘기 시작하다
区別(くべつ) 구별 在来(ざいらい) 재래 呉服(ごふく) 일본 옷의 옷감으로 쓰이는 직물의 총칭, 비단
同義語(どうぎご) 동의어 解釈(かいしゃく) 해석 呼(よ)ぶ 부르다, 불러서 오게 하다, 초대하다, 일컫다
抵抗(ていこう) 저항 競争(きょうそう) 경쟁 負(ま)ける 지다, 패배하다, 남에게 뒤지다

정답 98-C, 99-D, 100-C

실전모의고사 해설

회

PART 1 사진묘사

01

(A) 男の人が階段を下りたところ
です。

(B) 男の人が階段を下りているとこ
ろです。

(C) 男の人が階段を上がったところ
です。

(D) 男の人が階段を上がっていると
ころです。

(A) 남자가 계단을 막 내려왔습니다.

(B) 남자가 계단을 내려가는 중입니다.

(C) 남자가 계단을 막 올라갔습니다.

(D) 남자가 계단을 올라가는 중입니다.

참고 시제 (ところ용법:과거, 현재 진행, 미래)에 주의할 것!

「과거형 +ところ」막 ~했다, 막 ~한 참이다, 「~ている +ところ」~하고 있는 중이다,

「기본형 +ところ」~하려는 참이다

어구·해설 階段(かいだん) 계단 下(お)りる 내리다, 내려가다, 내려오다 上(あ)がる 오르다, 올라가다, 올라오다

정답 D

02

(A) 男の人は水を飲んでいます。

(B) 男の人は木に寄り掛かっています。

(C) 男の人は屈んでいます。

(D) 男の人は途方に暮れています。

(A) 남자는 물을 마시고 있습니다.

(B) 남자는 나무에 기대고 있습니다.

(C) 남자는 굽히고 있습니다.

(D) 남자는 어찌할 바를 모르고 있습니다.

참고 남자가 나무에 기대어 앉아 책을 읽고 있는 모습이다.

어구·해설 水(みず)を飲(の)む 물을 마시다 木(き) 나무 寄(よ)り掛(か)かる 기대다, 의지하다, 의존하다

屈(かが)む 구부러지다, 굽다, 허리나 다리를 굽혀 몸을 낮추다 途方(とほう)に暮(く)れる 어찌할 바를 모르다

정답 B

03

(A) ここは食堂の窓です。

(B) ここは設計事務所です。

(C) ここは不動産です。

(D) ここは職業紹介所です。

(A) 여기는 식당 창문입니다.

(B) 여기는 설계 사무소입니다.

(C) 여기는 부동산입니다.

(D) 여기는 직업 소개소입니다.

참고 방 구조가 표시되어 있는 광고판 사진이다.

어구·해설 **食堂**(しょくどう) 식당 **窓**(まど) 창, 창문 **設計事務所**(せっけいじむしょ) 설계 사무소 **不動産**(ふどうさん) 부동산
職業紹介所(しょくぎょうしょうかいじょ) 직업 소개소

정답 C

04

(A) 猫は寝そべっています。

(B) 猫は餌を食べています。

(C) 猫は歩いています。

(D) 猫は座り込んでいます。

(A) 고양이는 엎드려 누워 있습니다.

(B) 고양이는 먹이를 먹고 있습니다.

(C) 고양이는 걷고 있습니다.

(D) 고양이는 주저앉아 있습니다.

어구·해설 **猫**(ねこ) 고양이 **寝**(ね)**そべる** 엎드려 눕다 **餌**(えさ) 모이, 먹이, 사료 **食**(た)**べる** 먹다 **歩**(ある)**く** 걷다
座(すわ)**り込**(こ)**む** 주저앉다

정답 A

05

(A) 飛行機の奥に滑走路が見えます。

(B) 飛行機の手前に車があります。

(C) 飛行機は離陸したばかりです。

(D) 飛行機はまもなく墜落します。

(A) 비행기 안쪽으로 활주로가 보입니다.

(B) 비행기 바로 앞에 차가 있습니다.

(C) 비행기는 막 이륙했습니다.

(D) 비행기는 머지않아 추락합니다.

어구·해설 **飛行機**(ひこうき) 비행기 **奥**(おく) 속, 깊숙한 안쪽 **滑走路**(かっそうろ) 활주로 **見**(み)**える** 보이다, 눈에 비치다
手前(てまえ) 자기 앞, 자기에게 가까운 쪽, 어떤 곳에 약간 못 미치는 지점 **車**(ぐるま) 차 **離陸**(りりく) 이륙
まもなく 머지않아, 얼마 안 되어, 이윽고 **墜落**(ついらく) 추락

정답 B

실전모의고사 4회

06

(A) 左手を上げている銅像です。

(B) 裸になっている銅像です。

(C) 銅像は橋の手前にあります。

(D) 銅像は帽子を被っています。

(A) 왼손을 올리고 있는 동상입니다.

(B) 알몸이 되어 있는 동상입니다.

(C) 동상은 다리 바로 앞에 있습니다.

(D) 동상은 모자를 쓰고 있습니다.

> **참고** 동상과 다리의 위치에 주의하자.

> **어구·해설** **左手**(ひだりて) 왼손 **上**(あ)**げる** 올리다, 들다, 쳐들다, 들어 올리다 **銅像**(どうぞう) 동상 **裸**(はだか) 알몸, 맨몸, 나체
> **橋**(はし) 다리 **手前**(てまえ) 자기 앞, 자기에게 가까운 쪽, 어떤 곳에 약간 못 미치는 지점

> **정답** C

07

(A) 女の人が神社で話をしています。

(B) 神社でお土産を買うために待っているところです。

(C) 神社で手を合わせている人がいます。

(D) 人たちが神社で修行をしています。

(A) 여자가 신사에서 이야기를 하고 있습니다.

(B) 신사에서 선물을 사기 위해 기다리고 있는 중입니다.

(C) 신사에서 합장하고 있는 사람이 있습니다.

(D) 사람들이 신사에서 수행하고 있습니다.

> **참고** 사람들이 신사에서 합장을 하고 있는 모습이다.

> **어구·해설** **神社**(じんじゃ) 신사, 신도(神道)의 신을 제사 지내는 곳 **話**(はなし) 이야기, 말, 담화, 대화
> **お土産**(みやげ) 여행지 등에서 사오는 그곳의 토산품, 선물 **買**(か)**う** 사다, 구입하다 **待**(ま)**つ** 기다리다, 기대하다
> **手**(て)**を合**(あ)**わせる** 손을 모으다, 합장하다 **修行**(しゅぎょう) 수행

> **정답** C

08

(A) ここで電車の乗車券を買うことができます。

(B) ここで電車の乗車券を払い戻すことができます。

(C) 電車で乗り越した際、ここで精算することができます。

(D) ここでは無料乗車券も買うことができます。

(A) 이곳에서 전차 승차권을 살 수 있습니다.

(B) 이곳에서 전차 승차권을 환불할 수 있습니다.

(C) 전차를 타고 가다 내릴 역을 지나쳤을 때, 이곳에서 정산을 할 수 있습니다.

(D) 이곳에서는 무료승차권도 살 수 있습니다.

참고 사진 윗부분에 「のりこし精算(せいさん)」이라고 쓰여 있다.

어구·해설 電車(でんしゃ) 전차, 전철 　乗車券(じょうしゃけん) 승차권 　買(か)う 사다, 구입하다

払(はら)い戻(もど)す 되돌려 주다, 환불하다, 저금을 그 예금자에게 지급하다

乗(の)り越(こ)す 타고 가다 내릴 역을 지나치다 　精算(せいさん) 정산 　無料(むりょう) 무료

정답 C

09

(A) これは不動産情報のパンフレットです。

(B) これは旅行案内のパンフレットです。

(C) これは大学入学案内のパンフレットです。

(D) これは自動車学校の入学案内です。

(A) 이것은 부동산 정보 팸플릿입니다.

(B) 이것은 여행 안내 팸플릿입니다.

(C) 이것은 대학 입학 안내 팸플릿입니다.

(D) 이것은 자동차 학교의 입학 안내입니다.

참고 여행 안내 팸플릿이 꽂혀 있는 모습이다.

어구·해설 不動産(ふどうさん) 부동산 　情報(じょうほう) 정보 　パンフレット 팸플릿, 선전·광고·안내 등의 내용을 실은 소책자

旅行(りょこう) 여행 　案内(あんない) 안내 　大学(だいがく) 대학 　入学(にゅうがく) 입학

自動車(じどうしゃ) 자동차 　学校(がっこう) 학교

정답 B

10

(A) 人々は横になっています。
(A) 사람들은 누워 있습니다.

(B) 人々はひざまずいています。
(B) 사람들은 꿇어앉아 있습니다.

(C) 人々は手すりにつかまっています。
(C) 사람들은 난간을 붙잡고 있습니다.

(D) 電車の中はがらがらです。
(D) 전차 안은 텅텅 비었습니다.

참 고   전차 안이 텅 비어 있다.

어구·해설   **人々**(ひとびと) 사람들   **横**(よこ)**になる** 눕다   **ひざまずく** 꿇어앉다, 무릎 꿇다   **手**(て)**すり** 난간
つかまる 꽉 잡다, 붙잡다   **がらがら** 텅텅 비어 있는 모양

정 답   D

11

(A) ここでは神社にお参りに行く前に手を洗います。
(A) 이곳에서는 신사에 참배하러 가기 전에 손을 씻습니다.

(B) ここでは神社にお参りに行く前に足を洗います。
(B) 이곳에서는 신사에 참배하러 가기 전에 발을 씻습니다.

(C) ここでは神社にお参りに行く前に顔を清めます。
(C) 이곳에서는 신사에 참배하러 가기 전에 얼굴을 깨끗이 합니다.

(D) ここでは神社にお参りに行く前に体を清めます。
(D) 이곳에서는 신사에 참배하러 가기 전에 몸을 깨끗이 합니다.

참 고   신사 참배에 앞서 손을 씻는 곳이다. 사진 윗부분에 「手水(てみず)のつかいかた」라고 쓰여 있는 것에 유의하자.

어구·해설   **神社**(じんじゃ) 신사, 신도(神道)의 신을 제사 지내는 곳   **お参**(まい)**りに行**(い)**く** 참배하러 가다
手(て)**を洗**(あら)**う** 손을 씻다   **足**(あし) 발, 다리   **顔**(かお) 얼굴   **清**(きよ)**める** 깨끗이 하다, 맑게 하다, 부정을 씻다

정 답   A

12

(A) この人は腰を落として飲み物を
取ろうとしています。

(B) この人はスカートをはいています。

(C) 缶ジュースを買っています。

(D) 缶ジュースは売り切れてしまい
ました。

(A) 이 사람은 허리를 숙이고 마실 것을
꺼내려 하고 있습니다.

(B) 이 사람은 스커트를 입고 있습니다.

(C) 캔 주스를 사고 있습니다.

(D) 캔 주스는 매진되고 말았습니다.

참 고 자동판매기에서 음료수를 꺼내고 있는 모습이다.

어구·해설 腰(こし)を落(お)とす 허리를 숙이다 飲(の)み物(もの)を取(と)る 마실 것을 잡다 スカートをはく 스커트를 입다
缶(かん)ジュース 캔 주스 買(か)う 사다, 구입하다 売(う)り切(き)れる 다 팔리다, 매진되다

정 답 A

13

(A) 二階建ての一般路線バスです。

(B) 一階建ての一般路線バスです。

(C) 二階建ての観光バスです。

(D) 一階建ての観光バスです。

(A) 2층짜리 일반노선 버스입니다.

(B) 1층짜리 일반노선 버스입니다.

(C) 2층짜리 관광버스입니다.

(D) 1층짜리 관광버스입니다.

참 고 2층 관광버스(はとバス) 사진이다.

어구·해설 ~建(だ)て 건물의 양식이나 층수를 나타내는 말 一般路線(いっぱんろせん) 일반노선 観光(かんこう)バス 관광버스

정 답 C

14

(A) 行列をなして開店を今か今かと
　　待っています。

(B) 行列に割り込む人が後を絶ちま
　　せん。

(C) 道路にしゃがみこんで開店を待
　　っています。

(D) 歩道で皆が座って話をしてい
　　ます。

(A) 행렬을 이루고 개점을 이제나저제나
　　하고 기다리고 있습니다.

(B) 행렬을 비집고 들어가는 사람이 끊이
　　지 않습니다.

(C) 도로에 웅크리고 앉아 개점을 기다리
　　고 있습니다.

(D) 인도에서 모두가 앉아서 이야기를 하
　　고 있습니다.

참 고 많은 사람들이 행렬을 이루고 기다리고 있는 모습이다.

어구·해설 **行列**(ぎょうれつ)**をなす** 행렬을 이루다 **開店**(かいてん) 개점 **今**(いま)**か今**(いま)**かと** 이제나저제나 하고
待(ま)**つ** 기다리다 **割**(わ)**り込**(こ)**む** 비집고 들어가다, 새치기하다, 끼어들다, 억지로 들어가다
後(あと)**を絶**(た)**たない** 끊이지 않다 **しゃがみ込**(こ)**む** 웅크리고 앉다, 털썩 주저앉다 **歩道**(ほどう) 보도, 인도

정 답 A

15

(A) 人通りの多い繁華街です。

(B) 人通りの少ない路地です。

(C) 人込みにまぎれています。

(D) 人と擦れ違えないほどの狭い道
　　路です。

(A) 사람의 왕래가 많은 번화가입니다.

(B) 사람의 왕래가 적은 골목길입니다.

(C) 사람으로 붐비어 뒤얽혀 있습니다.

(D) 다른 사람과 엇갈릴 수 없을 정도로
　　좁은 도로입니다.

참 고 사람의 왕래가 별로 없는 모습이다.

어구·해설 **人通**(ひとどお)**り** 사람의 왕래 **多**(おお)**い** 많다 **繁華街**(はんかがい) 번화가 **少**(すく)**ない** 적다
路地(ろじ) 골목, 골목길 **人込**(ひとご)**み** 사람으로 붐빔, 혼잡함 **まぎれる** 분간 못하게 되다, 혼동되다, 헷갈리다
擦(す)**れ違**(ちが)**う** 거의 스칠 정도로 가까이 지나 각기 반대 방향으로 가다, 엇갈리다 **狭**(せま)**い** 좁다 **道路**(どうろ) 도로

정 답 B

16

(A) 多くの人が橋の上で並んでいます。
(B) 橋から人が落ちました。
(C) 橋の上は多くの人でごった返しています。
(D) ゴミ箱が橋の下に並べてあります。

(A) 많은 사람이 다리 위에 나란히 서 있습니다.
(B) 다리에서 사람이 떨어졌습니다.
(C) 다리 위는 많은 사람들로 심한 혼잡을 이루고 있습니다.
(D) 쓰레기통이 다리 아래에 나란히 놓여 있습니다.

참고 다리 밑에 쓰레기통이 나란히 놓여 있다.

어구·해설 多(おお)く 많음, 다수, 대부분　橋(はし) 다리　並(なら)ぶ 줄을 서다, 늘어서다, 나란히 서다　ゴミ箱(ばこ) 쓰레기통
ごった返(がえ)す 심한 혼잡을 이루다, 몹시 붐비다　落(お)ちる 떨어지다, 하락하다, 빠지다, 누락되다
並(なら)べる 줄지어 놓다, 나란히 놓다, 죽 늘어놓다

정답 D

17

(A) 水があふれ出しています。
(B) 水が飛び出しています。
(C) 水が流れ出しています。
(D) 水が勢いよく噴き出しています。

(A) 물이 흘러넘치고 있습니다.
(B) 물이 튀어나오고 있습니다.
(C) 물이 흘러나오고 있습니다.
(D) 물이 기세 좋게 솟구쳐 나오고 있습니다.

참고 수도꼭지에서 물이 분출되고 있는 모습이다.

어구·해설 水(みず) 물　あふれ出(だ)す 흘러넘치기 시작하다　飛(と)び出(だ)す 튀어나오다
流(なが)れ出(だ)す 흘러나오다, 흐르기 시작하다　勢(いきお)い 기세, 힘, 활기, 기운, 여세
噴(ふ)き出(だ)す (기체·액체·가루 등을) 세차게 내뿜다

정답 D

18

(A) 太鼓を叩いている人は皆裸です。

(B) 男の人は裸足で踊っています。

(C) 男の人は裸で踊っています。

(D) 皆はげています。

(A) 북을 치고 있는 사람은 모두 알몸입니다.

(B) 남자는 맨발로 춤을 추고 있습니다.

(C) 남자는 알몸으로 춤을 추고 있습니다.

(D) 모두 머리가 벗어졌습니다.

참고 남자가 맨발로 춤을 추고 있는 모습이다.

어구·해설 太鼓(たいこ)を叩(たた)く 북을 치다, 남의 말에 맞장구치며 비위를 맞추다 　裸(はだか) 알몸, 맨몸, 나체 　裸足(はだし) 맨발 　踊(おど)る 춤추다, 조종되다, 앞잡이 노릇을 하다 　禿(は)げる 머리가 벗어지다

정답 B

19

(A) 人が行列をなして待っています。

(B) 足の踏み場もないほどに混雑しています。

(C) 屋台が軒を連ねて、いろいろなものを売っています。

(D) 屋台があちこちで店を開いています。

(A) 사람이 행렬을 이루고 기다리고 있습니다.

(B) 발 디딜 틈도 없을 정도로 혼잡합니다.

(C) 포장마차가 많이 늘어서서, 여러 가지 물건을 팔고 있습니다.

(D) 포장마차가 여기저기에서 가게를 열고 있습니다.

참고 포장마차가 늘어서 있는 모습이다.

어구·해설 行列(ぎょうれつ)をなす 행렬을 이루다 　待(ま)つ 기다리다 　足(あし)の踏(ふ)み場(ば)もない 발 디딜 틈도 없다 　混雑(こんざつ) 혼잡 　屋台(やたい) 행상·노점상의 이동할 수 있게 만든 지붕이 달린 판매대, 포장마차 　軒(のき)を連(つら)ねる 처마를 잇대고 있다, 집이 많이 늘어서 있다 　色々(いろいろ) 여러 가지, 갖가지 　売(う)る 팔다 　あちこち 여기저기, 이곳저곳, 사방 　店(みせ)を開(ひら)く 개점하다

정답 C

20

(A) 建物2階の窓は丸くなっています。

(B) 屋根は丸みを帯びています。

(C) 中央の時計は三角です。

(D) 建物の窓は四角です。

(A) 건물 2층의 창문은 둥글게 되어 있습니다.

(B) 지붕은 둥그스름합니다.

(C) 중앙의 시계는 삼각입니다.

(D) 건물의 창문은 사각입니다.

참고 건물의 창문은 직사각형 모양이다.

어구·해설 **建物**(たてもの) 건물 **窓**(まど) 창, 창문 **丸**(まる)**い** 둥글다, 모나지 않고 온후하다 **屋根**(やね) 지붕

丸(まる)**み** 둥그스름함, 둥근 정도, 원만함 **帯**(お)**びる** 어떤 성질·성분·경향을 띠다 **中央**(ちゅうおう) 중앙

時計(とけい) 시계 **三角**(さんかく) 삼각 **四角**(しかく) 사각

정답 D

PART 2 질의응답

---

21 この部屋は暑いですね。

(A) 窓を閉めましょうか。

(B) ホットコーヒーでも飲みますか。

(C) この辞書も厚いですね。

(D) 上着を脱ぎましょうか。

이 방은 덥네요.

(A) 창문을 닫을까요?

(B) 뜨거운 커피라도 마시겠습니까?

(C) 이 사전도 두껍네요.

(D) 겉옷을 벗을까요?

참고 방이 덥다는 말에 적합한 응답 표현을 찾아야 한다.

어구·해설 部屋(へや) 방 暑(あつ)い 덥다 窓(まど) 창문, 창 閉(し)める 닫다, 잠그다, 폐업하다 ホットコーヒー 뜨거운 커피 飲(の)む 마시다, (약을) 먹다 辞書(じしょ) 사전 厚(あつ)い 두껍다, 두텁다 上着(うわぎ) 겉옷, 상의 脱(ぬ)ぐ 벗다

정답 D

---

22 テーブルの上に何かありますか。

(A) 中村さんの傘です。

(B) 中村さんがテレビを見ています。

(C) いいえ、何にもありません。

(D) 誰もいません。

테이블 위에 무엇인가 있습니까?

(A) 나카무라씨의 우산입니다.

(B) 나카무라씨가 TV를 보고 있습니다.

(C) 아니오, 아무것도 없습니다.

(D) 아무도 없습니다.

참고 「何が(무엇이)」에가 아니라 「何か(무엇인가)」인 점에 주의한다.

어구·해설 傘(かさ) 우산 見(み)る 보다 誰(だれ) 누구

정답 C

23 駅前(えきまえ)の八百屋(やおや)はどうですか。

(A) あまり楽(たの)しくないです。

(B) 安(やす)くていいものがたくさんありますよ。

(C) 乗(の)り換(か)えるとき便利(べんり)です。

(D) 電車(でんしゃ)よりバスの方(ほう)がいいですよ。

역 앞의 채소 가게는 어떻습니까?

(A) 별로 즐겁지 않습니다.

(B) 싸고 좋은 물건이 많이 있어요.

(C) 갈아탈 때 편리합니다.

(D) 전차보다 버스 쪽이 좋아요.

참고 의문사「どう」에 대한 응답 표현으로 적합한 것을 찾아야 한다. 또한 묻는 대상이 채소 가게라는 점에도 주의.

어구·해설 八百屋(やおや) 채소 가게, 채소 장수　あまり 나머지, 그다지(별로)　楽(たの)しい 즐겁다, 재미있다, 유쾌하다
安(やす)い 값이 싸다, 가볍다(경솔하다)　たくさん 많음, 충분함(더 필요 없음)　乗(の)り換(か)える 갈아타다(바꿔 타다)

정답 B

---

24 いつ、お帰(かえ)りになりますか。

(A) 明日(あした)です。

(B) 明日(あした)からです。

(C) 先月(せんげつ)です。

(D) 去年(きょねん)です。

언제 돌아가십니까?

(A) 내일입니다.

(B) 내일부터입니다.

(C) 지난달입니다.

(D) 작년입니다.

참고 의문사「いつ」에 대한 응답 표현으로 적합한 것을 찾아야 한다. 시제에도 주의하자.

어구·해설 いつ 언제(어느 때), 평소(여느 때)　お帰(かえ)りになる 돌아오시다, 돌아가시다　明日(あした) 내일
先月(せんげつ) 지난달(전달)　去年(きょねん) 작년

정답 A

---

25 これ、あまり使(つか)わないから邪魔(じゃま)だわ。

(A) 人(ひと)に迷惑(めいわく)をかけるのはよくないね。

(B) 毎日(まいにち)使(つか)えば便利(べんり)になるんだね。

(C) あまり使(つか)いすぎると体(からだ)によくないよ。

(D) どこかに片付(かたづ)けようか。

이거, 별로 사용하지 않으니까 방해돼.

(A) 남에게 폐를 끼치는 것은 좋지 않아.

(B) 매일 사용하면 편리하게 되는군.

(C) 너무 많이 사용하면 몸에 안 좋아.

(D) 어딘가에 치울까?

어구·해설 これ 이것, 여기　使(つか)う 쓰다(사용하다), 부리다(고용하다), 조종하다(부리다)　邪魔(じゃま) 방해(장애, 훼방)
迷惑(めいわく)をかける 폐를 끼치다　毎日(まいにち) 매일　使(つか)いすぎる 지나치게 사용하다(과용하다)
体(からだ) 몸, 신체　どこ 어디, 어느 곳　片付(かたづ)ける 정돈하다(정리하다), 치우다

정답 D

26 <ruby>田中<rt>た なか</rt></ruby>さんとどこで<ruby>会<rt>あ</rt></ruby>いますか。

(A) <ruby>週末<rt>しゅうまつ</rt></ruby>に<ruby>課長<rt>か ちょう</rt></ruby>と<ruby>会<rt>あ</rt></ruby>います。

(B) <ruby>佐藤<rt>さ とう</rt></ruby>さんと<ruby>会<rt>あ</rt></ruby>うことになりました。

(C) 5<ruby>時<rt>じ</rt></ruby>に<ruby>新宿駅<rt>しんじゅくえき</rt></ruby>の<ruby>前<rt>まえ</rt></ruby>です。

(D) まだ<ruby>会<rt>あ</rt></ruby>ったことがありません。

다나카씨와 어디에서 만납니까?

(A) 주말에 과장님과 만납니다.

(B) 사토씨와 만나기로 했습니다.

(C) 5시에 신주쿠역 앞입니다.

(D) 아직 만난 적이 없습니다.

> **참 고** 「どこ」에 주의하자!
>
> **어구·해설** **会(あ)う** 만나다, 서로 알게 되다 **週末(しゅうまつ)** 주말 **課長(かちょう)** 과장, 과장님 **駅(えき)** 역
>
> **정 답** C

27 すみませんが、<ruby>暖房<rt>だんぼう</rt></ruby>のスイッチを<ruby>切<rt>き</rt></ruby>ってもらえますか。

(A) <ruby>寒<rt>さむ</rt></ruby>くなりましたからね。

(B) <ruby>大<rt>おお</rt></ruby>きく<ruby>切<rt>き</rt></ruby>ってもいいですか。

(C) <ruby>三<rt>みっ</rt></ruby>つに<ruby>分<rt>わ</rt></ruby>けても<ruby>構<rt>かま</rt></ruby>わないんですね。

(D) <ruby>左側<rt>ひだりがわ</rt></ruby>の<ruby>壁<rt>かべ</rt></ruby>のですね。

미안합니다만, 난방 스위치를 꺼 주시겠어요?

(A) 추워졌으니까요.

(B) 크게 잘라도 괜찮습니까?

(C) 세 개로 나눠도 상관없는 거지요?

(D) 좌측 벽에 있는 거지요?

> **어구·해설** **暖房(だんぼう)** 난방 **切(き)る** 베다(자르다), 끊다(단절하다), 중단하다(멈추다), 끄다 **寒(さむ)い** 춥다, 오싹하다(써늘하다)
> **大(おお)きい** 크다, 많다 **分(わ)ける** **構(かま)う** 상관하다, 개의하다, 마음 쓰다 **壁(かべ)** 벽, (비유적으로) 장애, 난관
>
> **정 답** D

28 <ruby>山田理事長<rt>やま だ り じ ちょう</rt></ruby>がいつこちらにいらっしゃるのか、<ruby>ご存<rt>ぞん</rt></ruby>じで

すか。

(A) はい、<ruby>ご存<rt>ぞん</rt></ruby>じです。

(B) いいえ、<ruby>存<rt>ぞん</rt></ruby>じ<ruby>上<rt>あ</rt></ruby>げません。

(C) はい、<ruby>承知<rt>しょう ち</rt></ruby><ruby>致<rt>いた</rt></ruby>しました。

(D) いいえ、<ruby>参<rt>まい</rt></ruby>りません。

야마다 이사장님이 언제 여기에 오시는지 아십니까?

(A) 예, 잘 아십니다.

(B) 아니오, 잘 모르겠습니다.

(C) 예, 알겠습니다.

(D) 아니오, 오지 않습니다.

> **참 고** 경어 표현에 주의하자!
>
> **어구·해설** **理事長(りじちょう)** 이사장 **いらっしゃる** 오시다, 가시다, 계시다 **ご存(ぞん)じ** 잘 아심, 익히 아심
> **存(ぞん)じ上(あ)げる** 「知(し)る、思(おも)う」의 겸양어 **承知(しょうち)** 알고 있음, 들어줌(승낙함), 용서함
> **参(まい)る** 「行(い)く、来(く)る」의 겸양어, 신사나 절에 참배하다, 지다(항복하다), 질리다
>
> **정 답** B

29

すみません、旅券(りょけん)とお荷物(にもつ)を拝見(はいけん)してもよろしいでしょうか。

(A) 電車(でんしゃ)の乗車券(じょうしゃけん)は紛失(ふんしつ)してしまって、今手元(いまてもと)にありません。

(B) 航空機(こうくうき)は乗(の)ったことがありませんので、よく分(わ)かりません。

(C) 旅券(りょけん)は携帯(けいたい)しておりませんので、外国人登録証(がいこくじんとうろくしょう)でもよろしいでしょうか。

(D) 荷物(にもつ)はかなり重(おも)いですから、持(も)ち運(はこ)ぶのに苦労(くろう)しますよ。

실례합니다, 여권과 짐을 봐도 되겠습니까?

(A) 전철 승차권은 분실해 버려서, 지금 갖고 있지 않습니다.

(B) 항공기는 타 본 적이 없기 때문에, 잘 모릅니다.

(C) 여권은 휴대하고 있지 않으니, 외국인 등록증이라도 괜찮겠습니까?

(D) 짐이 상당히 무겁기 때문에, 운반하는 데 고생할겁니다.

어구·해설 旅券(りょけん) 여권 荷物(にもつ) 짐, 하물(화물), 부담 拝見(はいけん) 삼가 봄 電車(でんしゃ) 전차(전철) 乗車券(じょうしゃけん) 승차권 紛失(ふんしつ) 분실 手元(てもと) 손이 미치는 범위(주변, 곁, 바로 옆) 航空機(こうくうき) 항공기 乗(の)る 올라타다, 오르다, 기회를 타다(여세를 몰다) 分(わ)かる 알다, 이해할 수 있다 携帯(けいたい) 휴대 外国人登録証(がいこくじんとうろくしょう) 외국인 등록증 重(おも)い 무겁다 持(も)ち運(はこ)ぶ 들어 나르다, 운반하다 苦労(くろう) 고생, 수고, 노고

정답 C

30

鈴木(すずき)さんが俳優(はいゆう)と付(つ)き合(あ)ってるって言(い)うのは本当(ほんとう)ですか。

(A) 俳優(はいゆう)を巡(めぐ)って鎬(しのぎ)をけずっています。

(B) それはやりがいがあるでしょう。

(C) それは納得(なっとく)できません。

(D) それは真(ま)っ赤(か)なうそですよ。

스즈키씨가 배우와 사귀고 있다는 게 정말입니까?

(A) 배우를 둘러싸고 맹렬히 싸우고 있습니다.

(B) 그것은 하는 보람이 있겠지요.

(C) 그것은 납득할 수 없습니다.

(D) 그것은 새빨간 거짓말이에요.

어구·해설 俳優(はいゆう) 배우 付(つ)き合(あ)う 사귀다(교제하다), 행동을 같이 하다 ～を巡(めぐ)って ～를 둘러싸고 鎬(しのぎ)をけずる 맹렬히 싸우다, 격전을 벌이다 やりがい 하는 보람 納得(なっとく) 납득(이해, 양해) 真(ま)っ赤(か) 새빨감, 순전히(영락없음) 嘘(うそ) 거짓말, 틀림(잘못)

정답 D

31 今日を限りに、私はたばこをやめるつもりです。

    (A) 今日だけたばこをやめても意味がありませんよ。

    (B) 今日まで禁煙を一生懸命頑張りましたね。

    (C) 今日から禁煙が始まりますね。

    (D) 明日から禁煙が始まりますね。

오늘을 끝으로, 나는 담배를 끊을 작정입니다.

    (A) 오늘만 담배를 끊어도 의미가 없어요.

    (B) 오늘까지 금연을 아주 열심히 했습니다.

    (C) 오늘부터 금연이 시작되네요.

    (D) 내일부터 금연이 시작되네요.

> **어구·해설** ~を限(かぎ)りに ~을(를) 끝으로　やめる 그만두다, 끊다, 중지하다　意味(いみ) 의미　禁煙(きんえん) 금연
> 一生懸命(いっしょうけんめい) 목숨을 걸고 일함, 열심임　頑張(がんば)る 견디며 버티다, 끝까지 노력하다
> 始(はじ)まる 시작되다, 평소의 버릇이 나오기 시작하다

> **정답** D

32 今日は一夜漬けをして勉強しようと思います。

    (A) 明日は、おいしい漬物が食べられますね。

    (B) 一夜漬けじゃ十分ではありません。

    (C) 明日がテストなんですね。

    (D) 馬の耳に念仏ですね。

오늘은 벼락치기로 공부를 하려고 합니다.

    (A) 내일은 맛있는 채소 절임을 먹을 수 있겠어요.

    (B) 하룻밤 익혀서는 충분하지 않습니다.

    (C) 내일이 테스트군요.

    (D) 우이독경이군요.

> **참고** 관용 표현에 주의하자!

> **어구·해설** 一夜漬(いちやづ)け 하룻밤 사이에 익힌 절임, 벼락치기　勉強(べんきょう) 공부　美味(おい)しい 맛있다
> 漬物(つけもの) 채소 절임, 일본식 김치　食(た)べる 먹다, 살아가다(생활하다)　十分(じゅうぶん) 충분함, 부족함이 없음
> 馬(うま)の耳(みみ)に念仏(ねんぶつ) 말 귀에 경 읽기(마이동풍, 우이독경)

> **정답** C

33
時間(じかん)があるとき、実家(じっか)にも顔(かお)を出(だ)さなくちゃだめだよ。

(A) 顔(かお)は大丈夫(だいじょうぶ)だけど、体(からだ)が疲(つか)れちゃったよ。

(B) 少(すこ)し会(あ)うだけでも親孝行(おやこうこう)になるんだ。

(C) 大(おお)きな顔(かお)して過(す)ごすなんて僕(ぼく)にはできないよ。

(D) 顔(かお)を汚(よご)すようなことだけはできないね。

시간이 있을 때, 친정에도 들르지 않으면 안 돼.

(A) 얼굴은 괜찮은데, 몸이 지쳐버렸어.

(B) 잠깐 만나기만 해도 효도가 되는 것이군.

(C) 뻐기면서 지내다니 나한테는 불가능해.

(D) 체면을 손상시키게 되는 일만은 할 수 없지.

어구·해설 時間(じかん) 시간 実家(じっか) 생가, 친정 顔(かお)を出(だ)す 표면에 드러내다, 모임 등에 나타나다(참석하다)
駄目(だめ) 헛사임(소용없음), 좋지 않음(못쓰게 됨), 불가능함(가망이 없음), 불가함(해서는 안 됨) 顔(かお) 얼굴(낯), 표정(기색)
大丈夫(だいじょうぶ) 괜찮음 体(からだ) 몸, 신체 疲(つか)れる 지치다(피로해지다), 낡아빠지다(오래 써서 약해지다)
親孝行(おやこうこう) 효도(효행) 大(おお)きな顔(かお) 젠체하는 얼굴, 뻐기는 태도
過(す)ごす 시간을 보내다, 지내다(살아가다, 생활하다) 僕(ぼく) 남자가 동등하거나 손아래의 상대에 대해 쓰는 허물없는 말(나)
顔(かお)を汚(よご)す 창피를 주다, 체면을 손상시키다

정답 B

34
街(まち)から公衆電話(こうしゅうでんわ)の撤去(てっきょ)が進(すす)んでいるそうです。

(A) 携帯電話(けいたいでんわ)の所持率(しょじりつ)の上昇(じょうしょう)が撤去(てっきょ)の動(うご)きに拍車(はくしゃ)をかけているんです。

(B) そんな弱音(よわね)を吐(は)いてはいけませんよ。

(C) 電話(でんわ)を新(あたら)しい型(かた)に変(か)えるんですよ。

(D) もう、手(て)がつけられませんね。

거리에서 공중전화 철거가 진행되고 있다고 합니다.

(A) 휴대전화 소지율 상승이 철거 움직임에 박차를 가하고 있습니다.

(B) 그런 나약한 소리를 하면 안 됩니다.

(C) 전화를 새로운 형으로 바꾸는 거예요.

(D) 이제, 손을 댈 수가 없습니다.

어구·해설 街(まち) 상가 따위가 밀집된 곳, 번화한 거리 公衆電話(こうしゅうでんわ) 공중전화 撤去(てっきょ) 철거
進(すす)む 나아가다, 전진하다, 진행되다 携帯電話(けいたいでんわ) 휴대전화
所持率(しょじりつ) 소지하고 있는 비율(소지율) 上昇(じょうしょう) 상승 動(うご)き 움직임(활동), 이동
拍車(はくしゃ)をかける 박차를 가하다 弱音(よわね)を吐(は)く 우는 소리를 하다(나약한 소리를 하다)
型(かた) 형(틀), 폼, 관례(습관으로 정해진 형식), 전형(유형) 変(か)える 변화시키다, 위치 등을 옮기다, 바꾸다

정답 A

35 斎藤(さいとう)さんと中村(なかむら)さんってどんな間柄(あいだがら)ですか。

(A) それは、昔(むかし)から気(き)になっていましたからね。

(B) 火(ひ)に油(あぶら)を注(そそ)ぐようなことをやってしまいましたから。

(C) 類(るい)は友(とも)を呼(よ)ぶともいいますから。

(D) 気(き)が置(お)けない友達(ともだち)ですよ。

사이토씨와 나카무라씨는 어떤 사이입니까?

(A) 그것은 옛날부터 마음에 걸렸으니까요.

(B) 불에 기름을 붓는 것 같은 일을 해버렸기 때문에.

(C) 유유상종이라고도 하니까.

(D) 허물없이 지내는 친구입니다.

<blockquote>
참고 관용 표현에 주의하자!

어구·해설 間柄(あいだがら) 친척 관계, 관계(사이) 昔(むかし) 옛날 気(き)になる 걱정이 되다, 마음에 걸리다

火(ひ)に油(あぶら)を注(そそ)ぐ 타오르는 불에 기름을 붓다(불난 집에 부채질한다)

類(るい)は友(とも)を呼(よ)ぶ 유유상종(끼리끼리 모이다)

気(き)が置(お)けない 허물없이 지내다(근래에 '마음을 놓을 수 없다'는 뜻으로 잘못 쓰이는 경우가 있음)

정답 D
</blockquote>

36 昨日(きのう)のバスケットボールの試合(しあい)、本当(ほんとう)に感動(かんどう)したわ。

(A) ああ、相手(あいて)を罵(ののし)って、退場処分(たいじょうしょぶん)を受(う)けた選手(せんしゅ)がいたからね。

(B) 相手(あいて)の攻撃(こうげき)を受(う)けて完敗(かんぱい)だったよな。

(C) 相手(あいて)の矢継(やつ)ぎ早(ばや)の攻撃(こうげき)にもめげず、最後(さいご)まで諦(あきら)めない姿(すがた)は、涙(なみだ)なしには語(かた)れないよ。

(D) 相手(あいて)に唾(つば)をはいたなんて、運動選手(うんどうせんしゅ)にはあるまじき行為(こうい)だったよな。

어제의 농구 시합, 진짜로 감동했어.

(A) 아아, 상대에게 욕설을 퍼붓고, 퇴장 처분을 받은 선수가 있었으니까.

(B) 상대의 공격을 받고 완패했지.

(C) 상대의 연달아 이어진 공격에도 굴하지 않고, 마지막까지 포기하지 않는 모습은 눈물 없이는 말할 수 없어.

(D) 상대에게 침을 뱉었다니, 운동선수에게는 있을 수 없는 행위였지.

<blockquote>
어구·해설 バスケットボール 농구, 농구공 試合(しあい) 시합 感動(かんどう) 감동 相手(あいて) 상대

罵(ののし)る 큰소리로 비난하다, 욕설을 퍼붓다 退場処分(たいじょうしょぶん)を受(う)ける 퇴장 처분을 받다

選手(せんしゅ) 선수 攻撃(こうげき)を受(う)ける 공격을 받다 完敗(かんぱい) 완패

矢継(やつ)ぎ早(ばや) 사이를 두지 않고 잇달아 재빨리 함 めげる 기력이 없어지다(기가 죽다, 꺾이다), 굴하다

最後(さいご) 마지막, 최후 諦(あきら)める 단념하다, 체념하다 姿(すがた) 몸매, 옷차림(풍채), 모습, 모양, 상태

涙(なみだ) 눈물 語(かた)る 말하다, 이야기하다 唾(つば)をはく 침을 뱉다 あるまじき 있어서는 안 될, 있을 수 없는

정답 C
</blockquote>

37 そろそろお米も刈入れ時ですね。

(A) じゃ、さっそく田植えの準備に取り掛かりましょう。

(B) 収穫は今、機械がほとんどを担当するから人手が少なくても済むんですよ。

(C) 農薬は体に悪いですから、必ずよく洗ってください。

(D) お米の値上がりは消費者に直接的な被害を与えます。

슬슬 쌀도 수확할 시기네요.

(A) 그럼, 당장 모내기 준비에 착수합시다.

(B) 수확은 지금, 기계가 대부분을 담당하기 때문에 일손이 적어도 해결됩니다.

(C) 농약은 몸에 좋지 않으니까, 반드시 잘 씻어 주세요.

(D) 쌀의 가격 인상은 소비자에게 직접적인 피해를 줍니다.

어구·해설 そろそろ 어떤 일이 일어나는 시기에 접어드는 모양(이제 슬슬), 이제 곧 米(こめ) 쌀 刈入(かりい)れ 곡물의 수확, 추수

早速(さっそく) 곧, 즉시, 당장, 지체 없이 곧 하는 모양 田植(たう)え 모내기 準備(じゅんび) 준비

取(と)り掛(か)かる 시작하다(착수하다), 매달리다, 덤벼들다 収穫(しゅうかく) 수확 機械(きかい) 기계

担当(たんとう) 담당 人手(ひとで) 사람의 솜씨, 남의 도움, 일손 少(すく)ない 적다 済(す)む 끝나다(완료되다), 해결되다

農薬(のうやく) 농약 体(からだ)に悪(わる)い 몸에 해롭다 洗(あら)う 씻다(빨다, 닦다) 値上(ねあ)がり 값이 오름

消費者(しょうひしゃ) 소비자 直接的(ちょくせつてき) 직접적 被害(ひがい) 피해

与(あた)える 주다, 할당하다(부여하다), 손해 등을 입히다(끼치다, 가하다)

정답 B

38 今日はピクニックにもってこいの日和だわ。

(A) 本当だね、雨も降って涼しくなるし、いい一日になりそうだよ。

(B) そうだね、風も強いし、海では波が荒いからね。

(C) そうだね、雲一つない、快晴だからね。

(D) 何よりも家族と一緒に行くのは楽しいよね。

오늘은 피크닉에 안성맞춤인 날씨야.

(A) 진짜네, 비도 내려서 시원해지고, 즐거운 하루가 될 것 같아.

(B) 그렇네, 바람도 강하고, 바다에서는 파도가 거세니까.

(C) 그렇네, 구름 한 점 없이, 쾌청하니까.

(D) 무엇보다도 가족과 함께 가는 것은 유쾌하지.

어구·해설 ピクニック 피크닉(소풍, 들놀이) もってこい 안성맞춤 日和(ひより) 일기(날씨), 좋은 날씨

涼(すず)しい 시원하다(선선하다) 風(かぜ) 바람 強(つよ)い 세다, 강하다 海(うみ) 바다

波(なみ)が荒(あら)い 파도가 거세다 雲(くも) 구름 快晴(かいせい) 쾌청 家族(かぞく) 가족

一緒(いっしょ)に 함께, 같이 楽(たの)しい 즐겁다, 재미있다, 유쾌하다

정답 C

실전모의고사 4회

39 田中(たなか)さん、仕事(しごと)辞(や)めた後(あと)どうするつもりなの。

(A) 一身上(いっしんじょう)の都合(つごう)で会社(かいしゃ)を辞(や)めたから。

(B) 家(いえ)を出(で)るのに足(あし)が重(おも)いんだよ。

(C) まさにぐうの音(ね)も出(で)ない。

(D) しばらくは足(あし)の向(む)くままに旅行(りょこう)してみようかな。

야마다씨, 일 그만둔 후에 어떻게 할 생각이야?

(A) 일신상의 형편으로 회사를 그만두었기 때문에.

(B) 집을 나서는데 발이 무거워.

(C) 정말이지 끽소리도 못한다.

(D) 당분간은 발이 가는 대로 여행을 해 볼까.

어구·해설 辞(や)める 사직하다(사임하다), 그만두다　一身上(いっしんじょう) 일신상　都合(つごう) 형편, 사정
家(いえ)を出(で)る 집을 나가다, 가출하다　足(あし)が重(おも)い 발이 무겁다　まさに 확실히(틀림없이, 정말로)
ぐうの音(ね)も出(で)ない 아무 말도 못하다, 끽소리도 못하다

정답　D

---

40 朝早(あさはや)くから色々(いろいろ)お手伝(てつだ)いいただき、ありがとうございました。

(A) そんなことでは先(さき)が思(おも)いやられます。

(B) そんなことぐらい朝飯前(あさめしまえ)です。

(C) 本当(ほんとう)にお腹(なか)と背中(せなか)がくっつきそうです。

(D) 人(ひと)は見(み)た目(め)によりません。

아침 일찍부터 여러 가지로 도와 주셔서, 고마웠습니다.

(A) 그런 일로는 장래가 염려됩니다.

(B) 그런 일 정도는 식은 죽 먹기입니다.

(C) 진짜로 배고 등이 달라붙을 것 같습니다.

(D) 사람은 겉보기와 다릅니다.

어구·해설 手伝(てつだ)う 도와 주다, 거들다　先(さき)が思(おも)いやられる 장래가 염려되다
朝飯前(あさめしまえ) 식전에 해치울 수 있을 만큼 아주 쉬움(누워서 떡 먹기, 식은 죽 먹기)
お腹(なか)と背中(せなか)がくっつく 너무 배가 고픔의 비유　見(み)た目(め)によらない 겉보기와는 다르다

정답　B

---

41 営業部(えいぎょうぶ)の山田(やまだ)さん、業績(ぎょうせき)が悪(わる)いということで解雇(かいこ)されたそうよ。

(A) 私(わたし)も山田(やまだ)さんのように素晴(すば)らしい業績(ぎょうせき)を残(のこ)したいです。

(B) 解雇(かいこ)の知(し)らせは虫(むし)の知(し)らせで聞(き)きました。

(C) 山田(やまだ)さんは心強(こころづよ)い人(ひと)ですね。

(D) 解雇(かいこ)か、明日(あす)は我(わ)が身(み)ですね。

영업부의 야마다씨, 업적이 안 좋아서 해고당했대요.

(A) 나도 야마다씨처럼 훌륭한 업적을 남기고 싶습니다.

(B) 해고 소식은 불길한 예감으로 알았습니다.

(C) 야마다씨는 믿음직스러운 사람이군요.

(D) 해고라, 내일은 나의 처지겠군요.

어구·해설 営業部(えいぎょうぶ) 영업부　業績(ぎょうせき)が悪(わる)い 업적이 좋지 않다　素晴(すば)らしい 매우 훌륭하다
知(し)らせ 알림, 통지, 전조(조짐)　虫(むし)の知(し)らせ 어쩐지 느껴지는 불길한 일, 좋지 않은 예감
心強(こころづよ)い 마음 든든하다, 미덥다, 믿음직스럽다　我(わ)が身(み) 내 몸(자기 몸), 자기 자신

정답　D

42 あの男の人、外見もいいし、性格もいいのに、金遣いが荒いんですって。

(A) それは残念。それが球に瑕ね。

(B) しょうがないよ。十人十色だから。

(C) それは色眼鏡だよ。

(D) きっと意地悪な人に違いないね。

저 남자, 외견도 좋고 성격도 좋은데, 돈 씀씀이가 헤프대.

(A) 그것 참 유감. 그것이 옥에 티군.

(B) 어쩔 수 없어. 십인십색이니까.

(C) 그것은 편견이야.

(D) 분명히 짓궂은 사람임에 틀림없어.

[참고] 관용 표현에 주의하자!

[어구·해설] 外見(がいけん) 외견　性格(せいかく) 성격　金遣(かねづか)いが荒(あら)い 돈의 씀씀이가 헤프다

残念(ざんねん) 유감스러움, 아쉬움, 분함(억울함)　球(たま)に瑕(きず) 옥에 티　しょうがない 어쩔 수 없다

十人十色(じゅうにんといろ) 십인십색(각양각색)　色眼鏡(いろめがね) 색안경, 편견　意地悪(いじわる) 심술궂음, 짓궂음

〜に違(ちが)いない 〜임에 틀림없다

[정답] A

43 大変よ、田中さんが会社から出たきり戻って来ないってみんな心配しているの。

(A) 大丈夫だよ。田中さんはぶりぶりするのが好きだから。

(B) 心配は要りませんよ。田中さんはふらふら出歩く癖がありますから。

(C) 田中さんも意地を張っているのかもしれませんね。

(D) 田中さんも欲張りですね。

큰일이야, 다나카씨가 회사에서 나간 뒤로 돌아오지 않는다고 모두 걱정하고 있어.

(A) 괜찮아요. 다나카씨는 골을 내는 것을 좋아하니까.

(B) 걱정은 필요 없어요. 다나카씨는 어정어정 나돌아 다니는 버릇이 있으니까.

(C) 다나카씨도 고집을 부리고 있는 것인지도 모르겠어요.

(D) 다나카씨도 욕심꾸러기네요.

[어구·해설] 大変(たいへん) 큰일, 대단함(굉장함)　きり 〜뿐(만), 〜밖에(외에), 〜한 채, 〜한 이후　ぶりぶり 몹시 성난 모양

ふらふら 휘청휘청(비틀비틀), 생각 없이 나돌아 다니는 모양(어정어정)　出歩(である)く 나다니다, 나돌아 다니다, 싸다니다

癖(くせ) 버릇　意地(いじ)を張(は)る 고집을 부리다, 억지를 쓰다　欲張(よくば)り 욕심을 부림, 욕심쟁이(욕심꾸러기)

[정답] B

44

来週の水曜日、社長にお会いしたいんですが、来週の社長のスケジュールはいかがでしょうか。

(A) 今は社長がちょっと席を外しておりますが。

(B) 本日のスケジュールには余裕がございません。

(C) あいにくですが、来週の木曜日まで予定が詰まっております。

(D) 会議は来週に延期しましょう。

다음 주 수요일, 사장님을 뵙고 싶습니다만, 다음 주 사장님의 스케줄은 어떠신가요?

(A) 지금은 사장이 잠시 자리를 비웠습니다만,

(B) 오늘 스케줄에는 여유가 없습니다.

(C) 공교롭게 되었습니다만, 다음 주 목요일까지 예정이 꽉 차 있습니다.

(D) 회의는 다음 주로 연기합시다.

> **참고** 비즈니스 경어 표현에 주의하자!

> **어구·해설** お会(あ)いする 만나 뵙다 席(せき)を外(はず)す 자리를 비우다 余裕(よゆう) 여유 あいにく 공교롭게도
> 予定(よてい)が詰(つ)まる 예정이 꽉 차다 延期(えんき) 연기

> **정답** C

45

田中さんはお母さんの治療費を払わんがために、詐欺行為まで働いたそうよ。

(A) 田中さんのお母さん思いの優しさには感心するけど、犯罪行為は許されないね。

(B) 田中さんは治療費を払わなかったんだ。

(C) 田中さんのお母さんが田中さんのために詐欺行為までするとは……。

(D) 田中さんもお母さんも詐欺行為を働いたのね。

다나카씨는 어머니의 치료비를 지불하기 위해서, 사기 행위까지 저질렀다고 해요.

(A) 다나카씨의 어머니를 생각하는 착한 마음에는 감탄하지만, 범죄 행위는 용서받을 수 없지.

(B) 다나카씨는 치료비를 지불하지 않았어.

(C) 다나카씨의 어머니가 다나카씨를 위해서 사기 행위까지 하리라고는……

(D) 다나카씨도 어머니도 사기 행위를 저지른 것이군.

> **어구·해설** 治療費(ちりょうひ) 치료비 払(はら)う 없애다(제거하다, 털어내다), 지불하다 ～んがため ～하기 위해
> 詐欺行為(さぎこうい)を働(はたら)く 사기행위를 저지르다 優(やさ)しさ 온화함, 상냥함, 다정함
> 感心(かんしん) 깊이 마음으로 느낌, 칭찬할 만하다고 느낌(감탄함), 기특함(신통함) 犯罪行為(はんざいこうい) 범죄행위
> 許(ゆる)す 허가하다, 허락하다(허용하다), 용서하다, 면제하다

> **정답** A

46 お陰様で、赤ん坊だった息子が今年幼稚園に通うようになったんです。

(A) これで少しは子供から手が離れますね。

(B) でもまだまだ手を上げる必要がありますよ。

(C) これで大人の仲間入りですね。

(D) まだまだ汗をかく必要があります。

덕분에 젖먹이였던 아들이 올해 유치원에 다니게 되었습니다.

(A) 이것으로 조금은 아이 시중에서 풀려나겠네요.

(B) 하지만 아직 손을 들 필요가 있어요.

(C) 이것으로 어른으로의 합류네요.

(D) 아직 땀을 흘릴 필요가 있습니다.

어구·해설 赤(あか)ん坊(ぼう) 아기(갓난아기), 젖먹이, 철부지(어린애) 幼稚園(ようちえん)に通(かよ)う 유치원에 다니다

手(て)が離(はな)れる 아이가 자라서 돌보는 수고가 없어지다, 손을 떼게 되다

手(て)を上(あ)げる 두 손 들다(항복하다), 때리려고 손을 들어 올리다 仲間入(なかまい)り 한패에 낌, 한 무리에 들어감

汗(あせ)をかく 땀이 나다, 땀을 흘리다

정답 A

47 昨日のパーティーで本当に素晴らしい方と出会いましたよ！

(A) やっぱり人生は一期一会です。

(B) ばったり幼友達に会ったんですね。

(C) そのことは私に任せてください。

(D) うん、それで十分ですね。

어제 파티에서 정말로 굉장한 분과 만났어요!

(A) 역시 인생은 일생에 한 번뿐인 만남입니다.

(B) 소꿉친구를 딱 만난 것이네요.

(C) 그 일은 나에게 맡겨 주십시오.

(D) 응, 그것으로 충분해요.

참고 관용 표현에 주의하자!

어구·해설 素晴(すば)らしい 매우 훌륭하다, 굉장하다 出会(であ)う 우연히 만나다, 마주치다, 우연히 목격하다

一期一会(いちごいちえ) 일생에 한 번뿐인 만남, 일생에 한 번뿐임 ばったり 갑자기 쓰러지는 모양(털썩), 뜻밖에 마주치는 모양(딱)

幼友達(おさなともだち) 어릴 때의 동무(소꿉친구, 죽마고우) 任(まか)せる 맡기다, 위임하다(일임하다)

十分(じゅうぶん) 충분함, 부족함이 없음, 십분(충분히)

정답 A

48

遠藤さんはお金もないのに、ベンツを買うなんてどういう神経をしているんでしょう。

(A) 遠藤さんは昔から強情なんですよ。

(B) 遠藤さんは寂しがり屋でしたから。

(C) 見えを張っているんですよ。

(D) 意地悪い人ですよ。

엔도씨는 돈도 없는데, 벤츠를 사다니 어떤 정신을 하고 있는 것일까요?

(A) 엔도씨는 옛날부터 고집이 세요.

(B) 엔도씨는 외로움을 잘 타는 사람이었기 때문에.

(C) 허세를 부리고 있는 거예요.

(D) 짓궂은 사람이에요.

참고 관용 표현에 주의하자!

어구·해설 なんて ~라는 등, ~따위(같은 것), ~이라니(하다니) 神経(しんけい) 신경, 정신 強情(ごうじょう) 고집이 셈, 완강함

寂(さび)しがり屋(や) 남보다 유난히 쓸쓸해하거나 외로워하는 사람(외로움을 잘 타는 사람)

見(み)えを張(は)る 겉치레를 하다, 허세를 부리다 意地悪(いじわる)い 심술궂다, 짓궂다

정답 C

49

ご祝儀の相場ってどのくらいなんでしょうか。

(A) 友達なら3万円ぐらいでしょう。

(B) 最近は、1ドル120円ぐらいに上がってきています。

(C) 値上げをすると言っていましたから、3500円ぐらいだと思いますが。

(D) 今年いっぱいは変動しないと思いますよ。

축의금의 시세는 어느 정도인가요?

(A) 친구라면 3만 엔 정도겠지요.

(B) 최근에는 1달러에 120엔 정도로 올랐습니다.

(C) 가격 인상을 한다고 했기 때문에, 3500엔 정도라고 생각합니다만.

(D) 올해까지는 변동하지 않을 것으로 생각해요.

참고 관용 표현에 주의하자!

어구·해설 ご祝儀(しゅうぎ) 축의(축하식), 혼례, 축의금(축하 선물) 相場(そうば) 시가, 시세 値上(ねあ)げ 가격 인상, 값을 올림

変動(へんどう) 변동

정답 A

50 休日には犬小屋を作ったり、壊れた家具を直したりします。

(A) 仕事人間なんですね。

(B) 日曜大工がお好きなようですね。

(C) 奥の手がものを言いましたね。

(D) 腕に縒りをかけて、作っているんですね。

휴일에는 개집을 만들거나, 망가진 가구를 고치거나 합니다.

(A) 일만 하는 사람이군요.

(B) 일요일에 목수 일 하는 것을 좋아하는 것 같네요.

(C) 비장의 솜씨가 증명됐네요.

(D) 솜씨를 다해서, 만들고 있군요.

참고 관용 표현에 주의하자!

어구·해설 犬小屋(いぬごや) 개집　作(つく)る 만들다, 제작하다(제조하다), 작성하다, 경작하다(재배하다)

壊(こわ)れる 깨지다(부서지다, 파손되다), 고장 나다　家具(かぐ) 가구　直(なお)す 고치다, 수선하다(수리하다)

仕事人間(しごとにんげん) 여가생활 없이 오로지 일에만 몰두하는 사람

日曜大工(にちようだいく) 샐러리 맨 등이 일요일에 하는 집안 목수 일　奥(おく)の手(て) 비법, 최후 수단(비장의 솜씨)

ものを言(い)う 입을 열다, 효력·효과가 나타나다(증명하다, 행세하다)

腕(うで)に縒(よ)りをかける 온갖 솜씨를 다 부리려고 힘을 내다

정답 B

PART 3 회화문

51

女：飲み物は何にしますか。

男：私はコーヒーがいいです。山本さんは？

女：ジュースにします。今日はコーヒーをたくさん飲みましたから。

男：じゃ、コーヒーとジュースを頼みましょう。

여 : 마실 것은 무엇으로 하겠습니까?

남 : 나는 커피가 좋습니다. 야마모토씨는?

여 : 주스로 하겠습니다. 오늘은 커피를 많이 마셨으니까요.

남 : 그럼, 커피와 주스를 주문합시다.

二人はどうしますか。

(A) 女の人はコーヒーを飲みます。

(B) 男の人はコーヒーを飲みます。

(C) 二人ともコーヒーを飲みます。

(D) 二人ともジュースを飲みます。

두 사람은 어떻게 합니까?

(A) 여자는 커피를 마십니다.

(B) 남자는 커피를 마십니다.

(C) 두 사람 모두 커피를 마십니다.

(D) 두 사람 모두 주스를 마십니다.

어구·해설 飲(の)み物(もの) 음료, 마실 것　コーヒー 커피　ジュース 주스　たくさん 많음, 충분함, 더 필요 없음
飲(の)む 마시다, 술을 마시다, 삼키다, 먹다, 피우다　頼(たの)む 부탁하다, 의뢰하다, 주문하다, 당부하다, 의지하다

정답 B

52

男：これからどうしますか。

女：ご飯を食べる前に映画を見ませんか。

男：いいですね。でも、映画の前に本を買いに行きたいです。

女：いいですよ。どこに行きますか。

남 : 이제부터 어떻게 합니까?

여 : 밥을 먹기 전에 영화를 보지 않겠습니까?

남 : 좋을 것 같네요. 하지만 영화 보기 전에 책을 사러 가고 싶습니다.

여 : 알았어요. 어디로 갑니까?

これからどこへ行きますか。

(A) 先にレストランへ行く。

(B) 先に本屋へ行く。

(C) 先に映画を見に行く。

(D) 先に映画を見てからご飯を食べる。

이제부터 어디에 갑니까?

(A) 먼저 레스토랑에 간다.

(B) 먼저 서점에 간다.

(C) 먼저 영화를 보러 간다.

(D) 먼저 영화를 보고 나서 밥을 먹는다.

53

女：疲(つか)れましたか。

男：ええ、今日(きょう)は仕事(しごと)がたくさんありましたから。

女：私(わたし)も疲(つか)れました。昨日(きのう)3時(じ)まで映画(えいが)を見(み)て、あまり
寝(ね)ませんでしたから。

男：じゃ、疲(つか)れますね。私(わたし)は映画(えいが)はあまり見(み)ませんが、
本(ほん)をよく読(よ)みます。

여 : 피곤합니까?

남 : 네, 오늘은 일이 많이 있었기 때문에요.

여 : 나도 피곤합니다. 어제 3시까지 영화를 보고, 별로
자지 않았기 때문에요.

남 : 그럼, 피곤하겠어요. 나는 영화는 별로 안 봅니다만,
책을 자주 읽습니다.

男(おとこ)の人(ひと)はどうして疲(つか)れましたか。

(A) 仕事(しごと)がたくさんあったから。

(B) 遅(おそ)くまで映画(えいが)を見(み)たから。

(C) あまり寝(ね)てないから。

(D) 遅(おそ)くまで本(ほん)を読(よ)むから。

남자는 왜 피곤합니까?

(A) 일이 많이 있었기 때문에.

(B) 늦게까지 영화를 봤기 때문에.

(C) 별로 자지 않았기 때문에.

(D) 늦게까지 책을 읽기 때문에.

54

女：小川(おがわ)さんの趣味(しゅみ)は何(なん)ですか。

男：サッカーを見(み)ることです。テレビじゃなくて、競技(きょうぎ)
場(じょう)へ見(み)に行(い)くんです。

女：そうですか。自分(じぶん)ではしないんですか。

男：前(まえ)は時々(ときどき)やっていましたが、今(いま)は怪我(けが)をしちゃって
無理(むり)です。

여 : 오가와씨의 취미는 무엇입니까?

남 : 축구를 보는 것입니다. 텔레비전이 아니고, 경기장
에 보러 갑니다.

여 : 그렇습니까? 스스로 하지는 않습니까?

남 : 전에는 가끔 했었습니다만, 지금은 다쳐서 무리입
니다.

男の人の趣味は何ですか。

(A) テレビを見ること。

(B) サッカーをやること。

(C) サッカーを見ること。

(D) 競技場へ行くこと。

남자의 취미는 무엇입니까?

(A) 텔레비전을 보는 것.

(B) 축구를 하는 것.

(C) 축구를 보는 것.

(D) 경기장에 가는 것.

참고 경기장에서 축구를 보는 것이 남자의 취미이다.

어구·해설 **サッカー** 축구 **テレビ** 텔레비전 **競技場**(きょうぎじょう) 경기장 **自分**(じぶん) 자기, 자신, 스스로

時々(ときどき) 그때그때, 가끔, 때때로 **怪我**(けが)**をする** 부상을 입다 **無理**(むり) 무리

정답 C

55

女 : 東京駅に着いたら電話してください。迎えに行きます。

男 : 大丈夫ですよ。地図を見れば分かると思います。

女 : でも、結構遠いですよ。

男 : そうですか、分かりました。

여 : 도쿄 역에 도착하면 전화 주십시오. 마중하러 가겠습니다.

남 : 괜찮습니다. 지도를 보면 알 수 있을 것 같습니다.

여 : 하지만, 제법 멉니다.

남 : 그렇습니까, 알겠습니다.

男の人はどうしますか。

(A) 地図を見て行く。

(B) 駅から電車で行く。

(C) バスに乗って行く。

(D) 迎えに来てもらう。

남자는 어떻게 합니까?

(A) 지도를 보고 간다.

(B) 역에서 전차로 간다.

(C) 버스를 타고 간다.

(D) 마중오게 한다.

참고 여자가 걷기에는 멀다고 했다.

어구·해설 **東京駅**(とうきょうえき) 도쿄 역 **着**(つ)**く** 닿다, 도착하다, 접촉하다, 자리를 잡다(앉다) **電話**(でんわ) 전화

迎(むか)**え** 맞이함, 마중 감 **大丈夫**(だいじょうぶ) 괜찮음, 끄떡없음, 걱정 없음, 틀림없음(확실함) **地図**(ちず) 지도

結構(けっこう) 충분함, 꽤, 제법 **遠**(とお)**い** 멀다 **電車**(でんしゃ) 전차, 전철 **バス** 버스 **もらう** 받다, 얻다

정답 D

190

56

女：今日の会議が5時だったけれど、1時間繰り上げに
　　なったそうよ。

男：ほんとう？ まいったなぁ。4時半から取引先の人
　　と約束があるのに……。会議は何時間ぐらいかかり
　　そう？

女：2時間ぐらいはかかると思うわ。

男：そうか。しょうがないな。取引先の人にまた来週に
　　会いましょうって連絡するしかないな。

여 : 오늘 회의가 5시였는데, 1시간 앞당겨졌다고 해.

남 : 정말? 난처하군. 4시 반부터 거래처 사람과 약속이
　　 있는데……. 회의는 몇 시간 정도 걸릴 것 같아?

여 : 2시간 정도는 걸릴 것 같은데.

남 : 그래? 어쩔 수 없군. 거래처 사람에게 다시 다음 주
　　 에 만나자고 연락하는 수밖에 없겠어.

会議は何時からですか。

(A) 4時。

(B) 4時30分。

(C) 5時。

(D) 来週に延期になった。

회의는 몇 시부터입니까?

(A) 4시.

(B) 4시 30분.

(C) 5시.

(D) 다음 주로 연기되었다.

참고 회의는 5시였는데, 1시간 앞당겨졌다.

어구·해설 繰(く)り上(あ)げ 차례로 위로 올림, 예정보다 앞당김　参(まい)る 질리다, 맥을 못추다　取引先(とりひきさき) 거래처
しょうがない 어쩔 수 없다　来週(らいしゅう) 내주, 다음 두　会(あ)う 만나다

정답 A

57

女：このホテル、浴室、お手洗いは共同ですって書いて
　　あるわ。浴場は、5階に大浴場があるみたいね。

男：正直、共同ってちょっといやだけど、大浴場がある
　　し、なんといっても安いからね。

女：じゃ、このホテルに予約しましょうか。

男：そうしよう。

여 : 이 호텔, 욕실, 화장실은 공동이라고 써 있어. 목욕
　　 탕은 5층에 큰 목욕탕이 있는 것 같아.

남 : 솔직히, 공동은 좀 꺼림칙하지만 큰 목욕탕도 있고,
　　 뭐니뭐니해도 저렴하니까.

여 : 그럼, 이 호텔로 예약할까?

남 : 그렇게 하자.

このホテルはどんなホテルですか。

(A) 各部屋にトイレとシャワーがある。

(B) 各部屋にトイレとシャワーはない。

(C) 各部屋にトイレだけはある。

(D) 各部屋にシャワーだけはある。

이 호텔은 어떤 호텔입니까?

(A) 각 방에 화장실과 샤워 시설이 있다.

(B) 각 방에 화장실과 샤워 시설이 없다.

(C) 각 방에 화장실만은 있다.

(D) 각 방에 샤워 시설만은 있다.

참고) 욕실, 화장실은 공동이다.

어구·해설) **ホテル** 호텔 **お手洗**(てあら)**い** 화장실 **書**(か)**く** 쓰다 **浴場**(よくじょう) 욕실, 대중 목욕탕

大浴場(だいよくじょう) 대형 목욕탕 **正直**(しょうじき) 정직, 솔직히 말하자면

なんといっても 누가 뭐라고 해도, 뭐니뭐니해도 **安**(やす)**い** 값이 싸다 **トイレ** 화장실 **シャワー** 샤워, 샤워장치

정답) B

58

女 : 今月で会社を辞めることになりました。

男 : えっ、田中さん、突然どうしたんですか。

女 : 父が倒れてしまい、田舎に帰って父の面倒を見なければならなくなったんです。母も昨年他界しましたから、面倒を見る人がいないんですよ。

男 : あ、そうですか。

여 : 이달로 회사를 그만두게 되었습니다.

남 : 아니, 다나카씨, 갑자기 어떻게 된 겁니까?

여 : 아버지가 쓰러져서, 시골에 돌아가 아버지 시중을 들지 않으면 안 되게 되었습니다. 어머니도 작년에 타계하셨기 때문에, 시중들 사람이 없어요.

남 : 아, 그래요.

田中さんが会社を辞める理由は何ですか。

(A) 父が死んだから。

(B) 母のお世話をしなければならないから。

(C) 父のお世話をしなければならないから。

(D) 会社が田舎に移転するから。

다나카씨가 회사를 그만두는 이유는 무엇입니까?

(A) 아버지가 죽었기 때문에.

(B) 어머니를 보살피지 않으면 안 되기 때문에.

(C) 아버지를 보살피지 않으면 안 되기 때문에.

(D) 회사가 시골로 이전하기 때문에.

참고) 아버지가 쓰러져서, 시골에 돌아가 아버지 시중을 들어야 하기 때문이다.

어구·해설) **今月**(こんげつ) 이달, 이번 달 **会社**(かいしゃ)**を辞**(や)**める** 회사를 그만두다 **えっ** 의외의 일로 놀라거나 의심할 때 내는 소리

突然(とつぜん) 돌연, 갑자기 **倒**(たお)**れる** 쓰러지다, 넘어지다, 파산하다, 도산하다 **田舎**(いなか) 시골, 고향

帰(かえ)**る** 돌아가다, 돌아오다 **面倒**(めんどう)**を見**(み)**る** 돌봐 주다, 보살피다 **世話**(せわ)**をする** 보살피다, 시중을 들다

정답) C

59

男 : 東京では空室率が低くなっているそうですよ。

女 : そうですか。都市の過密化が進んでいるんですね。

男 : そのようですね。過密化が進むと空室率も低くなって、土地の値段もあがるんです。でも、地方は過疎化が進むんです。

女 : それは大変ですね。

남 : 도쿄에서는 공실률이 낮아지고 있다고 합니다.

여 : 그렇습니까. 도시 과밀화가 진행되고 있네요.

남 : 그런 것 같습니다. 과밀화가 진행되면 공실률도 낮아져서, 토지 가격도 올라갑니다. 하지만 지방은 과소화가 진행됩니다.

여 : 그거 큰일이네요.

東京の空室率が低くなると、どうなりますか。

(A) 地価が上がる。
(B) 田舎に人が多くなる。
(C) 地方が発展する。
(D) 都市に人が少なくなる。

도쿄의 공실률이 낮아지면, 어떻게 됩니까?

(A) 토지 가격이 오른다.
(B) 시골에 사람이 많아진다.
(C) 지방이 발전한다.
(D) 도시에 사람이 적어진다.

참 고 공실률이 낮아지면 토지 가격이 상승한다.

어구·해설 空室率(くうしつりつ) 공실률, 업무용 빌딩에서 빈 사무실이 차지하는 비율　低(ひく)い 낮다, 작다　進(すす)む 진행되다　値段(ねだん) 값, 가격　地価(ちか) 지가, 토지의 매매 가격　少(すく)ない 적다

정 답 A

60　男 : あ、突当たりだ。どちらに行けばいいんだっけ。

女 : うーん。その突当たりを左には行けないわね。この先、通行止めって書いてあるから。

男 : どうしよう、またこの道戻って迂回すれば結構時間がかかるんだよな。

女 : じゃ、戻らないで進んでみましょうよ。新しい道に出るかもしれないから。

남 : 아, 막다른 곳이다. 어느 쪽으로 가야 되지?

여 : 음~. 그 막다른 곳을 왼쪽으로는 갈 수 없어. 이 앞에 통행금지라고 써 있으니까.

남 : 어떻게 하지, 다시 이 길을 되돌아가 우회하면 꽤 시간이 걸리는데.

여 : 그럼, 되돌아가지 말고 전진해 봐요. 새로운 길이 나올지도 모르니까.

二人はどうすることにしましたか。

(A) 右に曲がる。
(B) 左に曲がる。
(C) 後ろに下がる。
(D) 駐車する。

두 사람은 어떻게 하기로 했습니까?

(A) 오른쪽으로 돈다.
(B) 왼쪽으로 돈다.
(C) 뒤로 물러난다.
(D) 주차한다.

참 고 왼쪽은 통행금지이지만, 새로운 길이 나올지도 모르므로 가보기로 했다.

어구·해설 突当(つきあ)たり 막다른 곳　通行止(つうこうど)め 통행금지　道(みち) 길, 도로　戻(もど)る 되돌아가다, 되돌아오다　迂回(うかい) 우회, 돌아감　進(すす)む 나아가다, 전진하다　新(あたら)しい 새롭다　出(で)る 나가다, 나오다　曲(ま)がる 구부러지다, 방향을 바꾸다, 돌다　後(うし)ろ 뒤, 뒤쪽　下(さ)がる 내려가다, 떨어지다, 물러나다

정 답 B

61

女：最近、海外旅行よりも国内旅行に行く人が増えたって新聞で見たわ。

男：原油高に合わせて、飛行機の燃料代も上がり、それが消費者まで影響を与えているんだね。

女：だから、最近は日帰り旅行が大人気なんだ。日帰り旅行でもおいしい食べ物をいっぱい食べられるし、ゆっくりできていいわよね。

男：そうだね。僕も今度の連休、参加してみようかな。

여 : 최근, 해외여행보다 국내여행을 가는 사람이 늘었다고 신문에서 봤어.

남 : 원유고에 따라 비행기 연료비도 오르고, 그것이 소비자한테까지 영향을 주고 있는 것이군.

여 : 그래서 최근에는 당일치기 여행이 대인기야. 당일치기 여행이라도 맛있는 음식을 많이 먹을 수 있고, 느긋하게 보낼 수 있어서 좋지.

남 : 그렇군. 나도 이번 연휴에 참가해 볼까?

最近、どんな旅行が人気ですか。

(A) 連休に行く旅行。

(B) 一泊二日の研修旅行。

(C) その日一日だけの旅行。

(D) ゆっくりできる海外旅行。

최근, 어떤 여행이 인기입니까?

(A) 연휴에 가는 여행.

(B) 1박 2일의 연수여행.

(C) 그날 하루뿐인 여행.

(D) 느긋하게 보낼 수 있는 해외여행.

> **참고** 당일치기 여행이 인기를 끌고 있다.

> **어구·해설** 増(ふ)える 늘다, 늘어나다, 증가하다, 불어나다　原油高(げんゆだか) 원유고　燃料代(ねんりょうだい) 연료비
> 影響(えいきょう)を与(あた)える 영향을 주다　日帰(ひがえ)り旅行(りょこう) 당일치기 여행

> **정답** C

62

男：鈴木さん、レポート書きましたか。

女：はい、下書は終わって清書すれば終わりです。山田さんは？

男：私は、まだテーマも決めていないんですが、一夜漬けで頑張るつもりです。

女：そうですか。頑張ってください。

남 : 스즈키씨, 리포트 썼습니까?

여 : 예, 초안은 끝나고 정서하면 끝입니다. 야마다씨는?

남 : 나는 아직 테마도 결정하지 못했습니다만, 벼락치기로 열심히 할 생각입니다.

여 : 그렇습니까? 힘내세요.

山田さんはどうやってレポートを仕上げますか。

(A) 友達に手伝ってもらう。

(B) 清書をきれいにする。

(C) 一晩寝ないでレポートを書く。

(D) レポートの提出を諦める。

야마다씨는 어떻게 해서 리포트를 끝냅니까?

(A) 친구가 도와준다.

(B) 정서를 깨끗이 한다.

(C) 밤새 자지 않고 리포트를 쓴다.

(D) 리포트 제출을 단념한다.

참고 남자는 벼락치기로 밤의 새워 리포트를 쓸 생각이다.

어구·해설 レポート 리포트, 보고서　下書(したがき) 초고, 초안　終(お)わる 끝나다, 종료되다　清書(せいしょ) 청서, 정서
テーマ 테마, 주제　決(き)める 결정하다　一夜漬(いちやづ)け 하룻밤 사이에 익힌 김치, 벼락치기
頑張(がんば)る 견디어 버티다, 끝까지 노력하다　仕上(しあ)げる 일을 끝내다, 완성하다, 마무리하다
一晩(ひとばん) 하룻밤, 밤새, 어느 날 밤　諦(あきら)める 단념하다, 체념하다

정답 C

63
男 : 予約をしていた山本といいますが……。

女 : はい、山本様、しばらくお待ち下さい。こちらがルームキーになります。お部屋のドアにあるカードリーダーにかざしてくだされば扉が開きます。オートロックとなっておりますので、お部屋を出られる際は十分お気をつけください。

男 : ありがとうございます。出かける際はキーをカウンターにある箱に入れればいいんですよね。

女 : はい、そうです。ごゆっくりお過ごしください。

남 : 예약을 한 야마모토라고 합니다만…….

여 : 예, 야마모토님, 잠시 기다려 주십시오. 이것이 룸 키입니다. 방문에 있는 카드 리더에 꽂아 주시면 문이 열립니다. 자동 잠금이기 때문에, 방을 나오실 때는 매우 주의하여 주십시오.

남 : 감사합니다. 외출할 때는 키를 카운터에 있는 상자에 넣으면 되는 거지요?

여 : 예, 그렇습니다. 마음 편히 지내시기 바랍니다.

このホテルの部屋のドアはどうやって開けますか。

(A) カードを扉にある機械に近づける。
(B) カードを扉にある機械に差し込む。
(C) カードを扉にある機械に入れる。
(D) カードを扉にある機械に挟む。

이 호텔의 방문은 어떻게 엽니까?

(A) 카드를 문에 있는 기계에 가까이 댄다.
(B) 카드를 문에 있는 기계에 꽂는다.
(C) 카드를 문에 있는 기계에 넣는다.
(D) 카드를 문에 있는 기계에 끼운다.

참고 방의 문에 있는 카드 리더에 카드를 꽂으면 문이 열린다.

어구·해설 しばらく 잠깐, 잠시　ルームキー 룸 키(객실 열쇠)　カードリーダー 자기 카드의 데이터 판독 장치(카드 리더)
かざす 꽂다, 위에 장식하다, 꾸미다　扉(とびら) 문짝, 문　開(ひら)く 열리다, 열다　オートロック 오토 록(자동 잠금)
十分(じゅうぶん) 충분함, 부족함이 없음, 십분, 충분히　カウンター 카운터, 계산대, 접수대　箱(はこ) 상자
過(す)ごす 시간을 보내다, 지내다, 살아가다, 생활하다, 넘치다　近(ちか)づける 가까이 하다, 접근시키다
差(さ)し込(こ)む 찔러 넣다, 끼워 넣다, 꽂다　挟(はさ)む 끼우다, 사이에 두다, 끼다

정답 B

64

女：田中さんの会社の勤務体制はどうなっていますか。

男：私の会社は週休二日制ですよ。

女：いいですね。私の会社は１ヶ月に４日しか休日がないんですが、それも不定期なんですよ。

男：それは大変ですよね。あまり無理しないようにしてください。

여 : 다나카씨 회사의 근무체제는 어떻게 되어 있습니까?

남 : 우리 회사는 주5일 근무제입니다.

여 : 좋겠네요. 우리 회사는 한 달에 4일밖에 휴일이 없습니다만, 그것도 부정기입니다.

남 : 그것 참 힘들겠군요. 너무 무리하지 않도록 하세요.

田中さんの会社の勤務体制と合っているものは？

(A) 週５日勤務制。

(B) 週２日勤務制。

(C) 休日は不定期だ。

(D) 休日は皆無だ。

다나카씨 회사의 근무체제와 맞는 것은?

(A) 주5일 근무제.

(B) 주2일 근무제.

(C) 휴일은 부정기다.

(D) 휴일은 전혀 없다.

참고 남자의 회사는 주5일 근무제이다.

어구·해설 勤務体制(きんむたいせい) 근무체제 週休二日制(しゅうきゅうふつかせい) 주휴 2일제(주5일 근무제)

休日(きゅうじつ) 휴일 不定期(ふていき) 부정기, 시기나 기한이 일정하게 정해져 있지 아니함 皆無(かいむ) 전무, 전혀 없음

정답 A

65

男：自営業に転職しましたが、正直もう辞めたいです。

女：どうしてですか。この前は、新しい仕事が楽しみだって言ったじゃないですか。

男：割りに合わないんですよ。会社員時代が懐かしいです。

女：自営業はそんなもんですよ。最初は大変ですが、１年ほどすれば落ち着きますよ。

남 : 자영업으로 전직했습니다만, 솔직히 이제 그만두고 싶습니다.

여 : 왜 그러세요? 요전에는 새로운 일이 기대된다고 하지 않았나요?

남 : 수지가 맞지 않습니다. 회사원 시절이 그립습니다.

여 : 자영업은 그런 것이에요. 처음에는 힘들지만, 1년 정도 지나면 안정됩니다.

どうして辞めたいと言っていますか。

(A) 仕事が嫌になったから。

(B) 仕事の量が多いから。

(C) 仕事の量に比べて収入が少ないから。

(D) 毎日仕事をしなければならないから。

왜 그만두고 싶다고 말하고 있습니까?

(A) 일이 싫어졌기 때문에.

(B) 일의 양이 많기 때문에.

(C) 일의 양에 비해서 수입이 적기 때문에.

(D) 매일 일을 하지 않으면 안 되기 때문에.

참고 수지가 맞지 않기 때문이다.

어구·해설 正直(しょうじき) 정직, 정직하게 말해서, 솔직히 말하자면, 사실은 辞(や)める 사직하다, 사임하다, 그만두다

楽(たの)しみ 낙, 즐거움, 즐길 거리, 즐기는 일, 재미 割(わり)に合(あ)う 수지가 맞다, 이익이 되다

懐(なつ)かしい 그립다, 정겹다 落(お)ち着(つ)く 안정되다, 진정되다, 자리 잡다, 정착하다 収入(しゅうにゅう) 수입

정답 C

66

女 : もう12月(がつ)ですね。そろそろセンター試験(しけん)ですよね。

男 : そうですね。学生(がくせい)たちは今頃(いまごろ)死(し)に物狂(ものぐる)いでしょうね。

女 : 最後(さいご)の追(お)い上(あ)げの時期(じき)ですからね。

男 : 受験生(じゅけんせい)の皆(みんな)には、頑張(がんば)ってほしいですね。

여 : 벌써 12월이네요. 슬슬 센터 시험이지요.

남 : 그렇네요. 학생들은 지금쯤 제정신이 아니겠군요.

여 : 마지막으로 몰아치는 시기니까요.

남 : 수험생 모두, 힘냈으면 좋겠어요.

センター試験(しけん)に向(む)けて学生(がくせい)たちはどうしていますか。

(A) 死(し)にたいと思(おも)っている。

(B) 一生懸命勉強(いっしょうけんめいべんきょう)する。

(C) 狂(くる)っている。

(D) ゆっくり休(やす)む。

센터 시험을 위해서 학생들은 어떻게 하고 있습니까?

(A) 죽고 싶다고 생각하고 있다.

(B) 열심히 공부한다.

(C) 미쳐있다.

(D) 느긋하게 쉰다.

어구·해설 そろそろ 시간이 다 되어가는 모양(이제 슬슬, 이제 곧)

センター試験(しけん) 센터 시험(각 대학의 입학시험에 앞서서 전국적으로 일제히 실시하는 공통시험)

今頃(いまごろ) 지금쯤, 이맘때, 이 시간[시기] 物狂(ものぐる)い 제정신이 아니게 됨, 광기

追(お)い上(あ)げる 바싹 뒤쫓다, 몰아치다 向(む)ける 향하게 하다, 돌리다, 향하다

狂(くる)う 미치다, 돌다, 열중하다, 빠지다

정답 B

67

男 : 殺人事件(さつじんじけん)の犯人(はんにん)は被害者(ひがいしゃ)の叔父(おじ)だったみたいよ。

女 : そうなの。でも殺人(さつじん)を犯(おか)した理由(りゆう)は何(なん)なのかしら。

男 : それがかいもく見当(けんとう)もつかないみたいよ。犯人(はんにん)が動機(どうき)を話(はな)すことを頑(かたく)なに拒(こば)んでいるそうだし。

女 : 早(はや)く自白(じはく)した方(ほう)が刑(けい)が軽(かる)くなるかもしれないのにね……。

남 : 살인 사건의 범인은 피해자의 삼촌이었던 것 같아.

여 : 그런 거야? 그런데 살인을 한 이유는 뭘까?

남 : 그게 도무지 짐작도 가지 않는 것 같아. 범인이 동기를 말하는 것을 완강하게 거부하고 있다고 하고.

여 : 빨리 자백하는 쪽이 형이 가벼워질지도 모르는데…….

殺人事件の理由は何ですか。

殺人事件の理由は何ですか。

(A) 家族間の不和。

(B) 理由もなく殺した。

(C) 被害者がお金の貸し借りを拒んだから。

(D) 犯人が証言を拒否しているので分からない。

살인 사건의 이유는 무엇입니까?

(A) 가족 간의 불화.

(B) 이유 없이 죽였다.

(C) 피해자가 돈의 대차를 거절했기 때문에.

(D) 범인이 증언을 거부하고 있기 때문에 알 수 없다.

참고 범인이 동기를 말하는 것을 완강하게 거부하고 있다.

어구·해설 殺人(さつじん)を犯(おか)す 살인을 범하다　かいもく見当(けんとう)もつかない 도무지 짐작도 가지 않다
頑(かたく)な 완고함, 고집스러움　拒(こば)む 거절하다, 거부하다, 저지하다, 막다　刑(けい)が軽(かる)い 형이 가볍다
殺(ころ)す 살해하다, 죽이다, 눌러 참다, 억누르다　貸(か)し借(か)り 대차, 꾸어주거나 꾸어 옴

정답 D

68

女：自動車税の納入方法が多様化されましたね。家の近くのコンビニからも支払いが可能になりましたし、自動引き落としも可能になりました。

男：そうですか。でも、近くにコンビニがないんですよ。だから、銀行に行かなければならないんです。

女：その必要はありませんよ。必要な書類を、銀行にファックスで送りさえすれば引き落としの手続きはインターネットでも可能ですよ。

男：じゃ、今度やってみますよ。どうもありがとう。

여 : 자동차세의 납입방법이 다양화되었어요. 집 근처의 편의점에서도 지불이 가능하게 되었고, 자동 이체도 가능하게 되었습니다.

남 : 그래요? 하지만 근처에 편의점이 없어요. 그렇기 때문에 은행에 가지 않으면 안 됩니다.

여 : 그럴 필요 없어요. 필요한 서류를 은행에 팩스로 보내기만 하면 자동 이체의 절차는 인터넷에서도 가능해요.

남 : 그렇다면 이번에 해 볼게요. 고마워요.

男の人はどうやって自動車税を払いますか。

(A) コンビニで支払う。

(B) 銀行に出向いて手続きをした後、インターネットで確認する。

(C) ファックスでコンビニに書類を送った後、インターネットで手続きをする。

(D) ファックスで銀行に書類を送った後、インターネットで手続きをする。

남자는 어떻게 해서 자동차세를 지불합니까?

(A) 편의점에서 지불한다.

(B) 은행에 가서 절차를 밟은 후, 인터넷에서 확인한다.

(C) 팩스로 편의점에 서류를 보낸 후, 인터넷에서 절차를 밟는다.

(D) 팩스로 은행에 서류를 보낸 후, 인터넷에서 절차를 밟는다.

참 고 필요한 서류를 은행에 팩스로 보내면, 자동 이체 절차는 인터넷에서도 가능하다.

어구·해설 コンビニ 편의점　支払(しはら)い 지불, 지급　自動引(じどうひ)き落(お)とし 자동 이체　必要(ひつよう) 필요
ファックス 팩스　送(おく)る 부치다, 보내다, 파견하다　手続(てつづ)き 절차, 수속　インターネット 인터넷
今度(こんど) 이번, 이 다음, 차회　払(はら)う 지불하다, 없애다, 털어내다
出向(でむ)く 목적지로 향하여 가다, 떠나다, 그곳으로 가다

정 답 D

69

女 : 雲行(くもゆ)きが怪(あや)しいわね。今日(きょう)夜雨(よさめ)が降(ふ)るかもしれない
わね。

男 : 昨日(きのう)のニュースでは夕立(ゆうだち)になるかもしれないって言(い)
ってたけれど。

女 : あ、そう？ じゃ、洗濯物(せんたくもの)はベランダじゃなくて、
部屋(へや)に干(ほ)さなくちゃね。

男 : その方(ほう)がいいかも。

여 : 구름의 움직임이 심상치 않아. 오늘 밤비가 내릴지
도 모르겠어.

남 : 어제 뉴스에서는 소나기가 올지도 모른다고 했는데.

여 : 어, 그래? 그럼, 세탁물은 베란다가 아니라, 방에
말려야겠네.

남 : 그 편이 좋을지도.

ニュースによると、今日(きょう)の天気(てんき)はどうなりますか。

(A) 雨(あめ)は降(ふ)らない。

(B) 今日(きょう)は夜雨(よさめ)が降(ふ)るかもしれない。

(C) 今日(きょう)は雨(あめ)が降(ふ)るかもしれない。

(D) 朝(あさ)から雨(あめ)が降(ふ)るかもしれない。

뉴스에 의하면, 오늘의 날씨는 어떻게 됩니까?

(A) 비는 안 온다.

(B) 오늘은 밤비가 내릴지도 모른다.

(C) 오늘은 비가 내릴지도 모른다.

(D) 아침부터 비가 내릴지도 모른다.

참 고 뉴스에서는 소나기가 내릴지도 모른다고 했다.

어구·해설 雲行(くもゆ)き 구름이 움직이는 모양, 구름의 형세나 추세　怪(あや)しい 이상하다, 수상하다, 심상치 않다
夜雨(よさめ) 밤비　ニュース 뉴스　夕立(ゆうだち) 소나기　洗濯物(せんたくもの) 세탁물　ベランダ 베란다
干(ほ)す 말리다, 바닥이 드러나도록 하다

정 답 C

실전모의고사 4회

70

女：ここが秋葉原ですか。

男：はい、昔は電気製品を安く売る街として有名だったんですが、今は電気製品のほかにも、アニメーションのグッズや漫画本を売ったり、週末には歩行者天国でいろいろなイベントが行われ、多くの人でごった返します。

女：へぇ、歩行者天国もあるんですか。おもしろそうですね。

男：今度の週末に一緒に来てみましょうか。

여：여기가 아키하바라입니까?

남：예, 옛날에는 전기제품을 싸게 파는 거리로 유명했지만, 지금은 전기제품 이외에도, 애니메이션 상품과 만화책을 팔기도 하고, 주말에는 차 없는 거리로 다양한 이벤트가 있어서, 많은 사람들로 심한 혼잡을 이룹니다.

여：와~, 차 없는 거리도 있습니까? 흥미롭네요.

남：이번 주말에 함께 와 볼까요?

週末、秋葉原に人通りが多い理由は何ですか。

(A) 電気製品を安く売るから。

(B) アニメーションや漫画本を売るから。

(C) 歩行者天国に色々な人がいるから。

(D) 歩行者天国で色々なイベントがあるから。

주말, 아키하바라에 사람의 왕래가 많은 이유는 무엇입니까?

(A) 전기제품을 싸게 팔기 때문에.

(B) 애니메이션과 만화책을 팔기 때문에.

(C) 차 없는 거리에 다양한 사람들이 있기 때문에.

(D) 차 없는 거리에 다양한 이벤트가 있기 때문에.

(참고) 차 없는 거리로 다양한 이벤트가 행해진다.

(어구·해설) 秋葉原(あきはばら) 일본 도쿄의 전자상가가 밀집해 있는 지역　電気製品(でんきせいひん) 전기제품　売(う)る 팔다
街(まち) 상가 따위가 밀집된 곳, 번화한 거리　アニメーション 애니메이션, 동화(動画)　グッズ 상품, 물품
漫画本(まんがぼん) 만화책　歩行者天国(ほこうしゃてんごく) 보행자 천국(차량 통행을 금지시킨 구역)　イベント 이벤트
行(おこな)う 행위를 하다, 행동하다, 실시하다　ごった返(がえ)す 심한 혼잡을 이루다, 몹시 붐비다
人通(ひとどお)り 사람의 왕래

(정답) D

71

男：たばこや空き缶をポイ捨てする人が多くなったよね。

女：そうね。東京では歩きたばこ禁止条例やポイ捨て禁止条例ができて、取締りをしているようだけど、なかなか減らないみたいだわ。

男：ポイ捨てって簡単に言うけれど、本当はゴミの不法投棄っていうれっきとした犯罪なんだけどなぁ。

女：ポイ捨ては犯罪だっていう意識がないのかもしれないね。

남：담배와 빈 캔을 불법 투기하는 사람들이 많아졌어.

여：그래. 도쿄에서는 걸으면서 담배 피우기 금지 조례나 불법 투기 금지 조례가 생겨서, 단속을 하고 있는 것 같은데, 좀처럼 줄지 않는 것 같아.

남：불법 투기라고 간단하게 말하지만, 진짜는 쓰레기의 불법 투기라고 하는 명백한 범죄잖아.

여：불법 투기는 범죄라고 하는 의식이 없는 건지도 몰라.

「ポイ捨て」と関係があることは何ですか。

(A) ポイ捨ては歩きながらたばこを吸うことだ。

(B) ポイ捨てはゴミを減らすことだ。

(C) ポイ捨ては犯罪だ。

(D) ポイ捨てはたばこや空き缶を集めることだ。

'불법 투기'와 관계가 있는 것은 무엇입니까?

(A) 불법 투기는 걸으면서 담배를 피우는 것이다.

(B) 불법 투기는 쓰레기를 줄이는 것이다.

(C) 불법 투기는 범죄다.

(D) 불법 투기는 담배와 빈 캔을 모으는 것이다.

참 고 쓰레기의 불법 투기는 명백한 범죄이다.

어구·해설 たばこ 담배 空(あ)き缶(かん) 빈 캔 ポイ捨(す)て 슬쩍 버림 歩(ある)きたばこ 걸으면서 담배를 피움
禁止条例(きんしじょうれい) 금지조례 取締(とりしま)り 단속, 다잡음, 감독함 なかなか 꽤, 상당히, 매우, 좀처럼
減(へ)る 줄다, 적어지다 ゴミ 쓰레기, 먼지 不法投棄(ふほうとうき) 불법투기 れっきとした 명백한, 뚜렷한
犯罪(はんざい) 범죄 吸(す)う 기체나 액체를 들이마시다, 빨아들이다, 흡수하다 集(あつ)める 모으다, 집중시키다, 집합시키다

정 답 C

72 女：年末年始にあわせて、警察では飲酒運転の取締りを強化するそうですよ。

男：飲酒運転による事故が問題になっていますからね。

女：先月は飲酒運転による事故で、かわいい子供が死んで事故が大きく取り上げられていましたもんね。

男：警察の取締りをきっかけに、飲酒運転が減ればいいですね。

여：연말연시에 맞춰서 경찰에서는 음주 운전의 단속을 강화한다고 합니다.

남：음주 운전으로 인한 사고가 문제가 되고 있으니까요.

여：지난달에는 음주 운전으로 인한 사고로, 사랑스런 어린이가 죽어서 사고가 크게 문제가 되었었지요.

남：경찰의 단속을 계기로, 음주 운전이 줄어들면 좋겠어요.

警察は何をしますか。

(A) 事故の処理の迅速化。

(B) 事故の取締りの強化。

(C) 飲酒運転の事故を大きく取り上げる。

(D) 飲酒運転の取締りの強化。

경찰은 무엇을 합니까?

(A) 사고 처리의 신속화.

(B) 사고 단속의 강화.

(C) 음주 운전 사고를 크게 문제 삼는다.

(D) 음주 운전 단속의 강화.

참 고 음주 운전 단속을 강화하기로 했다.

어구·해설 年末年始(ねんまつねんし) 연말연시 警察(けいさつ) 경찰 飲酒運転(いんしゅうんてん) 음주운전
強化(きょうか) 강화 取(と)り上(あ)げる 문제 삼다 きっかけ 계기 処理(しょり) 처리 迅速化(じんそくか) 신속화

정 답 D

73

男：昨日から首の調子が悪いんです。首が回らないんですよ。

女：寝相が悪いからじゃないですか。

男：そうですか。いつもまっすぐ寝ているつもりなんですけどね。

女：寝相が悪いと体に大きな負担を与えるんですよ。今回の首も寝相が悪いのが問題だと思いますけど……。

남 : 어제부터 목 상태가 좋지 않습니다. 목이 잘 움직이지 않아요.

여 : 잠자는 자세가 나빠서 그런 것 아니에요?

남 : 그래요? 항상 똑바로 잔다고 생각하는데요.

여 : 잠자는 자세가 나쁘면, 몸에 큰 부담을 주게 돼요. 이번의 목도 잠자는 자세가 나쁜 것이 문제인 것 같은데…….

首が痛い原因は何ですか。

(A) 寝る姿勢が悪いから。

(B) 体が大きいから。

(C) 枕が合わないから。

(D) 枕が大きいから。

목이 아픈 원인은 무엇입니까?

(A) 잠자는 자세가 나쁘기 때문에.

(B) 몸이 크기 때문에.

(C) 베개가 맞지 않기 때문에.

(D) 베개가 크기 때문에.

참고 잠자는 자세가 안 좋은 것이 문제이다.

어구·해설 首(くび) 목, 비유적으로 목숨 **寝相**(ねぞう) 잠든 모습, 잠든 자세 **まっすぐ** 곧장, 똑바로 **姿勢**(しせい) 자세
負担(ふたん)**を与**(あた)**える** 부담을 주다 **枕**(まくら) 베개

정답 A

74

女：ニュースで日本神話が崩れつつあるということを聞きましたが「日本神話」って何ですか。

男：日本は今まで安全な国だと言われていたんですが、凶悪事件の増加、そして犯人の検挙率の低さが日本神話の崩壊を意味しているのではないでしょうか。

女：それに加えて、最近ではモラルの低下が目立ちますね。教師や警察官までセクハラをしたり賄賂を受け取るようになってしまいましたから。

男：もう一度、日本の信頼と日本神話が復活できるように行政にも頑張ってほしいですね。

여 : 뉴스에서 일본 신화가 붕괴 중에 있다는 것을 들었습니다만, '일본 신화'라는 것은 무엇입니까?

남 : 일본은 지금까지 안전한 나라라고 일컬어졌습니다만, 흉악 사건의 증가, 그리고 범인 검거율 저하가 일본 신화의 붕괴를 의미하고 있는 것은 아닐까요?

여 : 그것에 더해서, 최근에는 모럴의 저하가 두드러지네요. 교사와 경찰관까지 성희롱을 하거나 뇌물을 받게끔 되어버렸으니까.

남 : 다시 한 번, 일본의 신뢰와 일본 신화가 부활할 수 있도록 행정기관에서도 분발했으면 하네요.

「日本神話」とは何ですか。

(A) 日本が経済大国であるという話。

(B) 日本の信頼は厚いという話。

(C) 日本人のモラルは高いという話。

(D) 日本が安全な国家であるという話。

'일본 신화'란 무엇입니까?

(A) 일본이 경제 대국이라는 이야기.

(B) 일본의 신뢰는 두텁다는 이야기.

(C) 일본인의 모럴은 높다는 이야기.

(D) 일본이 안전한 국가라는 이야기.

참고 일본은 지금까지 안전한 나라라고 일컬어졌다.

어구·해설 崩(くず)れる 붕괴하다, 무너지다, 허물어지다 ~つつある 동작이나 작용이 진행 중임을 나타냄(~하고 있다, ~중이다)

凶悪(きょうあく) 흉악 検挙率(けんきょりつ) 검거율 崩壊(ほうかい) 붕괴 加(くわ)える 보태다, 더하다

モラル 모럴, 도덕, 윤리, 도의 低下(ていか) 저하 目立(めだ)つ 눈에 띄다, 두드러지다, 잘 보이다 教師(きょうし) 교사

セクハラ 성희롱 賄賂(わいろ) 뇌물 受(う)け取(と)る 받다, 수취하다, 납득하다, 해석하다, 이해하다

정답 D

75

女 : お弁当はいろいろございますが、２０代のお客様にはとんかつ弁当が人気です。３０代のお客様にはてんぷら弁当が、４０代以上の方々には煮物の弁当が人気です。当店でのお勧めは、焼魚弁当なんですが。

男 : 急いでいるので、すぐできる弁当はありますか。

女 : とんかつ弁当か焼魚弁当はすぐできますが。

男 : じゃ、お勧めのお弁当をお願いします。

여 : 도시락은 여러 가지가 있습니다만, 20대인 손님에게는 돈가스 도시락이 인기입니다. 30대인 손님에게는 튀김 도시락이, 40대 이상의 분들에게는 조림 도시락이 인기입니다. 우리 가게의 추천은 생선 구이 도시락입니다만.

남 : 시간이 없기 때문에, 바로 되는 도시락은 있습니까?

여 : 돈가스 도시락이나 생선 구이 도시락은 바로 됩니다만.

남 : 그럼, 추천 도시락을 부탁합니다.

男の人は何を注文しますか。

(A) 焼魚弁当。

(B) てんぷら弁当。

(C) 煮物の弁当。

(D) とんかつ弁当。

남자는 무엇을 주문합니까?

(A) 생선 구이 도시락.

(B) 튀김 도시락.

(C) 조림 도시락.

(D) 돈가스 도시락.

참고 가게의 추천은 생선 구이 도시락이다.

어구·해설 お弁当(べんとう) 도시락 とんかつ弁当(べんとう) 돈가스 도시락 てんぷら弁当(べんとう) 튀김 도시락

煮物(にもの) 삶거나 익힘, 그러한 음식 当店(とうてん) 당점, 이 가게, 우리 가게 勧(すす)め 권고, 권유

焼魚弁当(やきざかなべんとう) 생선 구이 도시락 急(いそ)ぐ 서두르다, 마음이 조급해지다, 조급히 굴다, 안달하다

정답 A

76

男：すみません、これより少し大きなサイズはありませんか。長さはちょうどいいんですが、腰周りがちょっときつくて……。

女：申し訳ございません。同じ色のものは、現在品切れです。お客様、ズボンをお召しになるときは腹巻をお外しになって、もう一度お試しください。

男：あ、腹巻を外すと腰周りもちょうどいいですね。

女：今、お召しのジャケットにもよくお似合いです。

남 : 저기요, 이것보다 약간 큰 사이즈는 없습니까? 길이는 딱 좋습니다만, 허리 둘레가 약간 껴서……

여 : 죄송합니다. 같은 색의 것은 현재 품절입니다. 손님, 바지를 입으실 때는 복대를 푸시고, 다시 한 번 입어 보세요.

남 : 아, 복대를 푸니까 허리 둘레도 딱 맞네요.

여 : 지금, 입으신 재킷에도 잘 어울리시네요.

男の人は何を買いに来ましたか。

(A) ジーパン。

(B) セーター。

(C) ジャケット。

(D) シャツ。

남자는 무엇을 사러 왔습니까?

(A) 청바지.

(B) 스웨터.

(C) 재킷.

(D) 셔츠.

참고 점원은 복대를 풀고 다시 한번 바지를 입어 볼 것을 권하고 있다.

어구·해설 **サイズ** 사이즈(치수, 크기) **長(なが)さ** 길이 **腰周(こしまわ)り** 허리 둘레 **品切(しなぎ)れ** 품절, 절품
　　　　　　ズボン (양복) 바지 **お召(め)しになる** 입으시다 **腹巻(はらまき)** 복대 **外(はず)す** 때다, 떼어 내다, 풀다, 벗다, 벗기다
　　　　　　試(ため)す 시험하여 보다 **ジャケット** 재킷(짧은 상의의 총칭) **似合(にあ)う** 어울리다, 잘 맞다 **ジーパン** 청바지
　　　　　　セーター 스웨터(털실로 두툼하게 짠 상의) **シャツ** 셔츠, 와이셔츠

정답 A

77

女：春になると、鼻が痒くなって鼻水が出るんですよ。目も痒くなるし。

男：それは花粉症ですね。杉の木から飛んでくる花粉が原因だと言われています。

女：どうすればいいですか。花粉症の症状がひどくて、仕事にも集中出来ないし、外にも出られませんよ。花粉症のせいで、楽しい春が台無しです。

男：マスクをしたら、どうですか。後は、室内に入ったらうがいをしたりシャワーをしたりとかとにかく花粉を吸わないように、注意しないといけませんね。

여 : 봄이 되면, 코가 가려워져 콧물이 나와요. 눈도 가려워지고.

남 : 그것은 꽃가루 알레르기예요. 삼목 나무에서 날아오는 꽃가루가 원인이라고 합니다.

여 : 어떻게 하면 됩니까? 꽃가루 알레르기의 증상이 심해서, 일에도 집중할 수 없고, 밖에도 나갈 수가 없어요. 꽃가루 알레르기 때문에, 즐거운 봄이 엉망입니다.

남 : 마스크를 하면 어떻습니까? 그 외에는 실내에 들어가면 양치질을 하거나 샤워를 하거나 여하튼 꽃가루를 마시지 않도록, 주의하지 않으면 안 됩니다.

会話の内容に合っているものはどれですか。

(A) 男の人は春になると鼻が痒くなる。

(B) 男の人は花粉症のせいで仕事に集中出来ない。

(C) 男の人は室内に入ったらシャワーをした方がいいと言っている。

(D) 花粉症は松の木から飛んでくる花粉が原因だと言われている。

회화 내용과 맞는 것은 어느 것입니까?

(A) 남자는 봄이 되면 코가 가려워진다.

(B) 남자는 꽃가루 알레르기 때문에 일에 집중할 수 없다.

(C) 남자는 실내에 들어가면 샤워를 하는 편이 좋다고 말하고 있다.

(D) 꽃가루 알레르기는 소나무에서 날라 오는 꽃가루가 원인이라고 한다.

어구·해설 痒(かゆ)い 가렵다 鼻水(はなみず) 콧물 花粉症(かふんしょう) 꽃가루 알레르기 杉(すぎ)の木(き) 삼목 나무 花粉(かふん) 꽃가루 症状(しょうじょう) 증상 ひどい 잔인하다, 지독하다, 심하다 集中(しゅうちゅう) 집중 台無(だいな)し 쓸모없는 모양, 엉망이 된 모양, 아주 망가진 모양 マスク 마스크 うがいをする 양치질을 하다 松(まつ)の木(き) 소나무

정답 C

78

男 : 東京の高速道路で乗用車にトラックが追突し、乗用車に乗っていた二人が死亡したそうです。

女 : 交通事故は本当に怖いですね。原因は何ですか。飲酒運転ですか。

男 : トラック運転手のわき見運転が原因だそうです。気付いたら、車が目の前にあったと運転手が証言しているそうです。

女 : そうですか。車を運転する時は細心の注意を払って運転しなければなりませんね。

남 : 도쿄의 고속도로에서 승용차에 트럭이 추돌하여, 승용차에 타고 있던 두 사람이 사망했다고 합니다.

여 : 교통사고는 진짜로 무섭네요. 원인은 무엇입니까? 음주 운전입니까?

남 : 트럭 운전수가 한눈을 팔며 운전한 것이 원인이라고 합니다. 정신이 들자, 차가 눈앞에 있었다고 운전수가 증언을 했다고 합니다.

여 : 그렇습니까? 차를 운전할 때는 세심하게 주의를 하며 운전하지 않으면 안 되지요.

交通事故の原因は何ですか。

(A) 乗用車の運転手が前を見ていなかったから。

(B) トラックの運転手が前を見ていなかったから。

(C) 乗用車の運転手が酒を飲んでいたから。

(D) トラックの運転手が酒を飲んでいたから。

교통사고의 원인은 무엇입니까?

(A) 승용차의 운전수가 앞을 보고 있지 않았기 때문에.

(B) 트럭의 운전수가 앞을 보고 있지 않았기 때문에.

(C) 승용차의 운전수가 술을 마셨기 때문에.

(D) 트럭의 운전수가 술을 마셨기 때문에.

참고 트럭 운전수의 한눈팔기 운전이 교통사고의 원인이다.

어구·해설 トラック 트럭 追突(ついとつ) 추돌, 뒤에서 들이받음 飲酒運転(いんしゅうんてん) 음주운전 運転手(うんてんしゅ) 운전수 わき見(み)運転(うんてん) 한눈팔며 운전함 気付(きづ)く 눈치 채다, 알아차리다, 생각나다, 정신이 들다 証言(しょうげん) 증언 細心(さいしん) 세심

정답 B

79

男：男性に育児休暇制度を導入する会社が増えていますね。

女：少子化時代、育児には男が子供を看ることも必要だと分かったんですね。でも、育児休暇を申請する男性はまだまだ少ないのが現状です。

男：育児休暇はあっても、給料が減額される心配もあるし、職場での雰囲気の問題もあります。でも、一番の問題は、職場復帰後の地位保障がまだまだ整備されていないことが原因だと思います。

女：男性にも保障が必要ですね。その制度の善し悪しがこれからの少子化問題にも大きな影響を与えてくるんでしょうね。

남 : 남성에게 육아 휴가 제도를 도입하는 회사가 늘고 있습니다.

여 : 소자화 시대, 육아에는 남자가 아이를 보살피는 것도 필요하다고 깨달은 것이네요. 하지만 육아 휴가를 신청하는 남성은 아직 적은 것이 현실입니다.

남 : 육아 휴가는 있어도, 급료가 감액될 염려도 있고, 직장에서의 분위기 문제도 있습니다. 하지만 제일 문제는 직장 복귀 후의 지위 보장이 아직도 정비되어 있지 않은 것이 원인이라고 생각합니다.

여 : 남성에게도 보장이 필요하지요. 그 제도의 좋고 나쁨이 앞으로의 소자화 문제에도 큰 영향을 주게 되겠지요.

これからの少子化に大きな影響を与えると思われるものは何ですか。

(A) 男性が女性を支えること。

(B) 育児休暇制度の整備。

(C) 男性が育児休暇を取れないこと。

(D) 会社が育児休暇制度を導入すること。

앞으로의 소자화에 큰 영향을 줄 것으로 생각되는 것은 무엇입니까?

(A) 남성이 여성을 받쳐주는 것.

(B) 육아 휴가 제도의 정비.

(C) 남성이 육아 휴가를 쓸 수 없는 것.

(D) 회사가 육아 휴가 제도를 도입하는 것.

참고 여자는 남성의 직장 복귀 후의 직위 보장이 아직 정비되어 있지 않은 것이 소자화 문제에 영향을 끼칠 것으로 생각한다.

어구·해설 男性(だんせい) 남성 育児休暇制度(いくじきゅうかせいど) 육아 휴가 제도 導入(どうにゅう) 도입

少子化(しょうしか) 아이를 낳는 부모 세대의 감소와 출생률의 저하로 인해 아이의 수가 감소하는 것(소자화) 育児(いくじ) 육아

申請(しんせい) 신청 現状(げんじょう) 현재 상태, 현상 給料(きゅうりょう) 급료 減額(げんがく) 감액

職場(しょくば) 직장 雰囲気(ふんいき) 분위기 復帰(ふっき) 복귀 地位(ちい) 지위 保障(ほしょう) 보장

整備(せいび) 정비 影響(えいきょう)を与(あた)える 영향을 주다 善(よ)し悪(あ)し 좋고 나쁨, 옳고 그름, 선악

정답 B

80 女：物流事業は今、変革の時代を迎えていますね。２４時間離発着可能な空港が増えたことで、航空機を使って預かった貨物を迅速にそして確実に配達することができる時代になりました。

男：でも、２４時間利用可能な空港はまだ限られていますから、日本全国にこのサービスを提供することは出来ません。

女：じゃ、２４時間利用可能な空港を開港すれば、問題は解決するんじゃないですか。

男：でも、そんなに簡単な問題じゃないんですよ。２４時間利用可能な空港は夜間の騒音問題も抱えることになります。それに加えて、車両輸送よりコストがかかるのも事実です。便利さとともに採算性も考えなければなりません。

여 : 물류사업은 지금, 변혁의 시대를 맞이하고 있습니다. 24시간 이착륙 가능한 공항이 늘어남으로써 항공기를 사용해, 맡은 화물을 신속하게 그리고 확실하게 배달을 할 수 있는 시대가 되었습니다.

남 : 하지만 24시간 이용 가능한 공항은 아직 한정되어 있기 때문에, 일본 전국에 이 서비스를 제공하는 것은 불가능합니다.

여 : 그럼, 24시간 이용 가능한 공항을 개항하면, 문제는 해결되는 것이 아닙니까?

남 : 하지만 그렇게 간단한 문제가 아닙니다. 24시간 이용 가능한 공항은 야간의 소음 문제도 떠맡게 됩니다. 여기에 더해, 차량 수송보다 비용이 드는 것도 사실입니다. 편리함과 더불어 채산성도 고려하지 않으면 안 됩니다.

物流事業の課題は何ですか。

(A) コストの削減と車両輸送の増加。
(B) 貨物を確実に届けることができるシステムの開発。
(C) 物流輸送の拠点となる空港をいくつかに絞り込むこと。
(D) 便利なサービスの開発と共に収益性を考えなければならないこと。

물류사업의 과제는 무엇입니까?

(A) 비용의 삭감과 차량 수송의 증가.
(B) 화물을 확실하게 배달할 수 있는 시스템의 개발.
(C) 물류 수송의 거점이 되는 공항을 몇 개로 한정시키는 것.
(D) 편리한 서비스의 개발과 더불어 수익성을 고려하지 않으면 안 되는 것.

참고 편리함과 더불어 채산성도 고려하지 않으면 안 된다.

어구·해설 物流事業(ぶつりゅうじぎょう) 물류 사업　変革(へんかく) 변혁　迎(むか)える 맞다, 맞이하다, 맞아들이다
離発着(りはっちゃく) 항공기의 이륙과 착륙, 이착륙　預(あず)かる 맡다, 보관하다, 책임을 맡다, 맡아서 돌보다
貨物(かもつ) 화물　迅速(じんそく) 신속　配達(はいたつ) 배달　限(かぎ)る 한정하다, 한하다, 경계 짓다, 구분 짓다
提供(ていきょう) 제공　開港(かいこう) 개항　解決(かいけつ) 해결　夜間(やかん) 야간　騒音(そうおん) 소음
車両輸送(しゃりょうゆそう) 차량 수송　コスト 생산비, 원가, 비용　便利(べんり)さ 편안함
採算性(さいさんせい) 채산성　削減(さくげん) 삭감　届(とど)ける 보내다, 전하다, 신고하다　システム 시스템
開発(かいはつ) 개발　拠点(きょてん) 거점　絞(しぼ)り込(こ)む 짜내다, 대상 범위를 좁혀가면서 한정시키다(선출하다)
収益性(しゅうえきせい) 수익성

정답 D

PART 4 설명문 – 보통 내용의 순서와 문제의 순서가 차례대로 있는 경우가 많기 때문에 문제를 미리 파악해 두고 내용을 들으면서 문제를 푸는 것이 좋다.

81-84

ノーベル賞を作ったのは、スウェーデン生まれの発明家アルフレッド・ノーベルさん。ノーベルさんは一生の間にたくさんの発明をして、大金持ちになりました。中でも、いちばん有名な発明は、ダイナマイトという爆薬。ダイナマイトが出来たおかげでトンネルや道路などの工事が簡単になりました。でも、ダイナマイトは、戦争では爆弾として使われたのです。自分の発明が大勢の命を奪ったことをノーベルさんはとても悲しみました。そして、自分が死ぬ時に、人類のために尽した人に、自分のお金で賞を贈って欲しいという遺言を残しました。この遺言を実行するために作られた「ノーベル財団」という組織がノーベルさんが残したお金を管理して、ノーベル賞を与えています。ノーベル財団は、誰にノーベル賞を贈るかを1年前から調べています。世界中から推薦された候補者の中から、本当にノーベル賞にふさわしい人かどうかを、調査員が実際に調べに行きます。そして10人くらいに絞ったところで、専門家たちで作られた委員会が、受賞者を決めるそうです。

노벨상을 만든 것은 스웨덴 출신의 발명가 알프레드 노벨씨. 노벨씨는 평생 많은 발명을 하여 큰 부자가 되었습니다. 그 중에서도 가장 유명한 발명은 다이너마이트라는 폭약. 다이너마이트가 생긴 덕분에 터널이나 도로 등의 공사가 간단해졌습니다. 하지만 다이너마이트는 전쟁에서는 폭탄으로 사용되었습니다. 자신의 발명이 많은 생명을 잃게 한 것을 노벨씨는 매우 슬퍼했습니다. 그리고 자신이 죽을 때에 인류를 위하여 진력한 사람에게 자신의 돈으로 상을 주고 싶다는 유언을 남겼습니다. 이 유언을 실행하기 위해 만들어진 '노벨재단'이라는 조직이 노벨씨가 남긴 돈을 관리하고 노벨상을 주고 있습니다. 노벨재단은 누구에게 노벨상을 줄지 1년 전부터 조사합니다. 전 세계에서 추천 받은 후보자 중에서 진정으로 노벨상에 어울리는 사람인지 어떤지 조사원이 실제로 조사하러 갑니다. 그리고 10명 정도로 압축한 시점에서, 전문가들로 구성된 위원회가 수상자를 정한다고 합니다.

81 ノーベルの一番有名な発明は何ですか

(A) トンネルを作る機械。

(B) ダイナマイトという爆薬。

(C) 電話機。

(D) 車のエンジン。

노벨의 가장 유명한 발명은 무엇입니까?

(A) 터널을 만드는 기계.

(B) 다이너마이트라는 폭약.

(C) 전화기.

(D) 자동차 엔진.

82 ノーベルが心を痛めたのはどうしてですか

(A) 自分の発明したものが多くの人の命を奪ったから。

(B) 自分の発明があまり人の役に立たなかったから。

(C) 発明をしても、お金をたくさん稼ぐことができなかったから。

(D) 自分がまもなく死ぬことに気づいたから。

노벨이 마음 아파한 것은 왜 입니까?

(A) 자신이 발명한 것이 많은 사람의 생명을 빼앗았기 때문에.

(B) 자신의 발명이 그다지 사람에게 도움이 되지 않았기 때문에.

(C) 발명을 하여도, 돈을 많이 벌 수 없었기 때문에.

(D) 자신이 곧 죽을 것을 알았기 때문에.

83 ノーベルの遺言は何でしたか。

(A) お金がない人に自分のお金をあげて欲しい。

(B) お金が欲しい人には調査をした後、お金をあげることにする。

(C) 人類のために尽くした人に、賞とお金をあげて欲しい。

(D) ダイナマイトの専門家にお金を送って研究を続けて欲しい。

노벨의 유언은 무엇이었습니까?

(A) 돈이 없는 사람에게 자신의 돈을 주기 원한다.

(B) 돈을 원하는 사람에게는 조사를 한 후, 돈을 주기로 한다.

(C) 인류를 위하여 진력한 사람에게, 상과 돈을 주길 원한다.

(D) 다이너마이트 전문가에게 돈을 보내어 연구를 계속하게 한다.

84 ノーベル賞の受賞者はどうやって決められますか。

(A) 1年間、世界で一番人気があった人と面接をして決める。

(B) 世界中の推薦を受け、10人くらいまで絞った後で会議をして決定する。

(C) 多くの候補者と面接をして決定する。

(D) 候補者を公開し、人々の意見を参考にしながら、会議で決定する。

노벨상 수상자는 어떻게 정해집니까?

(A) 1년 간 세계에서 가장 인기가 있었던 사람과 면접을 하여 정한다.

(B) 전 세계에서 추천을 받아, 10명 정도까지 간추린 후에 회의를 하여 결정한다.

(C) 많은 후보자와 면접을 하여 결정한다.

(D) 후보자를 공개하여, 사람들의 의견을 참고로 하면서, 회의로 결정한다.

실전모의고사 4회

어구·해설 ノーベル賞(しょう) 노벨상　一生(いっしょう) 일생, 평생, 한평생　大金持(おおがねも)ち 큰 부자, 부호

ダイナマイト 다이너마이트　出来(でき)る 생기다, 생성되다　トンネル 터널, 굴　工事(こうじ) 공사

奪(うば)う 빼앗다, 사로잡다, 끌다　悲(かな)しむ 슬퍼하다　尽(つく)す 다하다, 진력하다　遺言(ゆいごん) 유언

実行(じっこう) 실행　推薦(すいせん) 추천　候補者(こうほしゃ) 후보자　審査員(しんさいん) 심사원

絞(しぼ)る 짜다, 압축하다　痛(いた)める 아프게 하다, 다치다, 상하다, 고통을 주다　面接(めんせつ) 면접

정답 81-B, 82-A, 83-C, 84-B

85-88

山梨県で10月3日朝、富士急行の車両にスプレーで落書きされているのが見つかりました。車両の落書きは、先月から東京や横浜でも相次いでいます。午前6時半ごろ、富士急行の河口湖駅で停車していた車両に落書きされているのを巡回中の職員が発見し、110番通報しました。2両編成の先頭車両に落書きがあり、スプレーでアルファベットの文字などが縦1メートル、横10メートルにわたって書かれていました。車両が停車していた2日午後7時半ごろから3日朝にかけて、周辺のフェンスを乗り越えて何者かが侵入し、落書きをしたとみられています。警察は器物損壊容疑で調べを進めています。車両への落書きは、先月から東京都内の東京メトロ東西線や東急大井町線、横浜市の横浜市営地下鉄でも相次いでいます。

야마나시현에서 10월 3일 아침, 후지급행의 차량에 스프레이로 낙서가 되어 있는 것이 발견되었습니다. 차량의 낙서는 지난달부터 도쿄와 요코하마에서도 잇달아 발견되었습니다. 아침 6시 반경, 후지급행의 가와구치코 역에 정차하고 있던 차량에 낙서가 되어 있는 것을 순회 중인 직원이 발견하고, 110번에 통보하였습니다. 2량 편성의 선두차량에 낙서가 있고, 스프레이로 알파벳 문자 등이 세로 1미터, 가로 10미터에 걸쳐 쓰여 있었습니다. 차량이 정차하고 있던 2일 오후 7시 반경부터 3일 아침에 걸쳐, 주변의 담장을 넘어서 누군가가 침입하여, 낙서를 한 것으로 보입니다. 경찰은 기물파손용의로 조사를 진행하고 있습니다. 차량의 낙서는 지난달부터 도쿄 도내의 도쿄 매트로 도자이선과 도큐 오이마치선, 요코하마시의 요코하마 시영 지하철에서도 잇달아 일어나고 있습니다.

85 富士急行の車両に落書きが発見されたのはいつですか。

(A) 10月2日午後7時半。

(B) 10月3日深夜。

(C) 10月3日朝。

(D) 10月3日午後7時半。

후지급행 차량에 낙서가 발견된 것은 언제입니까?

(A) 10월 2일 오후 7시 반.

(B) 10얼 3일 심야.

(C) 10월 3일 아침.

(D) 10월 3일 오후 7시 반.

86 落書きを見つけた人は誰ですか。

(A) 富士急行の職員。

(B) 電車の運転手。

(C) 警察官。

(D) 誰か分からない。

낙서를 발견한 사람은 누구입니까?

(A) 후지급행의 직원.

(B) 전차의 운전수.

(C) 경찰관.

(D) 누구인지 알 수 없다.

87 落書きを見つけてから一番にしたことは何でしたか。

(A) 落書きを消すこと。

(B) 警察に電話すること。

(C) 電車を発車させること。

(D) 会社で会議を開くこと。

낙서를 발견하고 나서 가장 먼저 한 일은 무엇이었습니까?

(A) 낙서를 지우는 일.

(B) 경찰에 전화하는 일.

(C) 전차를 발차시키는 일.

(D) 회사에서 회의를 여는 일.

88 車両には何が書かれていましたか。

(A) 日本語でひどい言葉が書かれていた。

(B) アルファベットと漢字が書かれていた。

(C) ひらがなとアルファベットが書かれていた。

(D) アルファベットなどが書かれていた。

차량에는 무엇이 쓰여 있었습니까?

(A) 일본어로 심한 말이 쓰여 있었다.

(B) 알파벳과 한자가 쓰여 있었다.

(C) 히라가나와 알파벳이 쓰여 있었다.

(D) 알파벳 등이 쓰여 있었다.

어구·해설 山梨県(やまなしけん) 중부 지방 동남부의 현 急行(きゅうこう) 급행 スプレー 스프레이, 분무기

落書(らくが)き 낙서 見付(みつ)かる 들키다, 발각되다, 찾게 되다, 발견되다 相次(あいつ)ぐ 잇달다, 연달다

巡回中(じゅんかいちゅう) 순회 중 職員(しょくいん) 직원

110番(ひゃくとおばん) 110번(일본에서 범죄·사고 등 긴급시에 경찰을 부르기 위한 전화 번호) 通報(つうほう) 통보

編成(へんせい) 편성 先頭(せんとう) 선두 文字(もじ) 문자, 글자 縦(たて) 세로, 수직 방향

横(よこ) 가로, 옆, 옆면, 측면 停車(ていしゃ) 정차 フェンス 펜스, 울타리, 담

乗(の)り越(こ)える 타고 넘다, 뚫고 나가다, 극복하다, 뛰어넘다 侵入(しんにゅう) 침입 警察(けいさつ) 경찰

器物損壊(きぶつそんかい) 기물파손 容疑(ようぎ) 용의 調(しら)べる 조사하다, 검토하다, 찾다

進(すす)める 진행시키다, 진척시키다 地下鉄(ちかてつ) 지하철 消(け)す 끄다, 지우다

정답 85-C, 86-A, 87-B, 88-D

日本においては、先進国の中で比較すると、結婚は非常に一般的であるといえる。しかし、最近は未婚率が年々上昇し20代で結婚しない人の割合は1960年の9.9％から2000年には54％まで上昇している。生涯未婚率は上昇しているが相対的に低く、2000年では男性12.57％、女性5.82％となっている。また、平均未婚年齢は年々上昇し、晩婚化が進んでいる。要因については、様々だが、一般的には女性の高学歴化や社会進出が言われている。また男性の収入の不安定化もこの現象に拍車をかけているとも言われている。

일본에서는 선진국과 비교하면, 결혼은 상당히 일반적이라고 할 수 있다. 그러나 최근에는 미혼율이 매년 상승하여 20대에 결혼하지 않은 사람의 비율은 1960년의 9.9％에서 2000년에는 54％까지 상승하였다. 평생 미혼율은 상승하고 있지만 상대적으로 낮고, 2000년에는 남성 12.57％, 여성 5.82％로 되어 있다. 또한 평균 미혼 연령은 매년 상승하여, 만혼화가 진행되고 있다. 요인에 대해서는 다양하지만, 일반적으로는 여성의 고학력화 또는 사회진출을 들고 있다. 또한 남성의 수입 불안정화도 이 현상에 박차를 가하고 있다고도 이야기하고 있다.

89 最近の日本では20代の未婚率はどうなっていますか。

(A) 54％から9.9％へと減少しつつある。
(B) 9.9％から54％へと上昇しつつある。
(C) 男性は12.57％。
(D) 女性は5.82％。

최근 일본에서는 20대 미혼률은 어떻습니까?
(A) 54％에서 9.9％로 감소하고 있다.
(B) 9.9％에서 54％로 상승하고 있다.
(C) 남성은 12.57％.
(D) 여성은 5.82％.

90 晩婚化とはどういう意味ですか。

(A) 一生、結婚しないこと。
(B) 若い年齢で結婚する人が増えること。
(C) 結婚年齢が上昇すること。
(D) 男性の収入が減ること。

만혼화란 어떤 의미입니까?
(A) 평생, 결혼하지 않는 것.
(B) 젊은 나이에 결혼하는 사람이 늘어나는 것.
(C) 결혼연령이 상승하는 것.
(D) 남성의 수입이 줄어드는 것.

91 晩婚化の要因は何だと言っていますか。

(A) 日本では結婚が一般的じゃないから。

(B) 女性が主婦になるのをいやがっているから。

(C) 男性の収入が上昇してきているから。

(D) 女性が社会で活躍する機会が増えてきた から。

만혼화의 요인은 무엇이라고 하고 있습니까?

(A) 일본에서는 결혼이 일반적이지 않기 때문에.

(B) 여성이 주부가 되는 것을 싫어하기 때문에.

(C) 남성의 수입이 상승해 왔기 때문에.

(D) 여성이 사회에서 활약하는 기회가 늘어 왔기 때문에.

어구·해설 非常(ひじょう) 비상, 예사가 아님, 대단함, 심함 一般的(いっぱんてき) 일반적 未婚率(みこんりつ) 미혼률

年々(ねんねん) 매년, 해마다 上昇(じょうしょう) 상승 割合(わりあい) 비율 生涯(しょうがい) 생애, 평생

相対的(そうたいてき) 상대적 男性(だんせい) 남성 女性(じょせい) 여성 晩婚化(ばんこんか) 만혼화

要因(よういん) 요인 様々(さまざま) 가지가지, 여러 가지, 가지각색 高学歴化(こうがくれきか) 고학력화

社会進出(しゃかいしんしゅつ) 사회진출 収入(しゅうにゅう) 수입 不安定化(ふあんていか) 불안정화

現象(げんしょう) 현상 拍車(はくしゃ)をかける 박차를 가하다 減少(げんしょう) 감소

主婦(しゅふ) 주부 活躍(かつやく) 활약 増(ふ)える 늘다, 늘어나다, 증가하다, 불어나다

정답 89-B, 90-C, 91-D

92-94

厚生労働省によって 3 年ごとに全国の医療施設に対して行われている「患者調査」によると、1996年には 43.3万人であったうつ病総患者は 1999年には 44.1万人とほぼ横ばいであったが、その後、2002年には 71.1万人、2005年には 92.4万人と 6年間で 2 倍以上に増加しているのが目立っている。これらの数字はうつ病、躁鬱病、気分変調症などの「気分障害」の総患者数であり医療機関に看てもらわない患者は含まれない。

후생노동성에 의해 3년마다 전국의 의료시설에 대해서 이루어지고 있는 '환자조사'에 의하면, 1996년에는 43.3만 명이었던 우울증 전체 환자는 1999년에는 44.1만 명으로 제자리걸음이었는데, 그 후 2000년에는 71.1만 명, 2005년에는 92.4만 명으로 6년간 2배 이상으로 증가한 것이 눈에 띄고 있다. 이 숫자는 우울증, 조울병, 기분 변조증 등의 '기분장애'의 전체 환자수로 의료기관에서 진찰을 받지 않는 환자는 포함되지 않는다.

92 患者調査はいつ行われますか。

(A) 2年に1回。

(B) 3年に1回。

(C) 4年に1回。

(D) 6年に1回。

환자조사는 언제 이루어집니까?

(A) 2년에 1회.

(B) 3년에 1회.

(C) 4년에 1회.

(D) 6년에 1회.

93 1996年と1999年のうつ病の患者数の増減はどうで
したか。

(A) 3年間で倍増した。

(B) 3年間で半減した。

(C) 3年間、あまり変化がなかった。

(D) 3年間の調査結果はない。

1996년과 1999년의 우울증 환자수의 증감은 어땠습니까?

(A) 3년간 2배로 증가했다

(B) 3년간 반으로 줄었다.

(C) 3년간, 거의 변화가 없었다.

(D) 3년간 조사결과는 없다.

94 うつ病患者の人数は、最近6年でどうなりましたか。

(A) 2分の1に減った。

(B) 3分の1に減った。

(C) 2倍以上に増加した。

(D) 3倍以上に増加した。

우울증환자의 수는, 최근 6년 간 어떻게 되었습니까?

(A) 2분의 1로 줄었다.

(B) 3분의 1로 줄었다.

(C) 2배 이상으로 증가하였다.

(D) 3배 이상으로 증가하였다.

어구·해설 **厚生労働省**(こうせいろうどうしょう) 후생 노동성(사회 복지·사회 보장·공중위생·노동문제·노동자 보호·고용 대책에
관한 업무를 맡아 보는 관청) **〜毎**(ごと)**に** 〜마다 **行**(おこな)**う** 행동하다, 실시하다 **うつ病**(びょう) 울병, 우울증
横(よこ)**ばい** 보합, 제자리걸음 **目立**(めだ)**つ** 눈에 띄다, 두드러지다, 잘 보이다 **躁鬱病**(そううつびょう) 조울병
気分変調症(きぶんへんちょうしょう) 기분 변조증(기분 장애의 일종) **気分障害**(きぶんしょうがい) 기분 장애
看(み)**る** 보살피다 **含**(ふく)**む** 입에 물다, 머금다, 포함하다, 함유하다 **増減**(ぞうげん) 증감
倍増(ばいぞう) 배증, 배가 **半減**(はんげん) 반감 **変化**(へんか) 변화 **人数**(にんずう) 인원수, 사람의 수

정답 92-B, 93-C, 94-C

95-97

今日の魚座の運勢をお知らせします。今日は忙しく時間が過ぎるでしょう。周りの人たちの期待に応えるのにせいいっぱいで、自分のために使う時間がほとんどないように感じられるかもしれません。今のあなたに何より必要なものは、生活のすべての面でバランスを整えていくこと。1日をより気分よく過ごして活躍するために、食生活や睡眠にもう少し気を配る必要があるかもしれません。ヨガやダイエットなどを始めると、すぐに効果があらわれて長続きしそうです。1日の中にささやかでも、幸運を見つけることができる日。恋愛の何気ないひとときにも感動でき、充実感を味わえるでしょう。そんなピュアな姿が、周りの異性の心に響きそう。異性からいつもやさしくしてもらえそうです。

오늘 물고기자리의 운세를 알려드리겠습니다. 오늘은 바쁘게 지내겠습니다. 주위 사람들의 기대에 부응하는 일에 벅차 자신을 위해 사용하는 시간이 거의 없는 것처럼 느껴질지도 모릅니다. 지금의 당신에게 무엇보다 필요한 것은 생활의 모든 면에서 밸런스를 맞춰 가는 것. 하루를 보다 기분 좋게 지내고 활약하기 위해 식생활이나 수면에도 조금 더 신경을 쓸 필요가 있을지도 모릅니다. 요가나 다이어트 등을 시작하면, 바로 효과가 나타나 장기간 계속될 것 같습니다. 하루 일과 중에 작지만 행운을 발견할 수 있는 날. 연애의 사소한 순간에도 감동을 할 수 있어, 충실감을 느낄 수 있을 것입니다. 그런 순수한 모습이 주변 이성의 마음에 와 닿을 듯. 이성으로부터 항상 친절함을 느낄 수 있을 것입니다.

95 魚座の人に何より必要なものは何だと言っていますか。

(A) 自分のために時間を使うこと。
(B) 生活のすべての面でバランスを整えること。
(C) ささやかな一日でも、幸運をみつけること。
(D) ヨガやダイエットを始めること。

물고기자리의 사람에게 무엇보다 필요한 것은 무엇이라고 말합니까?

(A) 자신을 위해 시간을 사용할 것.
(B) 생활의 모든 면에서 밸런스를 유지할 것.
(C) 별일 없는 하루라도, 행운을 발견할 것.
(D) 요가나 다이어트를 시작할 것.

96 一日をより気分よくすごして活躍するためにはどうすればいいと言っていますか。

(A) 恋愛をして、充実感を味わえばよい。

(B) 食生活には気を配らなくても、睡眠には気を配ったほうがいい。

(C) 食生活に気を配り、睡眠にも気を配ったほうがいい。

(D) 今のままでいいので、特に注意することはない。

하루를 보다 즐겁게 보내고 활약하기 위해서는 어떻게 하면 좋다고 말합니까?

(A) 연애를 하여, 충실감을 느끼면 좋다.

(B) 식생활에는 신경을 쓰지 않아도, 수면에는 신경을 쓰는 것이 좋다.

(C) 식생활에 신경을 쓰고, 수면에도 신경을 쓰는 것이 좋다.

(D) 지금 현 상태로 좋기 때문에 특별히 주의할 것은 없다.

97 今日は魚座の人に対して異性がどうすると言っていますか。

(A) 忙しく見えて、誰も声をかけてくれなさそうだ。

(B) ヨガなどでダイエットしたほうがいいと言うかもしれない。

(C) いつもやさしくしてもらえそうだ。

(D) いつもと変りはない。

오늘은 물고기자리의 사람에 대해서 이성이 어떻게 한다고 합니까?

(A) 바쁘게 보여서, 아무도 말을 걸어 주지 않을 것 같다.

(B) 요가 등으로 다이어트를 하는 것이 좋다고 말할지도 모른다.

(C) 항상 친절하게 해 줄 것 같다.

(D) 이전과 변함없다.

어구·해설 魚座(うおざ) 물고기자리 運勢(うんせい) 운세 お知(し)らせ 통지, 소식, 알림 忙(いそが)しい 바쁘다, 다망하다
過(す)ぎる 지나다, 경과하다 周(まわ)り 사물의 둘레, 주위 応(こた)える 응하다 せいいっぱい 힘껏, 한껏, 고작
ほとんど 대부분, 거의, 하마터면 必要(ひつよう) 필요 整(ととの)える 가지런하게 하다, 가다듬다, 조절하다
活躍(かつやく) 활약 食睡眠(すいみん) 수면 気(き)を配(くば)る 주의하다, 두루 마음을 쓰다, 배려하다
ヨガ 요가 ダイエット 다이어트 効果(こうか) 효과 長続(ながつづ)き 오래 계속됨, 오래 감
恋愛(れんあい) 연애 何気(なにげ)ない 별 생각도 없다, 무심하다, 아무렇지도 않다, 태연하다
充実感(じゅうじつかん) 충실감 味(あじ)わう 맛보다, 체험하다, 음미하다, 감상하다
ピュア 퓨어, 순수함, 청순함, 고결함 姿(すがた) 몸매, 옷차림, 풍채, 모양, 형상 異性(いせい) 이성
響(ひび)く 울리다, 울려 퍼지다, 반향하다, 메아리치다 声(こえ)をかける 말을 걸다, 말을 붙이다

정답 95-B, 96-C, 97-C

98-100

「いのちの電話」では、現在270名のボランティアが5台の電話機を使って、365日24時間、交代で悩み相談の電話を受けつけています。この電話を受けるボランティアは、約8ヶ月間週一回の講習と、約10ヶ月間の実地訓練を経た上で認定を受け、2週間に一回4時間、深夜は10時間、相談員として活動します。電話相談員は特別に高度な教養・訓練を必要とするものではありませんが、専門家の指導のもとでカウンセリングを学び、月一回の継続訓練を受けることによって進歩していきます。学ぼうとする熱意と、人を理解し受け入れようとする柔軟さがあれば、だれにでもできます。ぜひみなさんも命を守るボランティアをしませんか。ご応募お待ちしています。

'생명의 전화'에서는 현재 270명의 봉사자가 5대의 전화기를 이용하여, 365일 24시간, 교대로 고민 상담 전화를 받고 있습니다. 이 전화를 받는 봉사자는, 약 8개월간 주 1회의 강습과 약 10개월간의 실전훈련을 거친 후에 인정을 받아, 2주일에 1회 4시간, 심야는 10시간, 상담원으로 활동합니다. 전화 상담원은 특별히 고도의 교양·훈련을 필요로 하는 것은 아니지만, 전문가의 지도하에 카운슬링을 배우고, 월 1회의 계속적인 훈련을 받으면서 진보해 갑니다. 배우고자 하는 의지와 사람을 이해하고 받아들이고자 하는 유연성이 있으면, 누구라도 가능합니다. 여러분도 꼭 생명을 지키는 봉사를 하지 않겠습니까? 응모를 기다리고 있겠습니다.

98 「いのちの電話」とは何ですか。

(A) カウンセリングを学ぶ人のための問い合わせの電話の事。

(B) 電話で悩みを聞き、アドバイスをするシステムの事。

(C) 電話相談員の悩みを打ち明ける会議の事。

(D) カウンセリングをしてもらいたい人が集う集まり。

'생명의 전화'란 무엇입니까?

(A) 카운슬링을 배우는 사람을 위한 문의 전화.

(B) 전화로 고민을 듣고, 조언을 하는 시스템.

(C) 전화상담원의 고민을 털어 놓는 회의.

(D) 카운슬링을 받고 싶은 사람이 모이는 모임.

99 電話相談員として活動したい場合、どうすればいい
ですか。

(A) まず8ヶ月間毎日、講習を受けなければな
らない。

(B) 2週間に一回4時間、訓練を受けなければな
らない。

(C) 約10ヶ月の実地訓練を受けなければなら
ない。

(D) 特別に高度な教養や訓練を必要とする。

전화상담원으로 활동하고 싶을 경우, 어떻게 하면 됩니까?

(A) 먼저 8개월간 매일, 강습을 받아야 한다.

(B) 2주일간 1회 4시간, 훈련을 받아야 한다.

(C) 약 10개월의 실전훈련을 받아야 한다.

(D) 특별히 고도의 교양이나 훈련을 필요로 한다.

100 この文章の目的は何ですか。

(A) 「いのちの電話」をもっと利用してもらうた
めの広告。

(B) 「いのちの電話」の利用方法の説明。

(C) 「いのちの電話」への寄付のお願い。

(D) 「いのちの電話」の相談員の募集。

이 글의 목적은 무엇입니까?

(A) '생명의 전화'를 더 많이 이용해 주길 바라는 광고.

(B) '생명의 전화'의 이용방법 설명.

(C) '생명의 전화'에 기부 부탁.

(D) '생명의 전화' 상담원 모집.

어구·해설 命(いのち) 목숨, 생명 ボランティア 볼런티어, 자원 봉사자 交代(こうたい) 교대
悩(なや)み 괴로움, 고민, 번민, 걱정, 근심 経(へ)る 경과하다, 지나다, 거치다, 통과하다
カウンセリング 카운슬링, 신상 상담, 상담 활동 学(まな)ぶ 배우다, 본받아 체득하다, 경험하여 알다
受(う)け入(い)れる 받아들이다, 들어주다, 승낙하다 柔軟(じゅうなん) 유연, 몸·동작 등이 부드럽고 나긋함
問(と)い合(あ)わせ 조회, 문의 アドバイス 어드바이스, 충언, 충고
打(う)ち明(あ)ける 비밀·고민 등을 털어놓다, 숨김없이 이야기하다 集(つど)う 모이다, 회합하다, 모여들다

정답 98-B, 99-C, 100-D

실전모의고사 해설

회

PART 1 사진묘사

01

(A) この人はタクシーに乗ろうとしているところです。

(B) この人はタクシーに乗ったところです。

(C) この人はタクシーを降りているところです。

(D) この人はタクシーを待っているところです。

(A) 이 사람은 택시를 타려고 하는 중입니다.

(B) 이 사람은 막 택시를 탔습니다.

(C) 이 사람은 택시에서 내리고 있는 중입니다.

(D) 이 사람은 택시를 기다리고 있는 중입니다.

참고 시제 (ところ용법:과거, 현재 진행, 미래)에 주의하자!
「과거형 +ところ」막 ~했다, 막 ~한 참이다, 「~ている +ところ」~하고 있는 중이다,
「기본형 +ところ」~하려는 참이다

어구·해설 **タクシー** 택시 **乗(の)る** 탈 것에 올라타다, 위에 오르다 **降(お)りる** 내리다 **待(ま)つ** 기다리다, 기대하다

정답 A

02

(A) ここでチケットを買うことができます。

(B) ここで切符を買うことができます。

(C) ここでお金を下ろすことができます。

(D) ここで切手を買うことができます。

(A) 이곳에서 티켓을 살 수 있습니다.

(B) 이곳에서 표를 살 수 있습니다.

(C) 이곳에서 돈을 인출할 수 있습니다.

(D) 이곳에서 우표를 살 수 있습니다.

참고 사진은 현금자동 지급기(ATM)를 찍은 것이다.

어구·해설 **チケット** 티켓, 표 **買(か)う** 사다, 구입하다 **切符(きっぷ)** 표 **お金(かね)を下(お)ろす** 돈을 인출하다
切手(きって) 우표, 상품권, 수표, 어음

정답 C

03

(A) この人は座って仕事をしています。
(B) この人は電車の修理をしています。
(C) この人は窓口で仕事をしています。
(D) この人は改札口を修理しています。

(A) 이 사람은 앉아서 일을 하고 있습니다.
(B) 이 사람은 전차 수리를 하고 있습니다.
(C) 이 사람은 창구에서 일을 하고 있습니다.
(D) 이 사람은 개찰구를 수리하고 있습니다.

참고 개찰구를 수리하고 있는 모습이다.

어구·해설 座(すわ)る 앉다　仕事(しごと) 일　電車(でんしゃ) 전철, 전차　修理(しゅうり) 수리　窓口(まどぐち) 창구
改札口(かいさつぐち) 개찰구

정답 D

04

(A) ここでたばこを吸ってはいけません。
(B) ここは紙やプラスチックなどのゴミ箱です。
(C) ここでたばこを吸ってもかまいません。
(D) ここにごみを捨ててはいけません。

(A) 이곳에서 담배를 피워서는 안 됩니다.
(B) 이곳은 종이와 플라스틱 등의 쓰레기 통입니다.
(C) 이곳에서 담배를 피워도 상관없습니다.
(D) 이곳에 쓰레기를 버려서는 안 됩니다.

참고 푯말에 「路上喫煙禁止(ろじょうきつえんきんし) 노상 흡연 금지」라고 표시 되어 있는 재떨이 사진이다.

어구·해설 たばこを吸(す)う 담배를 피우다　いけない 바람직스럽지 않다, 좋지 않다, 나쁘다, ~해서는 안 되다　紙(かみ) 종이
プラスチック 플라스틱　ゴミ箱(ばこ) 쓰레기통　かまわない 상관없다, 개의치 않다, 무방하다
捨(す)てる 버리다, 내다버리다, 돌보지 아니하다, 모른 체하다

정답 A

05

(A) 川の手前にアパートが建っています。

(B) 川の真ん中にアパートが建っています。

(C) アパートの向こう側に山が見えます。

(D) アパートの手前に山が見えます。

(A) 강 바로 앞에 아파트가 서 있습니다.

(B) 강 한가운데에 아파트가 서 있습니다.

(C) 아파트 건너편에 산이 보입니다.

(D) 아파트 바로 앞에 산이 보입니다.

참고 배가 떠 있는 강 건너편에 건물이 보이는 모습이다.

어구·해설 **手前**(てまえ) 자기 앞, 자기에게 가까운 쪽, 어떤 곳에 약간 못 미치는 지점 **建**(た)**つ** (건물·동상·국가 등이)세워지다

真(ま)**ん中**(なか) 한가운데, 한복판, 중앙 **向**(む)**こう側**(がわ) 무엇인가를 사이에 둔 저쪽, 상대편 **山**(やま) 산

見(み)**える** 보이다

정답 C

06

(A) 男の人は片手で荷物を運び出しています。

(B) 男の人は両手で荷物を運び出しています。

(C) 荷物が道路の横の車道にはみ出しています。

(D) トラックの扉が両方とも開いています。

(A) 남자는 한쪽 손으로 짐을 들어내고 있습니다.

(B) 남자는 양손으로 짐을 들어내고 있습니다.

(C) 짐이 도로 옆의 차도에 비어져 나와 있습니다.

(D) 트럭 문이 양쪽 모두 열려 있습니다.

참고 화물차에서 한쪽 문만 연 채 짐을 내리고 있는 모습이다.

어구·해설 **片手**(かたて) 한쪽 손 **荷物**(にもつ) 짐, 화물 **運**(はこ)**び出**(だ)**す** 날라서 밖으로 내다, 반출하다

はみ出(だ)**す** 비어져 나오다 **トラック** 트럭 **扉**(とびら) 문짝, 문 **両方**(りょうほう) 양쪽, 쌍방, 양자

開(あ)**く** 열리다, 문을 열다(개점하다)

정답 B

07

(A) 人々はいっせいに海に並んでいます。

(B) 人々は皆釣りに熱中しています。

(C) 人々は海に飛び込もうとしています。

(D) 人々は岩の上で遊んでいます。

(A) 사람들은 일제히 바다에 늘어서 있습니다.

(B) 사람들은 모두 낚시에 열중하고 있습니다.

(C) 사람들은 바다에 뛰어들려고 하고 있습니다.

(D) 사람들은 바위 위에서 놀고 있습니다.

어구·해설 人々(ひとびと) 사람들　いっせいに 일제히　並(なら)ぶ 줄을 서다, 늘어서다, 나란히 서다　釣(つ)り 낚시　飛(と)び込(こ)む 뛰어들다　遊(あそ)ぶ 놀다, 놀이를 하다, 활용되지 않고 있다

정답 D

08

(A) 猿は餌を食べています。

(B) 猿はわなに引っ掛かってしまいました。

(C) 猿の体重を即座に知ることができます。

(D) 猿が死んでいます。

(A) 원숭이는 먹이를 먹고 있습니다.

(B) 원숭이는 덫에 걸리고 말았습니다.

(C) 원숭이의 체중을 즉석에서 알 수 있습니다.

(D) 원숭이가 죽어 있습니다.

참고 사진 중앙에 보이는 기계에 「サルの体重(たいじゅう) 원숭이의 체중」라고 써 있다.

어구·해설 猿(さる) 원숭이　餌(えさ) 모이, 먹이, 사료　食(た)べる 먹다　罠(わな)に引(ひ)っ掛(か)かる 덫에 걸리다　即座(そくざ) 즉석, 그 자리, 당장　知(し)る 알다, 분간하다　死(し)ぬ 죽다, 숨지다, 생기가 없어지다

정답 C

09

(A) 男の人はテレビを見ています。

(B) 男の人は髭を生やしています。

(C) 男の人は髭をそっています。

(D) 男の人はかばんをかけています。

(A) 남자는 텔레비전을 보고 있습니다.

(B) 남자는 수염을 길렀습니다.

(C) 남자는 수염을 깎고 있습니다.

(D) 남자는 가방을 메고 있습니다.

참고 등장인물의 복장, 행동·모습에 주의하자!

어구·해설 見(み)る 보다　髭(ひげ)を生(は)やす 수염을 기르다　髭(ひげ)を剃(そ)る 수염을 깎다　かばんをかける 가방을 메다

정답 B

10

(A) コピー機のふたはどれも閉じて
あります。

(B) コピー機のふたはどれも開けて
あります。

(C) コピー機の使用は禁止されてい
ます。

(D) コピー機の使用は有料です。

(A) 복사기의 덮개는 모두 닫혀 있습니다.

(B) 복사기의 덮개는 모두 열려 있습니다.

(C) 복사기의 사용은 금지되어 있습니다.

(D) 복사기의 사용은 유료입니다.

참 고 복사기 옆에 있는 기계에 요금을 넣도록 되어 있다.

어구·해설 コピー機(き) 복사기 蓋(ふた) 뚜껑, 덮개 閉(と)じる 닫히다, 끝나다, 마치다 有料(ゆうりょう) 유료

정 답 D

11

(A) 多くの人が手を合わせています。

(B) 多くの人が手を握っています。

(C) 多くの人が手を繋いでいます。

(D) もう手におえない状態です。

(A) 많은 사람이 합장하고 있습니다.

(B) 많은 사람이 손을 잡고 있습니다.

(C) 많은 사람이 손을 이어 잡고 있습니다.

(D) 이제 감당할 수 없는 상태입니다.

어구·해설 多(おお)く 많음, 다수, 대부분 手(て)を合(あ)わせる 손을 모으다, 합장하다 手(て)を握(にぎ)る 손을 잡다

手(て)を繋(つな)ぐ 손을 이어 잡다 手(て)におえない 힘에 부치다, 힘에 겹다, 감당할 수 없다

정 답 A

12

(A) 自転車やバイクが整然と並べて
あります。

(B) 自転車やバイクが漠然と並べて
あります

(C) 自転車やバイクがジグザグに並
べてあります

(D) 自転車やバイクは勝手に駐車し
放題です。

(A) 자전거와 오토바이가 정연히 줄지어
있습니다.

(B) 자전거와 오토바이가 막연하게 줄지
어 놓여 있습니다.

(C) 자전거와 오토바이 지그재그로 줄지
어 놓여 있습니다.

(D) 자전거와 오토바이는 제멋대로 마음
껏 주차입니다.

참 고 자전거와 오토바이가 가지런히 세워져 있다.

어구·해설 自転車(じてんしゃ) 자전거 バイク 바이크, 오토바이 並(なら)べる 줄지어 놓다, 나란히 놓다 ジグザグ 지그재그

勝手(かって)に 제멋대로 굶, 자기 좋을 대로 함 駐車(ちゅうしゃ)し放題(ほうだい) 마음껏 주차

정 답 A

13

(A) しゃがみこんで考(かんが)えています。

(B) かばんを肩(かた)にかけています。

(C) 両手(りょうて)に缶(かん)ジュースを持(も)っています。

(D) 尻餅(しりもち)をついてしまいました。

(A) 털썩 주저앉아 생각하고 있습니다.

(B) 가방을 어깨에 메고 있습니다.

(C) 양손에 캔 주스를 들고 있습니다.

(D) 엉덩방아를 찧고 말았습니다.

어구·해설 しゃがみ込(こ)む 웅크리고 앉다, 털썩 주저앉다   考(かんが)える 생각하다, 헤아리다, 사고하다
肩(かた)にかける 어깨에 메다   缶(かん)ジュース 캔 주스   持(も)つ 손에 들다, 지속하다, 지탱하다, 견디다
尻餅(しりもち)をつく 엉덩방아를 찧다

정답 B

14

(A) 子供(こども)は虎(とら)と一緒(いっしょ)に横(よこ)になっています。

(B) 子供(こども)は虎(とら)にまたがっています。

(C) 子供(こども)は虎(とら)に寄(よ)り掛(か)かっています。

(D) 子供(こども)は虎(とら)とじゃれあっています。

(A) 어린이는 호랑이와 함께 누워있습니다.

(B) 어린이는 호랑이에 올라타고 있습니다.

(C) 어린이는 호랑이에게 기대고 있습니다.

(D) 어린이는 호랑이와 서로 장난하고 있습니다.

참고 어린이가 호랑이 모형에 올라타고 있는 모습이다.

어구·해설 子供(こども) 아이, 어린이   虎(とら) 호랑이   一緒(いっしょ)に 같이, 함께   横(よこ)になる 눕다   またがる 올라타다
寄(よ)り掛(か)かる 기대다, 의지하다, 의존하다   じゃれあう 서로 장난하다

정답 B

15

(A) このバスは前方(ぜんぽう)のドアから乗(の)るようになっています。

(B) このバスは後方(こうほう)のドアから乗(の)るようになっています。

(C) 男(おとこ)の人(ひと)はバスから降(お)りようとしています。

(D) 女(おんな)の人(ひと)は列(れつ)に割(わ)り込(こ)もうとしています。

(A) 이 버스는 전방의 문에서 타도록 되어 있습니다.

(B) 이 버스는 후방의 문에서 타도록 되어 있습니다.

(C) 남자는 버스에서 내리려고 하고 있습니다.

(D) 여자는 줄에 비집고 들어가려고 하고 있습니다.

참고 사람들이 버스 앞쪽으로 승차하고 있다. 일본의 도로는 좌측통행.

어구·해설 バス 버스   ドア 문   乗(の)る 올라타다, 오르다   降(お)りる 내리다   割(わ)り込(こ)む 비집고 들어가다, 새치기하다, 끼어들다

정답 A

16

(A) 電車は廃棄されようとしています。

(B) 電車は衝突しようとしています。

(C) 電車は連結しようとしています。

(D) 電車は擦れ違おうとしています。

(A) 전차는 폐기되려고 하고 있습니다.

(B) 전차는 충돌하려고 하고 있습니다.

(C) 전차는 연결하려고 하고 있습니다.

(D) 전차는 엇갈리려고 하고 있습니다.

> **어구·해설** 擦(す)れ違(ちが)う 거의 스칠 정도로 가까이 지나 각기 반대 방향으로 가다, 엇갈리다

> **정답** D

17

(A) 二人は背中合わせに座っています。

(B) 二人は向かい合わせに座っています。

(C) 二人は芝生の上で寝そべっています。

(D) 二人はにらみ合っています。

(A) 두 사람은 서로 등을 맞대고 앉아 있습니다.

(B) 두 사람은 서로 마주보고 앉아 있습니다.

(C) 두 사람은 잔디밭 위에 엎드려 누워 있습니다.

(D) 두 사람은 서로 노려보고 있습니다.

> **참고** 잔디밭에 두 사람이 서로 등을 맞대고 앉아 있는 모습이다.

> **어구·해설** 背中合(せなかあ)わせ 서로 등을 맞댐 座(すわ)る 앉다, 지위를 차지하다 向(む)かい合(あ)わせ 마주봄
> 芝生(しばふ) 잔디밭 寝(ね)そべる 엎드려 눕다, 배를 깔고 눕다 にらみ合(あ)う 서로 노려보다, 서로 적의를 품고 대립하다

> **정답** A

18

(A) ここは宝くじを売っているところです。

(B) ここはおいしいだんごを売っているところです。

(C) ここでお金を両替することができます。

(D) ここでは自分の運を占うことができます。

(A) 이곳은 복권을 팔고 있는 곳입니다.

(B) 이곳은 맛있는 경단을 팔고 있는 곳입니다.

(C) 이곳에서 돈을 바꿀 수 있습니다.

(D) 이곳에서는 자신의 운수를 점칠 수 있습니다.

> **참고** みくじ는 신사나 절에서 길흉을 점쳐보는 제비를 말한다.

> **어구·해설** 宝(たから)くじ 복권 売(う)る 팔다 美味(おい)しい 맛있다, 맛좋다 団子(だんご) 경단
> 両替(りょうがえ) 환전, 돈을 바꿈 自分(じぶん) 자기 자신 運(うん) 운, 운명, 운수 占(うらな)う 점치다, 예언하다

> **정답** D

19

(A) 子供たちは山の麓で立って何かを見ています。

(B) 子供たちは山際に立って何かを見ています。

(C) 子供たちは川岸に立って何かを見ています。

(D) 子供たちは川底に座っています。

(A) 어린이들은 산기슭에 서서 무엇인가를 보고 있습니다.

(B) 어린이들은 산 근처에 서서 무엇인가를 보고 있습니다.

(C) 어린이들은 강기슭에 서서 무엇인가를 보고 있습니다.

(D) 어린이들은 강바닥에 앉아 있습니다.

참 고 아이들이 강기슭에서 무엇인가를 바라보고 있는 모습이다.

어구·해설 麓(ふもと) 산기슭 山際(やまぎわ) 산 근처, 산기슭 川岸(かわぎし) 냇가, 강기슭, 강변

川底(かわぞこ) 강바닥, 냇바닥 座(すわ)る 앉다, 지위를 차지하다

정 답 C

20

(A) 屋根のてっぺんは丸みを帯びています。

(B) 屋根のてっぺんは尖っています。

(C) 屋根のてっぺんは四角くなっています。

(D) 屋根のてっぺんは円形です。

(A) 지붕 꼭대기는 둥그스름합니다.

(B) 지붕 꼭대기는 뾰족합니다.

(C) 지붕 꼭대기는 네모집니다.

(D) 지붕 꼭대기는 원형입니다.

참 고 지붕 꼭대기는 뾰족한 모양을 하고 있다.

어구·해설 屋根(やね) 지붕 てっぺん 꼭대기, 정상 丸(まる)み 둥그스름함, 둥근 정도 帯(お)びる 어떤 성질·성분·경향을 띠다

尖(とが)る 뾰족해지다, 날카로워지다 四角(しかく)い 네모지다, 네모꼴이다

정 답 B

PART 2 질의응답

21 田舎はどちらですか。

(A) 広島です。

(B) いいえ、田舎には帰りません。

(C) はい、田舎に帰ります。

(D) 田舎は好きではありません。

고향은 어디입니까?

(A) 히로시마입니다.

(B) 아니오, 고향에는 돌아가지 않습니다.

(C) 예, 고향에 돌아갑니다.

(D) 시골은 좋아하지 않습니다.

참고 지시어「どちら」에 주의하자!

어구·해설 田舎(いなか) 시골, 고향 どちら 어느 쪽, 어디 帰(かえ)る 돌아오다, 돌아가다 好(す)き 좋아함

정답 A

22 お腹空いたでしょう？

(A) はい、満腹です。

(B) いいえ、満腹です。

(C) ちょっと痛いんです。

(D) いいえ、痛くありません。

배고프지요?

(A) 예, 배부릅니다.

(B) 아니오, 배부릅니다.

(C) 약간 아픕니다.

(D) 아니오, 아프지 않습니다.

어구·해설 お腹(なか) 배, 위장 空(す)く 비다, 공복이 되다 満腹(まんぷく) 만복, 배부름 痛(いた)い 아프다, 뼈아프다, 뜨끔하다

정답 B

23

お弁当はいくつありますか。

(A) 三本あります。

(B) 全部で六つです。

(C) はい、こちらにあります。

(D) お昼に食べました。

도시락은 몇 개 있습니까?

(A) 3자루 있습니다.

(B) 전부 6개입니다.

(C) 예, 이쪽에 있습니다.

(D) 점심에 먹었습니다.

> **참고** 조수사 표현에 주의하자!

> **어구·해설** お弁当(べんとう) 도시락 いくつ 몇(몇 개, 얼마), 몇 살 〜本(ほん) 가늘고 긴 것을 세는 말(개, 개비, 자루 등)
> 六(むっ)つ 여섯(여섯 개, 여섯째), 여섯 살 こちら 이쪽, 이곳(여기) お昼(ひる) 낮, 점심 食(た)べる 먹다

> **정답** B

24

それは誰の本ですか。

(A) これは千円です。

(B) 本はありません。

(C) この本をください。

(D) さぁ、誰のか分かりません。

그것은 누구의 책입니까?

(A) 그것은 천 엔입니다.

(B) 책은 없습니다.

(C) 이 책을 주십시오.

(D) 글쎄요, 누구 것인지 모르겠습니다.

> **어구·해설** 誰(だれ) 누구 本(ほん) 책 分(わ)かる 알다, 이해할 수 있다, 판명되다(밝혀지다)

> **정답** D

25

今朝、薬を飲みましたか。

(A) はい、朝ごはんの前に飲みました。

(B) はい、一人で食べました。

(C) いいえ、コーヒーは飲みません。

(D) いいえ、妹と一緒に食べました。

오늘 아침, 약을 먹었습니까?

(A) 예, 아침 식사 전에 먹었습니다.

(B) 예, 혼자서 먹었습니다.

(C) 아니오, 커피는 마시지 않습니다.

(D) 아니오, 여동생과 함께 먹었습니다.

> **어구·해설** 今朝(けさ) 오늘 아침 薬(くすり)を飲(の)む 약을 먹다 朝(あさ)ごはん 아침밥(조반) 前(まえ) 앞(전)
> 妹(いもうと) 여동생 一緒(いっしょ)に 함께(같이)

> **정답** A

26 コーヒーでも飲(の)みましょうか。

(A) お茶(ちゃ)でもどうぞ。

(B) お菓子(かし)を持(も)って来(き)てください。

(C) コーヒーはちょっと。

(D) そんなことはしていません。

커피라도 마실까요?

(A) 차라도 드세요.

(B) 과자를 가지고 와 주십시오.

(C) 커피는 좀.

(D) 그런 짓은 하지 않았습니다.

[어구·해설] コーヒー 커피　お茶(ちゃ) 차　お菓子(かし) 과자　持(も)つ 쥐다(들다), 가지다

[정답] C

---

27 お客様(きゃくさま)、こんなデザインはいかがでしょうか。

(A) 私(わたし)はひったくりにあったんです。

(B) 手取(てと)り足取(あしと)り教(おし)えてください。

(C) どうぞお引(ひ)き取(と)りください。

(D) 50代(だい)のおじいさんじゃあるまいし、その模様(もよう)は ちょっと……。

손님, 이런 디자인은 어떠신가요?

(A) 나는 날치기를 당했습니다.

(B) 꼼꼼하게 가르쳐 주십시오.

(C) 아무쪼록 받아 주십시오.

(D) 50대 할아버지도 아닌데, 그 무늬는 좀…….

[어구·해설] お客様(きゃくさま) 손님　デザイン 디자인　ひったくり 낚아챔(강탈), 날치기(날치기꾼)

手取(てと)り足取(あしと)り 여럿이서 손발을 꼼짝 못하게 하거나 짓누름, 자잘한 부분까지 뒷바라지를 해 줌, 꼼꼼히 가르쳐 줌

教(おし)える 가르치다, 일러주다(알리다)　引(ひ)き取(と)る 물러나다(물러가다), 인수하다, 떠맡다

[정답] D

---

28 すみません、営業(えいぎょう)2課(か)の佐藤部長(さとうぶちょう)にお目(め)にかかりたいのですが。

(A) では、こちらにございますのでご自由(じゆう)にご覧(らん)ください。

(B) では、何(なに)をお召(め)し上(あ)がりになりますか。

(C) では、拝見(はいけん)いたしますので、そちらにお掛(か)けになってお待(ま)ちください。

(D) 恐(おそ)れ入(い)りますが、ただいま席(せき)を外(はず)しております。

실례합니다, 영업 2과의 사토 부장님을 뵙고 싶습니다만.

(A) 그럼, 이쪽에 있으니 자유롭게 봐 주십시오.

(B) 그럼, 무엇을 드시겠습니까?

(C) 그럼, 삼가 볼 테니, 그쪽에 앉으셔서 기다려 주십시오.

(D) 죄송합니다만, 지금 자리에 없습니다.

[참고] 비즈니스 관련 경어 표현에 주의하자!

[어구·해설] お目(め)にかかる 만나 뵙다　ご覧(らん)下(くだ)さい 봐 주십시오　召(め)し上(あ)がる 드시다

拝見(はいけん) 삼가 봄　お掛(か)けになる 앉으시다　お待(ま)ち下(くだ)さい 기다려 주십시오

恐(おそ)れ入(い)ります 황송합니다, 죄송합니다　ただいま 지금(현재), 방금(지금 막), 집에 돌아왔을 때의 인사말(다녀왔습니다)

席(せき)を外(はず)す 자리를 비우다

[정답] D

29
からだ じゅうぶん き
体には十分気をつけてくださいね。

(A) はい、ありがとうございます。

(B) はい、やってみたんですけど。

(C) 余計なお世話ですね。

(D) 気になっていたんです。

건강에는 충분히 주의하세요.

(A) 예, 고맙습니다.

(B) 예, 해 봤습니다만.

(C) 쓸데없는 참견이군요.

(D) 걱정이 되었습니다.

어구·해설 十分(じゅうぶん) 충분함, 부족함이 없음, 십분(충분히)　気(き)をつける 조심하다, 주의하다, 정신 차리다
余計(よけい)なお世話(せわ) 쓸데없는 참견　気(き)になる 걱정이 되다, 마음에 걸리다

정답 A

30
佐々木さん、どこか痛いところがありますか。

(A) はい、ちょっとガス欠だと思うんですが。

(B) はい、普段は悪い人ではないんですが。

(C) はい、人を馬鹿にするんです。

(D) はい、頭痛がするんです。

사사키씨, 어디 아픈 곳이 있습니까?

(A) 예, 약간 연료 부족이라고 생각됩니다만.

(B) 예, 보통 때는 나쁜 사람이 아닙니다만.

(C) 예, 사람을 바보 취급합니다.

(D) 예, 머리가 아픕니다.

어구·해설 どこ 어디, 어느 곳　痛(いた)い 아프다　ガス欠(けつ) 연료 부족　普通(ふつう) 보통　悪(わる)い 나쁘다
人(ひと)を馬鹿(ばか)にする 사람을 바보 취급하다　頭痛(ずつう)がする 두통이 나다(머리가 아프다)

정답 D

31
わたし しょうらい おも
私は将来、スーパーマンになりたいと思っています。

(A) いつまでも子供のような振る舞いはやめてほしい。

(B) 子供じゃあるまいし、いつまで幼い夢をみているんですか。

(C) そんな話は虫がよすぎるんじゃない。

(D) 本当にあなたには恩に着るよ。

나는 장래에 슈퍼맨이 되고 싶습니다.

(A) 언제까지나 어린애 같은 행동은 그만뒀으면 해.

(B) 어린애도 아니고, 언제까지 유치한 꿈을 꾸고 있는 겁니까?

(C) 그런 얘기는 너무 뻔뻔스럽지 않니?

(D) 정말로 당신에게는 고마워요.

어구·해설 スーパーマン 슈퍼맨　振(ふ)る舞(ま)い 행동, 거동　幼(おさな)い 어리다, 미숙하다, 유치하다
虫(むし)がいい 뻔뻔스럽다, 염치없다, 제멋대로이다　恩(おん)に着(き)る 입은 은혜를 고맙게 생각하다(은혜를 입다)

정답 B

32 木村(きむら)さん、ホテルの予約(よやく)ちゃんとしておいたでしょうね？

(A) えっ、僕(ぼく)がすることは何(なに)もないんですか。

(B) えっ、キャンセルしたらまた予約(よやく)はできないんだけど。

(C) えっ、僕(ぼく)がすることになってたの？

(D) えっ、僕(ぼく)には身(み)に覚(おぼ)えがありませんが。

기무라씨, 호텔 예약은 제대로 해 뒀지요?

(A) 엣, 내가 할 일은 아무것도 없습니까?

(B) 엣, 취소하면 다시 예약을 할 수 없는데.

(C) 엣, 내가 하기로 되어 있었어?

(D) 엣, 나에게는 그것을 한 기억이 없습니다만.

> **어구·해설** ちゃんと 착실하게(꼼꼼히), 분명하게, 확실하게, 충분히 **僕**(ぼく) 남자가 동등하거나 손아래의 상대에 대해 쓰는 허물없는 말(나)
> **キャンセル** 캔슬, 계약 취소, 해약 **身**(み)に**覚**(おぼ)えがある 자신이 그것을 한 기억이 있다, 짚이는 데가 있다

> **정답** C

33 加藤(かとう)さんはいつも朝食(ちょうしょく)は何(なに)を召(め)し上(あ)がりますか。

(A) 私(わたし)は簡単(かんたん)にコーヒーだけで済(す)ませます。

(B) 納豆(なっとう)は本当(ほんとう)に体(からだ)にいいんでしょうか。

(C) 私(わたし)は簡単(かんたん)にコーヒーを入(い)れてあげます。

(D) 朝(あさ)はりんごを食(た)べるといいですよ。

가토씨는 항상 조식으로 무엇을 드십니까?

(A) 나는 간단하게 커피만으로 해결합니다.

(B) 낫토는 정말로 몸에 좋을까요?

(C) 나는 간단하게 커피를 타 줍니다.

(D) 아침에는 사과를 먹으면 좋아요.

> **어구·해설** 召(め)し上(あ)がる 드시다 済(す)ませる 끝내다, 마치다 納豆(なっとう) 발효한 콩에 간을 해서 말린 것
> 体(からだ)にいい 몸에 좋다 コーヒーを入(い)れる 커피를 끓이다, 커피를 타다

> **정답** A

34 川口(かわぐち)さん、落(お)ち着(つ)いてください。

(A) こんな状況(じょうきょう)では落(お)ち込(こ)むばかりだよ。

(B) 鈴木(すずき)さんも落(お)ちぶれちゃったなぁ。

(C) これで状況(じょうきょう)も一変(いっぺん)するだろう。

(D) こんな状況(じょうきょう)で冷静(れいせい)になれないよ。

가와구찌씨, 진정해 주십시오.

(A) 이런 상황에서는 침울할 뿐이에요.

(B) 스즈키씨도 보잘 것 없이 되고 말았군.

(C) 이것으로 상황도 일변하겠지.

(D) 이런 상황에서 냉정해 질 수 없어요.

> **참고** 진정하라는 말에 대해 적합한 응답 표현을 찾아야 한다.

> **어구·해설** 落(お)ち着(つ)く 안정되다(진정되다), 자리 잡다(정착하다), 차분하다, 결말나다(낙착되다) 落(お)ち込(こ)む 침울해지다
> 落(お)ちぶれる 보잘 것 없이 찌부러지다, 영락하다 一変(いっぺん)する 일변하다(확 바뀌다)

> **정답** D

35
山田先生「酒は飲んでも飲まれるな」ってどんな意味ですか。

(A) 絶対にお酒を飲んではいけないということだよ。

(B) お酒は飲んでも、飲みすぎてはいけないということだよ。

(C) お酒は百害あって一利なしということだよ。

(D) お酒はこの世界では避けられないものだということだよ。

야마다 선생님 '술은 마셔도 술에 지지 마라'고 하는 것은 무슨 의미입니까?

(A) 절대로 술을 마셔서는 안 된다는 뜻이에요.

(B) 술은 마셔도, 과음을 해서는 안 된다는 뜻이에요.

(C) 술은 백해무익하다는 뜻이에요.

(D) 술은 이 세계에서는 피할 수 없는 것이라는 뜻이에요.

어구·해설 酒(さけ) 술   いけない 바람직스럽지 않다, 좋지 않다, 나쁘다   飲(の)みすぎる 과음하다

百害(ひゃくがい)あって一利(いちり)なし 백해무익   避(さ)ける 피하다, 멀리하다, 삼가다, 조심하다

정답 B

36
田中さん、例のレストランで今日のお昼一緒にどうですか。

(A) それでは、来週の月曜日にお会いしましょう。

(B) 今度お伺いしてもよろしいでしょうか。

(C) すみません、今日は愛妻弁当がありますので。

(D) では、お言葉に甘えてお邪魔します。

다나카씨, 그 레스토랑에서 오늘 점심 함께 어떻습니까?

(A) 그럼, 다음 주 월요일에 만납시다.

(B) 이번에 찾아뵈어도 괜찮겠습니까?

(C) 미안합니다, 오늘은 아내가 싸 준 도시락이 있어서.

(D) 그럼, 염치없이 실례하겠습니다.

어구·해설 例(れい)のレストラン 말하는 사람과 듣는 사람이 서로 알고 있는 레스토랑(그 레스토랑)   お昼(ひる) 낮, 점심

一緒(いっしょ)に 함께(같이)   今度(こんど) 이번   伺(うかが)う '묻다, 듣다, 방문하다'의 겸양어(여쭙다, 삼가 듣다, 찾아뵙다)

愛妻弁当(あいさいべんとう) 사랑하는 아내가 싸 준 도시락   お言葉(ことば)に甘(あま)えて 호의로 받아들여(염치없이)

お邪魔(じゃま)する 방해하다, 실례하다

정답 C

37 昨日(きのう)のホラー映画(えいが)は身(み)の毛(け)もよだつほどだったわ。

(A) 救急車(きゅうきゅうしゃ)を呼(よ)ばなきゃ。

(B) それはもったいなかったね。

(C) そんなに怖(こわ)かったの？

(D) いいえ、怖(こわ)くありませんでした。

어제의 공포 영화는 소름이 끼칠 정도였어.

(A) 구급차를 불러야지.

(B) 그것은 아까웠겠네.

(C) 그렇게 무서웠어?

(D) 아니오, 무섭지 않았습니다.

> **어구·해설** ホラー映画(えいが) 공포 영화　身(み)の毛(け)がよだつ 머리끝이 쭈뼛해지다, 소름이 끼치다
>
> 呼(よ)ぶ 부르다, 초대하다　もったいない 황송하다, 과분하다, 아깝다, 죄스럽다(불경스럽다)　怖(こわ)い 무섭다, 겁나다, 두렵다

> **정답** C

---

38 号外(ごうがい)をご覧(らん)になりましたか。

(A) いえ、まだ伺(うかが)っておりません。

(B) もう、お目(め)にかかりました。

(C) 夕刊(ゆうかん)は取(と)っていませんから。

(D) ええ、すごい事件(じけん)でしたね。

호외를 보셨습니까?

(A) 아뇨, 아직 찾아뵙지 않았습니다.

(B) 벌써, 만나 뵈었습니다.

(C) 석간은 보지 않기 때문에.

(D) 네, 무시무시한 사건이었지요.

> **참고** 경어 표현에 주의하자!

> **어구·해설** 号外(ごうがい) 호외　ご覧(らん)になる 보시다　伺(うかが)う '묻다, 듣다, 방문하다'의 겸양어(여쭙다, 삼가듣다, 찾아뵙다)
>
> お目(め)にかかる 만나 뵙다　夕刊(ゆうかん) 석간　すごい 무시무시하다, 무섭다, 굉장하다(대단하다), 심하다

> **정답** D

---

39 お隣(となり)の奥(おく)さん、玉(たま)の輿(こし)だそうよ。

(A) いいね、お金持(かねも)ちになって。

(B) やっぱり愛(あい)はお金(かね)に変(か)えられないものですから。

(C) かわいそう、子供(こども)を一人(ひとり)で育(そだ)てることになるんですね。

(D) 病院(びょういん)で診察(しんさつ)を受(う)けた方(ほう)がいいんじゃない。

옆집 부인, 부잣집으로 시집온 거래요.

(A) 좋겠네, 부자가 되어서.

(B) 역시 사랑은 돈으로 바꿀 수 없는 것이니까요.

(C) 불쌍해라, 아이를 혼자서 키우게 되는 것이네요.

(D) 병원에서 진찰을 받는 편이 좋지 않겠어?

> **참고** 관용 표현에 주의하자!

> **어구·해설** 隣(となり) 이웃, 옆(곁), 이웃집(옆집)　玉(たま)の輿(こし) '귀인이 타는 가마'의 미칭, 부유한 집에 시집감
>
> お金(かね)持(も)ち 부자, 재산가　やっぱり 역시, 과연　かわいそう 가엾음, 불쌍함
>
> 育(そだ)てる 기르다(키우다), 양성하다(가르치다, 길들이다)　診察(しんさつ)を受(う)ける 진찰을 받다

> **정답** A

40 野村さんは、田中さんと馬が合いますね。

(A) ええ、乗馬が趣味ですから。

(B) ええ、二人とも初対面ですから。

(C) それはそうですよ。幼馴染ですからね。

(D) そんな関係じゃありませんから。

노무라씨는 다나카씨와 마음이 맞는군요.

(A) 네, 승마가 취미이기 때문에.

(B) 네, 두 사람 모두 첫 대면이기 때문에.

(C) 그것은 그렇지요. 소꿉친구이기 때문에.

(D) 그러한 관계가 아니기 때문에.

어구·해설 馬(うま)が合(あ)う 서로 마음이 맞다　初対面(しょたいめん) 첫 대면　幼馴染(おさななじみ) 소꿉친구

정답 C

41 あの……、油ばかり売っていないで、真面目に仕事をしてくださいよ。

(A) すみません、とても忙しいんです。

(B) 不景気で会社に来てもする仕事がないんですよ。

(C) この商売が一番、利益が上がるんですよ。

(D) 火に油を注ぐようなことは言わないでください。

저……, 게으름 피우지 말고, 진지하게 일을 해 주세요.

(A) 죄송합니다, 아주 바쁩니다.

(B) 불경기라서 회사에 와도 할 일이 없어요.

(C) 이 장사가 제일 이익이 올라요.

(D) 불에 기름을 붓는 듯한 일은 말하지 말아 주세요.

참고 관용 표현에 주의하자!

어구·해설 油(あぶら)を売(う)る 작업 중에 잡담을 하거나 하여 게으름을 피우다, 노닥거리다　真面目(まじめ) 진지함, 성실함(착실함)　忙(いそが)しい 바쁘다　商売(しょうばい) 장사　火(ひ)に油(あぶら)を注(そそ)ぐ 세찬 것에 다시 부채질을 함의 비유(타는 불에 기름을 붓다)

정답 B

42 田中さんは3ヶ国語を操る秀才ですってよ。

(A) すごいね、僕の語学力では足下にも及ばないよ。

(B) それは最善を尽くしたからだよ。

(C) 彼が根回ししておいたからだよ。

(D) 彼の意見にも耳を傾けなくちゃ。

다나카씨는 3개 국어를 구사하는 수재라고 해요.

(A) 굉장하네, 나의 어학 실력으로는 발밑에도 미치지 못해요.

(B) 그것은 최선을 다했기 때문이야.

(C) 그가 사전 공작을 해 두었기 때문이야.

(D) 그의 의견에도 귀를 기울여야지.

어구·해설 操(あやつ)る 말 등을 잘 구사하다　すごい 굉장하다(대단하다)　足下(あしもと)にも及(およ)ばない 발밑에도 미치지 못하다, 어림도 없다　最善(さいぜん)を尽(つ)くす 최선을 다하다　根回(ねまわ)し 사전 공작　耳(みみ)を傾(かたむ)ける 귀를 기울이다

정답 A

43 今度の週末、台風が来るかもしれないって言ってたわ。

(A) 週末は嵐の前の静けさですよ。

(B) 海がおおしけになるかもしれないから、今週の海釣りは中止しよう。

(C) じゃ、早く１１０番に電話して助けを求めなきゃ。

(D) 私は口が堅いので大丈夫ですよ。

이번 주말, 태풍이 올지도 모른다고 했어요.

(A) 주말은 폭풍전야예요.

(B) 바다가 심하게 거칠어질지도 모르니까, 이번 주 바다낚시는 중지하자.

(C) 그럼, 빨리 110번에 전화해서 도움을 청해야지.

(D) 나는 입이 무겁기 때문에 괜찮아요.

> **어구·해설** 嵐(あらし)の前(まえ)の静(しず)けさ 폭풍 전의 정적, 소란이 일어나기 전의 고요함
>
> おおしけ 폭풍우로 바다가 심하게 거칠어지는 것　海釣(うみづ)り 바다낚시
>
> １１０番(ひゃくとおばん) 범죄·사고 등 긴급시에 경찰을 부르기 위한 전화번호(110번)　助(たす)け 도움, 구조, 구원
>
> 口(くち)が堅(かた)い 해서는 안 될 소리를 함부로 말하지 않다(입이 무겁다)

> **정답** B

---

44 日本のアニメーションは今や重要な輸出品目になりましたね。

(A) 日本の技術の高さと、豊富なアニメーションの種類が全世界のアニメーションに受け入れられた証拠ですね。

(B) 海外では日本のアニメの海賊版が減ってきています。

(C) この際、映画にも人気の俳優を起用してみてはどうでしょう。

(D) そんな時代はとっくの昔に終わりました。

일본의 애니메이션은 이제는 중요한 수출품목이 되었지요.

(A) 일본 기술의 높이와, 풍부한 애니메이션의 종류가 전 세계 애니메이션에 받아들여졌다는 증거예요.

(B) 해외에서는 일본 애니메이션의 해적판이 줄어들고 있습니다.

(C) 이번에 영화에도 인기 배우를 기용해 보면 어떨까요?

(D) 그런 시대는 아주 옛날에 끝났습니다.

> **어구·해설** アニメーション 애니메이션, 동화(童畵)　今(いま)や 지금이야말로(이제야말로, 바야흐로), 지금은 이미, 이제는　受(う)け入(い)れる 받아들이다, 남의 청을 들어주다, 승낙하다　海賊版(かいぞくばん) 해적판　減(へ)る 줄다, 적어지다, 기가 꺾이다(주눅 들다)

> **정답** A

236

45 あのレストランは味といいサービスといい文句のつけようがないよ。

(A) そんなレストランには二度と行きたくありません。

(B) 道理で行列ができるわけだ。

(C) 5つ星のレストランのようだね。開いた口が塞がらないよ。

(D) そんなはずはない、文句無しのできばえだよ。

저 레스토랑은 맛도 그렇고 서비스도 그렇고 흠 잡을 곳이 없어요.

(A) 그런 레스토랑은 두 번 다시 가고 싶지 않습니다.

(B) 어쩐지 행렬이 생길만도 하다.

(C) 별 다섯 개 레스토랑인 것 같네. 어이가 없어서 말이 나오지 않아요.

(D) 그럴 리가 없어, 트집을 잡을 데가 없어요.

어구·해설 〜といい〜といい 〜로 말하더라도 〜로 말하더라도, 〜이든 〜이든　文句(もんく)をつける 트집을 잡다

道理(どうり)で 어쩐지, 과연, 그러면 그렇지　開(あ)いた口(くち)が塞(ふさ)がらない 어이가 없어서 말이 나오지 않다

そんなはずはない 그럴 리가 없다　文句無(もんくな)しのできばえ 트집 잡을 데가 없는 만듦새

정답 B

46 天気予報では明日は暴風雨だと言っていたので、明日の遠足が心配ですね。

(A) 案ずるより産むが易しですよ。

(B) 来週は快晴だとテレビで言っていましたよ。

(C) 担任の先生は雨天決行だと言ってましたよ。

(D) 担任の先生は一か八かの大勝負だと興奮していました。

일기예보에서 내일은 폭풍우라고 했기 때문에, 내일 소풍이 걱정이에요.

(A) 실제로 해 보면 걱정했던 것보다 쉬워요.

(B) 다음 주는 쾌청하다고 TV에서 말했어요.

(C) 담임선생님은 우천결행이라고 말했어요.

(D) 담임선생님은 흥하든 망하든 대승부라며 흥분하고 있었습니다.

어구·해설 天気予報(てんきよほう) 일기예보　遠足(えんそく) 소풍　案(あん)ずるより産(う)むが易(やす)し 아이 낳기를 걱정

하는 것보다 실제로 낳는 것이 쉽다(일이란 실제로 해 보면 미리 걱정했던 것보다 쉽다)　雨天決行(うてんけっこう) 우천결행

一(いち)か八(ばち)か 되든 안 되든, 흥하든 망하든, 운수를 하늘에 맡기고　大勝負(おおしょうぶ) 대승부

정답 C

47
不景気(ふけいき)のこの時代(じだい)に、私(わたし)たちの会社(かいしゃ)だけぼろ儲(もう)けしているんです。

(A) それはもう古(ふる)いですから、危険(きけん)です。
(B) 田中(たなか)さんの会社(かいしゃ)は気前(きまえ)がいいですね。
(C) 何(なに)か秘訣(ひけつ)があるんですか。
(D) 話(はな)せば話(はな)すほど、ぼろが出(で)ます。

불경기인 이 시대에, 우리 회사만 엄청나게 벌고 있습니다.

(A) 그것은 이제 오래되었기 때문에, 위험합니다.
(B) 다나카씨의 회사는 인심이 좋네요.
(C) 무엇인가 비결이 있습니까?
(D) 말하면 말할수록, 결점이 드러납니다.

> **어구·해설** ぼろ儲(もう)け 밑천이나 노력에 비하여 엄청나게 이익을 봄, 광장히 많이 벎　危険(きけん) 위험
> 気前(きまえ)がいい 무엇이든지 아까지 않고 시원스럽게 잘 쓰다, 인심이 좋다　ぼろが出(で)る 결점이 드러나다
> **정답** C

48
今週末(こんしゅうまつ)は待(ま)ちに待(ま)った家族団(かぞくだん)らんの時間(じかん)です。

(A) 今(いま)までの苦労(くろう)が水(みず)の泡(あわ)ですね。
(B) 家族一緒(かぞくいっしょ)の食事(しょくじ)は美味(おい)しかったでしょう。
(C) 家族(かぞく)の時間(じかん)はお金(かね)には変(か)えられませんからね。
(D) 家族(かぞく)と遠出(とおで)されるとお聞(き)きしましたが……。

이번 주말에는 기다리고 기다리던 가족 단란의 시간입니다.

(A) 지금까지의 고생이 물거품이네요.
(B) 가족이 함께한 식사는 맛있었겠어요.
(C) 가족의 시간은 돈으로는 바꿀 수 없으니까요.
(D) 가족과 멀리 나가신다고 얘기 들었습니다만……

> **어구·해설** 家族団(かぞくだん)らん 가족 단란　苦労(くろう) 고생, 수고　水(みず)の泡(あわ) 물거품, 수포
> 遠出(とおで) 멀리 나감
> **정답** C

49
遠藤(えんどう)さん、ふてくされて、何(なに)か気(き)にくわないことでもあるんですか。

(A) 会社(かいしゃ)は働(はたら)いても働(はたら)いても昇給(しょうきゅう)がないのが不満(ふまん)なんだよ。
(B) 新(あたら)しい社員(しゃいん)がうまく出来(でき)ないから気(き)が気(き)じゃないんだよ。
(C) いろいろ昇給(しょうきゅう)の話(はなし)が出(で)ていて、楽(たの)しみなんだよね。
(D) 最近(さいきん)、物騒(ぶっそう)な世(よ)の中(なか)になっちゃってさ。

엔도씨, 부루통해서, 무언가 마음에 들지 않는 것이라도 있는 겁니까?

(A) 회사는 아무리 일을 해도 승급이 없는 것이 불만이야.
(B) 새로운 사원이 잘 못하기 때문에 기분이 기분이 아니야.
(C) 여러 가지 승급 이야기가 나와서, 기대된단 말이야.
(D) 최근에, 뒤숭숭한 세상이 되어버렸어.

> **참고** 관용 표현에 주의하자!
> **어구·해설** ふて腐(くさ)れる 불평·불만으로 반항적인 태도를 보이거나 될 대로 되라는 태도를 보이다　気(き)にくわない 마음에 들지 않다
> 物騒(ぶっそう) 무슨 일이 일어날 것 같은 위험한 느낌이 드는 모양, 뒤숭숭함　世(よ)の中(なか) 세상, 세간, 시대
> **정답** A

50 今日は息子の誕生日だから、道草食わないで帰ってきてよ。

(A) もうお腹いっぱいだからすぐ帰るよ。

(B) もう少し食べてから、家へ帰るよ。

(C) 分かってる。今日は仕事が終わり次第すぐ帰るよ。

(D) 昨日、食べたばかりじゃないか。

오늘은 아들 생일이니까, 옆길로 새지 말고 돌아와요.

(A) 이제 배가 부르니까 바로 돌아갈게.

(B) 조금 더 먹고 나서, 집에 돌아갈게.

(C) 알아, 오늘은 일이 끝나는 대로 바로 돌아갈게.

(D) 어제 먹었잖아?

참고 관용 표현에 주의하자!

어구·해설 道草(みちくさ)を食(く)う 도중에 다른 일로 시간을 허비하다, 옆길로 빠져 시간을 허비하다　～次第(しだい) ~하는 즉시

정답 C

51

男：今日の会議は2時からですよね。

女：えっ、ちょっと待ってください。3時からですよ。

男：昨日、山本さんからそう聞きましたが。

女：今朝、予定が変わりました。一時間遅くなったんですよ。

남 : 오늘 회의는 2시부터죠.

여 : 앗, 잠깐만 기다리세요. 3시부터예요.

남 : 어제, 야마모토씨에게 그렇게 들었습니다만.

여 : 오늘 아침, 예정이 바뀌었습니다. 1시간 늦어지게 되었어요.

今日の会議は何時からですか？

(A) 2時。

(B) 3時。

(C) 4時。

(D) 5時。

오늘 회의는 몇 시부터입니까?

(A) 2시.

(B) 3시.

(C) 4시.

(D) 5시.

참 고 2시 회의를 1시간 늦췄다.

어구·해설 ちょっと 잠깐, 잠시, 좀, 약간　待(ま)つ 기다리다, 기대하다　変(か)わる 변하다, 바뀌다　遅(おそ)い 느리다, 더디다

정 답 B

52

男：妹の誕生日にかばんを買いたいです。いい店を教えてくださいませんか。

女：駅前のデパートの近くにいい店がありますが、ちょっと高いですよ。

男：いいものが買いたいですから、見に行きます。

女：私も一緒に行きましょうか。

남 : 여동생의 생일에 가방을 사고 싶습니다. 괜찮은 가게를 가르쳐 주시지 않겠습니까?

여 : 역 앞의 백화점 근처에 괜찮은 가게가 있습니다만, 약간 비쌉니다.

남 : 좋은 것을 사고 싶으니까, 보러 가겠습니다.

여 : 나도 같이 갈까요?

男^{おとこ}の人^{ひと}はどこへ行^いきますか。

(A) 駅^{えき}にある店^{みせ}。

(B) 駅前^{えきまえ}のデパート。

(C) 駅^{えき}の中^{なか}にあるデパート。

(D) 少^{すこ}し高^{たか}い店^{みせ}。

남자는 어디에 갑니까?

(A) 역에 있는 가게.

(B) 역 앞의 백화점

(C) 역 안에 있는 백화점.

(D) 약간 비싼 가게.

참 고 남자는 역 앞의 백화점 근처에 있는 약간 비싼 가게에 가 보기로 했다.

어구·해설 かばん 가방 買^かう 사다, 구입하다 店^{みせ} 가게, 상점, 점포 教^{おし}える 가르치다, 배워 익히게 하다
デパート 백화점 近^{ちか}い 가깝다 高^{たか}い 높다, 크다, 비싸다 見^みる 보다 一緒^{いっしょ}に 같이, 함께

정 답 D

53

女^{やまだ}：山田さんの家^{いえ}は駅^{えき}から遠^{とお}いですか。

男：歩^{ある}いて20分^{ぶん}ぐらいかかります。

女：毎日歩^{まいにちある}いていますか。大変^{たいへん}ですね。

男：でも、バスは朝^{あさ}とても時間^{じかん}がかかるし、自転車^{じてんしゃ}はありませんから。

여 : 야마다씨 집은 역에서 멉니까?

남 : 걸어서 20분 정도 걸립니다.

여 : 매일 걸어 다닙니까? 힘들겠어요.

남 : 하지만 버스는 아침에 너무 시간이 걸리고, 자전거는 없기 때문에.

二人^{ふたり}の会話^{かいわ}で正^{ただ}しいものは何^{なん}ですか。

(A) 男^{おとこ}の人^{ひと}は自転車^{じてんしゃ}で行^いく。

(B) 朝^{あさ}、バスは時間^{じかん}がかかる。

(C) 女^{おんな}の人^{ひと}は毎日歩^{まいにちある}いているから大変^{たいへん}だ。

(D) 女^{おんな}の人^{ひと}の家^{いえ}は駅^{えき}から徒歩^{とほ}で２０分^{ぶん}ぐらいかかる。

두 사람의 회화로 올바른 것은 무엇입니까?

(A) 남자는 자전거로 간다.

(B) 아침에 버스는 시간이 걸린다.

(C) 여자는 매일 걷고 있기 때문에 힘들다.

(D) 여자의 집은 역에서 도보로 20분 정도 걸린다.

참 고 남자는 버스는 아침에 너무 시간이 걸리고, 자전거는 없기 때문에 걸어 다닌다고 했다.

어구·해설 遠^{とお}い 멀다 歩^{ある}く 걷다, 걸어가다 大変^{たいへん} 대단함, 힘듦 バス 버스 とても 대단히, 매우
自転車^{じてんしゃ} 자전거 正^{ただ}しい 바르다, 옳다, 맞다 かかる 걸리다

정 답 B

54

女：田中さん、なんだか嬉しそうですね。

男：かわいい彼女ができましたよ。

女：そうですか。うらやましいですね。

男：恋人って本当にいいもんですよ。

여 : 다나카씨, 웬일인지 기쁜 것 같네요.

남 : 귀여운 애인이 생겼어요.

여 : 그래요? 부럽네요.

남 : 애인이란 정말로 좋은 것이에요.

田中さんの気分はどうですか。

(A) とても嬉しい。

(B) あまり嬉しくない。

(C) そんなに嬉しくない。

(D) 最悪の気分だ。

다나카씨의 기분은 어떻습니까?

(A) 매우 기쁘다.

(B) 그다지 기쁘지 않다.

(C) 그렇게 기쁘지 않다.

(D) 최악의 기분이다.

어구·해설 なんだか 무엇인지, 어쩐지, 웬일인지　嬉(うれ)しい 기쁘다, 반갑다, 고맙다, 감사하다　可愛(かわい)い 귀엽다, 사랑스럽다

彼女(かのじょ) 그녀, 그 여자, 어떤 남성의 애인, 연인　出来(でき)る 생기다, 일어나다, 할 수 있다

羨(うらや)ましい 부럽다, 샘이 나다　恋人(こいびと) 연인, 애인　本当(ほんとう)に 정말로, 진짜로

정답 A

55

男：小川さん、一昨日はお宅にいませんでしたよね。

女：はい。同窓会に行ったんですよ。

男：同窓会は今日じゃありませんでしたか。

女：いいえ、一昨日でした。

남 : 오가와씨, 그저께는 댁에 안 계셨지요?

여 : 예. 동창회에 갔었습니다.

남 : 동창회는 오늘 아니었습니까?

여 : 아니오, 그저께였습니다.

同窓会はいつでしたか。

(A) 今日。

(B) 昨日。

(C) 明日。

(D) 一昨日。

동창회는 언제였습니까?

(A) 오늘.

(B) 어제.

(C) 내일.

(D) 그저께

참고 여자는 그저께 동창회를 해서 집에 없었다.

어구·해설 一昨日(おととい) 그저께　お宅(たく) 가정의 높임말(댁), 소속된 곳의 높임말(댁의 근무처)　同窓会(どうそうかい) 동창회

行(い)く 가다　昨日(きのう) 어제　明日(あした) 내일

정답 D

56

女：もしもし。今どこにいるの？

男：今、家から出かけようとしていたところだけど。どうしたの？

女：お祖父さんが倒れたそうなの。今すぐ病院に行って、様子を見て来てほしいんだけど。私は会社が終わったらすぐ行こうと思って。

男：分かった。病院に着いたらまた電話するね。

여 : 여보세요. 지금 어디 있어?

남 : 지금 집에서 나가려고 하던 참인데, 무슨 일이야?

여 : 할아버지가 쓰러지셨대. 지금 곧 병원에 가서, 상황을 보고 왔으면 하는데. 나는 회사가 끝나면 바로 가려고 해.

남 : 알았어. 병원에 도착하면 다시 전화할게.

男の人は今、どこにいますか。

(A) 家にいる。

(B) 病院にいる。

(C) 会社にいる。

(D) 病院に行く途中。

남자는 지금, 어디에 있습니까?

(A) 집에 있다.

(B) 병원에 있다.

(C) 회사에 있다.

(D) 병원에 가는 도중.

> **참고** 남자는 집에서 나가려고 하던 참이다.

> **어구·해설** ところ 어떤 동작/변화가 행해지는 장면/상황을 나타냄 お祖父(じい)さん 할아버지 倒(たお)れる 넘어지다
> 今(いま)すぐ 지금 곧 様子(ようす) 사물의 상태나 상황, 형편, 모습 終(お)わる 끝나다, 종료되다
> 思(おも)う 생각하다 分(わ)かる 알다, 이해할 수 있다 着(つ)く 닿다, 도착하다, 접촉하다 途中(とちゅう) 도중

> **정답** A

57

男：明日の天気はどうかな。

女：明日は午前中は晴れだけど、午後から雨だって。

男：そう。昨日は一日中いい天気だったのに。

女：天気は変わりやすいから、傘が必要かもしれませんよ。

남 : 내일 날씨는 어떨까?

여 : 내일은 오전 중에는 맑지만, 오후부터 비래.

남 : 그래? 어제는 하루 종일 좋은 날씨였는데.

여 : 날씨는 변덕스러우니까, 우산이 필요할지도 몰라.

明日の天気はどうなりますか。

(A) 一日中いい天気だ。

(B) 午前中は晴れだけど、午後からはくもる。

(C) 午前中は雨だけど、午後からは晴れだ。

(D) 午前中は晴れだけど、午後からは雨だ。

내일 날씨는 어떻게 됩니까?

(A) 하루 종일 좋은 날씨다.

(B) 오전 중에는 맑지만, 오후부터는 흐리다.

(C) 오전 중에는 비지만, 오후부터는 맑다.

(D) 오전 중에는 맑지만, 오후부터는 비다.

> **참고** 오전 중에는 맑지만, 오후부터 비가 올 것이라고 했다.

> **어구·해설** 天気(てんき) 기상, 날씨, 일기 晴(は)れ 갬, 맑음, 날씨가 좋음 一日中(いちにちじゅう) 하루 종일, 온종일
> 変(か)わる 변하다, 바뀌다 傘(かさ) 우산 曇(くも)る 흐려지다, 흐리다

> **정답** D

58

女：チケットを拝見いたします。大阪行きの便ですね。お席の方はいかがなさいますか。窓側と通路側がありますが。

男：では、窓側をお願いします。左の窓側がいいんですけど。

女：申し訳ございません。左側の窓側の席は埋まっておりまして……。

男：あ、そうですか。じゃ、お手洗いに近い席にしてください。

여 : 티켓을 보도록 하겠습니다. 오사카행 편이네요. 좌석은 어떻게 하시겠습니까? 창가와 통로 측이 있습니다만.

남 : 그럼, 창가를 부탁합니다. 왼쪽 창가가 좋겠는데.

여 : 죄송합니다. 왼쪽 창가의 좌석은 다 차서…….

남 : 아, 그렇습니까? 그럼, 화장실 근처의 좌석으로 해 주세요.

男の人はどこの席に座りますか。

(A) ドアの近く。

(B) 右側の窓側の席。

(C) 便所の近く。

(D) 操縦席の近く。

남자는 어느 좌석에 앉습니까?

(A) 문 근처.

(B) 우측 창가의 좌석.

(C) 변소 근처.

(D) 조종석 근처.

참고 남자는 화장실 근처의 좌석을 부탁했다.

어구·해설 **チケット** 티켓(표) **拝見**(はいけん) 삼가 봄 **行**(ゆ)**き** 감, 목적지를 향하여 감, 목적지가 그 곳임을 나타내는 말(~행) **窓側**(まどがわ) 창가 **通路側**(つうろがわ) 통로 측 **埋**(う)**まる** 묻히다, 파묻히다, 가득 차다 **お手洗**(てあら)**い** 화장실 **近**(ちか)**い** 가깝다 **ドア** 문

정답 C

59

女：すみません。このデジカメはいくらですか。

男：3万5000円です。

女：このカメラ、他店では3万2000円で売っていたのですが……。

男：そうですか。ではわたくしどもの店では他店より500円安い価格でご提供させていただきます。

여 : 실례합니다. 이 디지털 카메라는 얼마입니까?

남 : 3만 5000엔입니다.

여 : 이 카메라, 다른 가게에서는 3만 2000엔에 팔고 있었습니다만…….

남 : 그렇습니까? 그럼 저희 가게에서는 다른 가게보다 500엔 저렴한 가격으로 제공해 드리도록 하겠습니다.

女の人はいくらでこのカメラを買いますか。

(A) 3万1500円。

(B) 3万2000円。

(C) 3万2500円。

(D) 3万4500円。

여자는 얼마에 이 카메라를 삽니까?

(A) 3만 1500엔.

(B) 3만 2000엔.

(C) 3만 2500엔.

(D) 3만 4500엔.

3만 2000엔 — 500엔 = 3만 1500엔

어구·해설 デジカメ 디지털 카메라 **いくら** 얼마, 어느 정도 **カメラ** 카메라 **売**(う)**る** 팔다

ども 1인칭의 말에 붙여 겸양의 뜻을 나타냄 **買**(か)**う** 사다, 구입하다

정 답 **A**

60

男 : 今年の夏休みは子供と一緒に温泉にでも行きたいね。

女 : でも、子供は温泉みたいなところあまり好まないわよ。思いっきり体を動かしたがっているわ。プールなんかはどうかしら。

男 : そうか。僕は疲れた体をいやしたいなと思ったんだけど。子供のことも考えるとな。

女 : 私も気持は同じなんだけど、子供が遊びたがっているから、今回はプールにしましょう。

남 : 올해 여름 방학에는 아이와 같이 온천에라도 가고 싶군.

여 : 하지만 아이는 온천 같은 곳 별로 좋아하지 않아요. 몸을 실컷 움직이고 싶어해요. 수영장 같은 곳은 어때요?

남 : 그렇군. 나는 피곤한 몸을 풀고 싶었는데, 애들 생각을 하면 그렇네.

여 : 나도 마음은 같지만, 아이가 놀고 싶어 하니까, 이번에는 수영장으로 해요.

男の人が温泉に行きたい理由は何ですか。

(A) 疲労がたまっているから。

(B) 子供から離れて時間を過ごしたいから。

(C) ストレスがたまっているから。

(D) 子供が行きたがっているから。

남자가 온천에 가고 싶어하는 이유는 무엇입니까?

(A) 피로가 쌓여 있기 때문에.

(B) 아이로부터 떨어져서 시간을 보내고 싶기 때문에.

(C) 스트레스가 쌓여 있기 때문에.

(D) 아이가 가고 싶어 하기 때문에.

피곤한 몸을 풀고 싶기 때문이다.

어구·해설 夏休(なつやす)み 여름 방학[휴가] 一緒(いっしょ)に 함께, 같이 好(この)む 좋아하다, 흥미를 가지다, 즐기다

思(おも)いっきり 마음껏, 실컷 体(からだ)を動(うご)かす 몸을 움직이다 プール 풀, 수영장

なんか 무엇인가, 어쩐지, 어딘지 모르게 かしら 의문의 뜻을 나타내거나 희망·부탁하는 뜻을 나타내는 여성어(~을까, ~일까)

疲(つか)れる 지치다, 피로해지다 癒(いや)す 낫게 하다, 치료하다, 가시게 하다 気持(きもち)기분, 감정, 마음

同(おな)じ 같음, 동일함 遊(あそ)ぶ 놀다, 놀이를 하다

정 답 **A**

61

女：職場内でもいじめの問題が深刻だとニュースで言ってたわ。

男：そうそう。いじめは学校だけで起るものだと思っていたので、本当に驚いたよ。いじめの原因の１位は社員同士のコミュニケーション不足だと言ってたよ。

女：やっぱりコンピューター社会になって、なんでもコンピューターでやり取りができるから会話は減ったわよね。

男：便利になった反面、便利な社会の副作用もあるんだね。

여 : 직장 안에서도 왕따의 문제가 심각하다고 뉴스에서 그랬어.

남 : 그래그래. 왕따는 학교에서만 일어나는 것이라고 생각했기 때문에, 진짜로 놀랐어. 왕따 원인의 1위는 사원 간의 커뮤니케이션 부족이라고 했어.

여 : 역시 컴퓨터 사회가 되어서, 뭐든지 컴퓨터로 주고받을 수 있기 때문에 회화는 줄어든 거지.

남 : 편리하게 된 반면, 편리한 사회의 부작용도 있는 것이군.

職場内のいじめの原因は何だと言っていますか。

(A) コミュニケーションの副作用。

(B) 社員同士の会話不足。

(C) コミュニケーション能力の不足。

(D) コンピューターについての意見の不一致。

직장 안에서 왕따의 원인은 무엇이라고 합니까?

(A) 커뮤니케이션의 부작용.

(B) 사원 간의 대화 부족.

(C) 커뮤니케이션 능력의 부족.

(D) 컴퓨터에 대한 의견 불일치.

참고 동료 사원끼리의 커뮤니케이션 부족으로 직장 내 왕따가 일어나고 있다.

어구·해설 **職場内**(しょくばない) 직장 내[안] **いじめ** 학교 등에서 학생들이 집단적으로 약자를 괴롭히는 일(괴롭힘, 왕따)
ニュース 뉴스 **起**(お)**こる** 일어나다, 발생하다, 시작되다 **驚**(おどろ)**く** 놀라다, 경악하다
社員同士(しゃいんどうし) 사원끼리 **コミュニケーション** 커뮤니케이션, 의사나 정보의 전달 **不足**(ふそく) 부족
コンピューター 컴퓨터 **社会**(しゃかい) 사회 **やり取**(と)**り** 물건이나 말을 주고받음 **減**(へ)**る** 줄다, 적어지다

정답 B

62

女：このテレビ故障かしら。映りが悪いわ。

男：そんなはずはないよ。１５年前に買った古いテレビだけど、先週修理に出して直してもらったばかりだから。もしかしたら、昨日の台風でアンテナの向きが変わってしまったせいかもしれないな。

女：そうね。じゃ、ちょっと屋上に上がって向きを調整してみてくれる？

男：ちょっと面倒だけど、いいよ。

여 : 이 텔레비전 고장인가. 화면이 이상해.

남 : 그럴 리가 없어. 15년 전에 산 낡은 텔레비전이지만, 지난주에 수리를 하고 얼마 지나지 않았으니까. 어쩌면 어제의 태풍으로 안테나의 방향이 바뀌어 버렸기 때문일지도 몰라.

여 : 그렇네. 그럼, 잠깐 옥상에 올라가서 방향을 조정해 줄래?

남 : 좀 귀찮지만, 알았어.

男(おとこ)の人(ひと)は何(なに)をしますか。

(A) テレビが壊(こわ)れたので修理(しゅうり)に出(だ)す。

(B) テレビが壊(こわ)れたので調整(ちょうせい)してみる。

(C) アンテナの方向(ほうこう)を調整(ちょうせい)してみる。

(D) アンテナが故障(こしょう)したので、修理(しゅうり)に出(だ)す。

남자는 무엇을 합니까?

(A) 텔레비전이 고장났기 때문에 수리하러 보낸다.

(B) 텔레비전이 고장났기 때문에 조정해 본다.

(C) 안테나의 방향을 조정해 본다.

(D) 안테나가 고장났기 때문에 수리하러 보낸다.

참고 여자는 남자에게 옥상에 올라가서 안테나 방향을 조정해 달라고 부탁했다.

어구·해설 映(うつ)り 비침, 비치는 상태 悪(わる)い 나쁘다, 옳지 않다 古(ふる)い 낡다, 오래되다 直(なお)す 고치다
もしかしたら 어쩌면 アンテナ 안테나 向(む)き 방향, 한정된 방면 屋上(おくじょう) 옥상
上(あ)がる 오르다, 올라가다 調整(ちょうせい) 조정 面倒(めんどう) 번거로움, 귀찮음
壊(こわ)れる 깨지다, 부서지다, 파손되다, 고장나다

정답 C

63

女(やまもとくん)：山本君、ちょっと聞(き)いてよ。山田課長(やまだかちょう)ってひどいのよ。

男：どうしたの、花子(はなこ)？突然(とつぜん)。

女：あの課長(かちょう)いつも顎(あご)で人(ひと)を使(つか)うのよ。同(おな)じ部署(ぶしょ)なのに、許(ゆる)せないわ。

男：山田課長(やまだかちょう)は後(あと)1ヶ月(いっかげつ)でリストラだから、もう少(すこ)しだけの辛抱(しんぼう)だよ。

여 : 야마모토군, 얘기 좀 들어봐. 야마다 과장은 너무해.

남 : 왜 그래, 하나코? 갑자기.

여 : 그 과장 늘 사람을 막 대해. 같은 부서인데 용서할 수 없어.

남 : 야마다 과장은 앞으로 1개월이면 정리해고니까, 조금만 더 참아.

花子(はなこ)さんはどうして怒(おこ)っていますか。

(A) 我慢(がまん)できずにすぐ怒(おこ)るから。

(B) 傲慢(ごうまん)な態度(たいど)で人(ひと)に仕事(しごと)をさせるから。

(C) 他(ほか)の人(ひと)が失敗(しっぱい)すると怒(おこ)るから。

(D) 花子(はなこ)さんに向(む)かって悪口(わるくち)を言(い)うから。

하나코씨는 왜 화를 내고 있습니까?

(A) 참지 못하고 바로 화를 내기 때문에.

(B) 거만한 태도로 나른 사람에게 일을 시키기 때문에.

(C) 다른 사람이 실패를 하면 화를 내기 때문에.

(D) 하나코씨를 향해서 험담을 하기 때문에.

참고 여자는 야마다 과장이 사람을 막 대하기 때문에 화가 났다.

어구·해설 聞(き)く 듣다 ひどい 잔인하다, 지독하다, 심하다 顎(あご)で人(ひと)を使(つか)う 사람을 함부로 다루다
許(ゆる)す 허가하다, 허락하다, 허용하다, 용서하다 リストラ 정리해고, 권고퇴직 辛抱(しんぼう) 참음, 참고 견딤, 인내
我慢(がまん) 참음, 견딤, 인내, 용서함, 봐줌 傲慢(ごうまん) 오만, 거만 仕事(しごと) 일, 작업, 업무, 직업
向(む)かう 향하다, 그쪽으로 돌리다, 마주보다, 마주 대하다 悪口(わるくち)を言(い)う 욕을 하다, 험담을 하다

정답 B

실전모의고사 5회

64

男：すみません。アメリカに送金をしたいのですが。

女：ご送金ですね。送金手数料がかかりますが、よろしいですか。

男：はい。手数料はいくらくらいですか。

女：総金額によって異なりますが、10万円以下は5000円、10万円から50万円未満は10000円、50万円から100万円未満は12000円、100万円以上は30000円になります。

남 : 실례합니다. 미국에 송금을 하고 싶습니다만.

여 : 송금 말씀이시지요? 송금 수수료가 듭니다만, 괜찮으십니까?

남 : 예, 수수료는 얼마 정도입니까?

여 : 총 금액에 따라서 다릅니다만, 10만 엔 이하는 5000엔, 10만 엔부터 50만 엔 미만은 10000엔, 50만 엔부터 100만 엔 미만은 12000엔, 100만 엔 이상은 30000엔입니다.

50万円を送る時、送金手数料はいくらですか。

(A) 5000円。

(B) 10000円。

(C) 12000円。

(D) 30000円。

50만 엔을 송금할 때, 송금 수수료는 얼마입니까?

(A) 5000엔.

(B) 10000엔.

(C) 12000엔.

(D) 30000엔.

> **참고** 50만 엔부터 100만 엔 미만은 송금수수료가 12000엔이다.

> **어구·해설** アメリカ 미국　手数料(てすうりょう) 수수료　異(こと)なる 같지 않다, 다르다

> **정답** C

65

女：日本人がノーベル賞を受賞したそうよ。

男：え、どんな分野でノーベル賞を受賞したんですか。

女：ノーベル化学賞だと聞いているわ。10年にわたる根気強い研究が認められたのね。

男：長い間身を挺してきた甲斐がありますね。

여 : 일본인이 노벨상을 수상했대요.

남 : 와, 어떤 분야에서 노벨상을 수상했어요?

여 : 노벨 화학상이라고 들었어요. 10년에 걸친 끈질긴 연구가 인정을 받은 것이겠지요.

남 : 오랫동안 남보다 앞장서서 나아간 보람이 있군요.

ノーベル化学賞を受賞することができたのはどうしてですか。

(A) 研究発表が素晴らしかったから。

(B) 科学的証拠が多く発見されたから。

(C) 10年間、ノーベル賞のために頑張ったから。

(D) 長い間、身を粉にして研究してきた成果が出たから。

노벨 화학상을 수상할 수 있었던 것은 어째서입니까?

(A) 연구 발표가 훌륭했기 때문에.

(B) 과학적인 증거가 많이 발견되었기 때문에.

(C) 10년간, 노벨상을 위해 열심히 했기 때문에.

(D) 오랫동안 분골쇄신해서 연구해 온 성과가 나왔기 때문에.

> **참고** 10년에 걸친 끈질긴 연구가 인정을 받아 노벨상을 수상하게 되었다.

어구·해설 ノーベル賞(しょう) 노벨상 ～にわたる ~에 걸친 根気強(こんきづよ)い 끈기가 강하다, 끈질기다
認(みと)める 인정하다 身(み)を挺(てい)する 몸을 일으켜 앞장서다, 남보다 앞장서다 甲斐(かい) 보람, 효과
素晴(すば)らしい 매우 훌륭하다, 굉장하다 身(み)を粉(こ)にする 몸이 가루가 되도록 열심히 일하다, 분골쇄신하다
成果(せいか)が出(で)る 성과가 나오다

정답 D

66

女：東京(とうきょう)のタクシー協会(きょうかい)によると、毎年(まいとし)6万(まん)5000件(けん)
　ほどの遺失物(いしつぶつ)がタクシー車内(しゃない)で見付(みつ)かるんだそうで
　す。でもそのほとんどが持(も)ち主(ぬし)が分(わ)からぬまま、処(しょ)
　分(ぶん)されてしまうそうですよ。

男：残念(ざんねん)ですね。じゃ、もし車内(しゃない)に置(お)き忘(わす)れた場合(ばあい)、見(み)
　付(つ)ける方法(ほうほう)はありますか。

女：タクシーを降(お)りる時(とき)、領収書(りょうしゅうしょ)をもらっていればそこ
　から、タクシーの運行会社(うんこうがいしゃ)、運転手(うんてんしゅ)の名前(なまえ)などが分(わ)
　かり、見付(みつ)かりやすくなるそうよ。

男：万(まん)が一(いち)に備(そな)えて、今度(こんど)から、必(かなら)ず領収書(りょうしゅうしょ)をもらわな
　きゃ。

여 : 도쿄 택시 협회에 의하면, 매년 6만 5000건 정도의 유실물이 택시 안에서 발견된다고 합니다. 하지만 그 대부분이 임자를 모르는 채 처분되어 버린다고 해요.

남 : 안타깝네요. 그럼, 만약에 차내에 잊어버리고 두고 내렸을 경우, 찾을 방법은 있습니까?

여 : 택시에서 내릴 때, 영수증을 받아 두면 그것으로 택시 운행 회사, 운전수 이름 등을 알 수 있어서, 찾기 쉽다고 해요.

남 : 만일에 대비해서, 이제부터 반드시 영수증을 받아야지.

タクシー協会(きょうかい)によると、毎年(まいねん)、大量(たいりょう)に何(なに)が発見(はっけん)されますか。

(A) 領収書(りょうしゅうしょ)。

(B) 盗難品(とうなんひん)。

(C) 忘(わす)れ物(もの)。

(D) お釣(つ)りの受(う)け取(と)り忘(わす)れ。

택시 협회에 의하면, 매년 대량으로 무엇이 발견됩니까?

(A) 영수증.

(B) 도난품.

(C) 잊은 물건.

(D) 거스름돈의 수령을 잊음.

참고 매년 6만 5000건 정도의 유실물이 택시 안에서 발견되고 있다고 한다.

어구·해설 タクシー 택시 見付(みつ)かる 들키다, 발각되다, 찾게 되다, 발견되다 ほとんど 대부분, 거의 持(も)ち主(ぬし) 소유주
残念(ざんねん) 유감스러움, 아쉬움, 분함, 억울함 置(お)き忘(わす)れる 어디에 두었는지 둔 곳을 잊다, 잊어버리고 두고 오다
降(お)りる 탈 것이나 역 등에서 내리다 領収書(りょうしゅうしょ) 영수증 名前(なまえ) 이름, 명칭
万(まん)が一(いち) 만약, 만에 하나, 만일 備(そな)える 갖추다, 구비하다, 비치하다, 대비하다 お釣(つ)り 거스름돈
受(う)け取(と)り 받음, 수취, 수령

정답 C

실전모의고사 5회

67

女：日本のゲーム業界も厳しいと聞いています。

男：新しいゲーム機は次々と生まれるのですが、それを楽しむためのソフトウェアの開発と販売に苦戦しているようですよ。

女：最新のゲームソフトは、人気作品の続編が多くて正直飽きてしまうんです。

男：今のゲーム業界は背水の陣ですね。

여：일본의 게임 업계도 힘겹다고 들었습니다.

남：새로운 게임기는 계속해서 만들어집니다만, 그것을 즐기기 위한 소프트웨어의 개발과 판매에 고전하고 있는 것 같습니다.

여：최신 게임 소프트웨어는 인기 작품의 속편이 많아서 솔직히 싫증이 납니다.

남：지금의 게임 업계는 배수의 진이네요.

今の業界の現状は？

(A) ゲーム自体にお客さんが飽きてきている。

(B) ソフトウェアは次々と生まれるのにゲーム機が生まれない。

(C) 今は、危機感を持って問題に取り組まなければいけない時期。

(D) 最新のゲームは発売されても、シリーズのゲームは発売されない。

지금의 업계의 현재 상태는？

(A) 게임 자체에 손님이 싫증을 내고 있다.

(B) 소프트웨어는 계속해서 만들어지는데 게임기가 만들어지지 않는다.

(C) 지금은 위기감을 갖고 문제에 몰두하지 않으면 안 되는 시기.

(D) 최신의 게임은 발매되어도, 시리즈의 게임은 발매되지 않는다.

참고 지금의 게임 업계는 배수의 진을 치고 노력해야 하는 상황이다.

어구·해설 ゲーム 게임　厳(きび)しい 엄하다, 험하다, 냉엄하다, 힘겹다　生(う)まれる 태어나다, 새로 생기다, 만들어지다
楽(たの)しむ 즐기다, 취미로 삼다, 좋아하다　ソフトウェア 소프트웨어　苦戦(くせん) 고전
正直(しょうじき) 정직하게 말해서, 솔직히 말하자면, 사실은　飽(あ)きる 물리다, 싫증나다, 질리다
排水(はいすい)の陣(じん) 배수의 진, 어떤 일을 성취하기 위하여 더 이상 물러설 수 없음을 비유적으로 이르는 말
取(と)り組(く)む 맞붙다, 열심히 일에 들러붙다, 몰두하다　シリーズ 시리즈

정답 C

68

女：東京ではカラスが増えて、大きな問題になっていますよね。

男：カラスは人が捨てたゴミを探して食べるし、繁殖力も強いですからなかなか減らないんですよ。鳥ですから捕まえることも難しいですし……。

女：行政の力だけでは難しいということですね。住民はどんな対策をしていますか。

男：住民はゴミをカバーで覆ったり、カラスが嫌う人形を置いたりしています。

여：도쿄에서는 까마귀가 늘어나서, 큰 문제가 되고 있지요.

남：까마귀는 사람이 버린 쓰레기를 찾아서 먹고, 번식력도 강하기 때문에 좀처럼 줄어들지 않아요. 새라서 잡는 것도 어렵고…….

여：행정기관의 힘만으로는 어렵다는 거지요. 주민은 어떤 대책을 마련하고 있습니까？

남：주민은 쓰레기를 커버로 덮거나, 까마귀가 싫어하는 인형을 두거나 하고 있습니다.

カラスの対策として住民は何をしていますか。

(A) 行政に頼んでいる。

(B) 人形を置いている。

(C) カラスを捕まえようと探している。

(D) カラスが食べる生ゴミを減らしている。

까마귀에 대한 대책으로 주민은 무엇을 하고 있습니까?

(A) 행정기관에 의지하고 있다.

(B) 인형을 두고 있다.

(C) 까마귀를 잡으려고 찾고 있다.

(D) 까마귀가 먹는 음식물 쓰레기를 줄이고 있다.

참고 주민들은 까마귀로 인한 피해를 막기 위해 쓰레기를 커버로 덮거나, 까마귀가 싫어하는 인형을 놓거나 한다.

어구·해설 **カラス** 까마귀 **捨(す)てる** 버리다, 내다버리다, 돌보지 아니하다 **ゴミ** 쓰레기, 먼지 **探(さが)す** 찾다

なかなか 꽤, 상당히, 매우, 좀처럼 **捕(つか)まえる** 잡다, 붙잡다 **行政(ぎょうせい)** 행정기관의 약칭

対策(たいさく) 대책 **カバー** 커버, 씌우개, 덮개, 뚜껑 **覆(おお)う** 표면을 덮다, 씌우다, 보호하다

頼(たの)む 부탁하다, 의뢰하다, 주문하다 **生(なま)ごみ** 음식물 쓰레기, 부엌 쓰레기 **減(へ)らす** 줄이다, 덜다

정답 B

69

男 : このごろ、物騒ですよね。

女 : そうですね。誘拐事件とか強盗事件も多いですね。あ、そうそう、この前も、近くでひったくりが発生したばかりですものね。

男 : ひったくりですか。怖いですね。あ、ところで、佐藤さん、防犯対策、何かしていますか。

女 : 防犯対策していますよ。ドアに鍵を2つかけたり、防犯ブザーも買いました。家の前に監視カメラも設置したいんですが、これはお金がなくて……。

남 : 요즘, 뒤숭숭하네요.

여 : 그렇네요. 유괴 사건이라든가 강도 사건도 많아요. 아, 그래그래, 얼마 전에도 근처에서 날치기가 발생했잖아요.

남 : 날치기입니까? 무섭군요. 아, 그런데 사토씨, 방범 대책, 뭔가 하고 있습니까?

여 : 방범 대책 하고 있어요. 문에 열쇠를 2개 걸기도 하고, 방범 버저도 샀습니다. 집 앞에 감시 카메라도 설치하고 싶지만, 이것은 돈이 없어서…….

佐藤さんが持っているものはどれですか。

(A) 催涙スプレー。

(B) 監視カメラ。

(C) 防犯ブザー。

(D) 防犯対策。

사토씨가 갖고 있는 것은 어느 것입니까?

(A) 최루 스프레이.

(B) 감시 카메라.

(C) 방범 버저

(D) 방범 대책.

참고 여자는 방범 대책으로 문에 열쇠를 2개 걸고, 방범 버저도 구입했다.

어구·해설 **このごろ** 요사이, 요즈음, 최근 **物騒(ぶっそう)** 무슨 일이 일어날 것 같은 위험한 느낌이 드는 모양

ひったくり 낚아챔, 날치기 **怖(こわ)い** 무섭다, 겁나다, 두렵다 **ところで** 갑자기 화제를 바꿀 때 쓰는 말(그런데, 그것은 그렇고)

防犯対策(ぼうはんたいさく) 방범대책 **鍵(かぎ)** 열쇠 **ブザー** 버저(전자석을 이용한 음향 장치)

催涙(さいるい) 최루, 눈물이 나오게 함 **スプレー** 스프레이

정답 C

70

女：ハイブリッドカーという車が人気ですが、どんな車ですか。

男：これは環境問題への対応と燃料の節約を目標に作られた車なんですが、電気とガソリンの2つの力で動く仕組みなんです。低速走行時や発進時は電力で動き、通常の走行時はガソリンで走るんです。燃費もとてもいいんですよ。

女：へぇ、そんな車があるんですか。燃料電池自動車とは少し違うんですね。

男：燃料電池自動車は全てを電池の力で走りますからね。

여 : 하이브리드 카라고 하는 차가 인기입니다만, 어떤 차입니까?

남 : 이것은 환경문제에 대한 대응과 연료 절약을 목표로 만들어진 차입니다만, 전기와 가솔린의 두 가지 힘으로 움직이는 구조입니다. 저속 주행시와 발진시에는 전기로 움직이며, 보통 주행시에는 가솔린으로 달립니다. 연비도 아주 좋아요.

여 : 와~, 그런 차가 있습니까? 연료 전지 자동차와는 약간 다르네요.

남 : 연료 전지 자동차는 전부 전지의 힘으로 달리니까요.

「ハイブリッドカー」の説明として正しいものはどれですか。

(A) 燃費はあまりよくない。

(B) ガソリンとバッテリーの力で走る。

(C) 全てが電池だけで動く。

(D) 通常の走行時は電気の力で走る。

'하이브리드 카'의 설명으로 올바른 것은 어느 것입니까

(A) 연비는 그다지 좋지 않다.

(B) 가솔린과 배터리의 힘으로 달린다.

(C) 모든 것이 전지만으로 움직인다.

(D) 통상 주행시에는 전기의 힘으로 달린다.

참고 ハイブリッドカー는 전기와 가솔린의 2가지 힘으로 움직이는 자동차이다.

어구·해설 **ハイブリッドカー** 하이브리드 카, 엔진과 전기 모터를 이용한 저공해 자동차 **ガソリン** 가솔린, 휘발유 **動(うご)く** 움직이다, 이동하다, 흔들리다 **仕組(しく)み** 사물의 구조, 장치, 기구, 궁리, 방법, 계획 **低速(ていそく)** 저속 **走行(そうこう)** 주행 **発進(はっしん)** 발진 **通常(つうじょう)** 통상, 보통 **燃費(ねんぴ)** 연비 **電池(でんち)** 전지 **違(ちが)う** 다르다, 상이하다, 잘못되다 **走(はし)る** 달리다, 뛰다, 빨리 움직이다 **バッテリー** 배터리, 축전지

정답 B

71

女：あの看板、派手ですね。

男：あ、あの看板はパチンコ店の看板ですよ。そして、看板の下にある花の飾りは新装開店を祝うためのものなんですよ。

女：そうですか。それにしてもこの辺、パチンコ店が多いですね。

男：そうでしょう。ここは「歌舞伎町」といって、日本一の繁華街なんですよ。

여 : 저 간판, 화려하네요.

남 : 아, 저 간판은 파칭코 가게의 간판입니다. 그리고 간판 아래에 있는 꽃 장식은 신장개업을 축하하기 위한 거예요.

여 : 그렇습니까? 그건 그렇고 이 주변, 파칭코 가게가 많네요.

남 : 그렇지요? 여기는 '가부키쵸'라고 일본 제일의 번화가랍니다.

花の飾りはどんな時に飾りますか。

(A) 店を閉店した時。

(B) 店を開店する時。

(C) 店長が変わった時。

(D) 新しく店を開店する時。

꽃 장식은 어떤 때에 장식합니까?

(A) 가게를 폐점했을 때.

(B) 가게를 개점했을 때.

(C) 점장이 바뀌었을 때.

(D) 새롭게 가게를 개점했을 때.

참고 꽃 장식은 신장개업을 축하하기 위한 것이다.

어구·해설 派手(はで) 화려함, 화사함, 야단스러움 　パチンコ店(てん) 파징코 가게 　飾(かざ)り 장식, 장식품, 꾸밈, 겉치레

新装開店(しんそうかいてん) 신장개점, 신장개업 　祝(いわ)う 축하하다, 행운을 빌다

歌舞伎町(かぶきちょう) 도쿄 신주쿠 남부에 있는 곳으로 음식점·영화관·극장 등이 모여 있는 환락가(가부키쵸)

繁華街(はんかがい) 번화가 　変(か)わる 변하다, 바뀌다

정답 D

72

女 : どんな症状が出ればうつ病と疑われるんですか。

男 : いろいろな症状がありますけどね。例えば、集中力がなくなって他の人の話を上の空で聞いていたり、全てのことに対してやる気が出なかったり……。人それぞれ、千差万別ですよ。

女 : でも治療すれば治るんですよね。

男 : はい、きちんとした治療を受ければ必ず治りますよ。安心してください。うつ病は不治の病ではありません。

여 : 어떤 증상이 나타나면 우울증이라고 의심하게 됩니까?

남 : 다양한 증상이 있습니다만, 예를 들면, 집중력이 없어져서 다른 사람의 이야기를 건성으로 듣고 있거나, 모든 것에 대해서 의욕이 생기지 않게 되거나……. 사람마다, 천차만별입니다.

여 : 하지만 치료하면 낫지요?

남 : 예, 제대로 된 치료를 받으면 반드시 낫습니다. 안심하십시오. 우울증은 불치병이 아닙니다.

うつ病の説明として合わないものは？

(A) 治療しても治らない病気。

(B) 他人の話を集中して聞けなくなる。

(C) 人それぞれ、千差万別だ。

(D) 全てのことに対してやる気が出ない。

우울증의 설명으로 맞지 않는 것은?

(A) 치료해도 낫지 않는 병.

(B) 타인의 이야기를 집중해서 들을 수 없게 된다.

(C) 사람마다, 천차만별이다.

(D) 모든 것에 대해서 의욕이 생기지 않는다.

참고 우울증은 불치병이 아니다.

어구·해설 うつ病(びょう) 우울증 　疑(うたが)う 의심하다, 혐의를 두다 　上(うわ)の空(そら) 주의가 산만함, 건성

やる気(き) 할 마음, 하고 싶은 기분, 의욕 　それぞれ 제마다, 각기, 각각 　千差万別(せんさばんべつ) 천차만별

治(なお)る 낫다, 치료되다, 치유되다 　不治(ふじ)の病(やまい) 불치병

정답 A

73

男：国会で迷惑メール防止法案が成立したそうですね。	남 : 국회에서 스팸 메일 방지 법안이 성립되었다고 합니다.
女：会社の広告・宣伝を一方的に送りつけるいわゆる迷惑メールが禁止になっただけでなく、送信者は氏名や住所などをメールに記載しなければならないそうです。	여 : 회사의 광고 · 선전을 일방적으로 보내는 이른바 스팸 메일이 금지되었을 뿐만 아니라, 송신자는 성명과 주소 등을 메일에 기재하지 않으면 안 된다고 합니다.
男：厳しくなりましたね。でも、この法律でメールの安全も守られるんですね。	남 : 엄격하게 되었군요. 하지만 이 법률로 메일의 안전도 지켜지겠군요.
女：違反した場合は５０万円以下の罰金も科せられるそうです。	여 : 위반했을 경우에는 50만 엔 이하의 벌금도 부과되게 된다고 합니다.

迷惑メールとはどんな内容のメールですか。

(A) 広告や宣伝のメール。

(B) お金を要求するメール。

(C) 罰金を要求するメール。

(D) 氏名や住所を書かないで送るメール。

스팸 메일은 어떤 내용의 메일입니까?

(A) 광고와 선전의 메일.

(B) 돈을 요구하는 메일.

(C) 벌금을 요구하는 메일.

(D) 이름과 주소를 쓰지 않고 보내는 메일.

참고 스팸 메일은 회사의 광고나 선전을 일방적으로 보내오는 것이다.

어구·해설 迷惑(めいわく)メール 스팸 메일　送(おく)りつける 일방적으로 송달하다, 보내다　いわゆる 소위, 이른바, 흔히 말하는　氏名(しめい) 성명　厳(きび)しい 엄하다, 엄격하다, 험하다　守(まも)る 지키다, 막다, 수호하다, 소중히 지키다　科(か)する 부과하다, 형벌을 가하다

정답 A

74

女：今年のお盆の期間、高速道路の車の利用台数が昨年に比べて30％減少したそうよ。	여 : 올해의 백중맞이 기간, 고속도로의 차의 이용대수가 작년에 비해 30% 감소했대.
男：今年は原油高の影響で燃料代も上がったし、それから今年のお盆の時期が全て平日だったってことも影響しているんじゃないかな。	남 : 올해는 원유고의 영향으로 연료비도 올랐고, 그리고 올해의 백중맞이 시기가 전부 평일이었던 것도 영향이 있었던 것은 아닐까?
女：そうね。それもあるわね。それからニュースによると、今年のお盆が雨だったということも大きな影響があったそうよ。	여 : 그렇지. 그것도 있네. 그리고 뉴스에 의하면 올해의 백중맞이에 비가 왔던 것도 큰 영향이 있었다고 해.
男：いろいろな要因が重なったんだね。	남 : 여러 가지 요인이 겹쳐진 것이군.

車の高速道路利用が少なかった理由ではないのは？

(A) ガソリンの値段が上がったから。

(B) お盆の時期に雨が降ったから。

(C) 高速道路の料金が値上がりしたから。

(D) お盆の時期が週末ではなかったから。

차의 고속도로 이용이 적었던 이유가 아닌 것은?

(A) 가솔린 가격이 올랐기 때문에.

(B) 백중맞이 시기에 비가 내렸기 때문에.

(C) 고속도로의 요금이 올랐기 때문에.

(D) 백중맞이 시기가 주말이 아니었기 때문에.

참고 원유고의 영향으로 연료비가 올랐고, 백중맞이 시기가 전부 평일이었으며, 뉴스에서 비가 내릴 것이라고 보도한 것이 원인이다.

어구·해설 お盆(ぼん) 백중맞이(음력 7월 보름) 比(くら)べる 비교하다, 견주다, 우열을 겨루다 燃料代(ねんりょうだい) 연료비
平日(へいじつ) 평일 重(かさ)なる 포개어지다, 거듭되다 値上(ねあ)がり 값이 오름

정답 C

75

女：高齢化社会で要介護者の増加に伴って、介護ヘルパーの数も右肩上がりだと聞いたわ。

男：でも現場は大変だと聞いたよ。給料は低いし、ヘルパーの5人に一人は介護サービス利用者から暴言を吐かれたり、1割は性的嫌がらせ、いわゆるセクハラを受けているっていう調査結果もあるよ。

女：1割も！だから2割の人は就職して1年以内に離職してしまうんだね。

男：普通の仕事の離職率は16％だから結構高い数字だよね。

여：고령화 사회에서 간호가 필요한 사람의 증가와 더불어, 간호 보조자의 수도 오름세라고 들었어.

남：하지만 현장은 힘들다고 들었어. 급료는 낮고, 간호 보조 다섯 명에 한 사람은 간호 서비스 이용자로부터 폭언을 듣기도 하고, 1할은 성적 괴롭힘, 이른바 성희롱을 당하고 있다는 조사 결과도 있어.

여：1할이나! 그렇기 때문에 2할의 사람들은 취직해서 1년 이내에 이직을 해버리는 거구나.

남：보통 일의 이직률은 16％이니까 제법 높은 숫자로군.

話の内容と合っているものはどれですか。

(A) 1年以内に20％の人がヘルパーを辞める。

(B) ヘルパーの1割は暴言を言われたことがある。

(C) 介護が必要な人は増えているが、ヘルパーの数は減っている。

(D) ヘルパーの数は増えたのに、介護が必要な人がなかなか増えない。

이야기의 내용과 맞는 것은 어느 것입니까?

(A) 1년 이내에 20%의 사람이 간호 보조자를 그만두다.

(B) 간호 보조자의 1할은 폭언을 들은 적이 있다.

(C) 간호가 필요한 사람은 늘고 있지만 간호 보조자의 수는 줄고 있다.

(D) 간호 보조자의 수는 늘었지만, 간호가 필요한 사람은 좀처럼 늘지 않는다.

참고 2할의 사람들은 취직해서 1년 이내에 이직을 한다.

어구·해설 要介護者(ようかいごしゃ) 간호를 필요로 하는 사람 伴(ともな)う 따라가다, 데리고 가다, 동반하다
ヘルパー 헬퍼, 조수, 돕는 사람 右肩(みぎかた)上(あ)がり 상승곡선, 오름세 介護(かいご)サービス 간호 서비스
暴言(ぼうげん)を吐(は)く 폭언을 하다 性的嫌(せいてきいや)がらせ 성적 희롱 いわゆる 이른바, 흔히 말하는
セクハラを受(う)ける 성희롱을 당하다

정답 A

76

女：この地域では、高層ビルの建築が禁止されていたのですが、昨年になって禁止が解除されたんです。

男：あ、ここの近くは古い建物が多いですから、景観を守るために高い建物を禁止したんですよね。同じような決まりが京都市にもありますよね。

女：いえ、最近まで空港があったので、飛行機の着陸の障害になったり、危険だということで禁止になっていたんです。

男：あ、そうだったんですか。これからどんな建物が建つのか楽しみですね。

여 : 이 지역에서는 고층 빌딩의 건축이 금지되어 있었습니다만, 작년에 금지가 해제되었습니다.

남 : 아, 이 근처는 오래된 건물이 많기 때문에, 경관을 지키기 위해 높은 건물을 금지한 것이지요? 비슷한 규정이 교토시에도 있지요.

여 : 아니오, 최근까지 공항이 있었기 때문에, 비행기 착륙의 방해가 되기도 하고, 위험하다고 해서 금지되었던 것입니다.

남 : 아, 그랬습니까? 앞으로 어떤 건물이 서게 될지 기대됩니다.

この地域で、高い建物の建築が禁止されていた理由は何ですか。

(A) 古い建物が多いので。
(B) 京都市の決まりを真似して。
(C) 近くに空港があったので。
(D) きれいな地域の風景を守るため。

이 지역에서, 높은 건물의 건축이 금지되었던 이유는 무엇입니까?

(A) 오래된 건물이 많기 때문에.
(B) 교토시의 규정을 모방해서.
(C) 근처에 공항이 있었기 때문에.
(D) 아름다운 지역의 풍경을 지키기 위해서.

참고 최근까지 공항이 있었기 때문에 높은 건물을 지을 수 없었다.

어구·해설 高層(こうそう)ビル 고층 빌딩　守(まも)る 지키다, 막다　決(き)まり 규정, 규칙, 결정　空港(くうこう) 공항　着陸(ちゃくりく) 착륙　障害(しょうがい) 장애, 방해　危険(きけん) 위험　禁止(きんし) 금지　建物(たてもの) 건물　真似(まね) 흉내, 모방, 동작, 행동, 몸짓, 시늉　風景(ふうけい) 풍경

정답 C

77

女：日本でよく聞く春闘って何ですか。

男：労働者が会社の上層部と掛け合って、賃金のアップや労働環境の改善を要求することですよ。昨年までは不景気で賃金アップはおろか、リストラを差し迫られる労働者が多かったんですが……。

女：じゃ、今年は景気が上向いてきていますから、少し期待出来ますよね。

男：どうでしょうか。政府の発表によれば、景気がよくなるのはもう少し先だと言っていましたから、今年までは我慢しなければならないかもしれませんね。

여 : 일본에서 자주 듣는 춘투는 무엇입니까?

남 : 노동자가 회사의 상층부와 교섭해서, 임금인상과 노동환경의 개선을 요구하는 것입니다. 작년까지는 불경기로 임금인상은 고사하고, 정리해고를 눈앞에 두게 된 노동자가 많았습니다만……

여 : 그럼, 올해는 경기가 좋아지고 있으니까, 약간 기대할 수 있겠네요.

남 : 글쎄요. 정부 발표에 의하면, 경기가 좋아지는 것은 조금 더 나중이라고 했기 때문에, 올해까지는 참지 않으면 안 될지도 모르겠습니다.

「春闘」とはどんなことですか。

(A) リストラを強制すること。
(B) 政府の発表に反対すること。
(C) 労働環境に不満があっても我慢すること。
(D) 労働環境の改善を要求すること。

'춘투'라는 것은 어떤 것입니까?

(A) 정리해고를 강제시키는 것.
(B) 정부 발표에 반대하는 것.
(C) 노동환경에 불만이 있어도 참는 것.
(D) 노동환경의 개선을 요구하는 것.

참고 노동자가 회사의 상층부와 교섭해서, 임금인상과 노동환경의 개선을 요구하는 것이 춘투이다.

어구·해설 春闘(しゅんとう) 일본 노동조합이 매년 봄에 임금인상 요구를 중심으로 벌이는 투쟁(춘투, 춘계 투쟁)
掛(か)け合(あ)う 담판하다, 교섭하다, 흥정하다 賃金(ちんぎん) 임금 アップ 업, 오름, 올림, 인상
労働環境(ろうどうかんきょう) 노동환경 改善(かいぜん) 개선 要求(ようきゅう) 요구 不景気(ふけいき) 불경기
差(さ)し迫(せま)る 눈앞에 다가오다, 박두하다 上向(うわむ)く 위를 향하다, 상태가 좋아지다, 궤도에 오르다, 능률이 오르다
政府(せいふ) 정부 我慢(がまん) 참음, 견딤

정답 D

78

女 : このデパートにはいろいろな陶芸品が並んでいるけれど、有名な陶芸家の作品もあれば、まだ名もない陶芸家の作品も販売しているのよ。

男 : じゃ、値段も安いものから高いものまでいろいろってことね。

女 : そうね、でも安いものでも３０万は下らないわよ。

男 : え、そんなに高いの？ じゃ、私には夢のまた夢だね。

여 : 이 백화점에는 다양한 도예품이 나열되어 있는데, 유명한 도예가의 작품도 있지만, 아직 무명의 도예가 작품도 판매하고 있어.

남 : 그럼, 가격도 저렴한 것부터 비싼 것까지 다양하다는 거네.

여 : 그렇지, 하지만 저렴한 것이라고 해도 30만은 밑돌지 않아.

남 : 와, 그렇게 비싸? 그럼, 나에게는 하늘의 별따기군.

このデパートにあるものは何ですか。

(A) お皿や器など。
(B) 自動車や機械の部品。
(C) たんすや机などの家具。
(D) ダイヤモンドや宝石など。

이 백화점에 있는 것은 무엇입니까?

(A) 접시와 그릇 등.
(B) 자동차와 기계 부품.
(C) 장롱과 책상 등의 가구.
(D) 다이아몬드와 보석 등

참고 백화점에는 다양한 도예품이 나열되어 있다.

어구·해설 陶芸品(とうげいひん) 도예품 並(なら)ぶ 줄을 서다, 늘어서다, 나란히 하다 名(な)もない 무명의, 유명하지 않은
値段(ねだん) 값, 가격 下(くだ)らない 밑돌지 않나, 이야나바나나 夢(ゆめ)のまた夢(ゆめ) 하늘의 별따기
皿(さら) 접시 器(うつわ) 그릇, 용기, 가구, 도구 部品(ぶひん) 부품 たんす 장롱, 옷장 宝石(ほうせき) 보석

정답 A

79

女：大分の高崎山の猿は本当に人懐っこいですよね。

男：餌付けしてあるからな。いつもそばに人がいるから、人に馴れてしまったんだよ。

女：人懐っこいことはいいことですけど、餌を求めて人に危害を加えてしまうこともあるんだそうですよ。

男：猿たちも悪気があってやっているわけではないし、これも人間が生み出した人災かも。

여 : 오이타 다카사키야마의 원숭이는 정말로 사람을 잘 따르지요.

남 : 먹이를 주어 길들였으니까. 늘 곁에 사람이 있기 때문에, 사람에게 친숙해 버렸어.

여 : 사람을 잘 따르는 것은 좋은데, 먹이를 찾아 사람에게 위해를 가하는 경우도 있다고 해요.

남 : 원숭이들도 악의가 있어서 하는 것은 아니고, 이것도 인간이 만들어낸 인재일지도.

大分の高崎山の猿が人懐っこいのはどうしてですか。

(A) 地理的地域のため。

(B) 普段から人が餌を与えているから。

(C) 危害を加えてしまうこともあるから。

(D) 野生では見られない人間を見たから。

오이타 다카사키야마의 원숭이가 사람을 잘 따르는 것은 왜 그렇습니까?

(A) 지리적 지역 때문에.

(B) 평상시에 사람이 먹이를 주고 있기 때문에.

(C) 위해를 가하는 경우도 있기 때문에.

(D) 야생에서는 볼 수 없는 인간을 봤기 때문에.

참고 사람들이 먹이를 주며 길들였기 때문이다.

어구·해설 大分(おおいた) 규슈지방 동부의 현   高崎山(たかさきやま) 오이타시에 있는 산(야생 원숭이의 서식지로 유명)   猿(さる) 원숭이

人懐(ひとなつ)っこい 낯가림을 안 하고 친근해지기 쉽다, 붙임성이 있다, 사람을 잘 따르다

餌付(えづ)け 야생 동물에게 모이를 주어 길들임, 야생 동물에게 먹이를 주어 인간에 길들게 함   馴(な)れる 친숙해지다, 따르다

餌(えさ) 모이, 먹이, 사료   求(もと)める 구하다, 찾다, 청하다, 바라다   危害(きがい) 위해

加(くわ)える 보태다, 더하다, 가하다   悪気(わるぎ) 악의   生(う)み出(だ)す 낳다, 분만하다, 새것을 만들어 내다, 창출해 내다

人災(じんさい) 인재

정답 B

258

80

男：東京イベントの責任者に若手を起用しようと思うんだが、伊藤さんはどうだろう？

女：伊藤さんは経験不足ですし、荷が重いんじゃないでしょうか。

男：何かあった時、責任は取れないか。じゃ、誰が適任かな。

女：そうですね、ベテランの佐藤さんにお願いしたらいかがでしょうか。

남 : 도쿄 이벤트의 책임자에 젊은이를 기용하려고 하는데, 이토씨는 어떨까?

여 : 이토씨는 경험 부족이기도 하고, 부담이 크지 않을까요?

남 : 무슨 일이 있을 때, 책임을 질 수 없겠군. 그럼, 누가 적임일까?

여 : 글쎄요. 베테랑인 사토씨에게 부탁하는 것이 어떨까요?

会話の内容に合っているものはどれですか。

(A) 伊藤さんは経験不足だが、責任感はある。

(B) 東京イベントの責任者は伊藤さんがちょうどいい。

(C) 男の人はベテランの佐藤さんの方がいいと思っている。

(D) 女の人は経験豊かの佐藤さんにお願いした方がいいと思っている。

회화 내용에 맞는 것은 어느 것 입니까?

(A) 이토씨는 경험 부족이지만, 책임감은 있다.

(B) 도쿄 이벤트의 책임자는 이토씨가 딱 알맞다.

(C) 남자는 베테랑인 사토씨 쪽이 좋다고 생각하고 있다.

(D) 여자는 경험이 풍부한 사토씨에게 부탁하는 편이 좋다고 생각하고 있다.

참고 여자는 베테랑인 사토씨에게 부탁 하는 것이 좋다고 생각한다.

어구·해설 イベント 이벤트, 공연, 행사 若手(わかて) 한창 나이의 젊은이 経験不足(けいけんぶそく) 경험부족 荷(に)が重(おも)い 책임이 무겁다, 부담이 크다 ベテラン 베테랑, 그 방면에 경험이 많고 노련한 사람 豊(ゆた)か 풍족함, 풍부함

정답 D

PART 4 설명문

– 보통 내용의 순서와 문제의 순서가 차례대로 있는 경우가 많기 때문에 문제를 미리 파악해 두고 내용을 들으면서 문제를 푸는 것이 좋다.

81-84

私の家族紹介をさせて頂きます。まず、私は26歳で学校で教師として働いております。父は57歳でIT関係の会社で研究員をしていますが、来年会社を辞めて田舎で農業を始める予定です。また母は、2ヶ月前までは専業主婦でしたが、今はホームヘルパーの資格を取得し、老人ホームで働いています。私は3人兄弟なんですが、兄は今、海外の大学院で野生動物保護の研究をしています。妹は、まだ中学生で私と年が一回りも違います。とてもかわいいです。以上、簡単ではありますが、家族紹介をさせて頂きました。

저의 가족소개를 하겠습니다. 먼저, 저는 26세로 학교에서 교사로 일하고 있습니다. 아버지는 57세로 IT 관련 회사에서 연구원으로 계시지만, 내년에 회사를 그만두고 시골에서 농업을 시작할 예정입니다. 또 어머니는 2개월 전까지는 전업주부이셨지만, 지금은 가정 봉사원의 자격을 취득하여, 노인복지원에서 일하고 있습니다. 저는 3형제인데, 형은 지금 외국의 대학원에서 야생동물보호연구를 하고 있습니다. 여동생은 아직 중학생으로 저와 띠 동갑입니다. 매우 귀엽습니다. 이상, 간단하지만, 가족소개를 마치겠습니다.

81 お父さんの職業は何ですか。

(A) 学校の教師。

(B) 大学の教授。

(C) 会社の重役。

(D) 会社の研究員。

아버지 직업은 무엇입니까?

(A) 학교 교사.

(B) 대학 교수.

(C) 회사 중역.

(D) 회사 연구원.

82 何人家族ですか

(A) 3人家族。

(B) 4人家族。

(C) 5人家族。

(D) 一人暮らし。

가족은 몇 명입니까?

(A) 3인 가족.

(B) 4인 가족.

(C) 5인 가족.

(D) 독신 생활.

83 内容と合っているものはどれですか。

(A) 母は専業主婦だ。

(B) 母はホームヘルパーだ。

(C) 兄は会社員だ。

(D) 妹は高校生だ。

내용과 맞는 것은 어느 것입니까?

(A) 어머니는 전업주부다.

(B) 어머니는 가정봉사원이다.

(C) 형은 회사원이다.

(D) 여동생은 고등학생이다.

84 妹は何歳ですか。

(A) 14歳。

(B) 15歳。

(C) 16歳。

(D) わからない。

여동생은 몇 살입니까?

(A) 14살.

(B) 15살.

(C) 16살.

(D) 알 수 없다.

어구·해설 頂(いただ)く 「もらう」의 겸양어 「飲(の)む」/「食(た)べる」의 겸양어, 고마운 일을 남에게서 받는 뜻을 나타냄, 상대에게 부탁해서 자기가 무엇인가를 하도록 허가를 받는 뜻을 나타냄 働(はたら)く 일하다, 활동하다, 움직이다, 효과를 내다 辞(や)める 사직하다, 사임하다, 그만두다 田舎(いなか) 시골, 고향 始(はじ)める 시작하다 予定(よてい) 예정 専業主婦(せんぎょうしゅふ) 전업주부 ホームヘルパー 홈 헬퍼, 일상생활에 지장이 있는 장애인/노인 등을 돌보기 위해 파견되는 가정 봉사원 老人(ろうじん)ホーム 고령자를 보호 수용하는 곳의 총칭, 양로원 兄弟(きょうだい) 형제 海外(かいがい) 해외 野性動物(やせいどうぶつ) 야생동물 保護(ほご) 보호 一回(ひとまわ)り 한 바퀴 돎, 일주, 일순, 12년 簡単(かんたん) 간단 職業(しょくぎょう) 직업 教授(きょうじゅ) 교수 重役(じゅうやく) 중역

정답 81-D, 82-C, 83-B, 84-A

風呂は日本人の日課であり、体の清潔を保つためだけではなく疲れを癒すためにも大変重要です。海外ではシャワーを浴びるのが習慣ですが、日本では湯船につかるのが基本です。また風呂は日本人にとって娯楽のひとつです。日本全国には温泉や銭湯などの入浴施設があり、温泉では、ひのきの温泉や、その湯質の効果も様々なので、全国の温泉を巡り歩く人々も珍しくありません。また、家庭でも入浴剤などを使って入浴を楽しむ習慣があります。家族で風呂を利用する時は、同じお湯の中に入ることが多々あります。しかし、これを知らない外国人が自分の入浴が終わると、すぐに湯船の栓を抜いてしまうということも珍しくありません。

목욕은 일본인의 일과이며, 신체의 청결을 유지할 뿐만 아니라 피로를 풀기 위해서도 매우 중요합니다. 해외에서는 샤워를 하는 것이 습관이지만, 일본에서는 탕에 몸을 담그는 것이 기본입니다. 또 목욕은 일본인에게는 오락의 하나입니다. 일본 전국에는 온천이나 목욕탕 등의 입욕시설이 있으며, 온천으로는 히노끼(노송나무)온천과 온천물의 효과도 다양하기 때문에, 전국의 온천을 순회하는 사람도 드물지 않습니다. 또 가정에서도 입욕제 등을 이용하여 입욕을 즐기는 습관이 있습니다. 가족끼리 욕조를 이용할 때에는 같은 물 안에 들어가는 경우가 많이 있습니다. 그러나 이것을 모르는 외국인이 본인의 입욕이 끝나면, 바로 욕조의 마개를 빼 버리는 일도 드물지 않습니다.

85 風呂の文化が日本人にとって重要な理由はなんですか。

(A) 体を洗うためだけでなく、疲れも癒してくれるから。

(B) 海外ではシャワーを浴びるのが基本だから。

(C) 日本には様々な温泉地があるから。

(D) 外国人が風呂の栓を抜いてしまうから。

목욕 문화가 일본인에게 중요한 이유는 무엇입니까?

(A) 몸을 닦기 위해서뿐만 아니라, 피로도 풀어 주기 때문에.

(B) 해외에서는 샤워를 하는 것이 기본이기 때문에.

(C) 일본에는 다양한 온천지가 있기 때문에.

(D) 외국인이 욕조의 마개를 빼 버리기 때문에.

86 家族で風呂を利用する場合、注意することは何で
すか。

(A) 一緒に入浴できないので、一人ずつ入浴す
ること。

(B) 同じ湯船に入るので、自分が終わっても栓
を抜かないこと。

(C) 同じ湯船に入らないので、自分が終われば
栓を抜くこと。

(D) 家族同士で温泉の話をしないこと。

가족끼리 욕조를 이용할 경우, 주의할 일은 무엇입니까?

(A) 함께 입욕할 수 없으므로, 한 명씩 입욕할 것.

(B) 같은 욕조에 들어가므로, 본인의 목욕이 끝나더라도 마개
를 빼지 말 것.

(C) 같은 욕조에 들어가지 않으므로, 본인의 목욕이 끝나면
마개를 뺄 것.

(D) 가족끼리 온천 이야기를 하지 않을 것.

87 人々が日本全国の温泉を巡り歩くのはどうしてで
すか。

(A) 日本人の日課だから。

(B) 日本にある様々な温泉を楽しむため。

(C) 各家庭に風呂がないから。

(D) 外国人に日本の温泉を紹介するため。

사람들이 일본 전국의 온천을 순회하는 것은 무엇 때문입니까?

(A) 일본인의 일과이므로.

(B) 일본에 있는 다양한 온천을 즐기기 위해.

(C) 각 가정에 욕실이 없어서.

(D) 외국인에게 일본의 온천을 소개하기 위해.

어구·해설 風呂(ふろ) 목욕, 목욕물, 목욕탕 保(たも)つ 유지되다, 견디다, 유지하다, 보전하다 疲(つか)れ 피로, 지침
癒(いや)す 낫게 하다, 치료하다, 가시게 하다 大変(たいへん) 대단함, 엄청남, 중대함
シャワーを浴(あ)びる 샤워를 하다 湯船(ゆぶね) 욕조, 목욕통 つかる 잠기다, 침수되다 娯楽(ごらく) 오락
日本全国(にほんぜんこく) 일본전국 銭湯(せんとう) 대중목욕탕 入浴(にゅうよく) 입욕, 입탕
檜(ひのき) 노송나무 湯質(ゆしつ) 온천수의 질 様々(さまざま) 가지가지, 여러 가지, 가지각색
巡(めぐ)り歩(ある)く 차례로 들르며 걷다, 순회하다 珍(めずら)しい 드물다, 희귀하다
入浴剤(にゅうよくざい) 입욕제 楽(たの)しむ 즐기다 同(おな)じ 같음, 동일함 終(お)わる 끝나다, 종료되다
栓(せん) 마개, 수도꼭지 抜(ぬ)く 뽑다, 빼내다, 빼어들다, 골라내다, 선발하다 家族同士(かぞくどうし) 가족끼리

정답 85-A, 86-B, 87-B

東京都葛飾区の交差点で千葉県の大学生がひき逃げされて死亡した事件で、警視庁交通捜査課などは３日、自動車運転過失致死とひき逃げの疑いで、葛飾署に自首してきた現場近くに住む飲食店従業員、池田を逮捕した。池田容疑者は「すごい音がして車を止めたら、車の後から女性が出てきた。怖くなって逃げた」などと供述している。調べでは、池田容疑者は１日午前３時半ごろ、葛飾区で乗用車を運転中、道を歩いていた大学生と衝突。車で引きずり、そのまま逃走した疑い。大学生は胸などを強く打ち、間もなく死亡した。池田容疑者は勤務先から帰る途中だったという。３日朝、葛飾署に知人を名乗る男から「知人が事故の話をしたいと言っている」との電話があり、その後、池田容疑者が出頭してきた。

도쿄도 가츠시카구의 교차로에서 치바현의 대학생이 뺑소니로 사망한 사건으로, 경시청 교통조사과 등은 3일, 자동차운전과실치사와 뺑소니 혐의로, 가츠시카서로 자수한 현장근처에 사는 음식점 종업원, 이케다를 체포하였다. 이케다 용의자는 '큰 소리가 나서 차를 세웠는데, 차 뒤에서 여자가 나왔다. 무서워서 도망쳤다' 등으로 진술하고 있다. 조사에서 이케다 용의자는 1일 새벽 3시 반경, 가츠시카구에서 승용차를 운전 중, 길을 걷고 있던 대학생과 충돌. 차로 치고 그대로 도주한 혐의. 대학생은 가슴 등을 세게 부딪쳐 바로 사망했다. 이케다 용의자는 근무처에서 돌아오는 도중이었다고 한다. 3일 아침, 가츠시카서에 지인이라고 하는 남자로부터 '지인이 사고 이야기를 하고 싶어한다'라는 전화가 있고 그 후, 이케다 용의자가 출두하였다.

88 大学生が死亡した原因は何ですか。

(A) 自転車とぶつかったから。

(B) 車の下に寝ていたから。

(C) 車にひかれたから。

(D) 怖い女性をみたから。

대학생이 사망한 원인은 무엇입니까?

(A) 자전거와 부딪쳤기 때문에.

(B) 차 밑에서 자고 있었기 때문에.

(C) 차에 치었기 때문에.

(D) 무서운 여자를 보았기 때문에.

89 池田被告が逃げた理由は何ですか。

(A) 事故を起こしたことを知らなかったから。

(B) 事故を起こしたことを知って、怖くなったから。

(C) 事故を起こしたことを知って、悲しくなったから。

(D) 一緒に乗っていた人が逃げようと言ったから。

이케다 피고가 도주한 이유는 무엇입니까?

(A) 사고를 일으킨 것을 몰랐기 때문에.

(B) 사고를 일으킨 것을 알고, 무서웠기 때문에.

(C) 사고를 일으킨 것을 알고, 슬퍼졌기 때문에.

(D) 함께 타고 있던 사람이 도망가자고 했기 때문에.

90 池田容疑者_(いけだようぎしゃ)がつかまったのはいつですか。

(A) 1日_(ついたち)の午前_(ごぜん)。

(B) 2日_(ふつか)の午後_(ごご)。

(C) 3日_(みっか)の朝_(あさ)。

(D) 3日_(みっか)の夜_(よる)。

이케다 용의자가 잡힌 것은 언제입니까?

(A) 1일 오전.

(B) 2일 오후.

(C) 3일 아침.

(D) 3일 저녁.

어구·해설 葛飾区(かつしかく) 도쿄도 특별구의 하나　交差点(こうさてん) 교차점　千葉県(ちばけん) 도쿄도의 동쪽에 위치하는 현　轢(ひ)き逃(に)げ 뺑소니　疑(うたが)い 의심, 의문, 혐의　怖(こわ)い 무섭다, 두렵다　逃(に)げる 도망치다, 달아나다　供述(きょうじゅつ) 공술, 재판관·검찰관 등의 심문에 따라 사실이나 의견을 말함　乗用車(じょうようしゃ) 승용차　衝突(しょうとつ) 충돌　引(ひ)きずり 자동차가 브레이크를 완전히 풀지 않은 채 발진함, 여자가 옷자락이 질질 끌리게 옷을 입는 일　逃走(とうそう) 도주　勤務先(きんむさき) 근무처　知人(ちじん) 지인, 친지　名乗(なの)る 자기 이름·신분 등을 대다　出頭(しゅっとう) 출두

정답 88-C, 89-B, 90-C

91-93

今月_(こんげつ)は、乳_(にゅう)がんの早期発見_(そうきはっけん)・治療_(ちりょう)を呼_(よ)びかける「ピンクリボン」運動_(うんどう)の月_(つき)ですが、フランスのパリでは、人気_(にんき)の観光地_(かんこうち)で乳_(にゅう)がん検診_(けんしん)を呼_(よ)びかけるイベントが行_(おこな)われました。ピンクのリボンが描_(えが)かれた数百個_(すうひゃっこ)の風船_(ふうせん)が、2日_(ふつか)昼_(ひる)、パリの空_(そら)に放_(はな)たれました。フランスでは、がんで亡_(な)くなる女性_(じょせい)のうち最_(もっと)も多_(おお)いのが乳_(にゅう)がん。年_(ねん)およそ1万_(まん)2千人_(せんにん)が亡_(な)くなっていますが、乳_(にゅう)がん検診_(けんしん)の受診率_(じゅしんりつ)は、およそ60%から65%にとどまっています。日本_(にほん)と比_(くら)べればはるかに高_(たか)い率_(りつ)ですが、フランス政府_{(せい)(ふ)}は目標_(もくひょう)を70%に設定_(せってい)し、50歳以上_(さいいじょう)の女性全員_(じょせいぜんいん)を対象_(たいしょう)とした無料集団検診制度_(むりょうしゅうだんけんしんせいど)を2004年_(ねん)にスタート。更_(さら)に毎年_(まいねん)10月_(がつ)のピンクリボン運動_(うんどう)のキャンペーンも官民共同_(かんみんきょうどう)で展開_(てんかい)しています。1日夜_(ついたちよる)には、保健省_(ほけんしょう)もピンク色_(いろ)にライトアップ。集_(あつ)まった7人_(にん)の女性閣僚_(じょせいかくりょう)も乳_(にゅう)がん検査_(けんさ)の呼_(よ)びかけに一役_(ひとやく)買_(か)っていました。

이번 달은 유방암의 조기발견·치료를 호소하는 '분홍 리본' 운동의 달인데, 프랑스 파리에서는 인기 관광지에서 유방암 검진을 호소하는 이벤트가 행해졌습니다. 분홍 리본이 그려진 수백 개의 풍선이 2일 낮, 파리의 하늘에 띄워졌습니다. 프랑스에서는 암으로 사망하는 여성 중 가장 많은 것이 유방암. 한 해에 약 1만 2천 명이 사망하고 있는데, 유방암 검진을 받는 비율은 약 60%에서 65%에 그치고 있습니다. 일본과 비교하면 훨씬 높은 비율이지만, 프랑스 정부는 목표를 70%로 설정하고, 50세 이상의 여성 전원을 대상으로 한 무료집단검진제도를 2004년에 시작. 게다가 매년 10월의 분홍 리본 운동 캠페인도 민관공동으로 전개하고 있습니다. 1일 밤에는 보건부도 분홍색으로 조명을 비춥니다. 모인 7명의 여성각료도 유방암 검사의 호소에 한 몫을 하고 있었습니다.

91 ピンクリボン運動の目的は何ですか。

(A) 乳がん早期発見・治療を呼び掛けること。
(B) 無料乳がん検診をアピールすること。
(C) 保健省をピンクにするため。
(D) ピンクのリボンの販売促進のため。

분홍 리본 운동의 목적은 무엇입니까?

(A) 유방암 조기발견 · 치료를 홍보하는 것.
(B) 무료유방암검진을 홍보하는 것.
(C) 보건부를 분홍색으로 하기 위해.
(D) 분홍 리본의 판매촉진을 위해.

92 フランスで乳がん検診の受診率はどのくらいですか。

(A) 40％から50％。
(B) 50％から60％。
(C) 60％から65％。
(D) 65％から70％。

프랑스에서 유방암검진의 수신율은 어느 정도입니까?

(A) 40~50%.
(B) 50~60%.
(C) 60~65%.
(D) 65~70%.

93 フランスのピンクリボン運動には何人の閣僚が参加しましたか。

(A) 5人。
(B) 7人。
(C) 数百人。
(D) 1万2千人。

프랑스의 분홍 리본 운동에는 몇 명의 각료가 참가하였습니까?

(A) 5명.
(B) 7명.
(C) 수 백명.
(D) 1만 2천명.

어구·해설 乳(にゅう)がん 유(방)암　早期発見(そうきはっけん) 조기발견　治療(ちりょう) 치료

呼(よ)び掛(か)ける 말을 걸어 상대의 주의를 이쪽으로 향하게 함, 호소하다　ピンクリボン 핑크 리본

検診(けんしん) 검진　行(おこな)う 행동하다, 실시하다, 실행하다　描(えが)く 그리다　風船(ふうせん) 풍선

放(はな)つ 놓아주다, 풀어주다, 발사하다　およそ 대개, 약　受診率(じゅしんりつ) 수진율

とどまる 머무르다, 그대로 남아 있다, 그치다, 멈추다　比(くら)べる 비교하다, 견주다　政府(せいふ) 정부

目標(もくひょう) 목표　設定(せってい) 설정　更(さら)に 더 한층, 보다 더　キャンペーン 캠페인, 조직적 · 계획적

인 선전이나 계몽 활동　官民共同(かんみんきょうどう) 관민공동　閣僚(かくりょう) 각료

保険省(ほけんしょう) 보건부　一役買(ひとやくか)う 자진해서 한몫을 하다

アピール 어필, 남의 마음을 끄는 힘, 매력　販売促進(はんばいそくしん) 판매촉진

정답 91-A, 92-C, 93-B

94-96

ＡＥＤは応急手当をする場所で、一般の人でも簡単に、また安全に心臓に異常が起きた患者に手当てを行なうことができる機器です。パッドを患者に貼り付けることにより、心臓のリズムを自動的に解析し、処置が必要かどうかを決定するとともに、どういう操作をすべきかを音声メッセージで指示してくれます。処置を行なう必要があるときは、処置を実施するようにと具体的に音声メッセージで指示がでますから、安全に取り扱うことができます。ＡＥＤには、いろいろなタイプの機種がありますが、基本的な機能は共通しています。ただし、一歳未満の乳児には、ＡＥＤを使用できません。

AED는 응급처치를 하는 곳에서, 일반인이라도 간단하고 안전하게 심장에 이상이 발생한 환자에게 처치를 할 수 있는 기기입니다. 패드를 환자에게 붙임으로써, 심장의 리듬을 자동적으로 해석하여, 처치가 필요한지 아닌지를 결정함과 동시에, 어떤 조작을 해야 하는지를 음성 메시지로 지시해 줍니다. 처치를 할 필요가 있을 때에는 처치를 실시하도록 구체적으로 음성 메시지로 지시하기 때문에, 안전하게 다룰 수 있습니다. AED에는 여러 가지 타입의 기종이 있는데, 기본적인 기능은 같습니다. 단, 1세 미만의 유아에게는 AED를 사용할 수 없습니다.

94 ＡＥＤはどんな機器ですか。

(A) 心臓に異常が起きたときに使う機器。

(B) 心臓のリズムを自動的に教えてくれるだけの機器。

(C) 心臓について音声で教えてくれる機器。

(D) 心臓の代わりに体内に埋め込む機器。

AED는 어떤 기기입니까?

(A) 심장에 이상이 발생했을 때에 사용하는 기기.

(B) 심장의 리듬을 자동적으로 알려 주기만 하는 기기.

(C) 심장에 대해서 음성으로 알려 주는 기기.

(D) 심장 대신에 체내에 집어넣는 기기.

95 ＡＥＤを操作できるのはどんな人ですか。

(A) 医者や看護士だけ。

(B) 研修を受けた人だけ。

(C) 心臓に異常がある本人だけ。

(D) 一般の人も操作できる。

AED를 조작할 수 있는 것은 어떤 사람입니까?

(A) 의사나 간호사만.

(B) 연수를 받은 사람만.

(C) 심장에 이상이 있는 본인만.

(D) 일반인도 조작할 수 있다.

96 AEDを使う時の注意として正しいものはどれですか。

(A) 一般の人が操作してはいけない。

(B) 一歳以上の子供に使用してはならない。

(C) 一歳未満の子供に使用してはならない。

(D) 電気が走るので感電に注意しなければならない。

AED를 사용할 때의 주의로 바른 것은 어느 것입니까?

(A) 일반인이 조작해서는 안 된다.

(B) 1세 이상의 어린이에게 사용해서는 안 된다.

(C) 1세 미만의 어린이에게 사용해서는 안 된다.

(D) 전기가 흐르므로 감전에 주의해야 한다.

어구·해설 ＡＥＤ 자동 체외식 제세동기(automated external defibrillator) 応急手当(おうきゅうてあて) 응급 치료

場所(ばしょ) 장소 一般(いっぱん) 일반 心臓(しんぞう) 심장 異常(いじょう) 이상 患者(かんじゃ) 환자

手当(てあ)て 미리 대비함, 준비, 급여, 수당, 사례금, 팁, 처치, 치료 パッド 패드

貼(は)り付(つ)ける 붙이다, 붙어 있게 하다 リズム 리듬, 율동 処置(しょち) 조치, 처치 操作(そうさ) 조작

音声(おんせい) 음성 指示(しじ) 지시 取(と)り扱(あつか)う 다루다, 취급하다 乳児(にゅうじ) 유아, 젖먹이

教(おし)える 가르치다 埋(う)め込(こ)む 집어넣다, 쑤셔 넣다

정답 94-A, 95-D, 96-C

97-100

ゴールデンウィークとは、日本で毎年4月末から5月初めにかけての祝日や国民の休日、日曜日などが連なる期間のことを言う。黄金週間、大型連休とも言う。毎年ゴールデンウィークには、主要ターミナル駅・空港などでは多くの乗客が見られる。特にテレビ・新聞などのマスコミは、ターミナル駅や空港での子連れの乗客をよく取材するため、「ゴールデンウィークは家族連の旅行が多い」というイメージが定着している。この時期には、日帰りの行楽のみならず、泊りがけの家族旅行や帰省にもしばしば子供を伴う。また、例えば遠隔地に子供や孫を持つ祖父母などにとって、お盆や年末年始と同等に子供や孫との再会が期待されたり、出身地を離れた大学生や社会人などにとっての帰省の時期となることも多い。また、一部企業において帰省する地方出身者に配慮するなどの目的で、8月の夏期休暇や年末年始を長くする代わりにゴールデンウィークを出勤とし、年間の出勤日数を調整するケースも見られるが、近年においては世間一般のカレンダーに合わせる動きも少なからず見られる。

황금주간(Golden week)이란, 일본에서 매년 4월말부터 5월초에 걸쳐서 국경일과 공휴일, 일요일 등이 연이어지는 기간을 말한다. 황금주간, 대형연휴라고도 한다. 매년 황금주간에는 주요 역·공항 등에서는 많은 승객을 볼 수 있다. 특히 TV·신문 등의 매스컴은 역이나 공항에서 아이를 동반한 승객을 자주 취재하기 때문에, '황금주간은 가족동반 여행이 많다'라고 하는 이미지가 정착되고 있다. 이 시기에는 당일여행의 행락 뿐만 아니라, 숙박 예정으로 떠나는 가족여행이나 귀성에도 아이를 동반하는 것을 자주 볼 수 있다. 또 예를 들면 멀리 떨어진 곳에 자식이나 손자를 둔 조부모 등은, 백중맞이나 연말연시와 같이 자식과 손자와의 재회를 기대할 수 있고, 출신지를 떠난 대학생이나 사회인 등에게는 귀성의 시기가 되는 경우도 많다. 또 일부 기업에서는 고향에 가는 지방출신자에게 배려 등의 목적으로, 8월의 여름휴가나 연말연시를 길게 잡는 대신에 황금주간에 출근하여, 연간 출근일수를 조정하는 경우도 볼 수 있는데, 최근 몇 년 동안은 일반 달력에 맞추는 움직임도 적지 않게 보여진다.

97 ゴールデンウィークとは何ですか。

(A) 4月末から5月上旬にかけての連続した休日の期間。

(B) 4月末から5月上旬にかけての春休み。

(C) 金属製品が高く売れる、先進国日本の特別な期間。

(D) 年末年始、夏休みが休めない人のための特別な休日。

황금주간이란 무엇입니까?

(A) 4월말부터 5월 상순에 걸쳐 연속된 휴일 기간.

(B) 4월말부터 5월 상순에 걸친 봄 휴가.

(C) 금속제품이 비싸게 팔리는, 선진국 일본의 특별한 기간.

(D) 연말연시, 여름휴가를 쉬지 못하는 사람을 위한 특별한 휴일.

98 ゴールデンウィークに人々は何をしますか。

(A) 日帰り旅行などには行かないで家でゆっくり過ごす。

(B) 子供を伴わないでの帰省も多く行われる。

(C) 子供と一緒に家族旅行や帰省をする

(D) 残業代や休日出勤手当てのために仕事をする。

황금주간에 사람들은 무엇을 합니까?

(A) 당일여행 등은 가지 않고 집에서 편안히 쉬면서 지낸다.

(B) 아이들을 동반하지 않는 귀성길도 많이 있다.

(C) 아이들과 함께 가족여행이나 고향을 찾는다.

(D) 잔업수당이나 휴일출근수당을 위해 일을 한다.

실전모의고사 5회

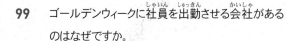

99 ゴールデンウィークに社員を出勤させる会社があるのはなぜですか。

(A) ゴールデンウィークでも仕事は残っているから。

(B) 普段、怠けていた社員に罰を与えるため。

(C) 世間一般のカレンダーに合わせるため。

(D) 地方出身の会社員のために夏休みや年末年始の休みを長くするため。

황금주간에 사원을 출근시키는 회사가 있는 것은 무엇 때문입니까?

(A) 황금주간이라도 일은 남아 있기 때문에.

(B) 평소에 게으름을 피운 사원에게 벌을 주기 위해.

(C) 일반적인 달력에 맞추기 위해.

(D) 지방출신인 회사원을 위해서 여름휴가나 연말연시의 휴가를 길게 하기 위해.

100 祖父母にとってゴールデンウィークはどんな意味がありますか。

(A) 遠くにいる子供や孫に会いに行ける貴重な機会となる。

(B) 子供や孫が仕事を手伝ってくれるので非常にうれしい時期。

(C) 学生が帰省するので久しぶりの同窓会が開かれる時期。

(D) 遠くにいる子供や孫が会いに来る再会の時期。

조부모에게 황금주간은 어떤 의미가 있습니까?

(A) 멀리에 있는 자식이나 손자를 만나러 갈 수 있는 귀중한 기회가 된다.

(B) 자식이나 손자가 일을 도와 주러 와서 매우 기쁜 시기.

(C) 학생이 귀성하기 때문에 오랜만에 동창회가 열리는 시기.

(D) 멀리에 있는 자식이나 손자가 만나러 오는 재회의 시기.

어구·해설 ゴールデンウィーク 골든 위크, 4월 말에서 5월 초에 걸친 휴일이 가장 많은 주간 **祝日**(しゅくじつ) 축일, 경축일
連(つら)なる 한 줄로 줄지어 이어지다, 나란히 늘어서 있다, 참석하다 **マスコミ** 매스컴, 대중 전달
家族連(かぞくづ)れ 가족 동반 **大人**(おとな) 어른, 성인 **同様**(どうよう) 같음, 다름없음, 마찬가지임
日帰(ひがえ)り 당일치기 나들이, 그날로 다녀옴 **のみならず** 뿐만 아니라 **泊**(と)まりがけ 숙박 예정으로 떠남
しばしば 누차, 자주, 여러 차례 **伴**(ともな)う 따라가다, 데리고 가다, 동반하다, 걸맞다, 어울리다
遠隔地(えんかくち) 원격지 **孫**(まご) 손자 **祖父母**(そふぼ) 조부모 **お盆**(ぼん) 백중맞이(음력 7월 보름)
離(はな)れる 떨어지다, 멀어지다, 떠나다, 벗어나다 **配慮**(はいりょ) 배려 **夏期休暇**(かききゅうか) 하기휴가
出勤日数(しゅっきんにっすう) 출근일수 **調整**(ちょうせい) 조정 **近年**(きんねん) 근년, 최근의 몇 년
世間一般(せけんいっぱん) 일반 세상 **カレンダー** 캘린더, 달력
合(あ)わせる 합치다, 모으다, 합하다, 맞게 하다, 맞추다, 일치시키다 **動**(うご)き 움직임, 활동, 동태, 변동, 동향
残業代(ざんぎょうだい) 잔업비용 **休日出勤手当**(きゅうじつしゅっきんてあて) 휴일 출근 수당
普段(ふだん) 평상시, 평소 **怠**(なま)ける 게으름 피우다 **罰**(ばつ)を与(あた)える 벌을 주다
手伝(てつだ)う 도와주다, 거들다 **非常**(ひじょう) 대단함, 심함

정답 97 A, 98 C, 99 D, 100 D

실전 모의고사 정답

실전 모의고사 1회

PART I. 사진묘사

1	2	3	4	5	6	7	8	9	10
A	C	B	C	C	B	D	A	A	C
11	12	13	14	15	16	17	18	19	20
B	D	A	C	B	C	B	B	B	D

PART II. 질의응답

21	22	23	24	25	26	27	28	29	30
D	B	D	A	C	D	C	D	C	D
31	32	33	34	35	36	37	38	39	40
B	B	C	B	A	C	A	B	A	C
41	42	43	44	45	46	47	48	49	50
B	A	D	D	A	C	B	D	A	B

PART III. 회화문

51	52	53	54	55	56	57	58	59	60
B	C	D	A	D	B	B	D	D	B
61	62	63	64	65	66	67	68	69	70
D	A	A	C	B	B	C	A	D	C
71	72	73	74	75	76	77	78	79	80
A	B	C	D	B	A	B	C	A	D

PART IV. 설명문

81	82	83	84	85	86	87	88	89	90
D	C	C	B	C	B	D	B	C	D
91	92	93	94	95	96	97	98	99	100
A	C	A	C	D	B	C	A	D	C

실전 모의고사 2회

PART I. 사진묘사

1	2	3	4	5	6	7	8	9	10
B	C	D	A	B	A	C	C	D	D
11	12	13	14	15	16	17	18	19	20
C	A	B	D	A	C	B	A	D	B

PART II. 질의응답

21	22	23	24	25	26	27	28	29	30
A	D	B	C	B	C	B	B	D	D
31	32	33	34	35	36	37	38	39	40
A	D	C	D	C	A	A	B	D	A
41	42	43	44	45	46	47	48	49	50
C	B	C	B	C	D	B	A	C	A

PART III. 회화문

51	52	53	54	55	56	57	58	59	60
C	B	A	A	B	D	B	C	A	A
61	62	63	64	65	66	67	68	69	70
D	D	A	D	D	D	C	B	C	C
71	72	73	74	75	76	77	78	79	80
B	A	D	C	B	A	B	D	C	B

PART IV. 설명문

81	82	83	84	85	86	87	88	89	90
B	C	C	A	A	B	C	C	B	A
91	92	93	94	95	96	97	98	99	100
D	B	A	D	C	B	C	C	D	C

실전 모의고사 3회

PART I. 사진묘사

1	2	3	4	5	6	7	8	9	10
A	C	B	C	D	B	A	C	D	B
11	12	13	14	15	16	17	18	19	20
B	C	A	A	B	D	C	D	C	C

PART II. 질의응답

21	22	23	24	25	26	27	28	29	30
A	D	C	B	C	C	B	C	D	B
31	32	33	34	35	36	37	38	39	40
C	A	B	B	D	A	B	C	B	A
41	42	43	44	45	46	47	48	49	50
B	D	A	D	A	C	D	A	B	C

PART III. 회화문

51	52	53	54	55	56	57	58	59	60
C	D	A	B	A	A	B	C	B	D
61	62	63	64	65	66	67	68	69	70
B	C	D	D	C	B	B	A	A	B
71	72	73	74	75	76	77	78	79	80
D	C	A	C	D	D	B	C	C	A

PART IV. 설명문

81	82	83	84	85	86	87	88	89	90
A	D	D	B	C	D	A	B	B	C
91	92	93	94	95	96	97	98	99	100
B	D	A	C	A	A	D	C	D	C

실전 모의고사 4회

PART I. 사진묘사

1	2	3	4	5	6	7	8	9	10
D	B	C	A	B	C	C	C	B	D
11	12	13	14	15	16	17	18	19	20
A	A	C	A	B	D	D	B	C	D

PART II. 질의응답

21	22	23	24	25	26	27	28	29	30
D	C	B	A	D	C	D	B	C	D
31	32	33	34	35	36	37	38	39	40
D	C	B	A	D	C	B	C	D	B
41	42	43	44	45	46	47	48	49	50
D	A	B	C	A	A	A	C	A	B

PART III. 회화문

51	52	53	54	55	56	57	58	59	60
B	B	A	C	D	A	B	C	A	B
61	62	63	64	65	66	67	68	69	70
C	C	B	A	C	B	D	D	C	D
71	72	73	74	75	76	77	78	79	80
C	D	A	D	A	A	C	B	B	D

PART IV. 설명문

81	82	83	84	85	86	87	88	89	90
B	A	C	B	C	A	B	D	B	C
91	92	93	94	95	96	97	98	99	100
D	B	C	C	B	C	C	B	C	D

실전 모의고사 5회

PART I. 사진묘사

1	2	3	4	5	6	7	8	9	10
A	C	D	C	C	B	D	C	B	D
11	12	13	14	15	16	17	18	19	20
A	A	B	B	A	D	A	D	C	B

PART II. 질의응답

21	22	23	24	25	26	27	28	29	30
A	B	B	D	A	C	D	D	A	D
31	32	33	34	35	36	37	38	39	40
B	C	A	D	B	C	C	D	A	C
41	42	43	44	45	46	47	48	49	50
B	A	B	A	B	C	C	D	A	C

PART III. 회화문

51	52	53	54	55	56	57	58	59	60
B	D	B	A	D	A	D	C	A	A
61	62	63	64	65	66	67	68	69	70
B	C	B	C	D	C	C	B	C	B
71	72	73	74	75	76	77	78	79	80
D	A	A	C	A	C	D	A	B	D

PART IV. 설명문

81	82	83	84	85	86	87	88	89	90
D	C	B	A	A	B	B	C	B	C
91	92	93	94	95	96	97	98	99	100
A	C	B	A	D	C	A	C	D	D

"JPT 청해 KING

왜, 이 책인가?"

✓ 네이버 카페 JPT&JLPT에서 가장 많은 지지를 받는 김기범 선생님의 노하우 공개!

✓ JPT 청해에서 나올 수 있는 유형을 완벽하게 수록한 수험 대비서의 진정한 강자!

✓ 더 이상 모의테스트의 질을 논하지 말라! 실제 시험보다 더 완벽한 모의테스트!

✓ 책만 팔고 끝나는 책이 아닌 카페를 통한 저자 선생님의 완벽한 피드백!

값 22,000원

김기범의 일본어능력시험(JPT&JLPT)

NAVER 카페 http://cafe.naver.com/kingjpt

03730

9 788931 579468

ISBN 978-89-315-7946-8